KB210061

2010. 9

추천사

1990년대 후반에 일어난 동아시아 외환위기는 국내에 환율의 중요성을 일깨웠고, 2000년대 후반의 글로벌 금융위기는 전 세계인에게 금융이 실물경제와 불가분의 관계라는 점을 가르쳤다. 2년 전에 《슈퍼달러 슈퍼리치》로 환율의 중요성을 쉽게 알려준 변정규 전무의 이번 책 《슈퍼금리 슈퍼리치》는 금융의 핵심 개념인 금리의 여러 측면을 알기 쉽게 설명해준다. 대학에서 화폐금융론을 가르치면서 금리와 금융을 어떻게 쉽게 설명할지 늘 고심하는데, 이 책을 따라가다 보면 현실 금융의 여러 측면을 잘 이해할 수 있다. 화폐금융론 교과서를 저술하고 가르치는 나에게 있어 《슈퍼금리 슈퍼리치》는 곁에 두고 참고서로 읽으라고 학생들에게 권하고 싶은 책이다.

화폐에는 세 가지 가격이 있다고 한다. 첫째는 당연히 물가, 즉 인플레이션이다. 나머지 두 가지는 시간과 공간으로 대표되는 금리와 환율이다. 2년 전에는 환율을, 이번에는 금리를 쉽게 설명해준 변정규 전무가 저술할 '인플레이션'에 관한 다음 책이 벌써부터 기대된다.

김진일, 고려대학교 경제학과 교수, (전)미국 연방준비제도 이코노미스트

신규 사업 또는 혁신에 기반한 사업에서 성공을 거두기 위해서는 무엇보다도 안정적이고 탄탄한 재무상태가 뒷받침되어야 하며, 이는 사업 확장과 성장의 필수적인 요소입니다. 사업 전략은 회사의 자금 상황과 불가분의 관계에 있으며, 기업의 자금을 효율적으로 조달하고 관리하여 최상의 성과를 도출하는 것은 CEO에게 주어진 중요한 과제 중 하나임이 틀림없습니다. 이 같은 목표를 달성하기 위해서 반드시 이해해야 할 핵심 요소 중 하나가 바로 금리입니다. 회사의 운전자금을 효과적으로 활용하려면 금리를 전략적으로 이용하여 기업의 사업 역량을 최대한으로 끌어올려야 하기 때문입니다.

평소에도 국제 금융시장과 관련해 깊이 있는 대화를 나누는 미즈호은행의 변정규 전무님이 집필한 《슈퍼금리 슈퍼리치》는 이런 맥락에서 특히 친근하고 유용하게 다가옵니다. 금리는 비전문가에게도 중요한 요소이기에, 자본주의 시대를 살아가는 모든 이에게 이 책을 꼭 읽어보기를 권합니다. 특히 기업의 재무 담당자라면 많은 인사이트를 얻을 수 있을 것이라 확신합니다. 이 책이 여러분의 사업 성공과 성장에 큰 도움이 되기를 바랍니다.

이원직, 롯데바이오로직스 대표이사

외국계 은행의 서울지점 대표로서 자금의 조달부터 트레이딩과 세일즈에 이르기까지 금리를 활용해 수익을 극대화하고 위험을 최소한으로 줄이는 것은 본인의 매우 중요한 임무 중 하나입니다.

어떤 국가나 시장이든 금리는 금융기관이 가장 중요하게 생각하는 문제입니다. 채권, 외환과 파생상품 등 금리의 영향을 받지 않는 거래의 종류와 금융상품은 없기 때문입니다. 그렇기에 금융을 논하면서는 금리를 빼놓을 수가 없습니다. 특히나 대내외 금융시장의 불확실성이 커진 요즈음, 금리에 대한 이해는 일반인에게도 아주 중요한 문제입니다. 금리가 이렇게 중요한데도 정작 기초부터 차근차근 제대로 설명하고 실무적인 부분까지 다루는 책은 드물어 아쉬운 것이 사실입니다. 이런 면에서 이번 《슈퍼금리 슈퍼리치》의 출간은 매우 반갑고 기쁜 일입니다.

저자인 변정규 전무는 외국계 금융사라는 공통의 업무 영역에서 종사하는 업계 동료이자 금융 전문가입니다. 독자 여러분이 이 책을 읽으며 홍콩과 일본, 싱가포르 등에서 다양한 실무 경험을 익힌 저자의 노하우와 금융 철학을 함께 전수받을 수 있을 것이라 믿습니다.

임현욱, 뱅크오브아메리카 서울지점 대표

근래 글로벌 금융시장의 변화 속도와 폭은 늘 시장 참가자들의 예측을 뛰어넘어서, 시장의 한 축을 담당하는 기업 입장에서는 이에 대한 적절한 대비가 본업인 영업만큼이나 중요한 일이 되었습니다.

금융시장의 여러 지표 가운데 금리변동은 영향력이 가장 크다고 할 수 있는데, 사실 시중에 나와 있는 대부분의 서적은 그 내용이 복잡하고 지나치게 전문적이어서 초심자가 기본기를 익히거나 현장의 금융 담당자가 실무에 적용하기에는 어려움이 있습니다. 그런 면에서 이번에 저자가 펴낸 《슈퍼금리 슈퍼리치》는 챕터마다 그림과 표가 상세하게 제시되어 전문가는 물론 금리시장에 사전지식이 없는 시장 입문자조차 읽지 않고 그저 보기만 해도 저자가 이야기하고자 하는 바를 쉽게 이해할 수 있을 것입니다.

돈을 버는 얕은 기술에 치우치지 않고 금융의 기초인 금리를 첫 단계부터 착실하고도 쉽게 공부하고 싶은 독자에게 적극 추천하는 바입니다.

정원영, 한화솔루션 금융 담당 전무

전작《슈퍼달러 슈퍼리치》에서 보여줬던 어려운 내용을 쉽게 풀어 설명하는 저자의 탁월한 글솜씨는 이 책에서도 여실히 드러난다. 20년째 집값이 그대로인 것을 보고 허탈해하는 일본 회사원, ELS에 투자하는 전문 투자자, 소득이 늘어서 금리인하원을 요구하려는 회사원 등 다양한 인물이 수시로 등장해 자칫 어려울 수 있는 내용이 술술 읽힌다. 쉽고 재미있게 금융시장과 거시경제에 대한 이해를 높이고자 하는 분들께 강력 추천한다.

박기영, 연세대학교 경제학부 교수, (전)한국은행 금융통화위원회 위원

당행 Bobby Byun, 변정규 그룹장의 금리 서적 출판을 저와 미즈호 서울지점 모두가 기쁘게 생각합니다. 특히나 이번《슈퍼금리 슈퍼리치》는 2년 전 출판되어 인기를 얻은 환율 책《슈퍼달러 슈퍼리치》의 후속적이라 더욱 축하하고 기대하는 바입니다. 이 책을 통해서 그가 가지고 있는 금융지식과 노하우를 당행의 모든 고객 및 독자와 공유할 수 있게 되어 더욱 기쁘게 생각합니다.

저희 미즈호은행은 세계적인 은행으로서 한국에 진출한 외국계 은행 중 총자산 기준 최대 규모의 은행으로 성장했습니다. 또한 지난 50년간 한국의 금융시장 발전을 위해 한국 기업 및 금융기관과 긴밀하게 협력해왔습니다. 미즈호은행은 앞으로 한국의 금융시장과 함께 발전하고자 합니다.

사토 카즈노리(Sato Kazunori), 미즈호은행 서울지점장

슈퍼금리 슈퍼리치

금리와 썸타기

변정규 지음

INTEREST RATES

金利

SOFR · Repo · Bond · FRN · COFIX

슈퍼금리 슈퍼리치

연합인포맥스북스

미래의 슈퍼리치인
독자들께 드리는 말씀

독자 여러분 안녕하세요?

2년 전인 2022년 10월 환율 입문서인 《슈퍼달러 슈퍼리치》를 펴내고 분에 넘치는 사랑과 응원을 받았습니다. 사실 처음에는 생각도 못 했는데, 3쇄까지 펴낼 정도로 환율에 관심이 많다는 것을 확인할 수 있어서 큰 보람을 느꼈습니다.

많은 분이 읽고 피드백을 주셨는데, 그중에서도 환율이 어렵다고 생각 했는데 막상 읽다 보니 술술 잘 넘어가서 읽기 쉬웠다는 반응이 가장 인상 적이었고 마음에 와닿았습니다. 이해하기 쉽지만 기본기부터 확실히 다질 수 있는 주춧돌과 같은 책을 쓰고 싶다는 것이 저의 가장 큰 소망입니다. 그 소망이 어느 정도 이루어진 데 대한 감사함도 느꼈습니다.

환율을 얘기하다 보니 자연스럽게 금리와 이자율에 대한 내용도 설명 해야 했습니다. 금융상품과 국제 금융시장은 실제로 톱니바퀴처럼 엮여 있어 따로 떼어 하나씩 이해하기에는 어려운 측면이 있기 때문입니다. 특 히 금융시장은 금리로 모든 것을 설명할 수 있을 정도로, 금리의 영향력이

지대한 것이 사실입니다. 하지만 금리 입문서를 쓴다는 것은 생각보다 쉽지 않았습니다. 금리의 분야가 너무나 넓은 데다, 입문자에게 금리의 체계를 잡아주려면 기본개념부터 정확하게 설명해야 하기 때문입니다.

우리는 모두 은행 통장을 갖고 있고, 통장으로 월급도 받고 돈도 주고받습니다. 그리고 통장에는 이자가 찍히고 그것을 결정하는 것이 금리라는 것을 대부분의 독자가 이미 알고 있습니다. 이렇듯 금리는 낯익은 단어지만 기초가 부족하거나 기본개념을 잘못 이해하고 있는 사람도 생각보다 많습니다.

금리와 자금 그리고 자산은 마치 세 마리의 강아지가 서로의 꼬리를 연속적으로 물고 있는 형상과 같습니다. 금리의 기초를 제대로 이해하면 돈이 어떻게 움직이는지 자금의 변화를 이해할 수 있고, 자금의 변화를 이해하면 자산가치의 변동도 이해할 수 있습니다.

《슈퍼금리 슈퍼리치》는 전작인 《슈퍼달러 슈퍼리치》에 이은 시리즈 도서이고, 기초부터 차근차근 금리를 설명해 일반인과 금융시장 초보자가 기본지식을 쉽게 알 수 있도록 쓴 교양서적입니다. 다음은 이 같은 집필 목적과 방향에 따라 쓰인 이 책의 특징입니다.

첫째, 초보자가 쉽고 재미있게 금리의 기초를 쌓을 수 있습니다. 기초개념과 실무를 처음부터 차근차근 이해할 수 있도록 하는 데 주안점을 두어, 딱딱한 이론 및 한자어 설명은 배제했습니다.

둘째, 챕터마다 그림과 한눈에 들어오는 도표, 사례를 제시해 이해를 도왔습니다. 또한 중요한 내용은 독자가 해당 내용을 더 잘 이해하고 오랫동안 기억하도록 사례에 독특한 개성이 있는 인물을 등장시켰습니다.

셋째, 금융시장의 실제 거래 등 실무적이면서도 깊은 내용까지 다루었습니다. 금리와 관련된 기본용어를 정리하고 이를 실제 사례와 연결시켜 이해를 돕기 위해 노력했습니다. 내용 측면에서는, 채권뿐 아니라 금리 전반에 대한 이해를 돕기 위해 단기금융시장의 실제 거래부터 장기채권의 속성까지 전체적으로 다루었습니다.

넷째, 해외채권 및 초보자를 위한 금리투자 방법도 제시했습니다. 특히 5장과 6장은 앞서 이해한 금리 지식을 실무적으로 활용할 수 있도록 기획했습니다.

아무쪼록 《슈퍼금리 슈퍼리치》가 금리에 대한 이해도를 높여 금융생활에 조금이라도 도움이 될 수 있었으면 하는 바람입니다.

이번에도 책을 쓰면서 많은 분의 도움을 받았습니다. 우선 연합인포맥스의 황정욱 사장, 배수연 상무, 배상훈 본부장, 이강현 작가와 책의 편집에 많은 노력을 기울여주신 김용재 부장과 출판 관계자에게 진심으로 감사의 말씀을 드립니다.

또한 미즈호은행의 가토(Kato) 행장님과 사토(Sato) 지점장, 김성종 부지점장, 치토세(Chitose) 부지점장, 니시무라(Nishimura) 부지점장과 이정원, 김순정, 허희승, 조현수 씨 등 딜링룸 직원 모두에게 고맙다는 인사를 드립니다. 특히나 이 시대 최고의 기관거래 딜러인 정희경, 설희경, 신수임, 홍지영, 하태성, 이준희 씨와 모든 일에 열심인 야마우치(Yamauchi) 상에게도 감사의 말을 전합니다.

신한 PWM 서울파이낸스 정택수 센터장은 상세한 리뷰를 해주었을 뿐 아니라 전체적인 구성과 방향에 대해서도 조언을 아끼지 않았습니다. 유진자산운용 채권운용실 정재환 실장과 이정민 팀장은 채권 부분을 꼼꼼하게 체크해주었으며, 우리자산운용 박재홍 전무도 많은 도움을 주었습니다. 이외에도 주재현 한국은행 실장, 신중범 대통령실 경제금융비서관, 보험연구원 이승준 실장 등 많은 분의 도움으로 이 책을 무사히 완성할 수 있었습니다.

항상 저를 응원하는 아내와 아들 지호, 딸 서영 그리고 이번에도 수채화를 보내주신 어머니 강정희 화백에게도 감사의 말을 전합니다.

마지막으로 항상 제 방송과 강연을 듣고 응원해주시는 독자 및 시청자 여러분과 기업 관계자 여러분께 진심으로 감사의 말씀을 드립니다. 여러분의 응원과 격려 덕분에 이 책을 쓸 수 있었습니다.

이 책을 읽으시는 모든 독자 여러분께 언제나 행복과 평화가 함께하기를 기원하겠습니다.

변정규

목차

제4장　본격적인 금리와의 연애 — 대표적 금리상품, 채권을 만나자

제5장 해외채권과 꼭 알아야 할 금리상품의 성격

제6장 금리 지식의 활용 — 나의 금융생활 이렇게 한번 해보자

이 책의 등장인물

이름	소속과 직무	인물 소개
1장		
이기회	전혀 모름, 정보요원으로 추정	베일에 가린 여성으로 기회를 잘 살린다. 은행에 100만 원 정기예금을 가입하고 이자를 받는다.
은행원	은행의 행원	이기회가 1년 만기 정기예금 100만 원을 가입한 기회비용의 대가로 연율 5% 이자 지급한다.
이십년	신입사원	20년 전 4차원상의 한국에 사는 회사원. 타임머신을 타고 2020년대로 와서 크게 오른 집값을 보고 깜짝 놀란다.
니주넨 마에 二十年前	신입사원	20년 전 4차원상의 일본에 사는 회사원. 20년 후에도 그대로인 일본 집값을 보고 아주 허탈해한다.
연이자	엄마이자 주부	급전이 너무 필요한 나머지 친구인 고금리에게 연이율 20%에 1,000만 원을 빌린다.
고금리	개인, 사설 대부업체 운영	연이자와 같은 아파트에 사는 이웃. 남는 돈을 이자제한법을 초과한 금리로 빌려주어 문제가 됨.
유학생	국제대학교 학생	명문 국제대학교를 졸업하고 드림상사에 조기 입사. 금리인하요구권을 신청해서 금리를 낮춘다.
성과급	바이오 벤처회사의 과장	벤처회사에 다니는 10년 차 연구원. 신약개발 성공으로 소득이 늘어 금리인하요구를 한다.

이름	소속과 직무	인물 소개
예금자	감마존의 자금부 대리	온라인 상거래 기업 감마존의 대리. 1년 만기 정기예금을 알아보러 은행에 간다. 예금금리에 만족하고 기뻐한다.
노대출	감마존의 자금부 대리	온라인 상거래 기업 감마존의 대리. 3년 만기 신용대출을 알아보러 은행에 간다. 실망해 "대출 노 No"라고 말한다.
선수야	승리 골프단의 프로 골퍼	승리골프단의 쌍둥이 형제 골프 선수 중 동생. 상금수상 경력이 없어 신용도가 낮다.
선수지	승리 골프단의 프로 골퍼	승리골프단의 쌍둥이 형제 골프 선수 중 형. 우승과 입상이 많아 상대적으로 신용도가 높다.
오토 론 Auto Loan	우리시스 자동차의 부장이자 연구원	한국 최대 자동차 회사 우리시스의 영국인 연구원. 한국에 발령 난 지 3개월이 되지 않아 신용대출에 어려움을 겪는다.
3장		
전화기	광화문 텔레콤의 신입사원	광화문 텔레콤의 신입사원. 목돈 마련을 위해 적금을 들지만, 금융기관 간 금융상품 이전의 어려움을 깨닫고 안타까워하는 중이다.
원두야	해다방 커피의 창업주	커피전문점 '해다방 커피'의 젊은 창업주. 원두커피의 깊은 맛을 널리 알리고자 매장 확장을 위해 주택담보대출을 알아보고 있다.
채권만	C은행 차장	한국 금융시장 최고의 딜러로 금리에 관해서는 1인자. 주식을 혐오하며, 일생을 오직 금리와 채권 투자에 바치고 있다.

이름	소속과 직무	인물 소개
나자금	A은행 부장	A은행 에이스 딜러이자 자금관리의 귀재. 닭 벼슬 모양의 머리스타일이 매력 포인트.
정확해	ABCD자금중개 대리	사탕 봉지 속 사탕 개수까지 셀 정도로 극강의 정확성을 자랑하는 자금 중개인.
구매력	K은행 과장	다재 다능한 재원으로 K 은행의 매력 덩어리. C은행 채권만 차장의 여자친구.
이자율	J은행 부장	이자율 상품만 취급하는 외국계 J은행의 훈남 부장. 자금이 부족해 콜머니 거래를 한다.
서비수	BTB 자금중개 차장	고객 요청을 잘 들어주기로 소문난 중개인. 투철한 서비스 정신으로 무장하고 있다. 실수로 가끔 비수를 꽂는다.
양도해	세종시 공무원, 주무관	기획재정부의 주무관. 3개월 후 친지에게 양도할 목적으로 양도성예금증서를 구입한다.
쌤 Sam	세종시 공무원, 사무관	기획재정부의 외국인 공무원. 쌤이 많아 양도해를 따라 외화 양도성예금증서를 구입한다.
원보장	프리랜서 전업투자자	매우 보수적인 성향의 전문 투자자. 한국의 대표기업 삼송전자에 연계된 원금보장형 ELS에 투자한다.

이름	소속과 직무	인물 소개
4장		
지호	제일공제회 과장, 운용매니저	보수적인 운용을 하는 것으로 유명한 연금 운용회사인 제일공제회의 젊은 수석 운용역.
부산진	부산금융허브 프로젝트 총괄매니저	미스코리아 부산 진 출신의 부산금융허브 프로젝트 총괄 매니저. 미모와 지성의 아이콘.
한잔해	마시자 주류회사 상무	마시자 주류회사의 술 상무. 지금도 한잔하면서 회사의 자본금 증자를 고민하고 있다.
다나카	다낚아 피싱 한국 지사장	대물 낚시 전문 낚시대 회사인 다낚아 피싱의 일본인 지사장.
차사라	한대자동차 자금부 과장	물량 부족으로 누구에게든 딱 한 대씩만 판매하는 것으로 유명한 한대자동차 자금부의 유능한 직원.
한서무	꽃미남 엔터테인먼트 매니저	핸섬한 꽃미남 아이돌. 서울시 홍보대사로 일해 받은 금액을 서울특별시채권에 투자한다.
조대박	초대박 투자증권 부장	미다스의 손으로 유명한 초대박 투자증권의 인사부장. 표면금리에 대해 교육한다.

이름	소속과 직무	인물 소개
조달해	하나솔루션 자금부장	친환경 에너지 기업인 하나솔루션의 자금부장. 채권을 발행해서 자금을 조달한다.
서영	한양자산운용 책임운용역	특수채권을 전문으로 운용하는 한양자산운용의 운용역. 교환사채의 전환권행사를 검토 중이다.
고물가	L-Bio Science 사장	향후 물가 상승에 대비해 여유자금을 미국 물가연동국채 TIPS에 투자한다.
5장		
세일러 트위프트	억만장자 가수, Sailor Twift company	세계적인 인기 가수이자 억만장자. 금리변동 걱정에 미국 변동금리국채 FRN에 투자한다.
허준	허준 가족 내과 원장	조선 최고 명의 구암 허준 선생의 20대손이자 개인 병원장. 쿠폰 이자율이 낮은 채권과 높은 채권 중 어디 투자할지 고민 중이다.

이름	소속과 직무	인물 소개
6장		
시니어	행복 초등학교 교장선생님	학생들의 행복을 최고로 생각하는 행복 초등학교의 교장선생님. 올해 은퇴를 앞두고 은퇴 후 자금운용을 설계 중.
나가장	C유통 총무 과장	40대 초반으로 C유통의 총무과장. 두 아이의 아빠이자 가장으로 어깨가 무겁다. 향후 투자를 설계 중.
20대녀	부산 사는 20대 직장인	부산 직장에 다니는 20대 여성. 보험사의 연금 권유를 뿌리치고 청년 적금에 가입한다.
40대남	광주 사는 40대 자영업자	광주에서 요식업을 하는 40대 남성. 월수입이 일정치 않아 복리 적금에 꾸준히 납입한다.
50대녀	대구 사는 50대 가정주부	대구 사는 주부9단. 남편 월급을 쪼개 은퇴자금을 마련하고 우량주에 분산투자 한다.
60대남	분당 사는 60대 인생무상 은퇴자	인생무상을 느끼는 분당 사는 60대 은퇴남. 살고 있는 집을 활용해 현금흐름을 어떻게 만들지 고민 중이다.

제1장

금리와의 첫 만남

—

이자, 넌 누구니?

금리는 모든 자산 가격의 변화와
연결된 재테크의 출발점

재테크의 시작은 금리 공부!

주가와 환율 그리고 채권과 같은 자산의 가격은 시간에 따라 계속 변화합니다. 예금의 수익률도 바뀌고 부동산 전세와 월세도 오르락내리락하지요. 그래서 현재 가지고 있는 자산의 효용을 극대화하면서 변화하는 금융시장을 정확히 예측해, 미래에 가치가 높아질 자산에 투자하는 것이 금융활동의 본질입니다.

그러면 무엇이 자산가치를 변하게 할까요? 주식이나 채권, 통화나 부동산, 심지어 암호화폐까지 모든 종류의 자산가치 변동에 가장 크고도 직접적인 영향을 주는 중요한 지표가 바로 금리입니다.

금리는 우리 자산가치에 가장 큰 영향을 주는 요소이기 때문에, 재테크를 잘하기 위해서는 금리에 대한 이해가 필수적입니다. 금리에 따라 자산 가격은 끊임없이 변하고, 재테크를 잘한 사람과 못한 사람은 결과적으로 많은 차이를 보이기에 금리를 공부해야 하는 것이지요.

재테크財tech란 금리의 움직임에 따라 자산 가격의 변화를 예측하고 합리적인 결정을 하는 금융활동을 말하기에, 성공적인 재테크를 위해서는 금리의 속성을 잘 이해하고 활용할 수 있어야 합니다.

재테크는 남에게 의존하지 않고 자신이 합리적으로 하는 것이며, 친구 따라 강남 가는 식의 투자는 보통 결과가 좋지 않습니다.

재테크 성공의 요건

재테크에 성공하기 위해서는 금리의 움직임이 자산 가격의 변화에 주는 영향을 잘 이해하고 반드시 활용할 수 있어야 한다

금리를 잘 알아야 재테크에 성공할 수 있다

아래 기사에 따르면 2023년 한국은행의 기준금리가 3.50%, 미국 연준의 기준금리가 5.50%로 인상되면서 주택담보대출(주담대) 이자율이 크게 올라 소위 영끌족이 산 집이 경매로 많이 나왔다고 합니다.

7% 이르는 주담대 금리에 허덕… 경매물건 7년만 최대치
… 이자부담 못 버틴 영끌족 아파트 결국 경매로   금리일보

코로나19 이후 각국 중앙은행이 제로금리나 초저금리 정책으로 전환하면서, 우리나라 주택담보대출 금리도 최저 2%대까지 내려갔습니다.

이 같은 저금리를 활용해 2020~2021년 사이에 청년을 중심으로 '영혼까지 끌어모아' 내 집 마련을 하는 열풍이 일었는데, 2022년 각국 중앙은행이 긴축정책으로 선회하면서 영끌족의 꿈은 한숨과 눈물로 변합니다.

높은 금리에 아파트 매수세가 끊기면서 집값이 하락했을 뿐 아니라, 변동금리에 기초했던 주담대 금리가 2~3%씩 오르자 월 이자비용이 적게는 수십만 원에서 많게는 수백만 원까지 늘어난 것이지요.

그러면 금리를 제대로 이해했더라면 이런 상황을 피할 수 있었을까요? 금리의 순환 사이클을 이해하고 향후 금리가 높아질 것을 미리 인식했다면, 주택 구입 시기를 조금 늦출 수도 있었을 것입니다.

아니면 최소한 물가급등에 따른 금리인상기를 앞두고, 고정금리 대출을 선택했다면 이런 최악의 상황은 피할 수 있었기에 안타깝습니다. 하지만 너무 상심할 필요도 없습니다. 금리는 계속 변하고 미래에 만회할 수 있기 때문에 다음 결정이 중요합니다.

금리의 기본개념 정립이 중요하다

부동산이든 주식이든 채권이든, 모든 자산 가격의 변화는 금리의 움직임과 연결되어 있습니다. 부동산을 사고팔 때나 주식투자를 할 때도, 부동산이나 주식 그 자체만 보면 투자에 실패할 가능성이 큽니다.

모든 자산 가격의 변화는 금리와 연결되어 있다
부동산이든 주식이든 채권이든, 모든 자산 가격의 변화는 금리의 움직임과 연결되어 있다
부동산을 사고팔 때나 주식에 투자할 때도, 부동산이나 주식 그 자체만 보면 투자에 실패할 가능성이 크다

재테크에 성공하려면 금리의 움직임이 자산 가격의 변화에 주는 영향을 잘 이해하고 제대로 활용하는 것이 가장 중요합니다.

이렇듯, 재테크를 잘하기 위해서는 금리를 이해하고 활용할 줄 알아야 하는데, 그러려면 기초가 튼튼해야 합니다. 따라서 이 책의 1장 초반에는 다음과 같은 금리의 기본개념을 확실하게 다지고 가도록 하겠습니다.

《슈퍼금리 슈퍼리치》 1장 금리 관련 기본개념의 이해	
개념 1	시장에서 가치와 가격의 의미 차이를 구별하여 이해
개념 2	금리와 이자의 유래와 금융시장에서의 중요성 이해
개념 3	돈의 시간가치에 영향을 주는 두 가지 주요 요인을 이해
개념 4	금리, 이자와 이자율의 차이점을 서로 구별하여 이해

금융시장에서 가격과 가치는 조금 다른 의미

우리는 실생활에서 '가치'와 '가격'을 섞어서 사용합니다. 하지만 금융시장에서 가치와 가격은 서로 조금 다른 의미로 사용됩니다.

영어로 가치는 value, 가격은 price라고 표시하는데, 실생활과 금융시장에서 둘의 의미가 어떻게 다른지 살펴봅시다.

예를 들어 공기와 물은 공짜이거나 가격이 있어도 아주 싼 편이지만, 우리에게 없어서는 안 되기에 그 가치와 효용은 무엇과도 바꿀 수 없을 만큼 아주 큽니다. 반면, 다이아몬드의 가격은 매우 비싸지만 필요로 하지 않는 이에게는 가치나 효용이 매우 낮을 수도 있습니다.

실생활에서 가치value란 어떤 물건이나 서비스의 사용가치 또는 효용을 말하는 데 반해, 가격price은 해당 물건이나 서비스가 화폐와 교환되는 교환가격, 즉 판매가격을 의미합니다.

이에 반해, 금융시장에서 가치는 특정 자산의 내재가치를 의미하며, 가격은 실제로 시장에서 거래되는 거래가격을 의미합니다.

내재가치란 해당 자산이 지닌 본질적인 가치를 말하는데, 현재의 자산 가치와 미래의 잠재적인 수익을 동시에 포함하는 개념입니다. 지금 가격보다 미래에 비싸질 것으로 예상되는 자산은 현재의 가격보다 내재가치가 높은 것이지요.

금융시장에서 가치와 가격의 정의		
가치 (value)	상품이나 자산의 본질적인 내재가치	주관적
가격 (price)	실제로 시장에서 거래되는 거래가격	객관적

이렇듯 가격은 시장에서 실제로 거래되고 있는 객관적인 수치인 데 반해, 가치는 미래에 자산의 가격이 상승 또는 하락할 가능성까지도 포함한

주관적인 수치입니다.

투자의 기본원칙, 가치와 가격의 비교에서 시작

매매는 파는 사람과 사는 사람 간의 거래입니다. 특정 시점에 특정 자산을 누구는 팔고 누구는 사는 이유는, 사람마다 생각하는 가치가 다르기 때문입니다. 가치는 주관적인 수치라서 투자자마다 다를 수 있기에 거래가 이루어지는 것이지요.

예를 들어, 삼성전자 주식에 투자하는 투자자 A와 B가 있고 현재 삼성전자 주식의 거래가격이 8만 원이라고 가정해봅시다. 투자자 A는 향후 삼성전자의 성장 가능성을 높게 봐서 내재가치가 10만 원이라고 생각하는 반면, 투자자 B는 내재가치가 최대 8만 원을 넘지 못한다고 생각합니다. 이런 상황이라면 A는 추가매수를 할 가능성이 높지만, B는 반대로 매도를 고려합니다. 내재가치에 대한 서로 다른 생각이 매매를 가능하게 해줍니다. 만약, 서로의 생각이 같다면 거래가 일어나기 힘들겠지요.

그리고 해당 금융상품의 내재가치보다 시장에서 비싸게 거래가 되는

저평가된 자산(under-valued) | 고평가된 자산(over-valued)

경우에는 '고평가over-valued'되어 있다고 하고, 반대로 내재가치보다 싸게 거래가 되는 경우에는 '저평가under-valued'되어 있다고 합니다.

금융시장에서 영원히 좋은 자산이나 나쁜 자산은 없습니다. 현재 투자 시점에서 저평가된 자산은 좋은 자산이고, 고평가된 자산은 투자하기에 나쁜 자산인 것이지요.

투자는 언제나 해당 자산의 미래가치와 현재 가격을 비교하는 것에서 부터 시작합니다. 투자의 기본원칙은 언제나 내재가치보다 싸게 거래되고 있는 저평가된 자산에 투자하는 것입니다.

썸2

이자는 기회비용과
시간가치 때문에 생긴다

인류, 처음으로 돈의 가치 변화를 경험하다

먹고 자고 사회생활을 하려면 여러 가지 물품과 서비스가 필요합니다. 오래전 인류는 물물교환으로 서로 필요한 것을 조달했지만 여전히 불편했지요. 그래서 돈이 만들어졌습니다. 동전이나 종이에 숫자를 표시해 특정한 가치를 부여했고, 이로써 물물교환이 훨씬 편해졌습니다.

화폐마다 특정 금액의 가치가 부여되어 있다

돈이 처음 만들어질 때만 해도 그 가치는 동전의 액면가였으며, 실물과의 교환가치도 시간에 관계없이 언제든 일정했습니다. 당시는 화폐를 많이 찍어내지도 않았을뿐더러 산업혁명 이전까지만 해도 새로운 부가가치를 창출할 수 있는 제조업의 규모도 크지 않았습니다.

16세기에 이르러 인류는 처음으로 돈의 가치도 변한다는 것을 경험합니다. 스페인 장군 코르테스Hernan Cortes가 중남미를 정벌한 이후 대량의 금과 은이 유럽으로 유입된 것입니다. 16세기 스페인은 중남미를 정벌하고 채 반세기도 되지 않아 100톤이 넘는 어마어마한 양의 금은을 들여왔는데, 당시 금과 은은 돈 자체였습니다. 화폐가 금화나 은화로 만들어졌기 때문이지요.

처음에 유럽인들은 신대륙의 금과 은 덕분에 모두가 훨씬 더 부유해질 줄 알았습니다. 하지만 그것은 큰 오산이었지요.

16세기 인류 최초의 인플레이션을 불러온 남미의 금과 은

당시에는 특히나 유럽인이 구매할 수 있는 물건과 누릴 수 있는 서비스가 매우 한정되어 있었기 때문에, 금은을 더 많이 들여올수록 돈의 가치가 떨어졌고 물건 값은 더 비싸졌습니다. 이는 인류가 현대사회에서 최초로 겪은 화폐가치의 변화, 즉 인플레이션inflation으로 기록됩니다.

이렇듯 인류는 16세기부터 돈의 가치가 시간과 장소에 따라 달라질 수 있다는 것을 인식하게 되었습니다. 같은 시대라도 국가마다 돈의 가치에는 차이가 있었으며, 한 나라 안에서도 시간이 흐름에 따라 돈의 가치가 변화했던 것이지요.

돈의 가치 변화는 우리가 자주 사 먹는 패스트푸드만 봐도 쉽게 느낄 수 있습니다. 기존 세트에 포함되는 음식이 시간이 지나면서 없어지고 양도 줄어들었기 때문입니다. 5,000원이라는 돈의 가치가 10년, 20년 지나면서 점점 하락한 것이지요.

이자는 왜 생길까?-이자는 화폐의 시간가치

그러면 시간에 따라 돈의 가치가 얼마나 변하는지 어떻게 알 수 있을까요? 가장 간단하게는 이자로 알 수 있습니다. 왜냐하면 시간이 지나면서 변하는 화폐의 시간가치가 이자의 형태로 교환이 되기 때문입니다. 이자가 곧 돈의 시간가치인 것이지요. 그래서 돈을 예금하면 이자가 생기고, 반대로 돈을 빌리면 이자를 지불해야 합니다. 그렇다면, 돈의 시간가치인 이자는 왜 생길까요?

이자가 생기는 이유는 기회비용 때문입니다. 일반적으로 사람들은 지금 돈을 쓰고 싶어 하지요. 지금 돈을 가지고 있는 사람은 돈을 사용할 권리도 함께 가지고 있는 것입니다. 그런데 가진 돈을 예금하거나 빌려준다면 돈을 지금 사용할 권리를 누군가에게 양보한 것이지요. 그래서 양보한 기회비용의 대가로 이자를 받는 것입니다.

시간이 오래 지나면 지날수록 기회비용이 커지면서 이자비용도 늘어납니다. 돈의 가치는 시간의 흐름과 함께 기회비용 때문에 변화하고, 돈의 시간가치 변화 분이 바로 이자입니다.

이자는 기회비용의 대가이자 시간가치

결론적으로, 시간가치라는 기회비용은 이자로 계산되는데 다음 예를 보고 나면 금방 이해가 될 것입니다.

언제나 기회를 잘 살리는 이기회는 높은 금리가 기회라고 생각해, 오늘 1년 만기 5% 이자율의 은행 정기예금에 100만 원을 예치했습니다. 이기회는 1년 동안 은행에 돈을 빌려준 셈이지요.

은행에 100만원을 맡기면서 이기회가 양보한 기회비용은 '빌려준 100만 원을 1년간은 쓸 수 없다'는 것이지요. 왜냐하면 1년 이전에 해약해서 100만 원을 돌려받는다면, 1년간 묶인 돈의 기회비용에 대한 대가인 5% 이자를 포기해야 하기 때문입니다.

이기회의 상대방, 즉 정기예금을 판매한 은행원은 이기회에게 1년간 포기한 100만 원에 대한 시간가치 기회비용인 5% 이자를 지급합니다.

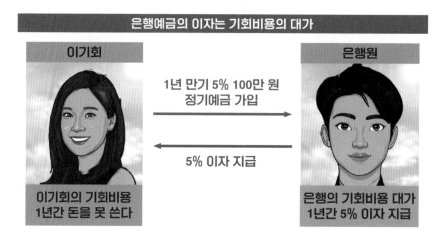

은행예금의 이자는 기회비용의 대가

이기회

은행원

1년 만기 5% 100만 원
정기예금 가입

5% 이자 지급

이기회의 기회비용
1년간 돈을 못 쓴다

은행의 기회비용 대가
1년간 5% 이자 지급

달리 말해, 기회비용은 1년 동안의 시간가치와 같습니다. 시간은 곧 돈이고, 시간가치라는 비용은 이자로 계산되기 때문에 기회비용과 이자는 같은 의미입니다.

이자는 내가 가진 돈의 사용권리를 일정 시간 포기하는 기회비용에 대한 대가compensation for opportunity cost이기 때문에, 차입자는 대여자에게 해당 기간 동안의 시간가치에 상당하는 기회비용에 대한 대가인 이자를 지불하는 것입니다.

이 과정에서 비용의 성격 또한 바뀝니다. 서로 돈으로 변제하는 계산 과정에서 시간가치라는 '기회비용'이 이자interest라는 '자금비용financial cost'으로 전환되는 것이지요. 달리 말해, '시간가치에 대한 보상'인 기회비용은 이자라는 자금비용을 통해서 그 값을 계산할 수 있습니다. 이 비용을 경제학에서는 '화폐의 시간가치'라고 말합니다.

기회비용과 이자 그리고 화폐의 시간가치에 대한 기본개념을 정리하고 이해하는 것은 금융의 기초를 튼튼히 다지기 위해 아주 중요합니다. 시간의 흐름에 따른 돈의 가치 변화를 이해하는 것이 금리상품 공부에 기초가 되기 때문입니다.

물가도 돈의 시간가치를 변화시킨다

우리는 돈을 빌리고 빌려주면서 이자를 주고받지만, 이자금액이 항상 화폐의 시간가치를 정확히 반영하지는 않습니다. 화폐의 시간가치에는 이자율뿐만 아니라 물가변동도 영향을 미치기 때문입니다. 시간의 흐름에 따라 돈의 가치 변화에 영향을 주는 두 가지 요인이 바로 기회비용(이자)과 물가입니다.

그런데 한 국가 내에서 가장 기본적 기회비용인 정책금리와 물가가 변화하는 정도를 나타내는 물가상승률은 보통 서로 반비례합니다. 기회비용이 적정 수준보다 너무 낮으면 물가가 크게 상승할 수 있으며, 기회비용이 너무 높으면 물가는 정체되지만 성장률도 함께 낮아지면서 경기침체를 불러올 수 있습니다.

따라서 이자율이 매우 낮더라도 물가상승률이 이자율을 크게 상회한다면 화폐의 시간가치가 실제 이자비용보다 매우 높을 수도 있습니다.

썸3

타임머신 여행으로
화폐의 시간가치를 알아보자

$

이제는 타임머신을 타고 함께 시간여행을 하면서 화폐의 시간가치를 이해해봅시다.

여기 지금으로부터 20년 전의 4차원 시공간이 있다고 가정해봅시다. 그리고 20년 전 서울에서 이제 막 대학을 졸업해 취직한 신입사원 이십년 씨가 있습니다. 어느 날 이십년 씨는 타임머신을 타고 20년 후 미래인 2025년의 서울로 시간여행을 갔습니다.

지금으로부터 20년 전인 2005년은 수도권 30평형대 아파트 한 채의 평균 가격이 채 1억원이 되지 않았습니다. 한 채당 10억 원 가까운 20년 후 서울 아파트 가격을 보고 그는 깜짝 놀라 눈이 휘둥그레집니다. 그리고 이내 깊은 생각에 잠깁니다. 이십년 씨는 무슨 생각을 했을까요?

그는 '타임머신을 타고 20년 전으로 돌아가자마자 빨리 돈을 빌려서 집을 사야지!'라고 생각했을 겁니다. 20년 동안의 집값 상승률이 매우 높아서 평균 5~6배 이상 크게 올랐기 때문이지요.

대출의 이자 기회비용을 10%로 높게 가정해보더라도, 20년 후 1억에 대한 원금과 이자의 합계는 3억 원 정도로 집값이 훨씬 더 크게 올랐습니다. 20년 동안의 집값 상승률이 기회비용을 크게 능가한 것입니다.

이를 거꾸로 해석해보면, 만약 집을 사지 않고 현금 1억 원을 그대로 가지고 있었다면, 20년 후 1억 원의 화폐가치는 실물자산의 가치와 비교해 그 가치가 크게 하락했을 것이라는 말과 같습니다. 결과적으로, 과거 20년 동안 한국에서 화폐의 시간가치는 기회비용보다 훨씬 컸던 것이지요.

하지만 화폐의 시간가치는 시간뿐만 아니라 장소에 따라서도 차이가 납니다. 예를 들어, 20년 전의 한국이 아니라 일본이라면 얘기가 달라집니다.

여기에 20년 전의 4차원 시공간인 일본 도쿄에 살고 있는 회사원 니주넨마에二+年前 씨가 있습니다. 니주넨 또한 이십년과 마찬가지로 올해 대학을 졸업한 신입사원입니다. 만약 니주넨 또한 타임머신을 타고 20년 후 미래인 2025년 현재의 도쿄로 시간여행을 왔다면 어떤 생각을 했을까요? 니주넨도 이십년과 같은 생각을 했을까요?

아닐 겁니다. 아마도 다른 생각을 했겠지요. 일본은 90년대 이후 '잃어버린 30년'이라고 불리는 경제침체를 오랫동안 겪었습니다. 물가가 오르지 않고 정체되거나 오히려 떨어지는 디플레이션deflation, 즉 물가하락까지도 경험했습니다. 물가가 오르지 않고 하락하거나 정체되었기 때문에 20년 동안 일본의 집값도 거의 오르지 않았던 것이지요. 20년 동안 집값이 거의 상승하지 않았기 때문에, 집을 샀더라면 금리가 아무리 낮아도 대출비용이 집값 상승률보다 더 클 수밖에 없었을 것입니다.

한국에 비해 일본에서 화폐의 시간가치는 20년 동안 크게 변하지 않았고, 기회비용이 오히려 더 컸을 수 있다는 것을 알 수 있습니다. 그래서 니

화폐의 시간가치는 시간과 장소에 따라 다르다

Time Machine

2005 → 2025

20년 전 사람이 타임머신을
타고 현재에 와 본다면?

 이십년

20년 전으로 돌아가면
대출받아 집을 사야지!

 니주넨마에

돌아가면 집 안 사고
예금 적금 들어야지!

주넨은 '돌아가면 집 안 사고 예금과 적금으로 돈을 모아야지!'라고 이십년과는 전혀 다른 생각을 하게 됩니다.

이렇듯, 화폐의 시간가치가 한국처럼 아주 큰 경우도 있고 일본처럼 매우 작거나 거의 없는 경우도 있습니다. 한국은 매우 비싼데 일본은 극단적으로 싸서 대비가 되는 경우이지요.

타임머신 비유를 통해 우리는 돈을 거래하면서 시간가치에 대한 기회비용으로 이자를 주고받지만, 물가라는 요인 때문에 화폐의 시간가치가 이자인 기회비용과 반드시 일치하지는 않음을 확인할 수 있었습니다.

화폐의 시간가치에 영향을 주는 2가지

지금 여러분이 갖고 있는 현금 1만 원의 가치가 20년 후에는 얼마나 될까요? 이것을 결정하는 가장 큰 두 가지 요인이 바로 기회비용과 물가상승률입니다.

결론적으로 20년 전 한국 돈₩ 현금 1억 원의 가치가 현재 현저하게 줄어들었다면, 그것은 시간가치에 대한 기회비용이 크고 물가상승률이 아주 높았기 때문입니다. 반면, 20년 전 1억 원에 상당하는 일본 엔화¥의 가치는 지금 일본 엔화의 가치와 크게 다르지 않았습니다. 이유는 지난 20년 동안 일본의 기회비용이 작고 물가상승률이 낮았기 때문이지요.

돈의 시간가치를 변화시키는 2가지 요소

1. 기회비용 (이자)
 · 돈의 사용권리를 포기한 데 대한 대가인 이자수익
 · 기회비용이 클수록 돈의 가치 변화도 크다

2. 물가상승률
 · 물가상승률이 높을수록 화폐의 시간가치도 커진다
 · 물가 상승 → 이자비용 증가 → 금리상승 → 시간가치 증가

　타임머신을 타고 20년 후의 미래로 시간여행을 다녀온 이십년 씨와 니주넨 씨는 이제 각자 20년 전 원래의 시공간으로 돌아왔습니다. 우리 독자들도 타임머신 여행을 통해 기회비용과 물가상승률에 대해 더 잘 이해할 수 있었을 것입니다.

화폐의 시간가치와 자산 가격의 변화

　그러면 이번에는 기회비용과 물가상승률이 돈의 가치 변화에 미치는 영향을 경제성장율과 관련해서 좀 더 구체적으로 살펴보겠습니다.

　한 지역의 경제가 성장하는 과정에 있으면, 돈을 필요로 하는 수요가 많

아 투자가 몰립니다. 그리고 투자가 증가하면 경제가 활력을 띠면서 물가
도 상승합니다. 이런 상황에서는 돈의 값어치가 더 비싸져서 빌릴 때의 비
용이 이전보다 더욱 커집니다.

20년 전 한국에서 돈 1억 원의 기회비용이 매우 컸던 것을 알 수 있습니
다. 당시 한국 경제는 반도체나 자동차 같은 신산업의 성장에 힘입어 크게
성장세를 보였고 따라서 1억 원을 빌려서 실물자산에 투자했더라면 20년
후에는 가치가 몇 배나 뛰었을 테니까요.

이렇게 돈에 대한 기회비용이 컸기 때문에 당시에는 돈을 빌리는 데 비
용을 많이 지불해야 했을 것입니다. 일반적으로 물가상승률이 클수록 현
금가치 하락을 피하고자 하는 수요가 많아 돈을 빌리려는 수요도 늘어납
니다.

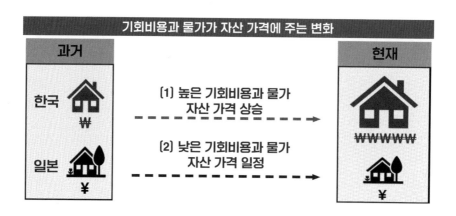

대출과 차입에도 경제학의 기본원리인 수요와 공급의 법칙이 적용됩니
다. 대출 수요가 공급에 비해 많으면 대출 비용이 비싸지고 반대로 수요에
비해 자금 공급이 더 많으면 싸지는 것이지요.

20년 전 일본의 상황은 한국과 크게 달랐습니다. 일본은 90년대 이후부터 줄곧 경기가 침체 상태라 경제성장률이 정체되었습니다. 따라서 20년 전 1억 원에 해당하는 일본 엔화를 빌리는 데 대한 기회비용은 한국에 비해 매우 작았을 것으로 생각할 수 있습니다. 만약 그때 엔화를 빌려서 일본 자산에 투자했다 하더라도 한국에 비해 상승률이 훨씬 낮았을 것이기 때문이지요.

'어차피 오르지 않을 자산에 투자하느니, 차라리 저축이나 예금을 하자'고 생각하는 사람이 많아졌을 것입니다. 돈을 빌려 쓰고자 하는 수요가 적으니 돈을 빌릴 때 내는 비용도 낮아질 수밖에 없었던 것입니다.

화폐의 시간가치와 현금가치의 변화

돈의 시간가치를 계산할 때 기회비용과 더불어 물가도 반드시 고려해야 합니다. 정상적인 경제 상황에서는 보통 물가가 오릅니다. 중앙은행이 계속해서 화폐를 발행하기 때문이기도 하지만, 자본주의 경제체제하에서 물가는 일반적으로 하락하기보다는 상승합니다.

만약 친구에게 1년간 10만 원을 빌려줬는데, 1년 후 물가가 지난해 대비 1% 올랐다고 가정해봅시다. 이는 당신이 인식하지 못하는 사이에 현금가치가 떨어져서 작년에는 10만 원으로 살 수 있었던 물건을 이제 10만 1,000원을 줘야 살 수 있다는 뜻입니다.

물가 상승을 고려하지 않고 단순히 10만 원만 돌려받는다면 1,000원의 시간가치로 인한 손실을 겪게 됩니다. 즉 지금 돈을 빌려주는 데 따른 기회비용만 고려하고 물가상승을 간과한다면, 물가상승기에는 실질수익이

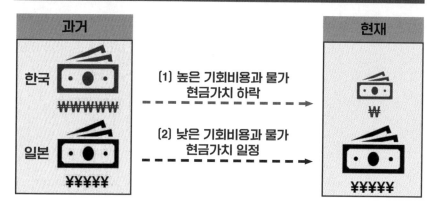

기회비용과 물가가 현금가치에 주는 변화

과거		현재
한국	(1) 높은 기회비용과 물가 현금가치 하락	
일본	(2) 낮은 기회비용과 물가 현금가치 일정	

마이너스(-)가 될 수도 있습니다.

　우리나라 수도권 아파트가 20년 전에 비해 수 배 이상 상승한 사실은 물가상승의 규모를 실감하게 합니다. 더불어, 20년 전의 1억 원을 지금까지 예금에 넣어두었다면, 그간 화폐의 시간가치가 매우 컸기 때문에 해당 현금의 현재가치가 크게 줄어들었을 것입니다.

금리와 이자는 같은 말?
금리와 이자, 이자율을 구별하자

금리와 이자의 구분

금리와 이자는 자주 혼용되지만, 엄밀히 말하면 서로 다른 개념이므로 구별해서 이해할 필요가 있습니다.

이자는 돈을 일정 기간 사용한 기회비용의 대가로서, 차입자가 대출자에게 지급해야 하는 비용입니다. 이는 퍼센트(%)가 아닌 '원화로 얼마, 달러로 얼마'처럼 실제 금액으로 표시됩니다.

반면, 금리interest rate는 이자의 비율을 나타내는 지표입니다. 대출이나 예금 등 모든 금리상품에 적용되며, 일반적으로 1년 동안의 연이율을 기준으로 계산됩니다. 즉 금리는 자금의 차입과 대출 등 자금 거래에 적용되는 이자의 수준을 나타내는 수치로, 주로 백분율인 퍼센트나 백분의 1%인 베이시스포인트(bp)로 표시됩니다.

예를 들어, 100만 원 상당의 대출을 받는데 금리가 5%라고 가정하면, 1년 이자는 5만 원이 됩니다. 금리가 높아지면 이자도 커지고, 금리가 낮아지면 이자도 작아집니다.

	이자, 금리와 이자율의 구분
이자	· 차입자가 대출자에게 지급해야 하는 비용 · 원이나 달러와 같이 금액으로 표시
금리	· 돈에 대한 이자율. % 또는 bp(1/100%)로 표시 · 원금과 이자가 모두 돈일 때만 금리라고 한다
이자율	· 원금에 붙는 이자의 비율로, 금리보다 넓은 개념 · 물건 같은 물물교환에 대한 이자의 비율도 포함

금리와 이자율은 같은 말?

그러면 금리와 이자율은 어떨까요? 둘은 같은 말일까요? 금리와 이자율은 비슷한 개념이고 실생활에서는 차이 없이 섞어 쓰기도 하지만, 이 두 가지 또한 정확히 같은 말은 아닙니다.

만약 100원을 빌리고 10원의 이자를 내야 한다면, 이자율은 다음과 같이 10%가 될 것입니다.

$$이자율 = \frac{이자}{원금} \times 100 \quad 따라서, \quad 이자율 = \frac{10}{100} \times 100 = 10\%$$

여기서 금리도 마찬가지로 돈에 대한 대가이기 때문에 이자율과 호환해서 사용할 수 있습니다. 따라서 금리 또한 이자율과 마찬가지로 10%이지요.

쌀이나 곡식 같은 물건을 100kg 빌리고 추후에 10% 많은 110kg을 대가로 갚는 경우는 어떨까요? 그 비율은 금리가 아니라 이자율이라고 합니다. 이자는 비금융자산도 대상으로 할 수 있기 때문입니다. 금리는 돈에 대한 이자율이므로, 원금과 이자가 모두 돈일 때만 사용할 수 있습니다. 돈에 대한 대가만 금리이기 때문에 쌀이나 곡식 등의 경우에는 금리라고 할 수가 없는 것이지요.

결론적으로, 금리는 돈에 대한 대가만을 일컫고 이자율은 물건이나 서비스에 대한 대가까지도 포함하는 개념입니다. 이자율이 금리보다 넓은 개념인 것입니다. 현대사회에서 이자율과 금리가 같은 의미로 혼용되는 이유는 물물교환을 거의 하지 않기 때문이지요. 그래서 금융생활에서 금리와 이자율은 같은 의미로 이해해도 무방합니다.

이자가 생겨난 이유

이자는 오래전 고대 때부터 있었는데, 다음 두 가지에서 기인했습니다.

첫째, 이자가 생겨난 가장 큰 이유는 교환의 편리성 때문입니다.

이자를 주고받으면 물물교환이 훨씬 편리하고 더 잘 이루어졌습니다. 고대에는 화폐가 발달하지 않아서 필요한 물건을 물물교환으로 얻었는데, 실제로 물건을 서로 교환하는 데 애로사항이 많았습니다. 나는 상대방의 물건을 원하는데 상대방은 내 물건을 원하지 않으면 상대방의 물건을 살 수 없었지요. 하지만 지금 상대방의 물건을 받고 나중에 이자를 쳐서 물건을 더 많이 돌려줄 수 있다면 문제가 해결됩니다. 빌려준 사람에게 일정 기간 물건의 사용료를 지급하는 셈입니다.

둘째, 잉여자원의 효율적 사용이 가능해졌기 때문입니다.

고대에는 현대와 달리 생산량 조절이 어려웠습니다. 그래서 생산하고 남은 잉여자원을 효과적으로 저장하고 관리할 방법이 필요했지요. 이때

잉여자원을 필요로 하는 사람에게 빌려주고 이자를 받으면, 저축의 효과를 얻는 동시에 추가적인 수익도 창출할 수 있습니다.

물물교환에서 이자가 생겨난 이유

1. 이자를 주고받으면 물물교환이 훨씬 편리하고 활성화된다
2. 초과 생산된 잉여자원을 버리지 않고 이자를 받고 빌려줄 수 있다

이자의 역사

이자의 역사는 고대 메소포타미아로 거슬러 올라갑니다. 고대 메소포타미아에서는 은이나 곡물을 빌려주고 다음 해에 더 많은 양으로 돌려받는 관행이 있었는데, 이것이 바로 이자의 기원이라고 할 수 있습니다.

가장 오래된 메소포타미아 국가는 수메르Sumer로 기원전 3,000년 이전부터 이자를 받았다는 기록이 있습니다. 이후 바빌로니아Babylonia, 아시리아Assyria와 페르시아Persia에도 은과 곡물을 빌려주고 이자를 받는 제도가 있었습니다. 흥미로운 점은 빌린 물건과 같은 종류로 되갚아야 했다는 것입니다. 만약 은을 빌렸다면 은으로, 곡물을 빌렸다면 같은 곡물로 갚아야 했습니다.

하지만 이러한 거래가 흔히 일어나지는 않았습니다. 당시의 이자율은 평균 30~40% 정도로 매우 높아서 실제로 빌리려면 큰 부담을 감당해야 했기 때문입니다. 현대의 금융시장이 생겨나기 이전까지 금융업이란 실제로는 고리대금업에 가까웠습니다.

금융업의 역사는 고대로 거슬러 올라갑니다. 현재도 세계 금융계에서

중요한 위치를 차지하고 있는 유대인은 고대부터 금융업에 진출해 고리대금업을 시작했습니다. 특이하게도 그들은 유대교 법전에 따라 같은 유대인에게는 이자를 받지 않고 외부인에게만 이자를 받았습니다.

이후 중세 유럽에서는 기독교가 이자를 금지했습니다. 기독교에서는 이자를 받는 행위를 탐욕스럽다고 여겼으며, 돈을 빌려주는 사람은 빌린 사람을 인도적으로 대해야 한다고 주장했습니다.

현대에도 이자를 금지하는 종교가 있는데, 대표적으로 이슬람교를 들 수 있습니다. 이슬람교 경전인 쿠란에서는 이자를 불로소득으로 간주하여 이를 금지합니다. 돈을 빌려주고 이자를 받는다면 이슬람교 교리를 위반하는 것입니다. 이로 인해 오늘날 이슬람교 국가에서 발행되는 채권인 수쿡Sukuk은 이자 대신 배당을 받는 투자상품의 형식을 취하고 있습니다.

우리나라의 경우, 고려시대부터 고리대금업이 존재했습니다. 고려시대에는 의창義倉과 상평창常平倉 같은 국가의 창고에 곡물을 저장했다가 흉년이 들면 백성에게 빌려주는 제도가 있었습니다. 원래는 백성의 생활 안정이 목적이었지만, 점차 고리대금업으로 변질되었습니다. 국가는 곡물을 빌려주고 높은 이자를 요구했고, 백성은 이자를 감당하지 못해 노예로 팔리거나 감옥에 가는 경우가 허다했습니다.

특히 고려시대에는 소작농의 비중이 높았는데, 이들은 흉년이나 질병으로 농사를 망치면 할 수 없이 고리대금업자에게 높은 이자에 곡물을 빌려야 했습니다. 고리대금업은 백성의 삶을 위협하고 사회 불안을 야기하여 결국 고려 왕족이 몰락하는 하나의 요인이 되었습니다.

이처럼 서민의 생활 안정은 금융과 매우 밀접하게 관련되어 있습니다. 따라서 건전한 금융산업의 발전과 적절한 금융 감독은 아주 중요합니다.

이자의 역할

이자는 역사적으로 고리대금이라는 편견 때문에 부정적으로 인식되어 온 것도 사실입니다. 하지만 대출과 이자는 실제로 경제발전에 매우 중요한 역할을 합니다. 돈이 돌지 않고 유통되지 않으면, 경제가 발전하기도 어렵기 때문입니다.

이자는 돈의 유통을 촉진하고, 새로운 투자와 소비를 창출하며, 경제성장을 견인하는 역할을 합니다. 적당히 높은 수준의 이자는 새로운 투자 기회를 만들어서 경제성장을 촉진시키기도 합니다.

하지만 과도하게 높은 금리는 경제에 부정적인 영향을 미칩니다. 너무 높은 금리 수준은 물가를 자극해 인플레이션을 유발하고, 기업의 경영을 어렵게 만들고, 소비를 위축시킵니다. 이러한 요인이 복합적으로 작용하면 경기침체나 심각한 경우 경제위기로도 이어질 수 있습니다.

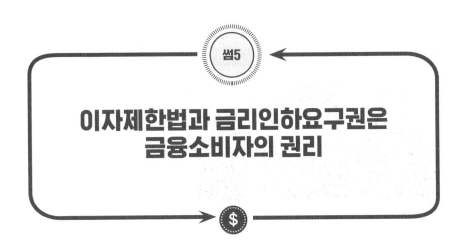

이자제한법과 금리인하요구권은 금융소비자의 권리

검의 양날, 이자

이자는 앞에서 살펴본 바와 같이 정책과 목적에 따라 잘 활용하면 순기능을 발휘합니다. 하지만 수익창출만을 최우선 목표로 삼는다면 이자의 순기능보다 역기능이 더 두드러질 수 있습니다.

은행업이나 금융기관의 영업은 공장 운영이나 시설 투자가 필요한 장치산업과 다릅니다. 장치산업은 투자자들이 자기자본이나 대출을 통해 공정한 경쟁 아래서 자유롭게 영업할 수 있습니다. 하지만 금융업은 국가나 공공기관으로부터 라이선스license를 받아 영업을 하는 인가사업의 성격이 강합니다. 돈 자체가 본질적으로 공공재적 성격이 큰 데다 이러한 돈을 이용한 영업을 할 수 있도록 면허를 내주는 인가사업이기 때문에 금융업은 더더욱 공공적인 측면이 중요합니다.

은행을 비롯한 금융기관은 고객에게서 예금을 받고 주로 이 수탁고를 이용해 다시 대출을 해줍니다. 그 과정에서 예금이자와 대출이자의 차이, 즉 '예대마진'을 통해 이자수익을 올립니다. 그렇기 때문에 금융기관의 높

이자 금지의 사례와 한국의 입법

이슬람교 쿠란

유대교 탈무드

중세 기독교

과도한 이자부담으로부터
나 자신과 회사를 보호하자!

이자제한법

금리인하요구권

한국의 입법 상황

은 실적은 종종 도마에 오르기도 합니다. 과연 금융기관의 영업실적 개선이 실제 경제에 도움이 되는지 하는 고민도 하게 됩니다.

특히 경기가 좋지 않은 가운데서도 매년 조 단위의 수익을 올리는 금융기관의 행태에 대한 대중의 시선이 곱지만은 않습니다. 국민과 기업은 생존이 달린 시련을 겪는 와중에도 시장 위험이 가중될 때마다 눈치를 보면서 예대마진을 높이는 금융기관의 관행은 반드시 개선되어야 하는 문제입니다.

고금리 문제는 오늘날뿐만 아니라 과거부터 지속된 사회적 이슈였으며, 이로 인해 고리대금업에 대한 감시와 규제가 이어져왔습니다. 하지만 건전한 신용창출 기능을 하는 은행의 존재는 필수적입니다. 은행이 없다면, 기업활동과 개인의 경제생활에 불편함을 넘어 큰 혼란이 생길 것입니다. 건전한 목적을 가진 금융기관의 활발한 자금 거래는 기업 투자를 촉진하고 개인 자산을 증식시키며 안전하게 보호해주어 국가 경제의 중요한 버팀목이 됩니다.

이자는 잘못 쓰면 독이지만, 필요할 때 잘 사용하면 약일 수 있습니다.

과도한 이자 장사는 당연히 제재와 감시의 대상이 되어야 하지만 금융기관이 정당한 영업활동의 대가인 이자를 받는다는 이유만으로 한꺼번에 매도된다면, 금융의 순기능까지도 저해되어 국가 경제에 손실을 초래할 수 있습니다.

금융기관은 정부와 사회단체와 합심하여 금융의 공적인 기능을 인식하고 회복해야 합니다. 경제적 약자 보호라는 뚜렷한 목적의식을 갖고 사회적 봉사 기능을 적극적으로 수행하면서 국민의 신뢰를 얻을 수 있도록 혁신하고 노력해야 합니다.

정부 역시 어떠한 제도 개편이 이루어져야 금융기관의 혁신을 지원하고 우리 사회에 최선의 효용을 가져올 수 있을지 진지하게 고민해야 합니다. 국내시장에 머물러 있는 우리나라 금융기관이 세계 무대로 진출할 수 있도록 지원해, 금융이 한국의 미래산업 중 하나로 발전할 수 있기를 기대합니다.

이자제한법

돈을 빌리고 빌려주는 행위를 법적인 용어로 금전대차金錢貸借라고 합니다. 이 과정에서 돈의 가격, 즉 금리가 정해집니다. 그러나 모든 사람이 제도권 금융을 이용할 수 있는 것은 아닙니다. 경제적 어려움이나 신용 문제로 인해 정상적인 금융 서비스를 이용하기 힘든 이들은 대부업체나 개인 간 거래, 심지어 사채업자에게 의존할 수도 있습니다.

이러한 비제도권 금융은 종종 높은 이자율과 위험을 동반합니다. 특히 사채를 이용하는 경우, 시간이 지날수록 이자가 눈덩이처럼 불어나고 심각하게는 돈을 받아내려는 불법추심 세력에 괴롭힘을 당하는 끔찍한 고통까지 겪을 수 있습니다.

이러한 상황을 미연에 방지하고, 보다 공정하게 이자 비용을 책정하기 위해 마련된 법이 '이자제한법'입니다.

이자제한에 관한 법률
이자제한법 제2조 제1항 제2조 [이자의 최고한도] ①금전대차에 관한 계약상의 최고 이자율은 연 25%를 초과하지 아니하는 범위 안에서 대통령령으로 정한다
대통령령 시행령 제31593호 이자제한법 제2조 제1항에 따른 금전대차에 관한 계약상의 최고 이자율은 연 20%로 한다

이렇듯 이자제한법은 연 25% 이내 그리고 실무적 하위법인 대통령령에서는 20% 이내로 이자율을 제한하고 있습니다. 따라서 현행법상 20%를 초과하는 이자는 사실상 위법입니다.

그렇기 때문에 대부업자 또는 미등록 대부업자가 이자제한법을 위반하여 금전대차 계약을 체결했다면, 최고 이자율을 초과하는 부분은 무효가 됩니다. 그렇다면 일반 개인 간 거래에도 이 법이 적용될까요? 연이자율 20%를 넘는 고금리 이자 거래를 한 가정주부 연이자 씨의 사례를 통해 살펴보겠습니다.

대학생 두 자녀를 둔 엄마인 연이자 씨는 아이들 학비 마련을 위해 급전이 필요해졌습니다. 카드론을 받으면 신용등급 하락이 우려되고, 사채는 위험성 때문에 꺼려져 지인인 고금리에게 2,000만 원을 한 달만 빌리기로

연이율 20% 초과이자는 무효... 반환청구가 가능하다

· 1달간 최고 이자율 20%
₩20,000,000 × 0.2 × [30/365]
= ₩328,767

· 반환가능 20% 초과이자
₩2,000,000 - ₩328,767
= ₩1,671,233

연이자

초과이자 돌려줘!

고금리

했습니다. 한달(30일) 후에 200만 원을 이자로 얹어 2,200만 원을 돌려주기로 했지요. 그러나 이 거래의 연이율을 계산해보면 약 120%에 달합니다.

자금을 대여해준 고금리 씨는 개인이지만 법적으로는 미등록 대부업자로 간주할 수 있습니다. 20% 최고 이자율을 초과하는 부분에 대한 이자계약은 무효이므로, 연이자 씨는 고금리 씨에게 1,671,233원의 초과이자 반환을 청구할 수 있습니다.

그러면 비트코인Bitcoin 같은 가상자산의 경우는 어떨까요? 결론적으로 말하면, 가상자산은 법정통화로 인정되지 않아 이자제한법의 적용 대상이 아닙니다. 따라서 가상자산을 대여할 때는 20% 이상의 이자를 주고받아도 따로 법적 제한은 없습니다.

금리인하요구권

국제대학교 졸업반 유학생 씨는 내년 2월 졸업을 앞두고 있는데, 이미 지난 학기부터 꿈꿔왔던 드림상사에 입사해 근무 중입니다. 아직 졸업 예정자 신분이지만 취업을 해서 월급을 받은 상황이라, 학생 때 빌렸던 6.0%의 신용대출 금리를 조금이라도 낮춰보고자 A은행에 금리인하요구권을 신청했습니다. 든든한 직장에 취직을 한 덕분에 유학생 씨는 금리인하요구권의 신청기준에 부합했고, A은행은 일주일 후 유학생 씨의 신용대출 금리를 1% 인하한 연 5%로 조정해주었습니다.

바이오 벤처회사에 다니는 10년 차 연구원 성과급 과장도 이번에 B은행에 주택담보대출의 금리인하요구권을 신청했습니다. 회사의 중요한 프로젝트였던 신약 개발을 성공시킨 공로로 월급이 25%나 인상되고 연말 성과급도 3,000만 원이나 추가로 받았기 때문입니다. 소득 증가로 인해 성과급 씨의 개인 신용평점이 자연스럽게 올랐고 B은행은 기존 5.0%였던 성과급 씨의 대출금리를 연 4.5%로 0.5% 인하해주었습니다.

위의 두 사례는 금리인하요구권의 신청 조건과 그 효과를 잘 보여줍니다.

금리인하요구권으로 금리를 낮추다!

- 대졸 예정자
- 취직
- 기존 금리 6%
- 조정 후 5%
- 1% 금리 혜택

유학생 사원

- 직장인 10년 차
- 성과급 수령
- 기존 금리 5.0%
- 조정 후 4.5%
- 0.5% 금리 혜택

성과급 과장

여러분도 마이너스통장이나 주택담보대출 등 어떤 형태로든 대출을 적어도 한 번쯤은 받아본 적이 있을 겁니다. 그런데 수년 동안 꼬박꼬박 대출이자를 잘 갚아도 금융기관이 알아서 금리를 내려준다고는 절대 얘기하지 않지요.

이러한 상황에서 금융소비자의 권익을 보호하기 위해 도입된 제도가 바로 '금리인하요구권'입니다. 이는 소비자의 신용상태나 상환능력이 크게 개선되었을 때, 금융기관에 대출금리를 인하해달라고 요구할 수 있는 권리입니다.

금리인하요구권은 시중은행의 은행대출뿐 아니라 저축은행, 카드사, 보험사 등 제2금융권에도 적용됩니다. 특히나 수수료를 받는 대신 카드 결제일을 미뤄주는 서비스인 신용카드사의 리볼빙 서비스revolving service는 연 수수료가 평균 10% 이상으로 금리가 높기로 유명한데, 이에 대해서도 금리인하요구권을 행사할 수 있습니다. 또한 일반 대출 외에 신용대출과 담보대출 그리고 개인과 기업 대출에도 모두 적용됩니다.

금리인하요구권을 신청할 수 있는 경우	
소득의 증가	취업, 이직, 승진으로 인한 소득의 증가
재산의 증가	부채 감소 또는 자산 증가 (재무상태 개선)
신용도 증가	개인의 신용평가회사 평점 상승

영업점을 방문해서 신청 조건에 부합한다는 증빙을 제출하면 되는데, 대개는 온라인으로 신청합니다. 개인이나 기업이 금리인하를 신청하면, 해당 금융기관은 5일에서 10일 영업일 사이에 결과를 통보해줍니다. 금리인하요구권은 법적으로 보장된 권리로서, 추후 추가 대출이나 대출 연장에 영향을 미치지 않기 때문에 자격이 된다면 적극적으로 신청해보기를 권유합니다.

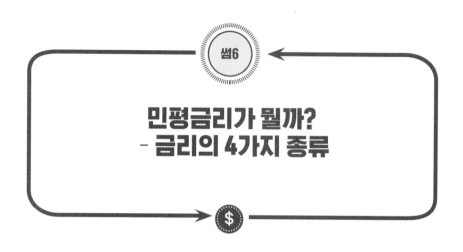

썸6

민평금리가 뭘까?
- 금리의 4가지 종류

금리, 크게 4가지 종류가 있다

금리는 그 종류가 여러 가지라 얼핏 복잡해 보이지만, 체계적으로 정리해보면 그 구조와 존재 이유를 쉽게 이해할 수 있습니다.

금리는 크게 4가지 기준으로 나누어볼 수 있습니다. 첫째, 누가 정하는가에 따라 정책금리와 시장금리로 나뉩니다. 정책금리의 대표적 예는 중앙은행이 발표하는 기준금리입니다.

둘째, 금리의 변동 여부에 따라 고정금리와 변동금리로 구분됩니다. 고정금리는 만기 때까지 이자율이 변하지 않으며, 변동금리는 시장 상황에 따라 지속적으로 조정됩니다.

셋째, 만기 기간에 따라 단기금리와 장기금리로 나뉩니다.

넷째, 자금 흐름의 방향에 따라 수신금리와 여신금리로 구분됩니다. 거래는 쌍방간에 이루어지는데, 금융기관이 자금을 받을 때 적용하는 금리는 수신금리, 반대로 금융기관이 자금을 빌려줄 때 적용하는 금리는 여신금리라고 합니다.

금리의 분류와 종류		
누가 정하는가?	정책금리	정부나 국책기관이 정하는 금리. 기준금리
	시장금리	시장에서 수요·공급에 따라 정해지는 금리
금리가 변하는가?	고정금리	만기까지 금리가 정해져 있는 경우
	변동금리	금리가 시장금리에 연동되는 경우
만기는 어느 정도?	단기금리	만기 1년 이내인 단기상품의 금리
	장기금리	만기 1년 이상인 장기상품의 금리
주는가 받는가?	수신금리	은행이 돈을 받을 때 금리. 예금·적금 금리
	여신금리	은행이 돈을 빌려줄 때 금리. 대출금리

기준금리

기준금리는 한 나라의 중앙은행이 국가 금리의 기준으로 삼기 위해 결정해서 발표하는 정책금리입니다. 미국 연준Fed이나 유럽중앙은행ECB, 일본은행BOJ 그리고 한국은행BOK은 모두 정기적으로 자국의 기준금리를 결정해서 발표합니다.

이러한 중앙은행의 기준금리는 해당 국가 금리체계의 근간이 되지만, 어떤 금리를 기준금리로 삼는지는 국가마다 다릅니다. 대부분의 중앙은행은 1~7일 정도의 단기금리를 기준금리로 채택하고 있습니다.

한국은행은 일본은행과 마찬가지로 금융기관 간에 하루 동안 빌려 쓰는 1일물 콜금리overnight call를 기준금리로 사용해왔으나, 2008년부터 7일물 RP(환매조건부채권) 최저입찰금리로 변경했습니다.

미국의 기준금리인 연방기금금리Federal Fund Rate 또한 은행 간 1일물 콜금리입니다. 미국의 시중은행은 고객 예금 중 일정 부분을 관할지역 연방준비은행에 의무적으로 적립해야 하는데 이 자금을 연방기금Federal Fund이라고 합니다. 그런데 은행들이 납입해야 하는 준비금 액수가 날마다 변동하기 때문에 시중은행은 서로 준비금을 빌려주는데, 이 거래에 적용되는 권고금리가 연방기금금리입니다.

국가별 기준금리	
미국 연준(Fed)	• Federal Fund Rate(FFR) • 성격: 1일물 연준 콜금리, 지불준비금 USD 대여금리
유럽중앙은행(ECB)	• Interest Rate on the Main Refinancing Operation • 성격: ECB의 7일물 EURO화 RP금리(재할인율)
일본은행(BOJ)	• 단기금리(短期金利) • 성격: 은행간 1일물 콜금리
중국인민은행(PBOC)	• LPR(Loan Preferred Rate) 대출우대금리 • 성격: 위안화 민간 대출 우대금리
한국은행(BOK)	• 한국은행 기준금리 Base Interest Rate • 성격: 7일물 KRW RP(환매조건부채권) 금리

콜금리는 시장금리의 성격을 띠므로 강제성 없는 가이드라인에 해당합니다. 그래서 미국과 일본의 기준금리는 상한upper band과 하한lower band의 구간 범위로 제시되는 것이지요.

시장금리와 민평금리

시장금리란 중앙은행이 결정한 정책금리가 아닌, 채권시장이나 단기금융시장money market과 같은 금융시장에서 수요와 공급의 원칙에 따라 실제로 거래되는 실세금리를 말합니다. 기준금리와 달리 시장금리는 거래될 때마다 바뀌어, 주식이나 환율처럼 계속해서 변동합니다.

시장금리는 매우 다양한데, 가장 대표적인 것은 채권시장에서 거래되는 채권수익률입니다. 따라서 뉴스 매체에서 '시장금리가 상승했다' 또는 '시장금리가 하락했다'라고 하면, 이는 곧 채권의 수익률이 변동했다는 의미입니다.

그러나 채권의 수익률 또한 거래 때마다 변동하기 때문에 호가할 때 기준으로 삼을 기준금리가 필요합니다. 이에 채권을 사고파는 채권 딜러는 일반적으로 민간평가사가 제공하는 전일의 채권수익률을 기준으로 얼마나 올랐는지 내렸는지 호가하면서 거래합니다.

민평금리(연합인포맥스 4623화면)

N 4623 통합시장 현재가			시간	수익률	대비	가격	민평대비
KR1035016CC0 국고04250-2512(22-13) 시장전체 민평4사							
현재가	3.840	10,261.00	17:35:12	3.840	0.0	10,261.0	2.58
민평	3.840	10,258.42	17:35:02	3.840	0.0	10,261.0	2.58
민평대비	0.0	2.58	17:34:02	3.862	2.2	10,256.0	-2.42
시가	3.840	10,260.70	17:09:23	3.865	2.5	10,255.5	-2.92
고가 기본	3.872	10,278.00	16:55:05	3.840	0.0	10,261.0	2.58
저가	3.740	10,254.00	16:53:20	3.850	1.0	10,258.5	0.08
평균	3.856	10,257.42	16:52:40	3.840	0.0	10,261.0	2.58
거래량	4,985	-1,284	16:35:00	3.860	2.0	10,257.0	-1.42
거래대금	5,113	-1,318					

이렇게 우리나라에서 채권의 전일 수익률 기준으로 사용되는 대표적인 시장금리 지표가 바로 '민평금리' 또는 '민평'입니다.

KIS자산평가, 한국자산평가, NICE 평가정보, FN자산평가 등 네 곳의 민간채권평가회사에서 매일 각 채권의 금리를 평가해 발표하는데, 이들 네 개 민간평가사 금리의 평균을 민평금리라고 합니다.

민간평가사 3사의 평균을 민평으로 쓰는 경우도 있는데 이때 3사는 KIS자산평가, 한국자산평가와 NICE평가정보를 가리킵니다.

채권 딜러는 실제 거래할 때 어떤 채권의 현재 시장금리가 전날 종가 기준 민평금리 대비 0.1%p 올랐다면 '민평 오버 (+)0.10%'라고 호가합니다. 반대로, 해당 채권의 현재 시장금리가 민평금리 대비 0.2%p 내렸다면 '민평 언더 (-)0.20%'와 같은 식으로 호가를 제시하면서 거래합니다.

이렇듯 민간채권평가회사는 매일 각 채권별로 시가평가를 실시해서 당일 채권 거래의 기준이 되는 금리를 발표하고 있습니다.

다양한 채권의 민평금리는 채권평가사들의 홈페이지나 연합인포맥스와 같은 전문적인 금융정보 단말기에서 확인할 수가 있습니다.

고정금리와 변동금리

금리는 만기까지 고정된 경우와 특정 기준금리에 연동하는 변동금리로도 나뉩니다. 은행이나 금융회사에서 대출을 하면서 우리는 변동금리와 고정금리 중 어떤 것을 선택할지 고민할 때가 많습니다.

특히 주택담보대출이나 사업대출처럼 금액이 클 경우, 이러한 고민은 더 커집니다. 상식적으로 금리상승이 예상될 때에는 고정금리가, 반대로 금리하락이 예상될 때에는 변동금리가 유리할 것입니다.

고정금리의 대표적인 예로는 정기예금이나 고정금리 대출을 들 수 있습니다. 다만, 고정금리는 금리변동 위험 때문에 초기에 변동금리 대출보다 높은 이자를 부담해야 할 수 있습니다.

고정금리와 변동금리에 대해서는 3장 [썸1]에서 더 자세히 다룰 예정인데, 우리가 알고 있는 대부분의 금리는 사실상 변동금리라고 볼 수 있습니다. 대표적인 변동금리 지표로는 은행 CD금리, 은행들의 조달금리지수인 코픽스COFIX 금리 그리고 금융채 금리 등이 있습니다.

썸7

수익률 곡선은
왜 우상향 형태일까?

만기에 따라 단기금리와 장기금리로 나뉜다

금융거래는 기간에 따라 편의상 단기거래와 장기거래로 구분하지만, 어떤 종류의 거래는 단기금리와 장기금리가 다 같이 존재하는 경우도 있습니다.

예를 들어 CMA, MMF, 콜거래, 양도성예금증서인 CD 그리고 RP라고 불리는 환매조건부채권과 같은 거래는 본질적으로 단기거래입니다. 이들은 모두 최소 1일에서 최장 6개월 또는 1년을 넘지 않는 기간으로 이루어져 단기거래로 분류됩니다.

이에 반해, 채권의 경우에는 만기가 매우 다양합니다. 1년 이내의 짧은 만기부터 수년에서 수십 년의 긴 만기도 존재하기 때문에 동일한 발행자의 채권이라도 단기금리와 장기금리가 동시에 존재할 수 있습니다. 이는 같은 종류의 금융거래라도, 만기에 따라 이자율이 달라질 수 있음을 의미합니다. 예금의 경우도 마찬가지로, 6개월이나 1년 만기 정기예금과 3년 만기 정기예금은 금리가 서로 다를 것입니다.

일반적으로 우리나라 금융시장에서는 만기 1년 이하는 단기금리, 1년에서 10년 사이는 중기금리, 10년 이상은 장기금리로 구분합니다.

왜 장기금리가 단기금리보다 더 높을까?

온라인 상거래 기업 감마존의 입사동기인 노대출과 예금자 대리는 서로 다른 이유로 오늘 은행에 다녀왔습니다. 노대출 대리는 3년 정도 쓸 신용대출을, 예금자는 1년 만기 정기예금을 알아보려 합니다.

그런데 노대출 대리는 은행원이 제시한 금리를 보고 깜짝 놀랐습니다. 1년 만기 대출은 금리가 4.5%인 데 반해 3년 만기 대출은 이보다 2%나 높은 6.5%라고 했기 때문입니다. 은행 방문 전 3년 만기 대출을 생각했던 노대출 대리는 큰 고민에 빠졌습니다.

반면, 예금자 대리는 기분이 좋았습니다. 은행이 제시한 1년 만기 정기예금은 금리가 3.5%인 데 반해, 3년 만기 정기예금은 5.0%로 1.5%나 높은 금리를 제시했기 때문입니다. 1년 만기 예금을 생각했었지만 3년 만기 장기예금 금리에 마음이 끌립니다.

예금이든 대출이든, 만기가 길수록 금리가 높아진다

· 정기예금 관심 · 1년 만기 3.5% · 3년 만기 5.0% · 장기예금 높아 · 3년 pick !	· 신용대출 관심 · 1년 만기 4.5% · 3년 만기 6.5% · 장기대출.높아 · 대출 no! 안 받아!

예금자 대리   **노대출 대리**

이렇듯, 같은 예금이나 대출이라도 거래 기간에 따라 거래의 가격인 금리가 달라집니다. 만기에 따라 금리가 변한다는 것이지요. 일반적으로 장기금리는 단기금리보다 높은데 그 이유는 두 가지입니다.

첫째, 화폐의 시간가치 때문입니다. [썸2]와 [썸3]에서 배운 바와 같이 화폐의 가치는 기회비용과 물가상승률이라는 두 가지 요소 때문에 매일매일 변합니다. 그래서 돈에는 시간의 흐름과 함께 사용료가 붙는데 이것이 바로 이자입니다. 시간이 지날수록 이자비용이 늘어나기 때문에, 만기가 짧은 돈의 가치보다 만기가 긴 돈의 가치가 더 비싸지는 것입니다.

둘째, 만기가 길어질수록 거래 상대방에 대한 신용위험credit risk이 커지기 때문입니다. 예금자는 예금을 맡긴 은행의 신용위험에 노출되며, 대출을 준 은행은 대출자의 신용위험을 지게 됩니다. 신용위험의 크기는 거래 상대방의 신용과 반비례합니다. 또한 같은 상대방이라 해도 만기가 길수록 신용위험이 더 커집니다. 예를 들어, 하루 동안 돈을 빌려주는 것과 10년 동안 빌려주는 것의 상환 위험은 차원이 다릅니다.

장기로 갈수록 금리가 높아지는 이유	
화폐의 시간가치	· 만기가 짧은 돈의 가치보다 만기가 긴 돈의 가치가 더 비싸기 때문
신용위험에 노출	· 만기가 길수록 거래 상대방에 대한 신용위험이 커지기 때문

일드커브란 기간별 금리를 연결한 수익률 곡선

금리는 이렇듯 기간에 따라 달라집니다. 그래서 기간별로 다른 금리 수준을 그래프로 이어놓은 기간별 금리표를 가리켜 수익률 곡선 또는 영어로 '일드커브yield curve'라고 합니다. 만기 한 달, 두 달, 세 달, 6개월, 1년, 2년, 5년, 10년, 20년 등 기간마다 금리에 점을 찍어 연결하면 수익률 곡선이 형성됩니다.

일반적으로 단기에서 장기로 기간이 길어질수록 금리가 높아지는데, 이 때문에 수익률 곡선은 장기 구간으로 갈수록 금리가 높아지는 우상향 곡선의 형태를 보입니다. 이는 화폐의 시간가치를 반영한 것으로, 일드커브는 시간에 따른 금리의 변화를 나타내는 기간금리표와 같다고 이해하면 편리합니다.

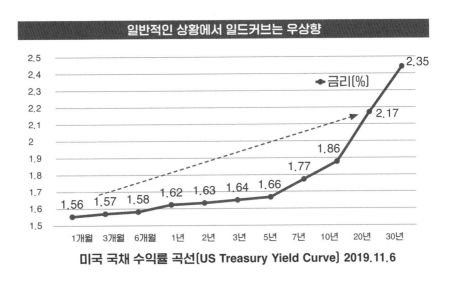

미국 국채 수익률 곡선(US Treasury Yield Curve) 2019.11.6

채권의 수익률 곡선을 정부나 중앙은행이 인위적으로 통제하는 경우가 있는데, 대표적인 예로 일본이 2016년 9월부터 2024년 2월까지 장기금리를 통제하기 위해 사용한 일드커브콘트롤Yield Curve Control, YCC 정책을 들 수 있습니다.

일본의 YCC 정책은 일본국채 JGBJapanese Government Bond 중에서도 시장금리에 가장 큰 영향을 주는 10년 만기물만을 꼭 집어서 일정 수익률을 넘어서 거래되지 못하도록 금리상한을 두었습니다. 그리고 10년 만기 JGB의 수익률이 금리상한선을 넘어 시장에서 거래되더라도 일본은행이 시장에서 국채를 대량 매수하는 개입을 하여 금리상한선 밑에서 거래되도록 인위적으로 통제했습니다.

> **日 10년물 금리, YCC 수정 관측에 급등… 장중 0.96%**
>
> 금리일보

위 기사는 2023년 10월 말 일본은행이 기존 ±1%로 유지되어온 YCC 금리를 2024년부터 유연하게 수정할 것이라는 전망이 나오면서 0.8%에 머물던 10년물 JGB금리가 단숨에 1% 가까이 상승한 실제 상황입니다. YCC 정책은 아베노믹스를 대표하는 통화정책 중 하나로서 2024년 2월 이후 폐기되었습니다.

수신금리와 여신금리

수신금리受信金利란 '금융기관이 고객으로부터 신용을 받고 제공하는 금리'라는 뜻으로 예금을 받을 때 제공합니다. 고객이 금융기관을 믿고 신용을 주어야만 예금을 맡길 수 있지요. 반대로 여신금리與信金利는 '금융기관이 고객에게 신용을 제공할 때의 금리'라는 뜻으로 은행이 고객을 믿고 신용을 공여해주어야만 대출을 해줄 수 있다는 의미가 담겨 있습니다.

따라서 수신금리와 여신금리는 돈을 받는지 아니면 빌려주는지에 따른 구분인데, 은행을 기준으로 얘기를 합니다. 따라서 예금금리를 수신금리라고 하고 은행이 대출해주는 금리를 여신금리라고 합니다.

수신금리와 여신금리		
1. (은행의) 수신금리	➡	금융소비자의 예금금리
2. (은행의) 여신금리	➡	금융소비자의 대출금리

따라서 번거롭지만 소비자의 입장에서는 반대로 생각해야 하지요. 금융소비자 입장에서 대출할 때의 금리는 여신금리가 되고, 예금할 때 적용되는 금리는 수신금리가 됩니다.

예대금리차

수신금리와 여신금리의 차이를 예대금리차 또는 예대마진이라고 부릅니다. 이 같은 예대금리차는 금융기관이 대출로 받은 이자에서 예금에 지불한 이자를 뺀 차익으로 금융기관의 수입이 됩니다.

대출금리가 높고 예금금리가 낮을수록 예대금리차가 커지고 금융기관의 수입은 그만큼 늘어납니다. 예대금리차는 금융기관의 수익성을 나타내는 지표이지요. 하지만 과도한 예대금리차는 금융기관이 이자 장사를 한다는 공격을 받는 원인이기도 합니다.

은행들의 예대금리차는 은행연합회 소비자포털 사이트를 통해 은행별로 매월 투명하게 공시되고 있습니다.

은행별 예대금리차를 확인 가능한 은행연합회 소비자 포털

썸8

이자는 어떻게 계산될까?
- 단리와 복리

단리와 복리의 차이점

그러면 시간비용에 대한 보상인 이자는 어떠한 방식으로 계산할까요? 이자 계산 방식은 크게 단리simple interest와 복리compound interest 두 가지로 나뉩니다. 두 방식 모두 원금에 이자가 붙는다는 점은 같지만, 시간이 지나면서 발생한 경과 이자에 이자가 붙느냐 안 붙느냐가 차이점입니다.

단리는 원금에 대해서만 이자를 계산하지만, 복리는 원금과 이자 모두에 대해서 이자를 계산하는 방식입니다. 이자에도 이자가 붙는 것이지요.

실제 예를 들어서 계산을 해보면 더욱 실감이 납니다. 만약 여러분이

단리와 복리의 차이점	
단리(simple interest)	· 원금에만 이자가 붙음 · 이자에는 이자 붙지 않음
복리(compound interest)	· 원금에는 당연히 이자가 붙음 · 이자에도 이자가 계속해서 붙음

100만 원을 연이율 10%의 3년 만기 C은행 특판 정기예금에 가입했다고 가정해봅시다. 이 경우에 단리와 복리 계산이 어떻게 다른지 비교해보도록 하겠습니다.

(1) 단리 계산의 경우 → 3년 후 1,300,000원

단리는 원금에 대해서만 이자가 붙습니다. 만약 C은행 특판예금이 단리로 계산된다면, 원금 100만 원에 대해 매년 10%인 10만 원의 이자가 발생합니다. 따라서 3년 후에는 100만 원의 원금과 3년 동안의 이자 30만 원을 합한 130만 원을 받을 수 있습니다. 원금이 변하지 않고 처음에 설정한 원금 100만 원에 대해서만 일정한 비율로 이자가 증가하는 방식이지요.

단리 계산: 100만 원을 연이율 10% 3년 만기 정기예금에 가입한 경우			
단리 계산	원금	기간 이자	예금잔액
1년 후	₩1,000,000	₩100,000	₩1,100,000
2년 후	₩1,000,000	₩100,000	₩1,200,000
3년 후	₩1,000,000	₩100,000	₩1,300,000

이를 단순화시키면 다음과 같이 간단하게 단리 계산식을 표시할 수 있습니다. 연간이자율이 10%이므로 0.1을 대입하면 다음과 같이 간단하게 계산할 수 있습니다.

단리 원리금 합계 = 원금 × [1+(연간 이자율 × 연수)]
따라서 원리금 총 합계는

$$= ₩1,000,000 \times [1+(0.1 \times 3)]$$

$$= ₩1,000,000 \times [1+ 0.3] = ₩1,000,000 \times 1.3$$

$$= ₩1,300,000$$

(2) 복리 계산의 경우 → 3년 후 1,331,000원

반면에 복리인 경우에는 늘어난 이자도 원금에 추가해 계산합니다. 첫해에는 단리와 같이 10만 원의 이자가 발생하지만, 둘째 해에는 원금이 110만 원으로 늘어나 10만 원이 아닌 11만 원의 이자를 받습니다.

그리고 둘째 해부터는 이자에도 이자가 붙어서 이자금액이 늘어납니다. 셋째 해인 만기에는 늘어난 원금 121만 원과 이에 대한 10%의 이자 12만 1,000원을 합해서 총 133만 1,000원의 금액을 받게 됩니다.

복리 계산: 100만 원을 연이율 10% 3년 만기 정기예금 가입한 경우			
단리 계산	원금	기간 이자	예금 잔액
1년 후	₩1,000,000	₩100,000	₩1,100,000
2년 후	₩1,100,000	₩110,000	₩1,210,000
3년 후	₩1,210,000	₩121,000	₩1,331,000

같은 원금 100만 원을 예금했지만, 이자 계산방식을 복리로 했을 경우에는 단리보다 원리금의 합계가 3만 1,000원만큼 더 증가했습니다.

복리의 원리금 계산은 단리보다는 조금 더 복잡하기 때문에, 다음과 같은 복리 계산공식을 사용하면 편리합니다.

$$\text{복리 원리금 합계 = 원금} \times \text{(1+연간 이자율)}^{\text{연수}}$$
따라서 원리금 총 합계는

$$= ₩1{,}000{,}000 \times (1+0.1)^3$$
$$= ₩1{,}000{,}000 \times 1.331$$
$$= ₩1{,}331{,}000$$

(3) 지급주기가 바뀔 경우 복리의 효과

그럼 여기서 만약 이자 지급주기가 바뀌면 어떻게 될까요? 연이율과 만기는 같지만 이자의 지급주기만 달라진다고 가정해봅시다.

위의 예에서, 연이율 10%의 3년 만기 동일한 C은행 특판예금이 연말 한 번의 이자 지급이 아닌 1년에 두 번 6개월마다 이자를 지급한다고 하면 원리금은 어떻게 달라질까요? 계산해서 확인해보도록 합시다.

연간 이자 지급주기가 연말 한 번에서 6개월마다 한 번으로 바뀌었기 때문에 위의 복리 원리금 계산식을 다음과 같이 조금 바꿔보았습니다.

$$\text{복리 원리금 합계 = 원금} \times \text{(1+연간 이자율/이자 지급횟수)}^{\text{연수}\times\text{이자 지급횟수}}$$
따라서 원리금 총 합계는

$$= ₩1{,}000{,}000 \times (1+\tfrac{0.1}{2})^{3\times2}$$
$$= ₩1{,}000{,}000 \times (1+0.05)^6 = ₩1{,}000{,}000 \times (1.05)^6$$
$$= ₩1{,}000{,}000 \times 1.3401 \text{ (소수점 4자리에서 반올림)}$$
$$= ₩1{,}340{,}100$$

1년에 한 번 이자를 지급했을 때는 총 원리금의 합계가 1,331,000원이었는데 이자 지급을 1년에 두 번으로 늘리니 1,340,100원으로 커졌습니다.

연이자율이 동일하더라도 같은 기간에 이자를 더 자주 지급하면 복리의 효과가 커지는 것을 알 수 있습니다. 또한 이자 지급주기가 같더라도 연이율이 높고 투자기간이 길수록 복리의 효과는 기하급수적으로 커집니다.

복리의 효과

① 이자율이 높을수록 복리의 효과는 커진다
② 투자기간이 길수록 복리의 효과는 커진다
③ 이자 지급주기가 더 짧을수록 복리의 효과는 커진다

이렇기 때문에 세계적인 물리학자 알베르트 아인슈타인은 다음과 같이 복리를 인류 최고의 발명품 중 하나라고 칭찬했습니다.

"복리는 이 세상에서 여덟 번째로 경이로운 발명품이다. 복리를 이해하는 사람은 돈을 받고, 그렇지 않은 사람은 내고 산다."

-알베르트 아인슈타인

썸9

내 예금금리는
어떻게 결정되는가?

$

우리가 예금하는 통장의 이자율, 즉 예금금리는 어떻게 결정될까요. 우선 어떤 요인이 예금금리에 영향을 주는지 알아봅시다.

예금금리에 영향을 주는 요인

(1) 기준금리

예금금리도 기본적으로 미국 연준이나 한국은행과 같은 중앙은행이 결정하는 정책금리인 기준금리에서 출발합니다. 기준금리는 저축의 수익률에 직접적인 영향을 미치는데, 그 이유는 중앙은행이 결정하는 기준금리가 시장금리의 기초가 되기 때문입니다. 예를 들어 기준금리 인상은 은행의 자금조달 비용을 증가시키고, 은행은 자금조달 비용이 상승한 만큼 대출금리를 인상시킵니다.

기준금리 인상으로 대출금리와 예금금리가 동시에 인상되더라도, 예금금리와 대출금리의 차이인 예대금리차는 일반적으로 확대되는 경향을 보입니다. 그 이유는 보통 대출금리의 상승폭이 예금금리의 상승폭보다 크기 때문입니다. 은행은 자금조달 비용을 증가한 만큼 대출금리를 인상하지만, 예금금리는 보수적으로 설정하기 때문에 기준금리 인상분만큼 빨리 올리지 않습니다.

예금금리가 바로 인상되지 않는 또 한가지 이유는, 예금금리가 대부분 고정금리에 기반하고 있기 때문이기도 합니다. 대출금리는 변동금리에 연동이 되어 상대적으로 빨리 반영되지만, 예금금리는 고정금리인 경우가 많아서 은행이 평균적인 금리를 계산해서 반영하기 전까지 일정 정도 시차가 발생합니다.

(2) 은행의 경쟁력과 고객의 수요

또한 예금금리는 기준금리뿐만 아니라 해당 은행의 경쟁력과 고객의 수요에 의해서도 변화합니다. 같은 규모의 은행이라도, 경쟁력 있는 은행은 신용도가 높은 안정적인 기업에 대출을 할 여력이 많습니다. 이런 은행들은 안정적인 대출 수요를 바탕으로 예금주에게 상대적으로 높고 경쟁력 있는 예금금리를 제공할 수 있을 것입니다. 반면, 안정적 대출 수요가 상대적으로 적은 은행은 자금 수요가 많지 않아서 예금주에게 경쟁력 있는 금리를 제공하지 못합니다.

(3) 시장의 자금 상황 등

이러한 이유 외에도 예금금리는 예금한 은행의 자금조달 상황, 시중의 자금 상황 그리고 물가상승률이나 예대마진과 같은 다양한 요인에 영향을 받습니다.

예금금리 결정에 영향을 주는 요인	
· 중앙은행의 기준금리	· 해당 은행의 자금조달 상황
· 은행의 경쟁력과 고객 수요	· 물가상승률
· 시중의 자금 상황	· 예대금리차(예대마진)

대출과 예금의 다른 점이라면, 예금주의 신용 상황은 예금금리에 영향을 주지 않는다는 것입니다. 왜냐하면 예금은 은행 입장에서 '수신' 상품, 즉 예금주가 오히려 신용을 은행에 제공하는 것이기 때문입니다. 달리 말하면, 예금을 받으면서는 은행이 돈을 떼일 염려가 없기 때문에 고객에 따라서 우대율만 달리하면 되지, 신용등급은 고려할 필요가 없다는 것이지요.

저축성예금의 장단점

예금금리는 금융소비자가 금융기관의 예금계좌에 예치한 자금의 대가로 받는 이자율을 말합니다. 대부분의 금융기관은 금리를 표시할 때 연이자율인 연율로 표시합니다.

은행, 증권사와 협동조합 등 금융기관은 대출을 내줄 때 예금주가 예금한 자금을 사용하는데, 대출로 벌어들인 수익 중 일부를 예금주에게 이자라는 대가로 지급하는 것입니다.

또한 저축성예금은 소비자가 가장 쉽게 접근할 수 있는 금리상품이지만, 장점과 단점을 동시에 가지고 있기도 합니다.

예금의 장점
1. 이자소득이 창출되어 일정하고 안정적인 수익창출이 가능하다
2. 언제, 어디서든 입금과 인출이 가능하기 때문에 접근성이 좋다
3. 수취하는 이자를 복리로 운영하면 이자를 더 크게 불릴 수 있다
4. 시장의 변동성이나 불확실성으로부터 자금을 안전하게 지킬 수 있다

예금의 가장 큰 장점으로는 안정적이고 일정한 수익창출이 가능하다는 것입니다. 자금을 은행 예금에 맡기면 은행은 예금주에게 일정한 이자를 안정적으로 제공합니다. 또한 예금보험공사에서 5,000만 원까지 지급을 보장하기 때문에 원금도 안전하게 보호되지요.

두 번째 장점은 접근성이 좋다는 것입니다. 주식이나 부동산과 같은 투자자산과 달리, 예금 같은 저축성 상품은 언제 어디서든 인출할 수 있어서 접근이 매우 용이합니다.

예금의 세 번째 장점은 복리효과를 누릴 수 있다는 것입니다. 대부분의 예금상품은 이자가 단리로 계산되지만, 예금이자를 받은 이후 이자를 원금에 추가하여 다시 예치하면 시간이 지남에 따라 복리효과로 이자를 더 크게 불릴 수가 있습니다.

예금과 같은 저축성 상품의 네 번째 장점은 시장의 변동성으로부터 자유롭다는 것입니다. 예금 이자율은 일반적으로 고정금리로 미리 정해져 있기 때문에, 주식이나 다른 투자상품과 달리 시장의 불확실성으로부터 안전하게 자금을 지킬 수 있습니다.

하지만 예금도 장점만 있는 것은 아닙니다. 단점도 있지요. 저축성 상품인 예금의 가장 큰 단점은 다른 투자상품 대비 기대수익률이 상대적으로 낮다는 데 있습니다. 위험이 거의 없는 반면, 높은 수익률 또한 기대할 수 없습니다.

두 번째 단점은 인플레이션과 같은 물가상승률에 취약하다는 것입니다. 특히 물가가 크게 오르는 인플레이션 시기에는 예금 수익률이 물가상승률을 따라가지 못해 실질수익률이 마이너스(-)가 될 수도 있습니다.

예금의 단점
1. 수익률이 일정한 반면, 투자의 기대수익률이 상대적으로 낮다
2. 인플레이션과 같은 물가상승에 취약하다

정기적금과 정기예금의 비교

이렇게 예금과 같은 저축성 상품에는 장점과 단점이 동시에 존재하지만 아직도 우리에게는 가장 편하고 친숙한, 없어서는 안 될 금리상품입니다. 우리 주위에 예금통장이 없는 사람은 아무도 없으니까요.

또한 이자를 복리로 장기간 효율적으로 잘 운용하면 재테크에 많은 도움을 받을 수도 있습니다. 하지만 상품에 따라서 실제 수익률이 차이가 나기에 잘 살펴보고 자신에게 맞는 상품을 골라야 합니다. 특히나 이러한 복리의 효과는 실생활에서 예금과 적금의 수익률 차이로도 확인할 수 있습니다.

"정기적금 이자 왜 이것밖에 안 되나요?"…
같은 금리에도 정기예금 대비 실수령 이자 낮아

금리일보

위 기사는 같은 금리에도 정기적금의 이자 실수령액이 정기예금에 비해 훨씬 적어서 소비자들의 문의가 이어지고 있다는 내용입니다.

정기예금에 비해 정기적금의 이자 실수령액이 왜 더 적을까요? 동일한 금액과 금리의 정기예금과 정기적금을 함께 비교해보면 그 이유를 금방 알 수 있습니다.

정기예금은 일정 기간 목돈을 은행에 맡기고 그에 대한 이자를 지급받는 반면, 정기적금은 매월 일정한 액수의 돈을 넣어 자금을 적립해가는 상품입니다. 예금은 한 번에 거치식으로 큰돈을 넣지만, 적금은 돈을 나누어 넣어 복리의 효과가 떨어지는 것이지요. 이 때문에 정기적금의 경우, 실제 고객에게 돌아가는 실효수익률이 표면이자율의 절반 정도에 불과한 경우까지도 있습니다.

새해 첫날인 1월1일 은행에 1년 만기 10% 정기예금에 가입해 1,200만 원을 넣었을 경우와 매월 100만 원씩 적립하는 1년 만기 10% 정기적금에 가입한 경우를 비교해봅시다.

1년 만기 정기예금은 10% 이자금액인 120만 원을 만기에 원금 1,200만 원과 함께 지급받게 되어 총 1,320만 원을 수령합니다. 반면 정기적금은 이보다 훨씬 적은 12,652,603원을 만기에 받습니다. 정기예금은 1년 동안 이자를 굴릴 수 있는 목돈 1,2000만 원이 한꺼번에 들어와서 그 금액 전체가 1년 내내 이자 계산에 포함되지만, 정기적금은 매달 100만 원씩 들어오

	원금	금리	기산일수	이자
1년 만기 정기적금의 현금흐름표 (세전)				
1월	1,000,000	10%	365	100,000
2월	1,000,000	10%	334	91,507
3월	1,000,000	10%	306	83,836
4월	1,000,000	10%	275	75,342
5월	1,000,000	10%	245	67,123
6월	1,000,000	10%	214	58,630
7월	1,000,000	10%	184	50,411
8월	1,000,000	10%	153	41,918
9월	1,000,000	10%	122	33,425
10월	1,000,000	10%	92	25,205
11월	1,000,000	10%	61	16,712
12월	1,000,000	10%	31	8,493
만기	12,000,000			652,603

- 100만 원씩 매월 월초 1년간 불입한 정기적금의 현금흐름표
- 12월 말 만기에는 12,652,603원 수취(1,200만 원 + 652,603원)

기에 정기예금에 비해 이자의 계산 기간이 훨씬 줄어들기 때문입니다.

일부 예외가 있기는 하지만 은행들은 일반적으로 정기적금보다 정기예금의 이자율을 더 높게 책정합니다. 예금주가 목돈을 오랫동안 은행에 거치하는 것을 당연히 선호하기 때문입니다.

하지만 정기적금과 정기예금 둘 다 목적에 따른 효용이 있습니다. 따라

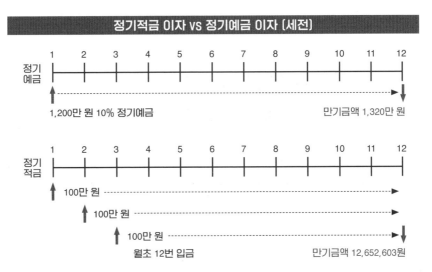

정기적금 이자 vs 정기예금 이자 (세전)

정기
예금

1,200만 원 10% 정기예금   만기금액 1,320만 원

정기
적금

↑ 100만 원 --------------------------------------►

↑ 100만 원 --------------------------------------►

↑ 100만 원 --------------------------------------►

월초 12번 입금   만기금액 12,652,603원

서 소비자는 정기예금과 정기적금을 들 때 금리를 보기보다는 목적에 따라 달리 활용하기를 바랍니다.

투자를 하려면 목돈이 있어야 합니다. 정기적금은 이러한 목돈 마련을 위한 목적으로 좋은 반면, 정기예금은 이미 만들어놓은 목돈으로 여유자금을 불리거나 투자 전에 거치하기 위한 목적으로 사용하면 유용합니다.

내 예금은 안전한가?
- 예금자보호제도

예금자보호법

예금자보호법은 예금주가 예치한 금융회사가 영업정지나 도산 등으로 인해 예금을 되돌려주지 못해 지급불능 상태에 이를 경우에 대비해, 고객의 원금을 일정한 한도 내에서 보호하는 제도입니다. 현재 은행과 증권사, 보험회사, 종합금융사 그리고 저축은행 등 다섯 개 금융업권에 맡긴 예금상품은 모두 예금자보호법의 보호 대상입니다.

사실 예금을 가입할 때 우리는 금리와 기간만 보지, 다른 것은 잘 보지 않습니다. 하지만 예금 청약 시에는 예금자보호법에 관한 아래와 같은 사항을 반드시 확인해야 합니다.

예금자보호법 규정

"이 예금은 예금자보호법에 따라 예금보험공사가 보호하되, 보호 한도는 본 은행에 있는 귀하의 모든 예금보호 대상 금융상품의 원금과 소정의 이자를 합쳐서 최고 5,000만 원이며 나머지 금액은 보호되지 않습니다."

앞으로는 예금을 가입할 때 예금자보호법의 규정도 확인하는 습관을 들이기 바랍니다. 그러면 예금자보호에 관한 몇 가지 주의사항을 Q&A 방식으로 쉽게 알아보도록 하겠습니다.

[Q1] 증권사, 보험사와 저축은행도 5,000만 원까지 예금자보호가 되나요?

동일하게 5,000만 원 한도까지 예금자보호가 됩니다. 하지만 예보료가 높습니다.

2024년 현재, 예금자보호법상의 예금보험금의 한도는 5,000만 원으로서 소비자는 특정금융기관에 맡긴 예금성 상품에 대해 5,000만 원까지 보호를 받습니다. 이 같은 예금자보호 한도는 증권사든 보험사든 저축은행이든 동일하게 5,000만 원입니다.

예금자보호를 해주기 위해 예금보호공사에서는 예금보험료를 징수해 기금을 관리합니다. 예금보험료를 줄여서 '예보료'라고 하는데, 예보료는 금융기관의 신용도에 따라 징수율에 차이가 납니다.

[Q2] 다른 은행이나 금융기관의 예금에는 한도가 개별적으로 적용되나요?

네. 서로 다른 금융기관에 예치한 금액은 5,000만 원씩 개별적 한도가 적용됩니다.

예금자보호는 상품별 보장이 아닌 금융기관별 보장 제도입니다. 따라서 복수의 금융기관에 예치한 동일한 상품도 개별적으로 5,000만 원씩 따로 보호를 받을 수 있습니다. 또한 예금을 복수로 예치할 수 있는 금융기관의 수에도 제한이 없습니다.

[Q3] 같은 은행의 다른 지점에 예치한 금액에도 개별 한도가 적용되나요?

아닙니다. 동일 은행 내 지점은 모두 합산되어 5,000만 원 한도가 적용됩니다.

같은 은행 내 다른 지점은 5,000만 원 상한에 걸립니다. 예를 들어, A은행 광화문 지점과 종로 지점에 각각 5,000만 원씩 예금을 했다면 이 둘은 합산되어 최종적으로 5,000만 원만 보호가 됩니다. 따라서 금액이 5,000만 원 이상이고 안전성을 중요시하는 예금자라면 복수의 금융기관에 분할 예치하는 것이 더 안전합니다.

[Q4] 우체국 예금도 5,000만 원까지 예금자보호가 되나요?

5,000만 원 한도가 아닌 예금 전액에 대해 대한민국 정부가 책임을 집니다.

우체국은 정부기관이기 때문에 시중은행보다도 신용도가 높습니다. 우체국은 우체국 예금보험에 관한 법률에 근거해서 대한민국 정부가 5,000만 원이 아니라 예금 전액에 대한 책임을 집니다. 나라가 망하지 않는 한, 전액 보장이라는 뜻입니다. 하지만 신용도가 높은 대신 금리는 은행보다 일반적으로 조금 낮은 편입니다.

[Q5] 농협, 수협, 신용협동조합이나 새마을금고도 예금자보호가 되나요?

예금자보호법 아닌 자체 법령으로 5,000만 원 한도에서 보호됩니다.

농협, 수협, 신용협동조합 및 새마을금고는 예금자보호법의 관할 대상이 아니라는 데 주의해야 합니다. 하지만 이들 기관도 예금자보호법이 아닌 자체의 개별 법령에 근거해 예금자보호법과 동일하게 5,000만 원까지 보장을 해주고 있습니다.

예금자보호법의 필요성

은행은 가장 안전한 기관 중의 하나이며, 우리나라에서는 아직까지 은행이 망한 적은 없습니다. 그런데 이러한 예금자보호법이 굳이 왜 필요할까요?

해외에서도 은행이 망하는 경우는 일반 기업체에 비해 매우 드물지만, 금융기관도 신용이 악화되어 영업정지를 받거나 부도가 날 수 있기 때문입니다. 금융기관의 신용이 안 좋아지면 뱅크런bank run으로 이어지는데, 대표적으로 2023년 초 실리콘밸리은행Silicon Valley Bank 등 미국의 여러 중소형 은행이 갑작스러운 인출사태인 뱅크런을 겪으면서 부도가 나거나 초대형 은행에 통합된 사례를 들 수 있습니다.

예전에는 뱅크런이 일어나면 은행 창구나 ATM 기기에 줄을 서서 돈을 인출하는 형태가 일반적이었습니다. 하지만 이제는 온라인 뱅킹이 일반화되어 많은 사람이 순식간에 돈을 인출할 수 있게 되었습니다. 이처럼 몇 시간 안에도 뱅크런이 빠르게 일어나 금융기관이 부도에 처할 수 있다는 점도 현대에 예금자보호가 더욱 중요해진 이유입니다.

우리나라에서 은행과 같은 금융기관은 미국이나 서구보다 공공적인 성격이 강하기 때문에 파산한 경우가 없지만, 향후에도 반드시 그럴 것이라고 단정할 수는 없습니다.

예금자보호 상품 vs 비보호 상품

하지만 예금자보호제도가 적용되는 금융회사라도 취급 상품에 따라서 보호 대상에서 제외되는 것도 있을 수 있기 때문에 상품의 종류에 유의해야 합니다. 예금이 아닌 투자 성향의 상품은 예금으로 판단하지 않기 때문에 상품 가입 시 예금자보호 유무를 반드시 확인해야 합니다.

보통예금이나 당좌예금 같은 요구불예금과 정기예금과 정기적금 같은 저축성예금 그리고 외화예금은 예금자보호 상품에 해당합니다. 하지만 은

예금자보호 상품과 비보호 상품	
예금자 보호	**예금자 비보호**
· 요구불예금(보통예금, 당좌예금)	· 양도성예금증서(CD)
· 저축성예금(정기예금, 정기적금)	· 환매조건부채권(RP)
· 외화예금	· 금융투자상품(MMF, 수익증권)
· 원본이 보전되는 금전신탁	· 특정금전신탁(배당형신탁), · 개발신탁
· 증권매수용 증권계좌의 현금 잔액	· 파생결합증권(ELS, ELB, ELW등)
· 확정기여형(DC), 개인형(IRP)퇴직 연금	· 확정급여형(DB) 퇴직연금
· 개인이 가입한 보험 계약 (법인 제외)	· 증권사 종합자산관리계좌(CMA)
· 주택청약예금, 주택청약부금	· 주택청약저축

행의 예금증서인 양도성예금증서와 환매조건부채권은 예금자 비보호 상품입니다.

퇴직연금에는 확정기여형 퇴직연금DC, 개인형 퇴직연금IRP과 확정급여형 퇴직연금DB이라는 세 가지 종류가 있습니다. 그런데 DB형은 다른 두 유형과 달리 운용의 책임이 회사에 있기 때문에 예금자보호 대상에서 제외됩니다. 따라서 DB형 퇴직연금을 선택할 때는 이 점에 특히 유의해야 합니다.

예금자보호제도는 소비자가 스스로의 자산을 보호할 수 있는 매우 중요한 제도이기 때문에, 예금을 하기에 앞서 반드시 확실하게 이해하고 점검해야 할 사항입니다.

예금보험료

예금보험제도는 나라마다 보장금액과 담당기관이 다릅니다. 한국의 경우, 예금보험공사가 금융기관별로 5,000만 원까지 보장해주는 예금자보호법을 시행하고 있습니다. 반면 미국은 연방예금보험공사Federal Deposit Insurance Corporation, FDIC가 인당 25만 달러까지 보장합니다.

우리나라가 이처럼 예금을 보호할 수 있는 이유는 예금보호공사에서 예금보험료를 징수하여 기금을 관리하기 때문입니다. 달리 말해, 예금자가 예금을 하면서 이자수익의 일정 부분을 떼어 예금보험료 명목의 수수료로 납부하는 셈입니다.

예금보험료는 금융기관별로 다르게 책정되는데 그 이유는 금융기관마다 신용이 다르기 때문입니다. 예를 들어, 시중은행의 신용도와 저축은행

의 신용도는 차이가 크기 때문에 예금보험공사도 예금보험료율에 차등을
두어 보험료를 다르게 징수하고 있습니다. 신용등급이 높은 은행은 예금
보험료를 적게 납부하고, 증권사나 보험사는 은행보다 더 많은 보험료를
납부하고 있는 것이지요.

실제로 신용위험을 관리하기 위한 비용은 꽤나 비쌉니다. 이로 인해 저
축은행은 시중은행에 비해 약 다섯 배에 달하는 높은 예금보험료를 납부
하고 있고, 이러한 예금보험료는 예금주인 금융소비자에게 전가됩니다.

금융사별 예금보험료율		
시중은행, 지방은행	증권사, 보험사	저축은행
0.08%	0.15%	0.40%
적음	보통	최대

예금을 할 때 금리도 중요하지만, 예금보험료율을 비롯한 다른 항목도
꼼꼼히 체크한 후에 청약을 하는 것이 좋습니다. 예금금리가 높다고 무턱
대고 결정하지 말고, 예금보험료와 세금을 차감한 후 실제로 받는 순이자
마진net interest margin을 비교해서 결정해야 정확하게 자신이 원하는 예금상
품을 선택할 수 있습니다.

썸11

예금과 적금 가입 때도
금리 비교는 필수

예금과 적금은 우리가 평소에 가장 많이 이용하는 금융상품이지만 일일이 사전에 체크하고 청약하는 경우는 별로 없습니다. 은행 창구에 가서 얘기하다가 생각했던 금리와 비슷하면 별 생각 없이 그 자리에서 계약을 해버리는 경우가 많습니다. 하지만 금리를 비교하면 조금이라도 이자를 더 받을 수 있으니 앞으로는 검토 후에 결정하기 바랍니다.

금융기관의 상품별 금리는 여러 곳에서 비교할 수 있지만, 은행연합회 소비자포털과 금융감독원 금융상품통합비교공시, 이 두 군데가 가장 빠르고 정확합니다.

금리 비교가 가능한 사이트	
은행연합회 소비자포털	https://portal.kfb.or.kr
금융감독원 금융상품통합비교공시	https://finlife.fss.or.kr

금리상품의 종류는 매우 다양하지만, 가장 대표적인 저축상품인 2년 만기 정기예금의 금리를 예로 들어 비교해보도록 합시다.

은행연합회 소비자포털에서 비교하는 방법

은행연합회 소비자포털에 접속해서 예/적금금리 탭을 클릭한 후 예금상품금리비교 탭에 들어가면 상세조건을 입력할 수 있는 화면이 나타납니다. 찾고자 하는 예금의 종류가 정기예금이니 정기예금을 선택합니다.

조건 입력란에서 모든 은행을 고려하고 있으면 전체 은행을, 특정 은행을 선호하면 해당 은행을 선택하면 됩니다. 만기는 6개월에서 3년까지 나와 있는데, 이번에는 2년 만기를 보고 있으므로 24개월을 선택합니다. 만약 1년이나 3년을 원한다면 해당 만기를 선택하면 됩니다.

영업점 방문 가입인지, 혹은 인터넷이나 스마트뱅킹 등을 통한 가입인지 등 가입 방식에 따라서도 금리가 차이가 날 수 있습니다. 대면, 비대면모두 상관없으니 전체를 선택하고 금리는 일반적인 단리를 선택하고, 정

렬방식은 각자 보고 싶은 대로 선택하면 됩니다.

　일반적으로 최고금리를 받을 확률은 희박하므로, 가장 중요한 기본금리를 중심으로 내림차순으로 정렬하면 높은 기본금리부터 보여주어서 비교하기 편리합니다. 최고금리 조건은 오른쪽 '보기'를 클릭하면 상세한 조건이 나옵니다. 보여주는 상품의 종류가 많을 때는 엑셀 스프레드시트로 다운로드하는 기능도 있습니다. '검색' 버튼을 누르면 조건에 맞는 은행별 금리를 아래와 같이 보여줍니다(편의상 세 개만 선택).

은행	상품명(단리)	기본금리	최고금리 (우대 포함)	상세 정보	전월취급 평균금리
A은행	A은행 정기예금	4.00%	4.00%	▼	3.97%
B은행	B 주거래우대예금	3.62%	4.27%	▼	3.63%
C은행	C은행 정기예금	3.61%	3.61%	▼	3.93%

　최고금리는 우대금리를 통해 금리를 추가로 제공함으로써 성립되는데, 일반적으로 신용카드 신규 발급이나 다른 금융상품 가입 등과 함께 묶음 판매를 하는 경우가 많아서 부담스러울 수 있습니다. 그렇기 때문에 기본금리를 위주로 검색하고 보기 탭으로, 추가금리 조건이 부담스럽지 않은지 살펴봅니다. 만약 추가로 우대금리를 받을 수 있는 조건이 있고, 그중에서 금리가 제일 높은 은행의 상품을 선택하면 자신에게 맞는 조건에 조금이라도 높은 금리의 상품을 선택할 수 있습니다.

내 예금은 복리로 늘어날까?

소비자포털에서 단리 대신에 이번에는 정기적금을 복리로 바꾸어서 검색해봅시다. 방금 검색할 때 이자 계산 방식을 단리로 선택했던 주된 이유는 실제로 판매되는 복리 상품이 거의 없기 때문입니다.

복리 정기적금을 정액적립식과 자유적립식으로 각각 검색해보면 단리에 비해 매우 적은 수의 상품이 검색되어 나옵니다.

정기예금이나 정기적금 중 특정 상품은 복리가 적용되는 상품이 아예 없기도 합니다. 특히나 금리하락기에는 정기적금과 정기예금의 복리이자가 은행으로서는 큰 부담이 되기 때문입니다.

정액적립식은 없지만, 다행히 자유적립식 복리예금은 다음과 같이 찾을 수 있었습니다.

정기예금이나 적금을 하면 이자가 복리로 계속 쌓인다고 오해하기도 하는데, 실제로 대부분은 단리로 계산됩니다.

은행	상품명[단리]	기본금리	최고금리 [우대 포함]	상세 정보	전월취급 평균금리
D 은행	D 월복리 적금	3.45%	4.45%	▼	3.66%
E 은행	E 주거래우대적금	3.25%	4.05%	▼	3.43%
F 은행	F 은행 월복리 적금	2.80%	3.50%	▼	3.45%

금융감독원 금융상품통합비교공시에서 비교하는 방법

금융상품의 금리는 은행연합회 소비자포털 외에 금융감독원 사이트에서도 비교할 수 있습니다. 금융감독원 금융상품통합비교공시 홈페이지에 들어가면 상품이 크게 저축과 펀드, 대출상품 그리고 연금과 보험의 세 가지로 구분되어 있습니다.

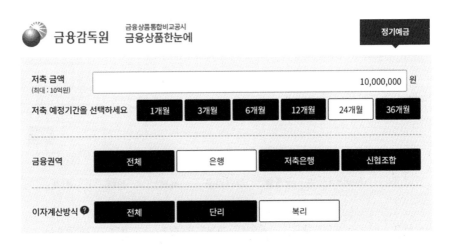

금융감독원의 금융상품통합비교공시는 은행연합회 소비자포털보다도 유용한 필터링 기능이 많아서 보다 편리합니다. 이번에는 2년 만기 복리

정기예금을 찾아보기로 합니다. 우선 홈페이지에서 정기예금을 클릭하면 상세한 조건을 입력할 수 있는 입력창이 보입니다.

금융감독원 비교공시는 저축하고자 하는 금액을 입력할 수 있어 편리합니다. 금융기관이 높은 금리를 미끼로 고객을 유치하려 할 때는 예금한도를 일정액 이하로 제한하는 경우가 많은데, 자신의 저축 계획에 맞는 실질적인 금액을 넣어 비교할 수 있기 때문입니다.

필요한 우대조건 또한 개인이 직접 입력하고 필터링할 수 있어 은행연합회에 비해 편리합니다. 상세 정보 버튼은 은행연합회 소비자포털과 동일하게 우측에 마련되어 있습니다.

이외에도 은행연합회 소비자포털과 달리, 금융감독원 비교공시는 세전이자율과 세후이자율 그리고 구체적인 세금액수까지 계산해 보여주는 기능이 있습니다.

정기예금 금액은 1,000만 원, 지역은 전국을 선택하고 검색 버튼을 누르면 다음과 같은 양식이 나옵니다.

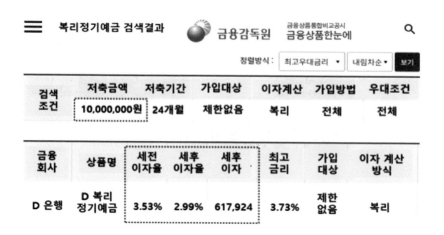

| 복리정기예금 검색결과 | | 금융감독원 | 금융상품통합비교공시 금융상품한눈에 | | | Q |

정렬방식: 최고우대금리 ▾ 내림차순 ▾ 보기

검색 조건	저축금액	저축기간	가입대상	이자계산	가입방법	우대조건
	10,000,000원	24개월	제한없음	복리	전체	전체

금융 회사	상품명	세전 이자율	세후 이자율	세후 이자	최고 금리	가입 대상	이자 계산 방식
D 은행	D 복리 정기예금	3.53%	2.99%	617,924	3.73%	제한 없음	복리

금융감독원 비교공시 사이트는 금융소비자 입장에서 매우 유용합니다. 예금과 적금을 가입하기 전 구체적인 금액과 자신의 우대조건을 스스로 선택할 수 있습니다. 또한 선택한 조건을 입력한 뒤에 세후이자율까지 보여주기 때문에, 검색된 상품 중에서 가장 이자율이 높은 상품을 선택하면 됩니다. 인터넷만으로도 청약에 대한 사전정보를 얻어 결정을 내릴 수 있도록 해주니 소비자에게 아주 편리하지요.

대출금리는 사람에 따라 왜 다를까?

은행에 예금이나 적금을 하기 위해 찾아가면 예금금리는 누구든 엇비슷합니다. 거래기간과 실적에 따른 우대금리에서 차이가 날 수 있지만 개인 간 차이가 크지는 않습니다.

금융기관은 해당 기관의 조달금리와 전반적인 금융 상황을 고려해서 예금이나 적금의 금리를 결정하기 때문에, 금융기관만 같다면 개인 간에 예금금리는 큰 차이가 없다는 것이지요. 금융기관 입장에서는 예금을 받을 때 예금주의 신용이 어떻든 큰 상관이 없습니다. 오히려 예금을 하는 금융소비자가 은행의 안전성을 고려해야 하지요. 이때는 예금주가 은행을 믿고 돈을 맡기는 상황이기 때문입니다.

신용을 제공한 예금주는 맡긴 돈을 나중에 받아야 하기에 상대방의 신용도를 걱정해야 하지만, 돈을 받은 쪽은 상대방의 신용도가 어떻든 상관이 없습니다. 은행이 예금을 받을 때는 예금주의 신용을 볼 필요가 없기 때문에 어떤 사람이든 금리가 비슷한 것이지요.

하지만 대출금리는 그렇지가 않습니다. 왜 그럴까요? 승리 골프단의 형제 골프선수인 선수지와 선수야 프로는 오늘 정기예금과 신용대출을 같이 알아보러 집 근처 A은행 동대문지점을 방문했습니다.

예금금리는 같은데... 대출금리는 왜 이리 다르지?

· 정기예금
1년 만기 3.5%
· 신용대출
1년 만기 6.5%

선수야

· 정기예금
1년 만기 3.5%
· 신용대출
1년 만기 5.0%

선수지

은행 직원은 개인정보제공동의서를 작성받아 조회를 시작하더니 이내 두 사람의 예금금리와 대출금리를 제시했는데, 두 형제는 금리를 보고 놀랐습니다. 정기예금 금리는 둘 다 같았지만, 신용대출 금리는 서로 1.5%p나 차이가 났기 때문입니다.

동생인 선수야 프로는 이내 정신을 차리고, 직원에게 자신의 대출금리가 형인 선수지 프로보다 왜 이렇게 높은지 따져 물었습니다. 직원은 형인 선수지 프로는 대회에서 우승과 입상을 많이 해서 상금을 많이 받았지만, 동생인 선수야 프로는 아직 상금이나 수상 경력이 없고 소득이 적어서 개인의 신용도가 낮기 때문이라고 설명했습니다.

가산금리는 대출금리를 높이는 주범

선수야 프로는 형인 선수지 프로보다 신용도가 낮아서 신용대출 금리가 더 높게 나온 것이지요. 이렇듯, 대출금리는 그 사람의 신용도에 따라 많이 달라집니다.

신용도가 낮을수록 대출금 상환 위험이 높아집니다. 이는 금융기관이 해당 개인에 대해 더 큰 신용위험에 노출된다는 뜻입니다. 금융기관은 이러한 위험을 '가산금리'라는 형태로 비용화합니다. 반대로 신용도가 높은 개인이라면 금융기관의 신용위험 노출이 줄어들기 때문에 가산금리가 낮아집니다.

이렇듯 가산금리는 기준금리에 더해 개인의 신용도와 같은 조건에 따라 부과되는 위험가중금리인 것이지요. 가산금리는 금융기관이 대출금리를 정할 때 대출자의 상환위험에 따라 추가하는 금리입니다.

가산금리란?

· 대출자의 신용도에 의거한 상환위험에 따라 부과하는 위험가중치
· 신용도와 가산금리는 반비례 관계
· 신용도가 높을수록 가산금리 ↓, 신용도가 낮을수록 가산금리 ↑

국가의 신용도와 가산금리의 관계도 개인의 경우와 흡사합니다. 실제로 우리나라는 1997년 IMF 외환위기 당시, 심각한 외환 부족에 직면해 해외에서 자금을 조달해야 했습니다. 이를 위해 외화채권을 발행했는데, 그때 우리나라는 외환위기로 인해 대외신인도가 크게 하락한 상태였습니다. 그 결과, 해외채권을 발행하면서 현재보다 매우 높은 수준의 가산금리를 지불해야 했습니다.

가산금리의 구성요소

그러면 개인 간 대출금리에 차이를 만드는 가산금리는 구체적으로 무엇으로 구성되어 있을까요? 금융기관이 대출을 할 때는 신용도에 따른 위험 프리미엄 외에도, 시장위험과 인건비, 은행의 마진 등 수많은 요소를 전부 가산금리라는 명목 아래 실무적으로 고려합니다.

가산금리의 구성요소를 분류하는 방법은 기관이나 학계에 따라 다르지만, 우리는 은행연합회 자료를 기준으로 살펴보겠습니다.

가산금리는 크게 리스크 관리비용, 원가, 법적 비용, 기대이익률 그리고 가감조정 전결금리라는 다섯 가지로 나누어서 볼 수 있습니다.

가산금리 중 리스크 관리비용이 가장 크다

리스크 관리비용은 금융기관이 부과하는 가산금리 중에서 일반적으로 가장 큰 비중을 차지하는 항목입니다.

리스크 관리비용은 다시 세부적으로 ① 리스크 프리미엄risk premium ② 유동성 프리미엄liquidity premium ③ 신용 프리미엄credit premium ④ 자본비용capital cost의 네 가지 비용으로 나뉩니다.

우선, 리스크 프리미엄은 시장위험market risk과 관련된 가산금리입니다. 이는 주로 금융기관이 대출을 할 때 기준으로 삼는 준거금리와 실제로 자금을 조달하는 비용 간의 차이를 의미합니다. 은행은 시장의 변동성에 따른 위험에 노출되어 있고, 조달금리가 대출금리보다 높아질 가능성에도 대비해야 하기에 리스크 프리미엄을 책정합니다.

유동성 프리미엄은 시장의 유동성 위험liquidity risk 때문에 책정된 비용입니다. 시장의 유동성이 줄어들면 유동성 프리미엄은 상승하고, 단기금리가 급등할 수 있어 대비해야 합니다.

　신용 프리미엄은 고객이 대출을 상환하지 못할 위험과 관련된 비용입니다. 대출자의 신용위험credit risk과 연관되기 때문에, 고객의 신용등급과 담보 등을 고려하여 예상손실 범위를 구하고 이에 따른 가산금리를 추가합니다.

　자본비용 또한 리스크 관리비용에 속하는데, 경제나 금융환경의 변화에 따라 대출의 수익성이 변화할 가능성에 대비한 위험 프리미엄입니다. 자본의 기회비용opportunity cost 형태로 계산이 됩니다.

가산금리에 포함되는 비용		
1. 리스크 관리비용	리스크 프리미엄	시장위험에 기인한 비용
	유동성 프리미엄	유동성 위험에 기인한 비용
	신용 프리미엄	신용위험에 기인한 비용
	자본비용	기회비용에 근거한 비용
2. 원가	업무 원가	인건비, 전산처리 등 제반비용
3. 법적 비용	제반 법무 비용	각종 세금비용
4. 은행 마진	기대이익률	은행이 수익을 위해 확보하는 마진
5. 가감조정 전결금리	부수거래 감면금리	다른 거래와 합해서 감면되는 부분
	본부영업점 조정금리	영업점/본부 간 전결 조정금리

기타 가산금리에 포함되는 비용

가산금리에는 리스크 관리비용 외에도 원가와 법적 비용, 은행 마진 그리고 지점이나 본점의 재량에 따라 조정되는 금리인 가감조정 전결금리 등이 포함되어 있습니다. 금융기관이 책정하는 가산금리에는 이처럼 많은 비용 요소가 들어 있는 것입니다.

가산금리의 단위로는 % 또는 베이시스포인트basis point, bp가 많이 사용됩니다. 베이시스포인트는 1/100퍼센트를 의미하는데, 예를 들어 1%는 100bp와 같은 말입니다.

썸13

나의 대출금리는 어떻게 결정될까?

대출금리를 결정하는 3가지 요인

대출금리는 각 은행의 자금조달 금리에 각종 원가요소와 은행의 수익인 마진을 종합적으로 고려해 산정됩니다. 그중 가장 중요한 요인은 가산금리입니다.

가산금리는 개인별로 다양한 리스크 요인을 반영하기 때문에 차이가 발생합니다. 이로 인해 사람마다 대출금리가 달라지는 것이지요.

그런 가산금리에 영향을 미치는 세 가지 중요한 요소가 바로 대출자의

대출금리에 영향을 주는 3가지 요인	
신용도	· 신용도 높을수록 금리하락 · 신용도 낮을수록 금리상승
만기	· 만기 짧을수록 금리하락 · 만기 길수록 금리상승
담보	· 담보 또는 보증(신용보강) 있으면 금리하락 · 담보 또는 보증(신용보강) 없으면 금리상승

신용도, 대출기간인 만기 그리고 담보 또는 보증과 같은 신용보강의 유무입니다. 이 세 가지가 대출금리를 결정한다고 해도 과언이 아닙니다.

개인신용평점

금리는 신용도에 영향을 받기 때문에 돈을 빌리는 주체의 신용에 따라 금리가 달라집니다. 그래서 차입자의 신용도가 낮으면 높은 경우보다 돈을 빌릴 때 상대적으로 금리가 높습니다.

개인의 신용등급은 최고등급인 1등급부터 최하등급인 10등급까지 10단계로 구분됩니다. 2021년부터는 개인의 신용이 점수로도 환산되어

개인 신용점수 등급표

등급	위험도	KCB(올크레딧)	NICE(나이스)
1등급	최우량	942~1,000	900~1,000
2등급		891~941	870~899
3등급	우량	832~890	840~869
4등급		768~831	805~839
5등급	일반	698~767	750~804
6등급		630~697	665~749
7등급	주의	530~629	660~664
8등급		454~529	515~599
9등급	위험	335~453	445~514
10등급		0~334	0~444

부여되는데, 이를 '개인신용평점'이라고 부릅니다.

개인신용평점이란 신용평가회사가 개인의 신용정보를 수집한 후 이를 통계적으로 분석하여, 향후 1년 이내에 90일 이상 장기연체 등의 신용위험이 발생할 가능성을 수치화해 제공하는 점수입니다.

개인신용평점은 금융회사가 대출이나 카드 발급과 같은 신용거래를 개인과 할 때 참고자료로 활용하는데, KCB올크레딧과 NICE신용평가가 개인신용평가회사 가운데 가장 많이 이용됩니다. 그리고 이 같은 개인신용평가회사를 CBcredit bureau라고도 부릅니다.

연체가 신용점수에 미치는 영향

장기연체는 가급적 하지 않는 것이 중요합니다. 90일 이상 장기연체를 한 번이라도 하면 신용등급이 크게 떨어지기 때문에 대출이 거부될 가능성이 큽니다. 또한 장기연체를 상환하더라도 신용평점 회복에는 시간이 걸려서 최장 5년까지 점수에 영향이 있을 수 있습니다.

반면 단기간 연체라면 신용점수에 크게 영향을 주지는 않습니다. 하루 이틀 또는 고작 몇만 원 연체했다고 신용평점에 영향을 미치지는 않습니다. 연체금액 10만 원 미만 또는 연체기간 5영업일 미만은 점수에 반영되지 않습니다. 다시 말해, 10만 원 이상이나 5영업일 이상 연체는 하지 않도록 주의해야 합니다.

개인에게 있어 신용점수를 잘 관리하는 것은 중요합니다. 돈을 빌린 후 연체를 하지 않고 상환이력을 쌓으면 신용점수가 올라갑니다. 또한, 현금서비스는 가급적 빨리 상환해야 점수가 개선됩니다.

개인의 신용평점은 KCB와 NICE의 인터넷 홈페이지나 인터넷 전문 은행 사이트에서도 확인할 수 있습니다. 하지만 신용평점에 따른 가산 금리 수준과 대출한도는 금융기관마다 다릅니다. 예를 들어, A은행에서 5,000만 원밖에 신용대출 한도가 안 나오는 직장인이 B은행에서는 1억 원을 받을 수도 있는 것이지요.

만기와 이자

　　금융기관은 시스템상 신용도 다음에 만기를 체크합니다. 같은 신용도라도 대출기간이 길수록 위험이 커지기 때문입니다. 그래서 대출기간이 길면 금리도 높아집니다. 1년 만기 신용대출과 10년 만기 신용대출의 금리는 차이가 날 수밖에 없는데, 기간에 따른 금리 차이를 '기간금리'라고 합니다. [썸7]에서 공부했듯이, 수익률 곡선에 의거해 대출 또는 투자 기간이 길어질수록 적용되는 금리가 상승합니다. 단기에 비해 더 추가적으로 부과되는 금리가 기간금리인 것입니다. 그렇기 때문에 예금금리나 대

기간금리는 장기로 갈수록 비싸다

A은행 예금 약정 금리	1~3개월	1.56%	A은행 신용 대출 금리	1~3개월	2.95%
	3~6개월	1.60%		3~6개월	3.20%
	6개월~1년	1.86%		6개월~1년	3.52%
	1~2년	2.10%		1~2년	4.05%
	2년 이상	2.70%		2년 이상	4.83%

출금리는 기간이 길어질수록 일반적으로 높습니다.

앞의 A은행 금리 사례에서 보듯, 예금금리와 대출금리 모두 장기간으로 갈수록 높아지는 것을 확인할 수가 있습니다. 이렇게 장기로 갈수록 금리가 높아지는 이유는 기간금리가 장기로 갈수록 높아지는 데서 기인합니다.

이렇듯 신용도와 만기는 돈을 서로 빌리고 빌려주는 대차금리를 결정하는 데 결정적인 역할을 합니다.

신용보강과 이자

하지만 신용도와 만기가 동일해도, 상환위험을 낮출 수 있으면 대출금리는 낮아질 수 있습니다. 상환위험은 신용을 보강할 수 있는 담보나 보증으로 낮출 수 있습니다.

실제로 단기대출은 신용등급이 낮아도 어느 정도는 대출을 받을 수 있지만, 장기대출의 경우에는 신용등급이 낮으면 아예 대출이 불가능한 경우도 많습니다. 금액이 클수록 이러한 경향은 커집니다.

담보는 주택담보대출과 같이 큰 규모의 자금을 장기간 빌릴 때 금융기관이나 대출자 모두에게 편리합니다. 금융기관 입장에서는 담보를 통해 미상환시 손실위험을 낮출 수 있으며, 대출자 입장에서는 금리를 낮출 수 있어 원금과 이자 상환의 부담을 줄일 수 있기 때문입니다.

따라서 담보나 보증과 같은 신용보강을 이용하면 불가능한 대출을 가능하게 할 수도 있습니다. 한국에서 일하고 있는 외국인 근로자 오토론 부장의 사례를 들어 이해해봅시다.

우리시스 자동차의 영국인 연구원인 오토론 부장은 최근 유럽지사에서 한국 본사로 근무지를 옮겼습니다. 초기 정착 원화자금이 필요했던 론 부장은 회사 근처인 A은행 양재동지점에 가서 직장인 신용대출을 알아보았습니다.

A은행의 직원이 제시한 신용대출 절차는 영국에서와 크게 차이가 없어 대출 관행이 비슷하다는 인상을 받았습니다. 하지만 론 부장은 한국에서 일한 지 3개월이 채 되지 않아 신용평가 관련 이력이나 점수가 없는 데다, 한국에 보유한 주택도 없어 난감했습니다. 그래도 방법이 전혀 없지는 않았습니다.

직장인 신용대출의 사례

오토 론 부장

직장인 신용대출 상품 요약
· 대출한도: 최대 1억
· 상환기간: 최장 10년
· 상환방식: 원리금균등

직장인 신용대출 자격조건
· 20세 이상 근로소득자
· 최소 3개월 이상 재직
· 4대보험 가입

직장인 신용대출 불가조건
· 미성년자, 신용불량자
· 신용점수 500 이하

직장인 신용대출 우대조건
· 아파트 보유자
· 차량 보유자

A은행 직원은 론 부장만의 신용으로는 대출을 내줄 수 없지만 한국 최대 자동차 회사인 우리시스가 지급 보증을 해주거나 은행이 인정하는 담보를 제공하면 신용이 보강되어 대출을 받을 수 있다고 했습니다.

우리시스 자동차는 보증을 해주었고 론 부장은 드디어 원하는 신용대출을 받을 수 있어 만족했습니다. 하지만 한편으로 오토론 부장은 국내 거주 외국인을 대상으로 하는 신용대출은 따로 없어서 아쉽다는 생각이 들었습니다.

신용대출 금액도 DSR 계산에 포함

주택담보대출의 경우에는 부동산 투기수요를 방지하기 위해 정부에서 총부채 중 원리금상환 비율을 정해서 대출 규모를 제한하고 있습니다. 이것이 바로 DSR Debt Service Ratio 입니다.

$$DSR = \frac{\text{주택대출 원리금 상환액} + \text{기타 대출 원리금 상환액}}{\text{연간소득}} \times 100[\%]$$

DSR은 개인의 연소득을 기준으로 비율을 산정해 대출 최대한도를 정하기 위한 인적 기준입니다. 주택담보대출 금액을 결정할 때 활용되지만 원리금 상환금액 산정 시 신용대출 금액도 포함되기 때문에, 신용대출을 받으면 주택담보대출 한도가 크게 감소합니다.

마이너스통장 같은 신용대출은 상대적으로 짧은 기간 내에 상환되지만, 주택담보대출은 최장 40년까지도 받을 수 있습니다. 신용대출의 단기 상환 부담이 전체 대출에 영향을 줄 수 있기 때문에 DSR에 포함시키는 것

신용대출은 주택담보대출 한도를 줄인다

· DSR 원리금 상환액 산정 때 신용대출도 포함하여 산출
· 신용대출 받으면 DSR 때문에 주택담보대출 한도가 크게 감소
· 주택담보대출 받으려는 대출자는 신용대출 줄여야

입니다. 그렇기 때문에 주택담보대출을 계획하는 대출자는 가급적 신용대출을 줄이고 장기 상환이 가능한 주택담보대출에 집중하는 것이 대출한도를 가장 많이 받을 수 있는 방법입니다.

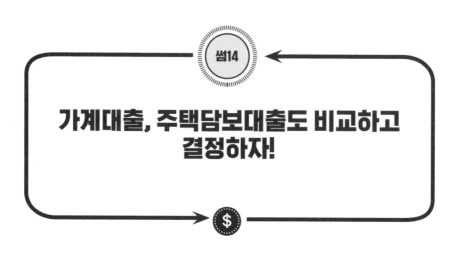

썸14

가계대출, 주택담보대출도 비교하고 결정하자!

이제 개인마다 신용이 다르고 신용에 따라 가산금리도 달라지기 때문에 대출금리가 저마다 다르다는 것을 알았습니다. 이번 장에서는 실제로 대출상품을 미리 비교해보는 방법에 대해서 알아보겠습니다.

사실 꼼꼼하게 하나하나 다 알아보고 대출을 실행하는 경우는 많지 않습니다. 왜냐하면 금융기관도 너무 많고 대출 문턱도 높은 데다 일일이 사전에 체크하기가 번거롭기 때문입니다.

하지만 대출금리도 비교를 해보고 나서 결정하면 조금이라도 이자비용을 줄일 수 있기 때문에, 예금과 마찬가지로 전국은행연합회 소비자포털과 금융감독원 금융상품통합비교공시의 두 군데에서 미리 비교를 해보고 영업점에 들르는 것을 추천합니다.

특히나 개인이 받는 가계대출이나 회사의 영업을 위한 대출인 중소기업대출로 대출금리가 구분되어 제시되어 있어서 개인인지 회사인지 대출 주체에 따라서도 비교할 수 있습니다.

가계대출 금리 비교

은행연합회 소비자포털 홈페이지의 금리/수수료 탭에서 가계대출 금리를 클릭하면 대출 종류별, 은행별로 비교 공시된 금리와 조건을 검색할 수 있습니다.

대출금리는 신규취급액 기준으로도, 잔액 기준으로도 확인할 수 있습니다. 가계대출 금리를 신용점수대별로 기준금리와 가산금리로 구분해서 알아보려면 신규취급액 기준을 선택하면 됩니다. 그러고 나서 '대출금리 상세보기'를 선택하면 각 금융기관의 해당 월 대출금리를 볼 수 있습니다.

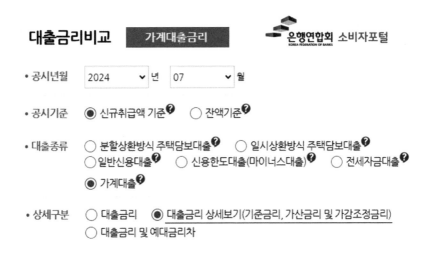

'대출금리 상세보기'를 선택했기 때문에, 검색 버튼을 누르면 대출금리를 신용등급별로 기준금리, 가산금리, 가감조정금리 세 가지로 구분하여 보여줍니다.

가계대출 신용점수별 금리 현황에서 대출금리는 해당 월 신규취급 대출의 가중평균 대출금리를 말합니다.

기준금리는 해당 은행이 대출금리를 산정할 때 기준이 되는 금리입니다. 구체적으로 기준금리는 은행이 자금조달에 사용한 직접비와 간접비를 합한 비용을 감안해 산출합니다. 따라서 대출금리와 기준금리의 차이가 클수록 은행의 수익이 늘어납니다.

가산금리는 앞에서 살펴본 바와 같이 여러 종류의 위험에 따른 금리를 덧붙인 것으로 개인의 신용 상황에 따라 가산됩니다.

가감조정금리는 은행 단골고객에 대한 우대금리인데, 예금이나 적금 그리고 카드 사용실적에 따라 우수고객에게 깎아주는 금리를 말합니다. 따라서 대출금리는 결국 다음과 같이 산출됩니다.

대출금리 = 기준금리 + 가산금리 - 가감조정금리

가계대출 금리를 은행별로 신용점수에 따라 구분해 % 단위로 보여주는데, 오른쪽에는 어떤 신용정보기관의 점수를 기준으로 산출했는지 해당 CB사가 명시되어 있습니다. CB사는 개인과 기업의 신용평가를 수행하는 신용평가기관으로 우리나라에서는 KCB올크레딧과 NICE신용평가가 대표적입니다. 실제로 은행들은 KCB올크레딧을 평가기준으로 더 많이 사용하고 있습니다.

가계대출 금리를 조회한 A은행과 B은행을 비교해보면, A은행과 B은행의 대출정책이 많이 다름을 알 수 있습니다. A은행의 대출금리가 B은행보다 낮고 둘은 가산금리 체계도 다릅니다. A은행의 가산금리는 신용점수와 관계없이 전부 일정하게 2%대를 유지하는 데 반해, B은행은 가산금리가 3% 후반에서 4% 중반까지로 상대적으로 매우 높습니다.

(단위: %)

은행	금리 구분	CB사 신용점수별 금리[%]							평균 신용 점수 [CB사]
		1,000 ~951	950 ~901	900 ~851	850 ~801	800 ~751	750 ~701	700 ~651	
A은행	대출금리	4.51	4.61	4.71	4.83	5.26	5.26	5.75	
	기준금리	3.96	3.99	3.98	4.04	4.02	4.20	3.91	편차가 거의 없다
	가산금리	2.14	2.13	2.24	2.23	2.50	2.26	2.96	922 NICE
	가감조정금리	1.59	1.50	1.51	1.44	1.26	1.20	1.12	
B은행	대출금리	4.97	4.96	5.23	5.44	5.69	5.93	6.48	
	기준금리	4.22	4.18	4.19	4.18	4.19	4.18	4.15	편차가 매우 크다
	가산금리	3.86	3.86	4.03	4.10	4.27	4.36	4.63	925 KCB
	가감조정금리	3.11	3.08	2.99	2.84	2.77	2.61	2.30	

대출금리와 가산금리도 차이가 나지만, 가장 큰 차이점은 우대금리인 가감조정금리입니다. A은행은 신용도가 높은 대출자에게 우대율을 더 쳐 주기는 하지만 그 편차가 채 0.4%를 넘지 않으며, 우대율도 1%대로 낮은 편입니다. 하지만 B은행은 가산금리가 높지만 우대율 또한 큰 것을 확인 할 수 있습니다. 또한 신용도의 높고 낮음에 따라 우대율 차이도 A은행보 다 확연합니다.

A은행은 고신용자(1.59%)와 저신용자(1.12%)의 가감조정금리 차이를

0.50%p 이내에서 조정하는 데 반해 B은행은 고신용자(3.11%)와 일반 고객(2.30%)의 가감조정금리 차이가 0.81%p에 달합니다. A은행은 NICE를 CB사 기준으로 사용하고, B은행은 KCB를 기준으로 삼는다는 것도 차이점입니다.

이러한 상황에서 은행 대출을 한다면 금융소비자는 신용등급이 높든 낮든 누구나 대출금리가 전 신용등급에 걸쳐 확연하게 저렴한 A은행을 무조건 선택하겠지요. 하지만 A은행과 같은 경우에는 은행의 문턱이 높을 수 있고, 대출의 한도도 낮을 수 있습니다. 그렇기에 여러 은행을 검색한 후 해당 은행과 실무적으로 직접 상담해서 대출을 결정하는 것이 바람직합니다. 그럴 때 조금이라도 낮은 금리로 대출을 받을 수 있습니다.

주택담보대출 금리 비교

가계대출뿐 아니라 주택담보대출도 은행연합회 소비자포털 검색필터를 사용해서 알아볼 수 있습니다.

주택담보대출을 조사하고자 할 때는 우선 대출 종류에서 가계대출 대신 분할상환식 주택담보대출을 선택합니다. 그리고 평균 대출금리와 신용점수별 금리를 알아보기 위해 상세구분에서 대출금리를 선택하면 은행별로 만기 10년 이상의 주택담보대출 금리를 보여줍니다.

가계대출 금리도 은행의 정책에 따라 가산금리가 천차만별이지만, 주택담보대출 또한 은행별로 금리 차이가 큰 것을 볼 수 있습니다.

일례로 A은행은 대출 평균 신용점수가 936으로 매우 높은 데다 신용점수 900점 이상 우량신용등급과 신용이 열악한 점수 600 이하의 대출자 간

분할상환방식 주택담보대출(만기 10년 이상) 신용점수별 금리 현황

(단위: %)

은행	금리구분	CB사 신용점수별 금리[%]							평균 신용 점수 [CB사]
		1,000 ~951	950 ~901	900 ~851	850 ~801	650 ~601	600 이하	평균 금리	
A은행	대출금리	4.61	4.64	4.73	4.74	4.95	6.14	4.65	936 KCB
B은행	대출금리	4.74	4.79	4.79	4.86	4.90	5.10	4.78	921 KCB
C은행	대출금리	4.70	4.70	4.74	4.77	5.01	4.97	4.72	925 KCB
D은행	대출금리	5.12	5.12	5.15	5.15	5.16	5.14	5.14	870 KCB
E은행	대출금리	4.78	4.80	4.79	4.81	4.92	4.70	4.79	927 KCB
F은행	대출금리	4.62	4.64	4.71	4.78	5.28	5.31	4.67	920 NICE

의 금리 차 또한 매우 크게 책정되어 있습니다. 이는 A은행이 신용위험에 매우 민감해서 그에 따른 리스크 프리미엄을 크게 책정한 것으로 이해할 수 있습니다. 주택을 담보로 제공받는데도 개인의 신용 또한 추가로 가산금리에 책정하고 있는 것을 확인할 수 있습니다.

F은행 또한 유사한 상황입니다. 신용위험에 매우 민감하기 때문에 신용도가 내려갈수록 대출금리가 크게 높아지는 추이를 보입니다. 보통 대출을 재량에 따라 선택적으로 실행할 수 있는 시중은행이 이러한 금리체계를 보입니다.

반면, E은행은 신용대출보다는 담보대출의 성격을 높이 사서 주택담보대출을 내주면서 개인의 신용위험은 상대적으로 크게 반영하고 있지 않은 것으로 볼 수 있습니다. 그래서 신용등급에 관계없이 4%대의 주택담보대출 금리를 제공하고 있습니다. 주로 정책은행이나 특수목적 은행이 정책적 지원을 목적으로 대출정책을 펼 때 이러한 가산금리 정책을 씁니다.

D은행은 다른 은행들과 성격이 다릅니다. 신용점수에 관계없이 5%대의 담보대출을 제공하면서, 대출자에 대한 평균 신용점수도 870대로 유연하게 운영하고 있습니다. 이 같은 은행은 조달금리는 높은데 대출 기회가 상대적으로 적은 지방 은행인 경우가 많습니다.

따라서 앞서 가계대출의 예에서는 누구나 A은행에서 대출을 받을 수 있다면 최선의 선택이 되겠지만, 이번 주택담보대출의 경우에는 신용점수에 따라 개인별로 선택이 달라집니다.

신용점수가 900 이상으로 높은 대출자라면 A은행이나 F은행을 찾겠지만, 신용이 상대적으로 불리한 대출자라면 B, C, D, E은행 가운데서 자신의 신용점수에 따라 은행의 금리를 파악하고 상황에 맞게 대출을 결정합니다.

썸15

마이너스통장 이자는
어떻게 계산될까?

마이너스통장은 신용대출

우리가 가장 많이 편리하게 이용하는 대표적인 신용대출 거래가 바로 '마통'이라고도 불리는 마이너스통장 대출입니다. '신용한도대출'이라고 표현하기도 하는 마이너스대출은 신용대출 상품에 속하기는 하지만, 일반 신용상품과는 대출 방식이 조금 다릅니다.

일반적인 신용대출은 100만 원을 대출하면 100만 원이 통장으로 입금되지만, 마이너스대출은 신용카드와 비슷합니다. 은행이 우리의 신용을 믿고 일정 한도의 금액까지 쓸 수 있게 허용을 해주는 것이지요.

잔액이 없는데도 계속 돈을 쓸 수 있는 마이너스통장은 여러모로 편리합니다. 특히나 예상치 못하게 돈이 필요할 때 아주 유용한데, 마이너스로 사용할 수 있는 금액인 신용한도가 정해지면 일반적으로 1년 단위로 약정을 맺습니다.

그리고 마이너스통장 대출은 신용대출이기 때문에 개인의 신용등급과 연봉에 따라 개설 가능 여부 및 대출한도가 결정됩니다.

마이너스통장 이자

마이너스통장의 신용대출 사용분은 매일 변동되므로 이자도 일단위로 계산됩니다. 그날의 이자를 그날 계산하고 이를 매일 합산해 매월 1회 지정된 날에 납부합니다.

마이너스통장은 단기대출에 속하기 때문에 일반 신용대출보다 금리가 조금 더 비싸며, 대출한도도 일반 가계대출보다 낮습니다. 따라서 큰 금액을 지속적으론 사용해야 한다면 마이너스대출보다는 장기대출을 고려하는 편이 좋습니다.

마이너스통장 대출은 은행마다 조금씩 차이가 있긴 하지만, 신용점수에 따른 금리 차이가 일반 신용대출보다는 적은 편입니다. 따라서 신용점수 900점 이상의 고신용자라면 마이너스대출 금리가 신용대출보다 높지만, 신용점수가 낮은 저신용자는 마이너스대출과 신용대출의 금리 차이가 적거나 오히려 신용대출 금리보다 최대 1~2% 이상 낮은 경우도 있습니다.

그렇지만 신용점수 700점 이하는 마이너스대출이 아예 불가능한 은행도 있으며, 개별 은행의 정책에 따라 대출한도도 다릅니다. 즉 마이너스통장 대출의 최고금리는 일반 신용대출보다는 낮은 편이지만, 금융기관 간 금리 차이가 생각보다 큽니다. 따라서 금융소비자는 금융기관별로 마이너스통장 금리를 꼼꼼하게 비교해보고 사용하는 것이 좋습니다.

마이너스통장 금리의 산정

주택담보대출 같은 장기대출의 기본금리로는 코픽스COFIX 금리를 많이 사용하지만, 마이너스통장 같은 단기 신용대출의 기본금리는 일반적으로 6개월 단기 은행채 금리를 사용합니다. 코픽스 금리와 은행채 금리 모두 은행이 자금을 조달할 때 드는 비용인 조달금리로, 기본적으로 한국은행 기준금리의 영향을 받습니다.

이처럼 대출이나 예금 금리를 산정할 때 은행이 기준으로 삼는 변동금리는 CD금리, 코픽스 금리와 금융채 금리 등 다양합니다.

그럼 6개월 은행채 금리를 마이너스통장의 대출 기준금리로 삼는 이유는 무엇일까요? 그것은 은행이 마이너스대출을 해줄 때 단기 은행채 금리가 은행의 자금조달 원가를 가장 잘 반영하기 때문입니다. 은행채 중에서도 가장 짧은 만기인 6개월 은행채가 은행 단기자금 조달과 가장 연관이 크기 때문에, 마이너스통장 금리를 산정할 때 일반적으로 6개월 은행채 금리를 기준금리로 사용하는 것이지요.

코픽스는 1개월마다 금리를 변동시키지만, 은행채 금리는 그날그날의 금리를 반영하기 때문에 일별 이자를 계산해야 하는 은행은 조달한 원가를 바로 소비자에 전가할 수 있어서 손해가 날 일이 없습니다.

결론적으로, 마이너스통장의 대출금리는 다음과 같이 산정됩니다. 우선 6개월 만기 금융채 금리를 기준금리로 삼는데, 금리가 날마다 조금씩 달라지기 때문에 최근 3일치의 평균금리를 사용합니다. 그리고 여기에 개별 대출자의 신용 상황에 따른 가산금리를 더하고 우대금리인 가감조정 항목을 차감한 금리가 우리에게 적용되는 마이너스통장 금리입니다.

참고로, 금융채의 수익률 정보는 금융투자협회 채권정보센터KOFIA BIS의 채권시가평가수익률 사이트에서 확인할 수 있습니다.

신용한도대출(마이너스통장) 대출 상세금리 (예시)		
기준금리	(+) 3.61%	6개월 만기 금융채 수익률 (최근 3일치 평균)
가산금리	(+) 2.84%	신용상황에 따른 가산금리
가감조정금리	(-) 1.33%	우대금리
대출금리	= 5.12%	= 기준금리 (+) 가산금리 (-) 가감조정금리

금융채란?

금융채는 영어로 'financial debenture'라고 불리며, 은행이나 증권사, 신용카드 회사와 같은 금융기관이 자금조달을 목적으로 발행한 채권을 말합니다. 금융채의 만기는 최소 6개월부터 최장 10년까지 다양합니다. 우리나라의 시중은행은 은행법에 따라 자기자본의 다섯 배 내에서 자금조달을 위한 채권, 즉 금융채를 발행할 수 있습니다.

금융채 시장에서 최고의 강자는 KDB산업은행과 같은 정책은행입니다. 특수은행인 산업은행은 산업은행법에 따라, 자본금의 30배 내에서 '산금채'라고 불리는 산업금융채권을 발행할 수 있습니다. IBK기업은행 또한 중소기업은행법에 의거해 자기자본의 20배 이내에서 채권을 발행할 수 있습니다.

마이너스통장도 금리 비교하고 쓰자!

마이너스통장 금리 또한 은행연합회 소비자포털에서 비교할 수 있습니다. 소비자포털 사이트의 대출 종류 구분에서 신용한도대출(마이너스대출)

대출금리비교　가계대출금리

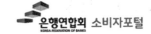

- **공시년월**　2024 ✔ 년　07 ✔ 월
- **공시기준**　◉ 신규취급액 기준❓　○ 잔액기준❓
- **대출종류**　○ 분할상환방식 주택담보대출❓　○ 일시상환방식 주택담보대출❓
　　　　　　　○ 일반신용대출❓　◉ <u>신용한도대출(마이너스대출)</u>❓　○ 전세자금대출❓
- **상세구분**　◉ 대출금리　○ 대출금리 상세보기(기준금리, 가산금리 및 가감조정금리)

을 선택하면 은행별로 마이너스대출 금리를 한눈에 비교할 수 있습니다.

조회된 화면에서 보면 A은행의 마이너스대출 금리가 전 신용점수대에 걸쳐 전반적으로 다른 은행에 비해 상대적으로 낮은 것을 볼 수 있습니다. 따라서 A은행을 선택하는 것이 가장 유리할 것입니다.

반면에 C은행은 저신용자를 대출 타깃으로 삼아 대출자의 평균 신용점수가 800점대입니다. 그에 발맞춰서 600점대여도 마이너스대출이 실행되지만 금리는 8%대로 매우 높습니다. 저신용자에게도 마이너스통장을 제공하되, 금리를 매우 높게 책정하고 있는 것이지요.

이에 비해, B은행과 F은행은 650점대 이하 저신용자에게는 신용대출을 해주지 않고 있는 것을 확인할 수 있습니다.

이렇듯 마이너스통장 대출금리가 은행마다 다른 이유는 해당 은행의 신용정책이 다르기 때문입니다. 신용이 높은 고객만을 우대하는 은행이 있는가 하면, 조금 더 관용적으로 신용을 제공하는 은행도 있습니다.

(단위: %)

은행	금리 구분	CB사 신용점수별 금리(%)							평균 신용 점수 (CB사)
		1,000 ~951	950 ~901	900 ~851	850 ~801	650 ~601	600 이하	평균 금리	
A은행	대출금리	5.79	5.99	6.23	6.34	7.43	5.27	5.92	949 KCB
B은행	대출금리	5.86	6.05	6.20	6.55	-	-	5.96	946 KCB
C은행	대출금리	6.08	6.26	6.78	7.17	8.72	8.15	6.63	898 KCB
D은행	대출금리	6.10	6.48	6.90	7.05	5.42	-	6.44	927 KCB
E은행	대출금리	6.84	7.08	7.39	7.35	9.01	-	7.09	933 KCB
F은행	대출금리	6.87	6.68	6.63	7.01	-	-	6.78	921 NICE

나의 맞춤 은행 알아보기

여러분이 거래하고 있는 은행은 성격이 어떠한지, 또 누구를 타깃 고객으로 삼고 있는지 알고 싶지 않나요? 거래하고 있는 은행이 과연 내게 맞는 은행인지 궁금하지 않나요? 내가 특정 은행을 주거래 은행으로 이용하고 있다면, 그 은행도 나를 주된 고객으로 생각하고 있는지를 알 수 있어야 합니다. 내가 해당 은행의 주 고객층이어야 혜택을 가장 많이 볼 수 있기 때문이지요. 그렇기에 우리는 반드시 각 은행이 영업 대상으로 삼는 주 고객층을 알아보고 나서 거래해야 합니다.

이를 알아보는 것은 간단합니다. 앞에서 살펴본 바와 같이, 은행연합회

포털에 들어가서 거래하고 있는 은행의 신용대출 금리 상황을 보면 바로 알 수 있습니다.

나에게 딱 맞고 잘 어울리는 맞춤 슈트와 같은 맞춤 은행을 정해서 거래합시다. 스스로 알아보고 정한 주거래 은행과 거래하면 금융생활을 해나가며 좀 더 든든하고 안심이 될 것입니다.

제2장

금리의 성격

—

금리의 기초지식 쌓기

제1금융권과 제2금융권, 시중은행과 특수은행, 지방은행… 금융기관 구분하기

중앙은행과 제1금융권 그리고 제2금융권

은행, 증권사, 자산운용사, 보험사 등 금융기관을 빼놓고 금융을 말하기란 사실상 불가능합니다. 금융기관이 어떤 일을 하고 어떤 상품을 판매하는지를 잘 알아야 금융을 이해할 수 있기 때문입니다.

우리 사회에는 수많은 금융기관이 있는데, 간단하게 정리해놓으면 편리합니다. 우선 가장 일반적인 대분류는 중앙은행과 제1금융권, 제2금융권으로 구분하는 것입니다. 한국은행은 우리나라의 중앙은행으로서 화폐를 발행하고 통화정책을 수립합니다. 또한 '지급준비제도'에 따라 금융기관이 받은 예금의 일정 부분은 의무적으로 한국은행에 예치해 예금자를 보호하고 있습니다.

제1금융권이란?

제1금융권은 예금은행을 지칭하는 말인데, 시중은행과 특수은행, 지방은행 그리고 외국계 은행과 인터넷은행을 포함합니다. 쉽게 말해, 은행다운 은행만 모아놓은 것이 제1금융권입니다.

(1) 이제는 6대 시중은행

시중은행은 개인이나 기업으로부터 예금을 받는 기능을 수행하기에 상업은행commercial bank이라고도 부릅니다. 우리나라에는 전국 단위로 영업을 하는 KB국민은행, 하나은행, 신한은행, 우리은행, NH농협은행의 5대 시중은행이 있었는데, 2024년 5월 DGB대구은행이 iM뱅크로 사명을 변경해 시중은행에 합류함에 따라 여섯 번째 시중은행이 되었습니다.

은행법상 시중은행이 되려면 두 가지 요건을 충족해야 합니다. 바로 최소자본금 요건(1,000억 원)과 지배주주 요건(산업자본비율 4% 이하, 은행보유한도 10% 이하)입니다.

지배주주 요건 중 산업자본비율이 4%이하여야 한다는 요건은 대표적인 금산분리 규제조항(은행법 제16조의 2 제1항)인데, 금산분리란 금융자본과 산업자본을 분리하는 것입니다.

대기업이 금융회사를 자회사로 두고 은행을 사금고처럼 이용하는 것을 막기 위한 제도적인 장치입니다. 시중은행이 담당하고 있는 우리나라 대출과 예금의 점유율은 2023년 말 기준 약 70%에 이르러 경제에 영향력이 크기 때문입니다.

(2) 특수은행은 은행법의 적용을 받지 않는다

산업은행KDB, 수출입은행KEXIM과 중소기업은행IBK, NH농협은행, 수협은행과 같은 특수은행은 개별적인 특수은행법에 의해 설립되어 운영되고 있

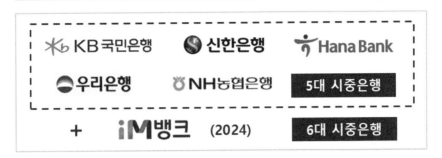

어서, 은행이지만 예외적으로 은행법의 적용을 받지 않습니다.

특수은행은 자금이 제대로 공급되지 않는 특정 부문을 지원하기 위한 특수한 목적으로 설립, 운영되기 때문입니다.

이들 중에서도 NH농협은행은 은행법에 따라 설립되지는 않았지만, 전국 단위로 상업은행의 기능을 수행하고 있고 그 규모가 워낙 커서 제1금융권 중에서도 6대 시중은행에 포함시키고 있습니다.

(3) 지방은행과 시중은행의 구분은 개선이 필요

본점을 서울에 두고 전국 단위로 영업을 하는 시중은행과 달리 지방은행은 해당 지방에 본점을 두며, 영업 구역에도 제한이 있어서 본점 소재지 구역 외에는 특별시와 광역시에만 지점을 낼 수 있습니다. 지방은행의 최소자본금은 250억 원이고, 지배구조 요건도 시중은행에 비해 유연합니다.

하지만 지방은행은 기업여신의 70% 이상을 대기업이 아닌 중소기업에 할당해야 한다는 추가규제를 받고 있어서, 시중은행에 비해 상대적으로 영업 기반이 약한 것이 현실입니다.

지방은행의 가장 큰 어려움은 시중은행에 비해 자본, 여신 규모 및 신용도가 낮아서 자금의 조달금리가 높다는 데 있습니다. 자금을 조달하는 원가는 더 비싼데, 예금금리는 시중은행보다 더 높게 줘야 하기에 시중은행과 경쟁하기가 버거운 것이지요. 현재 지방은행에는 BNK부산은행, BNK경남은행, JB전북은행, JB광주은행과 제주은행 등이 있습니다.

사실 시중은행과 지방은행의 구분 방식은 듣기만 해도 매우 불편합니다. 서울을 중심으로 하는 경직된 금융 사고방식을 보여주기 때문입니다.

수도권 은행과 지방은행이라는 이분법적인 사고는 과거의 전유물로서, 인수합병과 법 개정을 통해 전국적 은행업 허가로 바꾸어나가는 것이 바람직한 시대적 방향입니다.

또한 특수은행은 민영화하거나 업무와 영역을 전문화시켜 금융혜택을 받지 못하는 계층을 위한 복지와 공정금융을 실현하는 정책적 기능을 제공하는 방향으로 전환해야 합니다.

(4) 인터넷 전문은행

인터넷 전문은행은 지점 없이 비대면 온라인으로 영업을 하는 은행을 말하는데, 앞으로 계속해서 확장세를 이어갈 것으로 전망됩니다.

2024년 7월 현재 케이뱅크(2016년 12월), 카카오뱅크(2017년 4월), 토스뱅크(2021년 6월) 등 세 개 인터넷 전문은행이 설립되어 영업을 하고 있습니다.

(5) 외국계 은행

외국계 은행은 본점을 외국에 두고 한국에 지점이나 현지법인을 두고 있는 은행을 말합니다. 외국계 은행은 영업형태나 자본조달 측면에서 국내은행과 많은 차이가 있습니다. 국내 은행과 외국계 은행 간 거래는 우리

제1금융권과 제2금융권의 비교		
	제1금융권	**제2금융권**
금융회사 구분	시중은행, 지방은행, 특수은행, 외국계 은행, 인터넷 전문은행	증권회사, 상호저축은행, 자산운용회사, 보험회사, 신용협동기구
취급 상품	예금, 적금, 펀드, 채권 등 다양	상대적으로 적음
거래의 안전성	매우 높음	상대적으로 낮음
금리 예금	금리 낮음	금리 높음
금리 대출	금리 낮음 대출조건 까다로움	금리 높음 상대적으로 편한 대출조건
해당 법령	일반 은행: 은행법 특수은행: 개별특수은행법	금융투자업: 자본시장법, 보험회사: 보험업법

나라의 국제금융을 발전시키는 촉매제 역할을 하고 있습니다.

제2금융권

제2금융권은 제1금융권에 비해 안정성과 신용도가 낮고 리스크가 더 크기 때문에, 제2금융권의 예금과 대출 금리는 제1금융권에 비해서 상대적으로 높은 편입니다(우체국은 예외).

대출조건 또한 제1금융권에 비해 제2금융권은 상대적으로 덜 까다로운 편입니다. 따라서 목돈을 요하는 장기대출은 제1금융권, 급하게 필요한 돈을 쓰고 빨리 갚을 계획인 단기대출은 제2금융권을 사용하면 편리합니다.

시중은행 수신금리 인상 경쟁…
제2금융권에서 제1금융권으로 '자금 쏠림' 현상 심화

금리일보

위 기사는 시장에서 예금 수신경쟁이 과열되고 있는 상황을 보여줍니다. 제1금융권 시중은행이 앞다퉈 예금금리를 인상하고 있는 탓에, 높은 금리를 좇아서 제2금융권에 예금을 했던 금융소비자들이 다시 제1금융권 은행으로 돌아가고 있는 상황이네요.

이렇게 예금이 빠져나가면 제2금융권 금융회사는 자금 부족에 봉착할 수도 있기 때문에, 제1금융권보다 더 높은 경쟁적 예금금리를 제시할 수밖에 없습니다. 이렇게 되면 시간이 지나면서 수신금리 경쟁이 전 금융권으로 확대되지요. 시중은행이든 저축은행이든 금융기관은 어디든 자금이 있어야 영업을 할 수 있기 때문에 안정적인 예금 수신은 매우 중요합니다.

(1) 은행이 아닌데 예금을 받는 기관 – 비은행 예금취급기관

은행이 아니면서 예금을 취급하는 기관을 '비은행 예금취급기관'이라고 부르는데, 여기에는 상호저축은행, 신용협동기구, 종합금융회사와 우체국이 있습니다.

상호저축은행은 흔히 저축은행으로 불리고, 제1금융권을 이용할 수 없는 서민과 중소기업 등 신용 취약계층의 금융편익을 위해 예전에 사채업자들이 운영하던 사금융을 금융회사로 양성화한 것입니다.

예금과 대출 등 일반은행과 비슷한 기능을 수행하지만, 외환업무 등 일부 업무는 금지되어 있습니다. 저축은행은 은행이라는 이름을 사용하긴

하지만, 은행법의 적용을 받지 않기 때문에 엄밀하게는 은행이 아닙니다. 더구나 상호라는 말이 들어가지만 상호금융기관도 아니며, 실질적으로는 민간회사가 만든 대부업체입니다.

저축은행의 신용도는 일반은행에 비해 매우 낮으므로, 상대적으로 더 높은 금리의 예금과 대출로 영업을 합니다. 하지만 저축은행도 예금자보호법의 적용을 받기 때문에 5,000만 원까지는 보장받을 수 있습니다. 달리 말해, 저축은행은 5,000만 원 이하의 목돈을 상대적으로 높은 금리에 예금할 때 유리한 금융기관입니다.

저축은행의 영업 구역은 여섯 개 광역권으로 나뉘는데, 대기업이나 시중은행, 대형 증권사가 대주주인 곳이 저축은행 중에서는 상대적으로 안전합니다.

저축은행의 성격

역사 및 배경
· IMF 외환위기 이후 공식적으로 양성화
· '은행'이라는 명칭을 사용하게 해줌
· 은행법 아닌 상호저축은행법 적용 받음

저축은행의 장점
· 예금금리가 은행보다 높다
· 은행보다 대출조건이 덜 까다롭다

법적인 규제
· 금산분리원칙(산업자본 4% 미만) 미적용
· 동일인 주식보유한도(15% 미만) 미적용
· 은행법상 최소자본금 규제 미적용
· 영업지역 의무대출 비율 40% (수도권 50%)
· 5,000만 원까지 예금자보호는 동일

저축은행의 단점
· 대출금리가 은행보다 높다
· 은행보다 신용도가 낮다
· 예보료가 은행보다 높다
· 횡령 등 내부통제 시스템이 제1금융권보다 약하다

우리나라에는 신용협동기구가 다른 나라에 비해 많은 편입니다. 길을 지나다가 보면, OO금고 OO조합 같은 금융기관 형태의 회사를 어렵지 않게 볼 수 있습니다.

이러한 신용협동기구는 여러 사람이 모여 만든 조합의 형태를 띕니다. 조합원이 서로 돈을 모아 만드는데, 대표적인 조합이 새마을금고와 신용협동조합이지요.

신용협동기구는 예금보험공사에 가입하지 않아, 예금보험공사에서 예금자보호를 받지 못합니다. 협동기구의 중앙회 자체기금으로 5,000만 원까지 보호를 해주고 있지만, 예금자보호법에 비해 안전성은 떨어집니다.

종합금융회사는 과거 1997년 외환위기의 주범으로 인식되어 이후 신규 인가를 불허했습니다. 몇 개 회사만이 명맥을 유지하고 있고 업무 영역도 큰 차이가 없어서 증권회사와 구분하는 실익이 없습니다.

우체국은 제2금융권 중에서 유일하게 1금융권보다 신용도가 높고 금리도 낮은데, 이유는 정부의 산하기관이기 때문입니다. 우체국 예금은 5,000만 원 보장이라는 예금자보호법의 혜택은 받을 수 없지만, 우체국은 정부기관(과학기술정보통신부)이기 때문에 국가가 전액 보장하므로 오히려 시중은행보다도 훨씬 안전합니다.

(2) 금융투자업자

금융투자업자는 크게 증권회사, 자산운용사 그리고 선물회사로 구분됩

금융기관의 구분 및 종류		
제1금융권	일반은행	· 시중은행 · 지방은행 · 외국계 은행
	특수은행	· 산업은행, 수출입은행, 중소기업은행 · 농협은행, 수협은행
	인터넷 전문은행	· 케이뱅크, 카카오뱅크, 토스뱅크
제2금융권	비은행 예금취급기관	· 우체국 예금 (정부기관) · 상호저축은행 · 신용협동기구 (새마을금고, 신협) · 종합금융회사
	금융투자업자	· 투자매매중개업자 (증권사, 선물회사) · 집합투자업자 (자산운용사) · 신탁업자 · 투자자문 및 투자일임업자
	보험회사	· 우체국 보험 · 생명보험회사 · 손해보험회사
	여신전문금융회사	· 리스회사 · 신용카드회사 · 할부금융(캐피탈) 회사
사금융	대부업자, 사채업자	· 제도금융권 밖의 사각지대

니다. 이들 금융투자업자는 은행법 대신 자본시장법(자본시장과 금융투자업에 관한 법률)의 적용을 받습니다.

증권사는 채권을 발행하고 주식을 상장시키며, 주식 관련 투자와 중개를 목적으로 하는 회사입니다. 반면, 자산운용사는 펀드를 운용하고 판매하기 위해 설립된 회사입니다. 쉽게 말해, 증권사는 주식과 채권을 팔고 자산운용사는 펀드를 파는 회사지요. 선물회사는 파생상품인 선물과 옵션을 중개하고 수수료를 받습니다. 보험회사는 사람에 관한 보험을 담당하는 생명보험회사와 자동차, 화재 등의 물적 손실을 담당하는 손해보험회사, 이렇게 두 가지로 나뉩니다. 최근에는 둘 사이의 경계가 조금씩 허물어지는 추세입니다.

카드회사와 캐피탈 회사와 같이 신용을 전문적으로 제공하는 회사를 '여신전문회사'라고 부릅니다. 여신전문회사에는 신용카드회사, 자동차 판매 시 할부금융을 제공하는 캐피탈회사 그리고 리스회사가 모두 포함됩니다.

사금융은 금융의 사각지대

제1금융권과 제2금융권을 제외한 사채업자나 대부업자는 사금융입니다. 제도권 밖에 존재하는 사각지대이므로 법적인 보호를 받기 어려워서 매우 위험합니다.

2002년 합법화되어 TV 등에서 광고도 쉽게 볼 수가 있지만, 사실상 금융권이라는 표현도 맞지 않고, 법정 최대금리인 연이율 20%까지 고금리 대출을 제공하고 있는 현대판 고리대금업자입니다.

썸2

미국 기준금리인 연방기금금리는 세상 모든 금리의 출발점

중앙은행이 결정하는 기준금리란?

중앙은행은 자국의 경제적·정치적·사회적 상황을 종합적으로 고려하여 기준금리를 정기적으로 결정하고 발표합니다. 기준금리는 중앙은행의 통화정책을 수행하기 위해 사용되는 정책금리로, 한 나라의 금융 시스템에서 가장 기초가 되는 금리입니다.

기준금리는 미국 연준의 연방공개시장위원FOMC이나 한국은행의 금융통화위원회와 같은 중앙은행의 금리결정 기구에서 정합니다. 다만, 기준금리로 사용하는 지표와 그 명칭은 나라마다 다릅니다. 예를 들어, 어떤 국가에서는 하루 콜금리를 기준금리로 사용하는 데 반해, 어떤 국가는 담보금리인 RP금리를 기준금리로 사용합니다.

미국 연방준비제도와 FOMC

미국의 중앙은행인 연방준비제도Federal Reserve Systems는 1913년 우드로

윌슨Woodrow Wilson 대통령이 서명한 연방준비법Federal Reserve Act에 따라 설립되었습니다.

미국 연방준비제도 산하에는 세 개의 주요 기구가 있습니다. FRB라고 불리는 연방준비제도이사회Federal Reserve Board of Governors, 각 지역의 열두 개 연방준비은행Federal Reserve Banks 그리고 FOMC라고 불리는 연방공개시장운영위원회Federal Open Market Committee가 그것입니다.

연방준비제도는 흔히 줄여서 '페드Fed' 또는 '연준'이라고도 불리는데, FRB는 이사회를 지칭하기 때문에 연준을 FRB라고 부르는 것은 표현상 부적절합니다.

연준의 가장 중요한 기능은 미국의 통화정책을 수행하는 것이며, 그 통화정책 목표는 물가안정과 최대고용을 달성하면서 장기적으로 적정한 금리 수준을 유지해나가는 것입니다.

FOMC는 연준의 3대 주요 기구 중에서 우리에게 가장 중요한데, 정

미국의 중앙은행

연방준비제도

3가지 주요 기구

(1) 연방준비
제도이사회
(FRB)

(2) 12개 연방준
비은행(Reserve
Banks)

(3) 연방공개
시장운영위원
회(FOMC)

출처: federal reserve

작 1913년 연방준비제도 창설 때는 존재하지 않았습니다. 뒤늦은 필요
성에 따라 1933년 은행법Banking Act of 1933에 의해 공식적으로 설립되었고,
1935년 은행법에 의해 현재의 형태를 갖추게 되었습니다.

　FOMC의 가장 중요한 통화정책 기능은 OMO라고도 불리는 공개시장
운영Open Market Operations인데, 시장에서 국채와 같은 유가증권을 사고팔면서
미국의 통화량을 조절하는 것입니다.

　시중에 통화량이 과도해 경기가 과열이 되면 연준은 채권을 매도하여
시중자금을 흡수하고, 반대로 시장에 유동성이 부족하면 채권을 매수하여
시중에 자금을 공급합니다.

　연준은 이런 공개시장 운영을 통해서 통화량뿐 아니라 시장금리 또한
조절할 수 있습니다. 일반적으로 통화량이 많아지면 시장금리는 하락하
고, 통화량이 적어지면 상승하는 경향이 있기 때문입니다.

연방기금금리, 과거 급격한 인상과 인하를 반복

미국 연준은 경제 상황의 변화에 대응하기 위해 유연하게 기준금리를 변경해왔습니다. 이런 성향 때문에 미국의 기준금리인 연방기금금리는 역사적으로 매우 변동성이 크고 역동적이었습니다.

물가상승률이 높았던 시절에는 급격한 인상도 마다하지 않았고 금융위기가 터진 뒤로는 제로(0%) 수준까지 기준금리를 낮추기도 했습니다. 지난 50년간 연방기금금리는 최저 0.25%에서 최고 20%에 이르렀습니다.

연방기금금리가 20%까지 오른 것은 1981년 6월이었는데, 국제유가 상승으로 인한 인플레이션을 잡기 위해 당시 연준 의장인 볼커Paul Volcker가 둔 초강수였습니다.

볼커 의장은 과감한 긴축으로 유명했습니다. 재임 기간 중 1980년과 1982년 두 번의 경기침체recession를 초래하면서 비난을 사기도 했지만, 인플레이션 억제에는 확실히 성공했습니다.

연준은 인상뿐 아니라 급격한 인하도 마다하지 않았습니다. 1990년 그 린스펀Alan Greenspan 의장은 미국에 경제침체가 드리우자, 8%였던 당시 기 준금리를 1992년에 3%로 무려 5%p를 단기간에 끌어내렸습니다.

2008년에는 월가의 초대형 금융회사인 리먼브라더스Lehman Brothers가 파 산하자 버냉키Ben Bernanke 연준 의장이 2008년 10월에만 50bp씩 두 번 금 리를 인하한 뒤 12월에는 미국의 역사적인 최저 기준금리인 제로금리 시 대를 열었습니다.

버냉키 의장이 시작한 제로금리는 2015년까지 7년간 이어졌는데, 후임 인 옐런Janet Yellen 연준 의장이 2015년 12월 0.25%p를 인상하면서 드디어 벗어났습니다.

그러나 금리인상은 오래가지 못합니다. 2020년 코로나로 인한 팬데 믹pandemic이라는 초유의 비체계적 위험을 맞아, 파월Jerome Powell 의장이 2020년 3월 전격적으로 기준금리를 1.5%p(150bp) 인하하면서 미국은 5년 만에 다시 제로금리로 복귀합니다.

하지만 이자가 없는 초저금리는 인플레이션을 유발할 수밖에 없습니 다. 금리를 제로로 끌어내린 후 정확히 2년이 지난 2022년 3월부터 연 준은 2023년 7월까지 미국 기준금리 상단을 5.5%까지 급격히 인상하지 만, 경기침체의 공포로 인해 2024년 하반기부터 금리를 다시 인하하게 됩 니다.

기준금리의 역사적인 추이를 보듯이, 미국의 중앙은행인 연방준비제도 는 경제의 부침에 빠르게 대처하기 위해, 기준금리를 융통성 있게 올리거 나 내림으로써 경제와 금융 상황을 조율하고 있습니다.

미국의 연방기금금리는 가이드라인일 뿐이다

FOMC가 우리에게 특히나 친숙한 이유는 1년에 여덟 번의 정기회의를 통해 연방기금금리federal funds rate, FFR를 결정하기 때문일 것입니다.

그러면 미국의 기준금리로 사용되는 연방기금금리는 무슨 금리일까요? 사실 연방기금금리는 시중은행이 연방준비은행에 적립해야 하는 지급준비금reserve 중에 초과 적립금을 가진 은행과 적립금이 부족한 은행이 하루 동안 서로 빌려주는 금리에 대한 목표 범위target rate입니다.

미국 연방준비제도 의장

| 폴 볼커 | 앨런 그린스펀 | 벤 버냉키 | 재닛 옐런 | 제롬 파월 |
| (1979~1987) | (1987~2006) | (2006~2014) | (2014~2018) | (2018~2026) |

연방기금금리는 은행 간에 담보 없이 하루 빌려주는 1일물 콜금리인 것이지요. 같은 콜금리인 일본의 기준금리와 유사하지만, 담보거래인 7일물 RP거래를 기준으로 하는 우리나라 기준금리와는 차이가 있습니다.

또한 은행 간 콜거래 금리의 목표 범위를 설정했기 때문에, 연방기금금리는 하나의 금리가 아니라 상한upper limit과 하한lower limit 범위의 금리밴드로 이루어져 있습니다.

그럼 이 금리밴드 내에서 자금거래를 하지 않으면 은행이 불이익이나 징계를 당할까요? 아닙니다. 시중은행이 지급준비금을 빌리고 빌려줄 때 기준금리 범위를 반드시 지킬 필요는 없습니다.

연준의 기준금리는 적정 금리구간의 가이드라인일 뿐 실제 거래하는 금리는 해당일의 수급 상황에 따라 거래하는 은행끼리 자율적으로 결정하기 때문입니다.

미국 기준금리의 역할과 중요성

미국의 기준금리를 결정하는 FOMC 회의에는 항상 전 세계의 뉴스매체와 금융시장이 촉각을 기울입니다. 미국의 기준금리는 왜 이렇게 전 세계 초미의 관심사일까요? 미국의 기준금리가 세계 금융시장과 경제에 미치는 영향력과 중요성이 막대하기 때문입니다.

첫째, 미국의 기준금리인 연방기금금리는 세계의 기축통화인 달러화를 통해 세계 경제와 금융의 기초금리 역할을 수행하고 있습니다. 연방기금금리는 기준금리로서, 미국 시중은행 예금금리부터 국채 및 회사채의 금리 및 신용카드 잔액 이자에 이르기까지 대부분의 달러 자금비용에 영향을 미칩니다.

더 나아가 달러는 미국의 통화일 뿐 아니라 세계의 기축통화 역할을 하기에, 미국의 기준금리는 글로벌 금리에도 아주 중요한 영향을 미치지요. 이는 미국 연방기금금리가 글로벌 자금비용의 수준과 통화 간 교환비율인 환율 두 가지를 사실상 결정한다는 의미입니다.

둘째, 미국의 기준금리는 다른 나라 중앙은행의 기준금리 결정에도 지대한 영향을 줍니다.

1. 기축통화 달러를 통해 세계 경제와 금융의 기초금리 역할을 수행

2. 다른 나라 중앙은행의 기준금리 결정에 지대한 영향

3. 달러 기준금리는 글로벌 자산 가격의 변화에 가장 직접적인 영향을 줌

기축통화인 달러의 기준금리 변화는 달러뿐 아니라 다른 통화의 가치에도 직접적이고 즉각적인 영향을 줍니다. 그 영향력이 매우 커서 유로존과 일본 등 세계 경제대국조차도 미국 연준의 기준금리 방향을 참고해서 금리를 결정합니다.

셋째, 연방기금금리는 전 세계 금융시장뿐 아니라 글로벌 자산 가격의 변화에도 가장 직접적이고 근본적인 영향을 주는 요인입니다. 연방기금금리는 채권, 주식, 가상자산과 같은 금융시장에 빠르게 영향을 주고, 장기적으로는 글로벌 자산시장에 변화를 가져옵니다.

연준이 기준금리를 인하하면, 금융시장의 자금비용이 하락하여 대출이 증가합니다. 대출이 늘면 주택 구입이 늘어나 부동산 가격이 상승하고 경기가 진작되면서 주가 또한 상승하는 경향이 있습니다.

반대로 연준이 기준금리를 올리면 보통 주택과 주식시장이 하락하므로, 미국 기준금리의 변화는 투자자들에게 너무나 중요한 문제입니다.

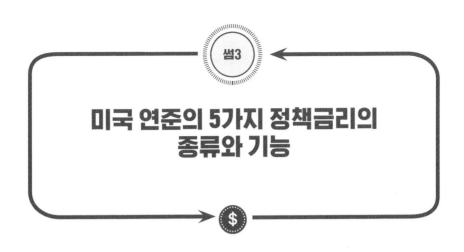

썸3

미국 연준의 5가지 정책금리의 종류와 기능

앞 장에서 미국의 기준금리인 연방기금금리에 관해 살펴봤습니다. 하지만 연준이 결정하는 미국의 금리에는 연방기금금리 이외에도 지급준비금에 대한 이자율인 IORB Interest rate On Reserve Balance와 시중은행이 연방은행에서 대출받을 때의 금리인 할인율 discount rate이 있습니다.

또한 금융기관이 채권을 맡기고 연준으로부터 하루 동안 자금을 빌리는 금리인 1일물 RP금리와, 반대로 연준이 채권을 담보로 금융기관으로부터 자금을 빌리는 1일물 역레포 RRP 금리도 있지요.

이러한 정책금리들은 FOMC 당일 발표되는 성명서 Statement에 다 나와 있기 때문에, 성명서에 발표된 실제 문구를 보면서 이해하면 훨씬 명확하게 파악할 수 있습니다. 이번 챕터에서는 연준의 다섯 가지 정책금리 중 연방기금금리를 제외한 나머지 네 가지에 대해 알아보겠습니다.

(1) IORB는 지급준비금에 대한 이자율

미국 시중은행이 연방은행에 예치한 지급준비금 잔액에 대해 적용하는 이자율이 IORB입니다. 과거 미국의 열두 개 연방은행은 지급준비금에 대해 이자를 지급하지 않았습니다. 하지만 2008년부터는 법개정을 통해 은행이 예치한 준비금 잔액을 기준으로 이자를 지급하고 있습니다.

IORB는 원래 지급준비금 의무예치금에 대한 이자율인 IORRInterest rate On Required Reserves과 의무예치금 초과금액에 대한 이자율인 IOERInterest rate On Excess Reserves의 두 개로 나뉘어 있었습니다. 그러나 코로나19 이후 지급준비율이 0%로 바뀌면서 두 가지를 구분할 의미가 없어져서 2021년 7월 29일을 기점으로 연준은 IORR과 IOER을 IORB 하나로 통합한 것이지요. 코로나19 이후 한시적으로 통합했지만, 향후 다시 IORR과 IOER로 구분해 적용할 가능성이 큽니다.

IORB를 포함한 모든 정책금리는 연준 성명서의 통화정책 결정문Decisions Regarding Monetary Policy Implementation을 통해 발표됩니다.

그런데 2021년 7월부터 2024년 8월 현재까지 연준의 지급준비율이 0%입니다. 지급준비금을 예치할 필요가 없는데 왜 지급준비금 이자율인 IORB가 필요했을까요? 바로 은행들이 서로 하루 동안 콜 자금을 빌려주고 빌릴 때 금리의 하한선이라는 중요한 의미가 있기 때문입니다.

연준 성명서 FOMC Statement (2024년 7월)

Decisions Regarding Monetary Policy Implementation

The Federal Reserve has made the following decisions to implement the monetary policy stance announced by the Federal Open Market Committee in its statement on July 31, 2024.
The Board of Governors of the Federal Reserve System voted unanimously to maintain <u>the interest rate paid on reserve balances at 5.4 percent,</u> effective August 1, 2024.　　　　　　　　IORB 금리 → 5.4%

2024년 7월 결정문에서 보듯이, 연방은행 지급준비금 계좌에 예치하면 연 5.4%의 이자를 받을 수 있습니다. 이 말은, 금융기관이 시장에서 5.4% 미만의 이자를 받는 경우가 생긴다면 그날은 연방은행의 지급준비금 계좌에 예치하는 것이 더 유리하다는 의미입니다.

결국, IORB는 미국 시중은행이 하루 동안 빌리는 무담보 1일물 콜금리의 하한선 역할을 하고 있다는 것을 알 수 있습니다.

(2) 할인율 FDR, 시중은행이 연방은행에서 빌릴 때의 이자율

시중은행도 중앙은행으로부터 돈을 빌릴 수 있습니다. 이때 적용되는 이자율이 연방할인율Federal Discount Rate, FDR입니다. 다시 말해, 연방할인율은 지역별 연방준비은행의 은행대출기구인 할인창구discount window에서 받은 대출금에 대해 은행에 부과되는 이자율입니다.

또한 이러한 연방할인율은 신용 타입에 따라 ①우량대출에 대한 할인율Primary Credit과 ②소규모 은행에 대한 정책적 할인율Secondary Credit로 나뉘어 제공되고 있습니다.

FDR 또한 FOMC 회의 결정문에 발표되지만, 연방은행 대출기구인 할인창구 홈페이지를 방문하면 더욱 자세한 내용을 확인할 수 있습니다. 재

연준 성명서 FOMC Statement (2024년 7월)

Decisions Regarding Monetary Policy Implementation
In a related action, the Board of Governors of the Federal Reserve System voted unanimously to approve the establishment of the primary credit rate at the existing level of 5.5 percent.　　　FDR 할인율 → 5.5%

정 상황이 정상적인 금융기관의 대출금리인 'Discount Rate'는 'Primary Credit'인 반면, 재정 상황 악화로 유동성 문제에 처한 기관에 대해서는 대출금리가 더 높게 책정되어 'Secondary Credit'으로 표시됩니다.

FDR은 시중은행이 열두 개 연방은행으로부터 자금을 빌리는 대출금리로서 기준금리인 FFR보다는 일반적으로 높습니다. 그 이유는 은행이 할인창구로 와서 빌리는 것보다 은행끼리 서로 빌리고 빌려주는 것을 연준이 장려하고 있기 때문입니다. 연방은행 대출이 거의 필요하지 않다고 판단되는 경우에는 심지어 할인율을 더욱 인상해 사용을 억제하기도 합니다. 그렇기에 연방은행 할인창구를 통한 대출금액은 보통 매우 적은 편입니다.

실제로 시장의 유동성이 급격히 부족한 상황 외에는 은행이 연방준비은행에서 자금을 빌리는 경우는 거의 없습니다. 시중의 자금 유동성이 건전할 때, 할인창구를 통한 연방준비은행의 대출은 유동성을 보장해서 은행 시스템을 유지한다는 상징적인 의미가 더 큽니다.

(3) 연준의 SRF(레포)와 ON RRP(역레포) 금리

뉴욕 연준은 FOMC로부터 중앙은행의 레포와 역레포 운용 권한을 위임받아 실행하고 있습니다. 채권을 담보로 돈을 빌려주거나 빌리는 레포RP 거래는 시장에서 아주 일반적인 거래 방법이지만, 미국 중앙은행인 연준이 운용하는 RP라는 점에서 특별한 의미가 있습니다.

1일물 역레포Overnight Reverse Repo Facility, ON RRP는 연준이 미국채를 담보로 시중 금융기관으로부터 하루 동안 돈을 빌리는 방식입니다. 역레포를 실시한 만큼 시중 유동성이 흡수되는 효과가 있기 때문에 통화정책 측면에서의 중요성이 아주 큽니다.

특히, 연준의 역레포 시설인 ON RRP는 담보채 금리의 역할을 합니다. IORB는 1일물 무담보 콜금리인 데 반해, ON RRP는 채권을 담보로 한 1일물 담보대출 금리라는 점에서 차이가 있습니다.

반면에, 연준의 레포 시설인 SRFStanding Repo Facility는 유동성 부족으로 시장금리가 일시적으로 크게 상승할 경우, 지정된 금리로 유동성을 제공함으로써 1일물 콜금리의 상한 역할을 합니다. 이렇게 뉴욕 연준은 매일 ON RRP와 SRF 시설을 운용하고 있습니다.

미국 연준의 정책금리 책정의 과정과 효과

그렇다면 미국 연준이 기준금리인 FFR과 IORB 그리고 ON RRP와 같은 정책금리를 결정하는 과정과 이로부터 기대하는 효과는 무엇일까요?

Decisions Regarding Monetary Policy Implementation

As part of its policy decision, the Federal Open Market Committee voted to direct the Open Market Desk at the Federal Reserve Bank of New York, until instructed otherwise, to execute transactions in the System Open Market Account in accordance with the following domestic policy directive:

OMO(공개시장조작)의 실행기관 = NY 연준

"Effective August 1, 2024, the Federal Open Market Committee directs the Desk to:

① FFR연방기금금리 = 5.25~5.50%

o Undertake open market operations as necessary to maintain the federal funds rate in a target range of 5-1/4 to 5-1/2 percent.

o Conduct standing overnight repurchase agreement operations with a minimum bid rate of 5.5 percent and with an aggregate operation limit of $500 billion.

② 1일물 RP 레포금리 = 5.50%

o Conduct standing overnight reverse repurchase agreement operations at an offering rate of 5.3 percent and with a per-counterparty limit of $160 billion per day.

③ 1일물 RRP 역레포금리 = 5.30%

첫째, 연준은 은행들이 자금시장에서 무담보로 하루 동안 자금을 빌리는 금리인 연방기금금리의 목표 범위를 통해 통화정책의 전체적인 금리 가이드라인인 기준금리를 정합니다.

둘째, IORB를 발표해서 은행들의 무담보 1일물 콜금리에 대한 금리 하한선을 설정해 단기금리를 일정 수준 이상으로 유지할 수 있게 합니다.

하지만 IORB는 은행에만 적용되는 금리입니다. 프라이머리딜러Primary Dealer 같은 국채 전문딜러나 단기펀드자금 같은 자금은 연준의 지급준비금 계좌에 예치할 수 없기 때문입니다. 이 때문에 셋째, 은행 밖 단기자금까지 관리하기 위한 담보대출 금리인 ON RRP를 2014년부터 도입하게 되었습니다.

넷째, 유동성이 부족해지면 콜금리가 급등할 위험이 있습니다. 따라서 1일물 콜금리의 상한을 정해두기 위해 연준의 단기대출 시설인 SRF를 두어 레포 금리를 발표하게 된 것입니다.

ON RRP는 비은행 금융기관들의 단기대출금리 관리를 위해 설정되었지만, IORB와 달리 담보거래라는 장점 때문에 도입 후 거래가 크게 활성화되었습니다. 은행들은 IORB는 물론, ON RRP의 적격 참여기관에도 해당됩니다.

ON RRP와 단기국채는 경쟁관계

그러면 실제 기사를 통해서 역레포에 대해 더 알아보도록 합시다.

> ### 미국 2년 만기 국채 수익률 5% 돌파⋯ 역레포 수요 반토막
> 금리일보

해당 기사는 2023년 9월 미국 국채금리가 급등하면서 나온 보도입니다. 당시 미국의 기준금리 상단은 5.50%로 이미 높은 수준이었지만, 연준이 물가를 잡기 위해 9월 FOMC 점도표상 기준금리 상단을 5.75%까지 올릴 수도 있다고 공언하면서 추가 금리인상 가능성이 커진 상황이었습니다.

ON RRP는 연준에 자금을 빌려주고 연 5%대의 금리를 확보할 수 있어서, 당시 미국 자산운용사 사이에서 인기가 상당했습니다. MMF와 같이 단기자금을 운용하는 입장에서는, 중앙은행에 무위험 대출을 해주고 5%가

미국 연준의 정책금리 5가지		
금리의 종류	성격	결정 주체
1. 연방기금금리 FFR (Federal Fund Rate)	시중은행 간 지급준비금 대여에 대한 콜금리의 범위	FOMC
2. IORB 금리 (Interest on Reserve Balance)	연방은행이 시중은행 준비금 잔액에 지급하는 이자율	FRB
3. 연방할인율 FDR (Federal Discount Rate)	시중은행이 연방은행으로부터 자금을 빌릴 때의 이자율	FRB
4. 1일물 레포 SRF 금리 (Standing Repo Facility)	레포 금리. 연준이 미국채를 담보로 하루동안 돈을 융자	FOMC
5. 1일물 역레포 ON RRP 금리 (Overnight Reverse Repo Facility)	역레포 금리. 연준이 미국채 담보로 시중 유동성을 흡수	FOMC

넘는 이자를 받을 수 있다는 것은 거의 행운이었기 때문입니다.

하지만 추가 금리인상 가능성에 갑자기 미국채 수익률이 급등하고 미국채 수익률이 ON RRP 금리보다도 높아졌습니다. 미국채 금리가 ON RRP 금리보다 높아지자, ON RRP를 빠져나간 자금이 미국 단기국채로 옮겨갔지요.

기사에서 확인할 수 있는 바와 같이, ON RRP는 다른 단기금리 상품과 경쟁관계에 있는 상품입니다. 뉴욕 연준은 실무적으로 적격 금융기관과 상호 간에 설치되어 있는 페드트레이드 시스템FedTrade System을 사용해 SRF와 ON RRP 거래를 진행하고 있습니다.

썸4

한국은행 기준금리는
7일물 RP금리

$

한국은행 기준금리는 무엇이며 어떻게 결정되는가?

그러면 한국의 기준금리는 무엇이고 어떻게 결정될까요? 한국의 중앙은행인 한국은행Bank of Korea, BOK의 통화정책은 최고 의사결정 기구인 금융통화위원회가 수립합니다. 금융통화위원회가 내리는 의사결정 가운데 가장 대표적인 것이 바로 기준금리 결정입니다.

한국은행의 정책금리인 기준금리는 국가의 물가 동향, 국내외 경제 상황, 금융시장 여건 등을 종합적으로 고려하여 1년에 여덟 번 금융통화위원회에서 결정합니다. 날짜는 다르지만, 미국의 연준과 유럽중앙은행 그리고 일본은행 등 대부분의 중앙은행이 1년에 여덟 번 기준금리를 결정하고 있습니다.

기준금리 결정 이전 주부터 각종 비공식 회의가 이어지고, 이후 본회의 전일에는 '동향보고 회의'가 열립니다. 동향보고 회의에서 한국은행 주요 부서는 금융통화위원회 위원들에게 국내외 금융·경제 상황에 대해 종합적으로 보고하고, 위원들 간 토론이 이루어집니다.

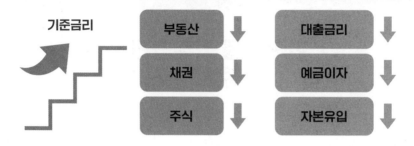

중앙은행 기준금리 변화가 금융시장에 주는 영향

기준금리 ↗

부동산 ↓　　대출금리 ↓

채권 ↓　　예금이자 ↓

주식 ↓　　자본유입 ↓

　기준금리를 결정하는 본회의는 오전 9시에 열리며, 기준금리가 결정된 후에는 통화정책 방향 의결문이 발표됩니다. 이 같은 통화정책 의결문과 한국은행 총재의 기자간담회를 통해 한국은행 금융통화위원들이 어떠한 기준과 판단으로 해당 금리 결정을 내렸는지를 이해할 수 있습니다.

　이렇게 결정되는 우리나라의 기준금리인 7일물 RP금리는 한국은행이 7일물 RP를 매각할 때는 고정입찰금리로, 반대로 7일물 RP를 매입할 때는 최저입찰금리로 사용됩니다.

　한국은행은 2008년 2월까지 미국이나 일본처럼 기준금리로 콜금리를 사용해왔으나, 현재는 콜금리가 아닌 7일물 RP금리를 기준금리로 사용하고 있습니다.

　7일물 RP로 변경한 이유는 자금시장의 안정성을 제고하기 위해 무담보 차입인 콜보다는 국채를 담보로 돈을 빌리는 RP를 장려하기 위해서였습니다.

　RP라고도 불리는 레포는 채권을 담보로 돈을 빌리고, 만기에 채권과 자금을 다시 상환하는 거래를 말합니다. 따라서 미국의 기준금리인 연방기금금리가 무담보 1일물 콜거래인 데 반해, 한국의 기준금리는 채권담보

거래인 RP를 기준금리로 삼고 있는 것이지요.

기준금리의 변화는 초단기금리인 콜금리와 RP금리에 즉시 영향을 미칩니다. 또한 단기금리뿐만 아니라 예금 및 대출 금리와 채권시장금리 등 중장기금리 변동으로 이어져 실물경제에 영향을 미치지요.

한국은행 의결기구인 금융통화위원회

금융통화위원회는 한국은행의 정책결정기구이자 의결기구입니다. 우리나라의 경제 상황을 분석하고 통화 관련 주요 사항을 심의·의결합니다. 무엇보다 기준금리 또한 한국은행 금융통화위원회에서 결정하고 있습니다.

금융통화위원회의는 한국은행 총재를 의장으로 하고, 부총재와 다른 다섯 명의 위원으로 구성됩니다. 다섯 명의 위원은 기획재정부장관, 한국은행 총재, 금융위원회 위원장, 대한상공회의소 회장과 전국은행연합회장이 각 한 명씩 추천하여 대통령이 임명하고 있습니다.

금융통화위원의 임기는 4년이며, 본회의 정기회의는 매월 둘째 주, 넷째 주 목요일에 개최됩니다. 다만 휴일이나 기타 이유로 회의 일정이 변경되기도 합니다.

한국은행 총재는 우리나라 자금시장의 최고경영자CEO와 같은 직책이기 때문에, 국가의 경제 안정과 발전에 중요한 역할을 합니다. 한국은행 총재는 국회의 동의 과정을 거쳐 대통령이 임명하며, 임기는 4년이고 연임이 가능합니다.

한국과 미국의 기준금리 비교

한국은행과 미국 연준의 기준금리 간에는 몇 가지 중요한 차이점이 있는데 이를 잘 구분해놓기 바랍니다.

첫째, 기준금리로 사용하는 금리 지표가 다릅니다. 한국은행은 7일물 RP금리를 사용하는데, 미국 연준은 미국 시중은행 간 지급준비금의 하루 여수신 금리인 1일물 콜금리를 연방기금금리로 정하고 있습니다.

둘째, 미국의 연방기금금리는 한국은행 기준금리와 달리 하나의 지정된 금리가 아니라 상한과 하한의 밴드를 둔 구간금리입니다.

셋째, 한국은행은 금융통화위원회를, 연준은 FOMC를 금리결정 기구로 두고 있습니다

넷째, 한국은행의 기준금리는 RP금리로 바로 적용이 됩니다. 하지만 연방기금금리는 권고금리일 뿐 강제성이 없습니다.

구분	한국은행(BOK)	미국 연준(Fed)
정책금리명	기준금리(base rate)	연방기금금리 (federal funds rate)
적용 지표금리	7일물 RP(레포 금리)	은행 간 지급준비금 대여금리 (1일물 콜금리)
금리 표시	단일금리(예: 3.00%)	금리 상한과 하한의 밴드 (예: 2.75%~3.00%)
금리의 성격	한은 RP금리 바로 반영	가이드라인일 뿐, 강제성 없음
금리결정 회의	금융통화위원회(MPC)	연방공개시장운영위원회 (FOMC)

한국은행 기준금리의 변화

한국은행 또한 미국 연준과 마찬가지로 기준금리를 유연하게 결정하고 있지만, 역사적으로 그 변동폭은 연준에 비해 크지 않습니다.

1998년 IMF 외환위기 이후 한국경제는 도약을 위해 힘썼지만, 자금이 부족해 해외에서 자금을 빌려와야 했습니다. 이 시기 기준금리는 4.75~5.25%로 높은 수준을 유지했습니다.

2000년대 이후에는 한국 기업의 국제화 그리고 반도체, 자동차, 화학 등 한국의 주력산업이 성장함에 따라 무역수지 흑자 기조가 시작되었습니다. 해외자본 유입으로 유동성이 개선되면서 2005년에는 기준금리를 3.25%까지 인하했습니다.

이후 미국 연준이 치솟는 물가상승을 잡기 위해 2006년 기준금리를 5.25% 수준까지 올리자, 한국은행도 2008년 8월에 5.25%로 기준금리를

한국은행(BOK) 기준금리(%)

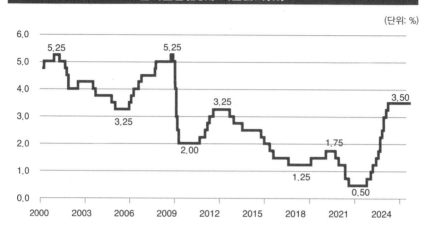

(단위: %)

인상할 수밖에 없게 됩니다.

그러나 리먼브라더스의 파산으로 인한 금융위기로 고금리 정책은 저금리 정책으로 전환되었고, 2008년 10월에 5.0% 인하를 시작으로 2009년 2월 2.0%까지 기준금리를 빠른 속도로 인하했습니다.

이후 한국은행은 금리 인상과 인하를 반복하다가 코로나19로 인한 글로벌경제가 침체 위기에 대응하여 2020년 3월에 기준금리를 한번에 1.25%에서 0.75%로 50bp 인하하고, 급기야 2020년 5월에는 역대 최저금리 수준인 0.5%까지 내립니다.

인플레이션이 전 세계적인 문제로 대두되자 한국은행은 미국보다 앞선 2021년 8월에 기준금리를 0.75%로 인상하며 긴축기조로 선회했습니다. 한국은행이 미국의 연준보다 앞서 선제적으로 정책 변화를 시도한 것은 이례적이어서 당시 시장의 주목을 받기도 했습니다.

이후 2022년 1월부터 연준과 유럽중앙은행 등 전 세계 중앙은행의 공격적인 금리인상이 시작되자, 한국은행도 2023년 1월에는 3.50%까지 기준금리를 높였습니다. 현재 연준의 정책 전환 가능성과 맞물려 한국은행도 2024년 하반기부터는 금리인하를 단행할 것으로 예상됩니다.

대한민국 정부별 최저·최고 기준금리		
대통령	최저 기준금리	최고 기준금리
김대중	4.00%(2001.9)	5.00%(2002.2, 2001.2)
노무현	3.50%(2004.8, 2005.10)	5.00%(2007.8)
이명박	2.00%(2009.2)	5.25%(2008.8)
박근혜	1.25%(2016.6)	2.50%(2013.5)
문재인	0.50%(2020.5)	0.75%(2018.11)
윤석열	1.50%(2022.5)	3.50%(2023.1)

한국과 미국의 기준금리 역전되면 어떤 문제가 생기나?

한미 간 기준금리 역전이란?

한국과 미국의 기준금리 중 어느 것이 더 높아야 할까요? 사실상 금리는 양국의 경제 상황과 통화정책에 달려 있어서, 일률적으로 말할 수는 없습니다.

기준금리는 상황에 따라 바뀌기에, 한국의 기준금리가 미국보다 반드시 높다고 할 수는 없습니다. 하지만 미국은 세계 최강대국이자 기축통화인 달러의 발권국으로, 미국의 금리가 한국보다 낮은 것이 일반적인 상황이라고 볼 수 있습니다.

이는 신용도가 높고 자본의 조달비용이 낮은 국가일수록 기준금리도 낮아지는 경향이 있기 때문입니다. 과거 역사적으로도 대부분의 시기에 한국의 기준금리가 미국의 기준금리보다 높았고, 금융시장 또한 미국의 기준금리가 한국의 기준금리보다 낮은 상황을 일반적인 상황으로 가정하고 투자를 결정하고 자금을 집행했습니다.

이러한 상황이 일반적임에도 불구하고 미국의 기준금리가 한국보다 높아지는 경우가 있는데, 이를 가리켜 '한미 간 금리역전'이라고 부릅니다.

특히 최근에는 약 10년에 한 번꼴로 세계 금융위기가 닥쳐, 이때마다 미국 연준은 한국은행보다 더 적극적이고 공격적인 금리 인상과 인하를 단행하면서 통화정책을 운영하고 있습니다. 이로 인해 2000년대 들어 한국과 미국 간 기준금리 역전 현상이 자주 발생하고 있는 실정입니다.

가장 최근에는 코로나19 이후 미국 연준이 기준금리를 급격하게 인상하면서 한미 간 기준금리 역전이 다시 일어났습니다. 2022년 6월과 7월, 연준은 기존에 1%이던 미국 금리 상단을 무려 0.75%p씩 두 번 연속으로 자이언트 스텝giant step 인상을 단행하면서 2.50%로 인상했습니다.

한국은행 또한 2022년 7월 0.50%p, 8월 0.25%p 인상으로 대응했지만, 연준이 9월에도 세 번 연속 0.75%p 인상을 단행하면서 한미 간 기준금리

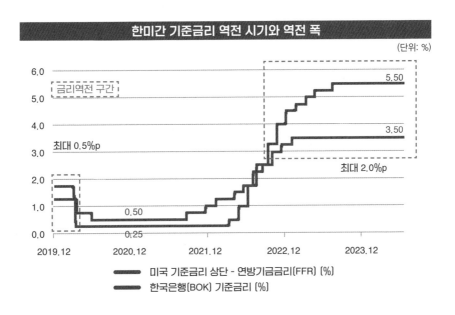

차는 더 커졌습니다. 이후 미국은 5.5%, 한국은 3.5%에서 인상을 멈추었고 한미 간 기준금리 역전 폭은 최대 2%까지 벌어지게 되었습니다.

한미 기준금리 역전의 영향

2022년~2024년까지 2년 이상 이어진 기준금리 역전은 시장금리에도 영향을 미쳐, 한국의 국채수익률이 미국의 국채수익률 가까이 올랐습니다. 그렇다면 한미 간 기준금리 역전에는 어떠한 문제점이 있고 구체적으로 어떤 영향을 미칠까요? 한국보다 미국의 기준금리가 높아지면 크게 다음과 같은 다섯 가지 영향이 발생합니다.

(1) 달러-원(USD/KRW) 환율상승

미국의 기준금리가 한국보다 높아지면 가장 먼저 환율이 상승하는 것이 일반적입니다. 2000년대 이후 한미 간 기준금리가 역전된 대부분의 시기에 달러-원 환율이 급등했습니다.

1999~2001년 기준금리 역전 당시 2000년 8월 1,100원대에 거래되던 환율이 2001년 8월 1,300원대로 급등했습니다. 코로나19 이후에도 달러-원 환율은 2023년 중반 이후 상승해 한때 1,400원대 거래되기도 했습니다.

(2) 국내기업의 환 헤지 부담 가중

환율변동성이 확대되면, 국내기업의 부담이 늘고 수익성도 오히려 악화될 수 있습니다.

1990년대까지 원화 약세는 수출경쟁력 제고에 도움이 되어 수출실적 향상으로 이어졌지만, 2000년 이후에 국내기업이 해외에 진출하고 고부가가치 상품으로 전환함에 따라 그 혜택은 예전에 비해 줄어들었습니다.

따라서 환율상승으로 인한 환율변동성 확대로 기업이 환율변동성 헤지 hedge와 해외 영업 관리에 더 큰 부담을 느끼게 됩니다.

(3) 물가상승

환율이 상승하면 수입물가에 영향을 미칩니다. 한국 경제는 무역 의존도가 높아서, 환율이 물가에 큰 영향을 줍니다.

2021년 2% 초반에 머물던 한국의 물가상승률은 환율이 오르면서 한때 6.1%에 이르렀으며 2023년까지도 3%대의 높은 물가를 기록했습니다. 기준금리 역전은 물가에 가장 장기적인 영향을 미치는데, 이는 향후 수년간 한국 경제가 해결해야 할 중요한 과제가 될 전망입니다.

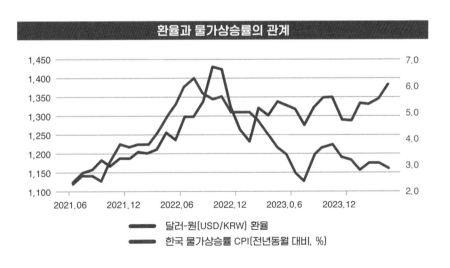

환율과 물가상승률의 관계

━━ 달러-원(USD/KRW) 환율
━━ 한국 물가상승률 CPI(전년동월 대비, %)

(4) 자본유출 가능성

자본은 투자와 조달이라는 두 가지 측면 모두에서 볼 수 있습니다. 하지만 한국은 자금을 조달하는 국제 금융시장은 아니기 때문에 외국인은 한국을 자금의 조달처보다는 투자처로 인식합니다. 따라서 한국의 금리가 미국보다 상대적으로 낮아지면 미국의 투자수익률이 한국보다 높아져서 투자자금이 빠져나갈 수 있습니다. 그리고 금리 역전 폭이 커질수록 자금의 유출 가능성도 같이 상승합니다.

(5) 한국 주식시장 하락 또는 정체

달러-원 환율이 상승하면 환차손을 우려해 주식을 매도하는 외국인 투자자가 늘어납니다. 환율이 상승 기조로 접어들면, 원화 약세로 인해 주식투자에서 환차손을 볼 수가 있어 외국인 투자자들이 수익을 실현하는 경우가 많아지는 것이지요. 따라서 글로벌 주식 상승기라고 해도, 기준금리가 역전된 상황이라면 한국의 코스피와 주식시장은 상대적으로 상승폭이 제한될 수 있습니다.

기준금리보다 시장금리 역전 폭이 더 중요하다

그러나 결론적으로 말하면, 한미 간 기준금리 격차가 얼마인지 그 자체보다는 국채금리와 같은 시장의 실세금리가 실질적으로 더욱 중요합니다.

한미 간 기준금리가 역전되더라도, 국채금리는 한국이 여전히 더 높거나 비슷하다면 외국인의 한국 투자에 큰 영향이 없는 경우도 많기 때문입니다.

아래 그래프는 2023년 6월과 2024년 6월의 국채금리 수익률을 예를 들어 비교하고 있습니다. 2023년과 2024년 기준금리는 한국이 3.5%, 미국이 5.5%, 한미 간 기준금리 역전 폭은 2%로 동일했습니다. 하지만 2023년과 2024년 한국채와 미국채 수익률 역전 폭은 큰 차이를 보이고 있습니다.

2023년에는 한국과 미국 국채의 시장수익률이 3.5~3.8%대로 큰 차이를 보이지 않았습니다. 하지만 2024년부터 미국채 수익률이 급등하면서 양국 간 국채 수익률의 역전 폭이 1% 이상으로 확대되는 모습을 보였습니다.

국채 수익률 역전 폭 확대는 곧바로 환율상승으로 이어졌습니다. 2023년 6월 1,300원대 초반에 머무르던 달러-원 환율은 2024년 4월부터 추가 상승해 달러당 1,350~1,400원으로 높아졌습니다.

이 같은 사례의 시사점은 무엇일까요? 기준금리의 역전 폭 자체보다 국채금리로 대변되는 양국 간 시장금리 차가 실제로는 자금유출이나 주식시장 그리고 환율시장에 훨씬 크고 중요한 영향을 미친다는 것입니다.

썸6

유럽중앙은행의
정책금리 3가지와 기준금리

$

ECB 유럽중앙은행과 유로화

유럽중앙은행European Central Bank, ECB은 유럽연합European Union, EU의 중앙은행으로 1998년에 창설되었는데 현재 본부는 독일 프랑크푸르트에 있습니다. 유럽연합 국가 중 유로를 사용하는 회원국 국민은 3억 5,000만 명에 이르며, 2022년 기준 세계은행 추산 유로존 GDP는 14.04조 유로에 달하고 있습니다.

유로존은 2008년까지 한때는 미국의 GDP에 맞먹는 세계 최대 경제권으로 군림했고, ECB 총재를 연준과 동일한 선상에 놓거나 세계 두 번째 경제 대통령으로 칭하기도 했습니다. 하지만 2000년대 들어 유로존의 GDP 성장률은 미국에 비해 한참 더뎌졌습니다.

브렉시트Brexit에 따른 영국의 탈퇴와 러시아-우크라이나 전쟁으로 계속된 시련을 겪으면서, 유로존은 2022년 말 기준 미국과 중국에 이은 세계 3위 경제권으로 순위가 하락했습니다.

하지만 유럽은 현대 금융산업의 발상지로서, 런던과 프랑크푸르트 등

세계 경제 GDP 변화 추이			
국가(경제권)	2000년	2008년	2022년
미국(USA)	$10.25조	$14.77조	$25.46조
유로존(Eurozone)	€6.50조	€14.16조	€14.04조
중국(China)	$1.21조	$4.59조	$17.96조
세계(World) GDP	$33.85조	$64.14조	$100.56조

세계적인 금융허브도 건재하기에 그 중요성은 아직도 큽니다.

유럽중앙은행의 정책금리 3가지

ECB 또한 1년에 여덟 번의 금리결정 회의를 개최하는데, ECB의 집행이사회는 세 종류의 주요 정책금리를 규정하고 있습니다. 그 세 가지 중에서도 MRO라고도 불리는 차환refinancing금리가 ECB의 기준금리로 평가받습니다. MRO는 유럽 시중은행이 ECB로부터 일주일간 자금을 빌릴 때 지불하는 금리인데, 은행은 자금을 빌리면서 ECB가 규정한 적격담보를 제공해야 합니다.

담보를 제공하고 돈을 빌린다는 측면에서 보면 MRO는 사실상 RP금리입니다. ECB의 기준금리는 실제로는 7일물 RP금리로서 우리나라의 기준금리와 상당히 유사하다는 것을 알 수 있습니다.

한계대출MLF금리 또한 채권을 담보로 빌리는 대출금리이지만, 기준금리인 MRO가 7일물인 데 반해 MLF는 1일물이라는 차이점이 있습니다. 또

ECB의 3가지 정책금리		
1. 기준금리(MRO)	ECB의 7일물 담보부 대출금리 (Main Refinancing Operation)	중간
2. 한계대출금리(MLF)	ECB의 1일물 담보부 대출금리 (Marginal Lending Facility)	가장 높음
3. 예금금리(Deposit)	은행들이 ECB에 하루 예치할 때 금리 (Deposit Facility)	가장 낮음

한 ECB의 예금금리는 은행이 유럽중앙은행에 하루 동안overnight 예치할 때 제공하는 이자율입니다.

세 가지 정책금리의 금리 수준을 비교해보면, MRO를 기점으로 MLF의 금리가 더 높으며 예금금리는 가장 낮습니다.

ECB 예금금리가 마이너스(-)인 적도 있었다

한 가지 흥미로운 사실은 ECB의 예금금리가 과거 장기간 마이너스(-) 영역에 머물렀었다는 점입니다. 실제로 ECB의 예금금리는 다음 그래프에서 확인할 수 있듯이, 2014년 6월 이후 (-)0.10%를 시작으로 더욱 하락합니다. 심지어 2019년 9월 이후 2022년 7월까지 약 3년 동안이나 (-)0.50%를 유지했습니다.

더욱 중요한 사실은 이 기간 동안 ECB에 예금을 예치한 은행은 실제로 ECB에 예치이자를 납부해야 했다는 것입니다. 예금을 했는데 이자를 받기는커녕 오히려 보관 비용을 내야 했던 것이지요.

은행들이 ECB에 예금을 하면 이자를 오히려 내야 했던 이 같은 상황은

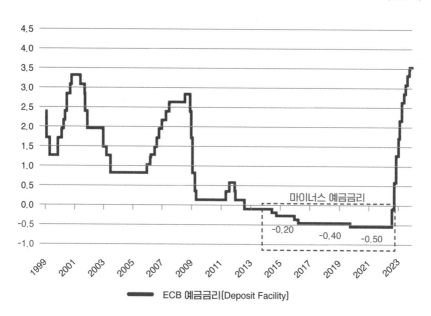

유로중앙은행 예금금리 [%]

(단위: %)

ECB 예금금리[Deposit Facility]

ECB 홈페이지에서도 실제로 확인할 수 있습니다.

ECB 기준금리는 어떻게 변화해왔을까?

ECB는 코로나19 이전인 2016년 3월부터 이미 기준금리를 제로 수준으로 유지하는 초저금리 정책을 시행하고 있었습니다. 유로존의 경기침체를 극복하기 위해서였습니다. 2010년대에 유로존과 일본 두 곳은 이미 제로금리를 유지하는 경제권이었던 것이지요.

하지만 이후 발생한 고물가를 잡기 위해 2023년 9월에는 기준금리를

유럽중앙은행 홈페이지

EUROPEAN CENTRAL BANK | EUROSYSTEM

What is the deposit facility rate?
The rate defines the interest banks receive - or have to pay in times of negative rates - for depositing money with the ECB overnight.

ECB 예금금리란?
은행이 ECB에 하룻밤 동안 돈을 예치하는 것에 대해 받는 이자,
또는 마이너스금리인 경우에는 지불해야 하는 이자로 정의됩니다.

출처: federal reserve

최고 4.50%까지 올리는데, 이는 2001년 기준금리 4.75%를 기록한 이래 ECB 역대 최고 수준의 금리인상이었습니다.

이후 긴축정책으로 나타난 경기둔화에 2024년 6월 ECB는 세 가지 정책금리를 모두 0.25%p씩 내리면서 기준금리 인하를 시작했습니다. 유로존의 경기침체가 보다 장기화될 수도 있어, 미래에 또다시 ECB 기준금리가 제로금리 수준이 될 가능성도 배제할 수 없습니다. 기준금리는 경기 사이클에 따라서 계속 변화하고 순환하기 때문입니다.

ECB의 기준금리 변화는 매우 중요하다?

그렇다면 ECB의 기준금리 결정은 우리에게 어떤 영향을 미칠까요? 언뜻 우리와 동떨어져 있어서 연준이나 한국은행의 금리 결정보다 별 관련이 없을 것 같지만, 실제로는 우리에게 매우 큰 영향을 미치고 있습니다.

우선 유로화의 기준금리 변화는 유로-달러EUR/USD 환율에 곧바로 영향

(단위: %)

2.00

4.75

4.25

1.00

ECB 기준금리(WRO)　　　ECB 대출금리(MLF)

을 미칩니다. 달러인덱스DXY에서 유로화가 차지하는 비중이 57.6%로 월
등하게 높아서 유로화가 달러의 실질적인 상대통화 역할을 하기 때문입니
다. 유로와 달러 두 통화 간 기준금리의 상대적 변화는 유로-달러 환율에
변화를 가져옵니다.

만약 ECB가 유로화 기준금리를 인상하면, 이는 유로화의 단기자금 금
리를 상승시킵니다. 환율은 이론상 두 나라의 서로 다른 금리를 같게 만들
어주는 교환가치입니다. 유로화 금리가 오르면 교환하면서 1유로당 지불
해야 하는 달러의 금액이 커지고, 이는 유로화 강세를 불러일으켜 유로-
달러 환율은 상승합니다. 따라서 ECB가 연준보다 더 공격적으로 기준금
리를 인상하거나 연준이 상대적으로 더 빨리 금리를 내리면 유로화 강세
가 일어나 유로-달러 환율이 상승하는 것이지요.

반대로, 연준이 달러의 기준금리를 인상하면 1유로당 지불해야 하는 달

유로화는 미국 달러의 상대통화!

러 금액이 줄어드므로 유로-달러 환율이 하락합니다. 따라서 미국 연준이 ECB보다 더 빠르게 금리를 인상하거나 ECB가 연준보다 더 빨리 기준금리를 인하할 경우에는 달러화 강세가 일어나 유로-달러 환율이 하락합니다.

금리와 환율의 이러한 사이클은 장기적으로 계속 순환하면서 반복됩니다. 예를 들어, 유로 금리가 상승하고 유로-달러 환율이 높아지면, 유로는 비싸지고 달러는 상대적으로 싸집니다. 시간이 지나면서 이는 글로벌 자금시장에 영향을 주어 장기적으로는 다시 유로-달러 환율이 낮아지면서 순환합니다.

경기와 기준금리 전망이 환율에 주는 영향

이렇게 기준금리와 시장금리 그리고 환율은 밀접하게 연결되어 있고 서로에게 영향을 미치며 장기적으로 사이클을 형성해서 돌아갑니다.

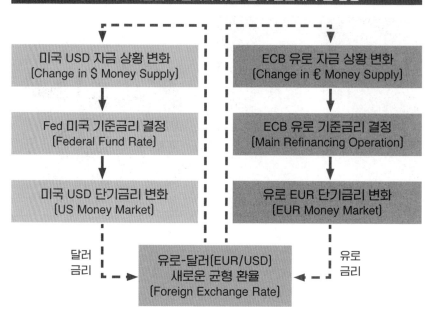

ECB와 Fed 기준금리 변화와 유로-달러 환율에 주는 영향

미국 USD 자금 상황 변화
(Change in $ Money Supply)

ECB 유로 자금 상황 변화
(Change in € Money Supply)

Fed 미국 기준금리 결정
(Federal Fund Rate)

ECB 유로 기준금리 결정
(Main Refinancing Operation)

미국 USD 단기금리 변화
(US Money Market)

유로 EUR 단기금리 변화
(EUR Money Market)

달러
금리

유로-달러(EUR/USD)
새로운 균형 환율
(Foreign Exchange Rate)

유로
금리

> 경기후퇴 따라 ECB 금리인상 가능성 낮아져…
> 유로화 가치, 미국 달러 대비 20년 내 최저   금리일보

위의 기사는 2022년 6월 유로존 소비자물가지수Consumer Price Index, CPI 상 승률이 8.6%로 사상 최고치를 경신하던 시기를 말하고 있습니다. 인플레 이션에 맞서 싸우기 위해 ECB는 기준금리를 인상할 수밖에 없었습니다.

하지만 유로존 경제의 경기침체를 알리는 지표가 연이어 나오면서, ECB는 인플레이션 상황임에도 금리를 추가로 인상하기 어려운 상황에 놓 이게 되었습니다. 이에 더해 당시 공격적인 금리인상을 단행하고 있던 미

국 연준에 비해, ECB는 상대적으로 금리인상을 많이 하지 못할 것이라는 전망이 나오면서 유로화의 가치는 달러화 대비 급락하게 됩니다. 결국 2022년 5월 이후 유로-달러 환율은 계속해서 떨어지고, 급기야 7월에는 역대 최저 수준인 1:1 패리티parity 수준까지 하락합니다.

이렇듯, 경기는 기준금리 결정에 영향을 주고 기준금리 전망은 미국과 유로존의 단기금리에 영향을 주어 결국에는 유로-달러 환율 또한 변하게 합니다.

결론적으로, 이와 같은 사례는 미국과 유로존 두 경제권의 기준금리와 환율이 서로 밀접하게 영향을 주고 있으며 연관되어 있다는 사실을 확인해줍니다.

중국 부동산 사태도 결국은 금리 문제… 중국의 기준금리

중국의 기준금리는 LPR 대출우대금리

중국의 중앙은행은 중국은행Bank of China이 아닌 인민은행People's Bank of China, PBOC, 中国人民银行입니다. 인민은행은 정책금리 결정에서 기준금리로 평가받는 대출우대금리인 LPRLoan Prime Rate 금리를 결정하고 있습니다.

중국도 과거에는 현재의 한국처럼 7일물 RP금리를 기준금리로 사용했으나 2019년 1월부터 LPR로 기준금리를 변경했습니다. 대출우대금리인 LPR은 명목상으로는 시중은행이 우량고객을 대상으로 하는 대출금리의 평균치이지만, 실질적으로는 인민은행이 시중 금리정책을 결정하기 위한 정책수단이기에 사실상의 기준금리로 볼 수 있습니다.

우대금리 대출 대상에는 기업과 가계가 모두 포함되는데, 1년과 5년 LPR 중에서도 1년 만기 우대금리가 중국의 기준금리로 인식되고 있습니다. 인민은행은 1년 만기 LPR 결정 시 중기대출medium-term lending facility, MLF 금리를 참고합니다. 반면, 5년 만기 대출우대금리는 주로 중국 주택담보대출의 기준으로 이용되고 있습니다.

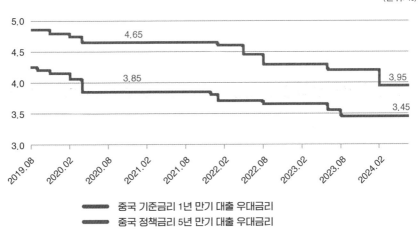

중국 기준금리 LPR 대출 우대금리

(단위: %)

4.65

3.85

3.95

3.45

중국 기준금리 1년 만기 대출 우대금리
중국 정책금리 5년 만기 대출 우대금리

한편 2022년 이후 미국과 유럽 등 전 세계적인 금리인상과 통화정책 정상화 추세에도 불구하고 중국은 오히려 기준금리를 인하했는데, 이는 중국의 소비둔화와 경기침체에 따른 디플레이션 우려 때문이었습니다.

중국의 주요 정책금리

중국의 주요 정책금리는 각각의 목적과 역할이 있기 때문에 중국의 통화정책을 이해하는 데 아주 중요합니다.

(1) 공개시장조작금리

우선 인민은행이 7일물 역레포를 통해서 일별로 공개시장조작, 즉 OMO를 하는 데 이용되는 공개시장조작금리가 있습니다.

시장에 자금이 부족한 날 PBOC는 7일물 역레포 금리를 낮추어 시장에
유동성을 제공합니다. 반대로 시장에 자금이 너무 많으면 역레포 금리를
인상하면서 통화정책을 운영하고 있습니다. 그리고 이렇게 공개시장조작

	중국의 주요 정책금리	
	금리 종류	비고
1	공개시장조작금리(OMO, Open Market Operation rate)	· 단기 역레포 금리(Reverse Repo rate) · DR007: 시장 참가자 간 7일물 RP금리
2	중기유동성지원창구(MLF, Medium-term Lending Facility rate)	· 인민은행의 중기 금리 · 시중은행 자금공급 통해 유동성, 금리 조절
3	단기유동성지원창구(SLF, Standing Lending Facility rate)	· 인민은행의 금융사 단기자금 공급 금리 · SLF는 시장 단기금리의 상한선으로 작용
4	대출우대금리(LPR, Loan Prime Rate)	· 시중은행 우대금리의 산술평균 금리 · 사실상 중국의 기준금리
5	예금금리(Benchmark deposit rate)	· 시중은행 예금금리 설정의 가이드라인
6	초과지준금리	· 지준율 이상 예치 금액에 지급되는 이자율
7	요구지준금리	· 요구되는 지준금액에 지급되는 이자율
8	샤이보 금리(Shibor, Shanghai interbank offered rate)	· 상하이 은행 간 단기금리 · 실시간 변동금리로서 최대 만기 1년
9	중국 국채금리	· 중국 채권시장의 지표금리로 활용

에 이용하는 7일물 역레포 금리를 공개시장조작금리 또는 OMO금리라고 합니다.

공개시장조작금리가 높아지면 인민은행이 시장자금을 흡수함으로써 시장 유동성을 줄이고, 공개시장조작금리가 낮아지면 시장에 유동성을 더욱 쉽게 공급하는 기능을 합니다.

중앙은행의 공개시장조작금리인 7일물 역레포 금리는 은행과 같은 시장 참여자 간의 7일물 RP금리인 DR007의 기준이 됩니다.

(2) 단기유동성지원창구 SLF

인민은행은 시장참여자 간 RP금리를 일정 수준 이하로 제어하기 위해, 단기유동성지원창구 SLFStanding Lending Facility금리를 두고 있습니다.

SLF금리는 공개시장조작금리보다 1%p 높게 유지되며 시장 단기금리의 상한선 역할을 합니다. 예를 들어 7일물 역레포 금리인 공개시장조작금리가 현재 1.80%라고 가정한다면, SLF금리는 2.80%가 되는 것이지요. 따라서 단기시장금리가 올라 시장참여자 간 RP금리인 DR007 금리가 상승하더라도 SLF금리인 2.80%보다는 높아질 수 없기에 SLF금리가 단기금리의 상한선 기능을 하게 됩니다.

왜냐하면 DR007 금리가 2.80% 이상 오른다면 은행은 중앙은행인 인민은행 단기유동성지원창구 SLF를 통해 2.80%에 빌리면 되기 때문입니다.

(3) 중기유동성지원창구 MLF

인민은행의 중기금리로 여겨지는 중기유동성지원창구인 MLF금리 또한 중요한 정책금리 중 하나입니다. 공개시장조작금리인 OMO금리가 일별로 통화정책을 관리하기 위한 금리였다면, 중기유동성지원창구 MLF 금리는 월별로 관리하기 위한 장치입니다.

특히 인민은행은 시중은행에 자금을 공급하고 금리를 조절하기 위해 1년 만기의 중기대출을 시행하고 있는데, MLF금리는 이 같은 중기 은행대출의 지표금리로 사용되고 있습니다.

이처럼 공개시장조작금리와 MLF금리는 인민은행의 통화정책에 있어서 가장 중요한 정책금리의 두 기둥 역할을 하고 있습니다.

(4) 대출우대금리

대출우대금리인 LPR은 시중은행이 고객에게 제공하는 우대금리의 산술평균으로서 명목상 시장금리입니다. 이 같은 대출우대금리는 은행이 실제로 개인과 기업에게 제공하는 금리이기에 중국 금융시장의 금리 상황을 가장 잘 대변해줍니다.

이 때문에 1년 만기 LPR은 중국의 기준금리로 인식되고 있으며, 시장금리임에도 인민은행이 직간접적으로 관여합니다.

(5) 요구지준금리, 초과지준금리

인민은행은 요구지불준비금에 대한 이자 금리와 요구지불준비금을 초과해 예치한 자금인 초과지불준비금에 대해 이자율을 달리 책정하고 있습니다. 또한 위안화와 외화에 대한 지급준비율 또한 별도로 정하고 있습니다.

위안화 지급준비율은 2023년 말 기준 7.40%이며, 외화 지급준비율은 4%입니다. 또한 요구지준금리 수준은 2023년 말 기준 1.62%, 초과지준금리는 0.35%입니다.

(6) 예금금리

인민은행의 은행 장악력은 매우 강력합니다. 특히 인민은행은 시중은
행의 수신금리인 예금금리에 대해서도 가이드라인을 제시하고 있는데, 금
리는 예금 종류별로 다릅니다.

일례로, 예금금리 중 요구불예금의 금리는 일반적으로 초과지준금리와
같은 수준으로 책정하고 있습니다. 예금금리가 초과지준금리보다 높아지
면 그만큼 시중은행의 이익이 늘어날 수 있기에, 요구불예금의 금리에 상
한선을 두어 개인과 기업을 보호하기 위해서입니다. 이와는 반대로, 요구
불예금 금리가 만약 초과지준금리보다 낮을 경우에는 은행이 예금을 받을
의욕이 떨어져 수신 기능이 저하될뿐더러 인민은행의 초과지준금 예치금
액도 크게 늘어날 것입니다.

중국의 중앙은행은 '중국인민은행'

이처럼 초과지준금리와 요구불예금의 금리는 거의 같은 수준으로 유지되고 있습니다. 따라서 중국의 시중은행이 인민은행에 지급준비율을 초과해 예치해도 요구불예금 금리만큼은 받을 수 있기 때문에 손해가 나지 않는 구조입니다.

중국의 금리체계

그러면 이렇게 다양한 중국의 정책금리는 어떠한 체계로 구성되어 있을까요? 결론적으로, 중국의 금리는 크게 3단계로 이루어져 있습니다.

1단계로, 인민은행은 공개시장조작금리인 OMO금리와 중기유동성지원창구인 MLF금리라는 두 가지 정책금리를 이용해 통화량과 금리 수준을

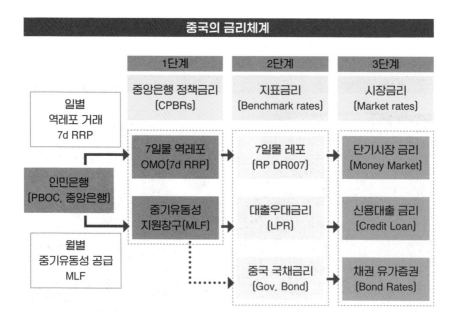

조정합니다.

2단계로, 이러한 정책금리는 시장의 지표금리에 영향을 줍니다. OMO 금리는 단기레포 금리인 DR007에 그리고 1년 만기의 중기유동성지원창구 MLF금리는 중기금리인 LPR금리와 중장기금리인 중국 국채금리 수익률에 영향을 미칩니다.

3단계로, 지표금리는 시장금리와 연결됩니다. 단기시장금리인 머니마켓money market 금리와 신용대출 금리 그리고 회사채 금리 등 다양한 형태의 이자율이 3단계 금리체계를 형성하는 것이지요.

중국 부동산과 부채 문제의 근본 원인

중국 건설업체의 무리한 부동산 개발과 지방정부의 채권 발행 남발로 인해 코로나19 이전까지 6%~7%의 높은 성장률을 구가하던 중국의 성장률이 2022년에는 급기야 3%를 밑돌았습니다.

2022년 이후 부동산개발업체 헝다恒大·에버그란데와 비구이위안碧桂園·컨츄리가든의 부도 위기 그리고 중국 지방정부융자플랫폼인 LGFVLocal Government Financing Vehicle의 부채상황 악화로 인해 2023년 중국 역사상 최대의 경제위기가 닥쳤습니다.

하지만 중국의 부동산 사태와 부채 문제 또한 근본적인 원인은 금리 문제로 귀결됩니다. 중국 정부가 중립금리neutral rate를 간과한 것이지요.

중립금리란 물가를 상승시키는 인플레이션이나 하락시키는 디플레이션이 없는 중립적인 금리 수준을 말합니다. 그리고 시장금리는 중장기적으로 중립금리와 같은 수준에 있어야 이론적으로 물가변동 없이 경제가 안정적으로 유지될 수 있습니다.

하지만 결과적으로 중국은 실질금리가 너무 장기간 성장률에 크게 못 미치는 수준으로 낮았습니다. 중립금리보다 훨씬 낮은 수준에서 금리를 유지해온 결과, 자원의 효율적인 배분이 저해되고 과잉투자가 이루어진 것이지요.

중국 부동산 문제의 근본적인 원인은 금리!

1. 중장기적으로 시장금리는 '중립금리'와 같은 선상에 있어야

① 이론적 중립금리: 시장의 실질금리(r)와 성장률(g)이 같아지는 금리
② 실질금리(r) 〈 성장률(g) → 자원의 효율적 배분 저해. 과잉투자 버블위험
③ 실질금리(r) 〉 성장률(g) → 기업들 투자여력 상실. 성장률 정체

2. 중국의 근본적인 문제는 금리와 성장률에서 찾아야

① 중국, 너무 장기간 실질금리(r) 〈 성장률(g) 지속
② 실질금리와 성장률의 괴리가 매우 오랜 시간 지속
③ 중국 정부 중립금리 간과 → 부채 급증. 과잉투자로 자원배분 실패

성장률은 높은데 자금의 비용은 턱없이 낮았습니다. 돈을 빌려서 투자하면 누구나 돈을 벌 수 있는 상황이 되었고, 따라서 너도 나도 자금을 빌려 투자에 모든 것을 건 것입니다.

정책금리의 수준이 오랜 기간 낮았기 때문에 과잉투자가 일어나 인플레이션이 발생하고 경제 전반에 버블이 끼게 된 것이지요. 이렇듯 국가의 기준금리를 어느 수준에서 유지하느냐 하는 것은 경제 전반에 매우 중요한 영향을 끼칩니다.

일본은행의 마이너스금리 폐기

아베노믹스와 YCC

2013년부터 일본의 금융정책은 아베 전 수상이 주창한 아베노믹스Aben-omics라고도 불리는 일본재흥전략日本再興戦略, Japan is Back에 기반했습니다.

일본은 1990년 이후 '잃어버린 30년'이라고 말하는 장기간의 디플레이션으로 인한 극심한 경기침체를 겪었기 때문에 일본은행Bank of Japan, BOJ의 통화정책 목표는 다음의 두 가지로 설정되었습니다.

첫째는 2%의 물가안정 목표 추구이고, 둘째는 장단기 금리조정을 통한 통화의 양적·질적 완화입니다.

우선 일본의 물가는 오랫동안 물가상승률 목표치인 2%를 밑돌았기 때문에, BOJ는 물가상승률을 높이고자 했습니다. 인플레이션을 잡으려고 노력하는 다른 나라 중앙은행의 일반적인 물가안정 목표와는 큰 차이가 있는 것이지요.

따라서 사실상 BOJ의 주된 정책적 목표는 2010년대부터 지금까지 물가상승률을 높이는 데 있었습니다. 그리고 물가 진작을 위해 2013년 아베

시기	통화정책의 내용	BOJ 총재
	디플레이션 탈출을 위한 일본은행의 통화정책 노력	
2008.12	BOJ 무담보 1일물 콜금리 0.2%p 인하. 향후 콜금리 0.1% 선에서 유지할 예정.	시라카와
2009.12	BOJ 통화정책 위원의 CPI 상승률의 중간값은 1%	시라카와
2010.10	대규모 양적완화 실시	시라카와
2013.01	2% 물가안정 목표를 통화정책의 근간으로 삼음	시라카와
2013.04	QQE(양적·질적 완화정책) 발표	구로다
2014.10	QQE 양적 완화의 규모와 범위 확대	구로다
2016.01	QQE에 마이너스금리를 적용하기로 발표	구로다
2016.09	QQE에 YCC(일드커브콘트롤) 정책 추가 발표	구로다

노믹스의 기치 아래 도입한 통화정책이 바로 양적·질적완화정책Quantitative and Qualitative Monetary Easing, QQE인 것입니다.

(1) 단기금리 컨트롤: 마이너스금리 도입

대대적인 양적 완화에도 불구하고 일본의 소비자 물가상승률이 2% 목표치에 턱없이 못 미치자 BOJ는 급기야 2016년 1월에 전격적으로 예금금리에 마이너스금리를 도입합니다.

일본의 금융기관이 중앙은행의 당좌예금에 예치한 자금에 대해 (-)0.1%라는 초유의 마이너스금리를 적용하기로 결정한 것인데, BOJ에 자금을 예치하면 시중은행이 오히려 이자를 내야 하는 획기적인 전환이었습니다.

이때부터 BOJ는 1일물 콜금리를 버리고, BOJ 당좌예금 하루 예치 금리인 마이너스 (-)0.1%를 일본의 새로운 기준금리로 사용하게 되었습니다. 이는 시장금리를 낮추고 대출을 촉진해서 투자를 진작하기 위한 특단의 조치였는데, 당시 이미 마이너스 기준금리 제도를 시행하고 있던 스위스(당시 기준금리 -0.75%), 스웨덴(당시 기준금리 -1.1%)과 덴마크(당시 기준금리 -0.65%) 등 유럽 여러 나라의 정책을 참고한 것입니다.

(2) 장기금리 컨트롤: YCC 정책

마이너스금리 정책은 일본은행 예금금리인 단기금리만 규정했기에, 장기금리는 통제할 수 없었습니다. 단기금리를 낮게 유지하더라도 장기금리가 상승하면 실질금리가 높아지는 결과가 초래될 가능성이 있어서 걱정이 많았지요.

따라서 2016년 9월에는 10년물 일본국채를 통해 장기금리를 조율하는 '일드커브컨트롤Yield Curve Control, YCC 정책'을 도입하게 되었습니다.

장기금리의 통제를 위해 BOJ는 장기국채 수익률의 범위를 설정하는데, 일본국채JGB 중에서도 시장금리에 가장 영향력이 큰 10년물 국채의 시장수익률을 일정 범위 내에서 통제했습니다.

사실상 YCC 정책은 10년물 일본국채 수익률의 상한을 정하고, 그 범위를 벗어나면 일본은행이 국채를 무제한으로 매입해 엔화의 장기금리를 다시 낮추는 방법입니다.

YCC 정책금리는 플러스금리와 마이너스금리 사이의 구간인 밴드band로 나타났는데, 2016년 (±)0.25%로 시작해 2022년 12월에는 (±)0.50%로 확대되고 2023년에 달러-엔 환율이 150엔을 넘어서며 엔화 약세가 지속

YCC 밴드 확대와 JGB 10년물 수익률

(단위: %)

- JGB 10년물 시장금리 [%] —— YCC 밴드

되자 2023년 7월 (±)1.00%까지 밴드가 확대됩니다.

마이너스금리 정책의 수정

2020년의 코로나19는 전 세계 경제와 금융에 엄청난 영향을 미쳤으며, 일본 또한 전 세계 다른 국가와 마찬가지로 물가가 전보다 크게 오르면서 한때 4%대의 물가상승률을 보이기도 했습니다.

이 때문에 물가상승을 통해 일본 경제에 활력을 불어넣으려는 아베노믹스 또한 근본적인 개편이 불가피해졌습니다. 아베노믹스에 기반한 양적완화와 마이너스금리 정책 그리고 YCC 정책 모두 시한부 상황에 놓이게 됩니다.

> 일본 2024년 올해 임금인상률 5% 상회 전망…
> 일본은행 금리인상 신호탄　　　　　　　　　금리일보

　　일본의 노사가 '춘투'라고 부르는 봄 임금협상에서 5%에 가까운 임금 인상률에 합의할 전망이 나오면서, 실제로 2024년 2월 일본의 한 경제신문에 위와 같은 기사가 실렸습니다.

　　코로나19 이후, 전 세계적인 양적 완화 덕분에 일본의 소비자물가지수는 2024년까지 지속적으로 2%를 넘어서는 수준을 달성했지만, 일본 국민의 가처분소득은 오히려 하락하는 부작용이 생겼습니다. 일본인의 살림살이는 더 불안해졌고, 정부와 중앙은행은 일본 근로자의 임금 수준을 올리기 위해 노력하기 시작했습니다.

　　위 기사는 근로자의 임금상승률이 아직 낮아서 고민하고 있지만, 상승률이 높아지는 추세이기 때문에 일본은행의 마이너스금리 폐지 시기가 빨라질 수 있다는 것으로 이해할 수 있습니다.

　　달리 말해, 마이너스금리 정책을 해제하려면 실질임금 상승을 동반한 2%의 물가상승 목표를 달성해야 했던 것이지요.

일본, 2024년 17년 만에 역사적인 금리인상

　　마이너스금리 정책을 해제하기 위해 일본은 실질임금 상승을 동반한 2%의 물가상승 목표를 달성해야 했습니다.

　　2024년 3월 19일 일본은행은 이를 달성했다는 판단을 내리고 드디어

BOJ '금융정책결정회합金融政策決定會合'에서 대대적인 통화정책의 변경을 단행했습니다.

첫째, 기준금리를 기존 (-)0.1%에서 0.0~0.1% 수준으로 인상하면서 마이너스금리 정책을 폐기했습니다.

둘째, 기준금리로 사용하는 지표금리 또한 콜금리로 회귀했습니다. 아베노믹스 이전까지 일본은 미국 연준과 마찬가지로 시장의 1일물 콜금리를 기준금리로 사용해왔으나, 2016년 마이너스금리 실시 이후부터 일본은행 당좌예금 예치금리로 기준금리가 바뀌었습니다. 하지만 2024년 3월부터 종전과 같이 1일물 콜금리를 기준금리로 다시 사용하게 된 것이지요.

셋째, 마이너스금리 정책뿐 아니라 YCC 정책 또한 폐지했습니다. YCC 정책은 일본국채 수익률을 인위적으로 규제하여 시장 기능을 저해했기에, YCC 폐지를 통해 1%로 정했던 장기금리 변동폭 상한선을 없애면서 금리 변동이 전면 용인되었습니다.

BOJ 일본은행 기준금리 지표			
1. 시기	· ~2016.1	· 2016.1~2024.3	· 2024.3~현재
2. 기준금리	· 1일물 콜금리	· BOJ 1일 예치금리	· 1일물 콜금리
3. 금리 성격	· 금리구간 밴드 · 시장 권고금리	· 지정금리 · 정책금리	· 금리구간 밴드 · 시장 권고금리

일본 기준금리의 변화

일본의 기준금리는 1980년 2차 석유파동 이후 한때 9%까지 오르기도

했습니다. 하지만 1985년 플라자합의Plaza Accord 이후 2.5%로 인하되고, 잠시 국제적 금리인상 기조에 따라 1991년 6월 6%까지 인상했지만, 90년대 이후 본격적인 경기침체기에 접어들면서 저금리 기조를 오랫동안 이어갔습니다. 경기침체 때문에 일본은행은 1995년 9월 기준금리를 역사상 최저수준인 0.5% 수준까지 인하합니다.

일본의 기준금리는 1980년대에는 높은 수준이었으나, 이후 1990년대에 초저금리 기조로 전환하면서 큰 폭의 기준금리 변동성을 보였습니다. '상전벽해'와 같은 이러한 금리정책의 변화는 금리 변화에 아직 준비가 안되어 있던 일본 경제에 상당한 타격을 주었습니다.

BOJ가 마이너스금리 정책의 해제를 검토한 데에는 30년 이상 지속된 디플레이션에 대한 우려가 완화되었고, 2% 물가상승 목표를 지속적으로 달성할 수 있다는 자신감이 생긴 이유가 큽니다.

일본 BOJ 기준금리 (금리 상단 기준)

(단위: %)

BOJ의 금융기관 대출 프로그램-보완대부제도

BOJ 역시 다른 중앙은행들과 마찬가지로 자금이 필요한 금융기관에 담보대출을 해주고 있는데 이 같은 제도를 보완대부제도補完貸付制度라고 합니다.

중앙은행 1일물 역레포RRP의 성격인 보완대부제도의 대출 기간은 원칙적으로는 1일overnight이고, 최대 5영업일을 넘길 수 없었습니다. 하지만 아베노믹스 활성화 대책의 일환으로 2013년 대출 기간 규제가 폐지됨에 따라 기간에 상관없이 자금 융자가 가능해졌습니다.

보완대부 대출금리는 2015년 이전에는 최대 5영업일까지 보완대부에 적용되는 기본대출금리만 적용되었습니다. 그러나 5영업일을 초과한 6영업일부터는 기본대출금리에 무려 2%의 가산금리를 추가하여, 사실상 금융기관이 대출을 자제하도록 유도했습니다.

하지만 시장에 유동성을 주입하기 위해 2003년 이후 5영입일 초과 대출 기간에 부과하는 2%의 가산금리마저도 폐지했습니다. 따라서 2024년 현재 일본 금융기관은 기간에 상관없이 기본대출금리만 내면 중앙은행으로부터 대출을 받을 수 있습니다. BOJ의 보완대부 기본대출금리는 2008년 12월 이후 2024년 7월 현재까지 0.3%를 유지하고 있습니다.

보완대부의 대상이 되는 금융기관으로는 제1종금융상품취급기관(주로 은행), 증권사 및 단기자금회사가 있는데, BOJ가 인정한 적격담보(주로 일본국채)를 맡기고 BOJ 본점이나 지점으로부터 자금을 빌릴 수 있습니다.

금융기관의 유동성을 지원하기 위한 제도이기에 원칙적으로 대출금액에도 제한이 없는데, 적격담보의 담보가액 범위 내에서 대출기관이 희망하는 금액을 BOJ가 대출해줍니다.

補完貸付制度基本要領　　Complementary Lending Facility

この基本要領は、金融調節の一層の円滑化を図るとともに、金融市場の円滑な機能の維持および安定性の確保に資する趣旨から、本行が予め明確に定めた条件に基づき、貸付先からの借入申込みを受けて受動的に実行する貸付けに関する基本的事項を定めるものとする。

A means by which the Bank extends loans to its counterparties upon request. Loans are limited by the counterparties' amount outstanding of pooled collateral that has been submitted. These loans are basically subject to the basic loan rate and are repayable on the following business day.

日本銀行
BANK OF JAPAN　　출처: 일본은행

이 같은 보완대부 정책은 마이너스금리 폐지 이후에도 유지되고 있습니다.

썸9

엔 캐리 자금이란?

캐리 거래란 무엇인가?

'캐리carry'는 영어로 '가지고 간다'는 말인데, 어떤 특정 통화나 자산을 보유하고 있으면 특별한 노력 없이도 얻는 수익을 말합니다.

그래서 캐리 비용cost of carry이라고 하면 어떤 자산을 유지하는 데 필요한 기본적인 차입비용이나 기회비용을 말합니다. 빌리는 사람 입장에서는 비용이지만, 빌려주는 쪽에서 보면 수익이 됩니다.

우리가 가진 돈은 금이나 은 같은 귀금속의 형태가 아닌 원화나 달러화, 엔화 같은 통화의 형태입니다. 그리고 이런 통화를 은행에 예금하면 기본적으로 이자수익이 생기는데, 이때 생기는 이자수익을 금융에서는 캐리라고 부릅니다. 즉 '캐리'는 이자를 말하는 것이지요.

그런데 통화마다 이자율이 달라, 투자자는 높은 이자율의 통화를 선호합니다. 그래서 통화에 투자하는 투자자는 저금리 통화를 팔고sell 고금리 통화를 사는buy 거래를 하는데 이것이 바로 캐리 거래carry trade입니다.

쉽게 말해서 캐리 거래는 저금리 통화를 팔아서 고금리 통화를 사는 통

캐리 거래는 금리차익 거래이다

· 캐리(Carry)란, 이자를 말한다

· 캐리 거래(Carry trade)란, 저금리 통화를 팔고 고금리 통화를 사서
이자차익을 얻는 거래(저금리 통화 매도, 고금리 통화 매수)

· 엔 캐리(Yen Carry)란, 엔을 팔아 고금리 통화에 투자하는 거래.

화 간 금리 차익거래arbitrage입니다.

와타나베 부인과 엔 캐리

캐리 거래 중에서도 엔 캐리yen carry는 투자자가 낮은 엔화 이자율로 자금
을 빌려서 고금리의 다른 통화나 자산에 투자하는 거래를 말합니다. 일본의
장기 저금리 기조 이후, 엔 캐리는 글로벌 캐리 거래의 대명사가 되었습니다.

엔화 금리가 매우 낮아서 엔화를 빌려 이자가 상대적으로 높은 다른 통
화에 투자하면 차익을 낼 수 있었기 때문입니다. 그래서 1990년대부터
2000년대 초반에 상대적으로 금리가 높은 통화인 호주달러AUD, 터키리라
TRY, 남아공랜드ZAR 등 고금리 통화 투자에 일본 투자자들이 몰렸습니다.

특히나 당시 엔 캐리 거래 투자자 중에는 평범한 일본 주부가 많았습니
다. 특별한 전문지식 없이도 거래를 할 수 있을 정도로 간단하고 대중적이
었던 것이지요.

그래서 그때부터 엔 캐리 거래 투자자를 일컬어 일본에서 가장 흔한 성姓인

'와타나베'를 붙여 '와타나베 부인渡辺夫人'이라고 통칭하여 부르게 된 것입니다.

와타나베 부인들은 저금리 통화인 엔화를 팔고 호주달러와 같이 상대적으로 고금리인 통화로 바꾸어 현지의 은행계좌에 예치했습니다. 환차손으로 인한 손실만 나지 않으면, 엔화와 호주달러의 금리 차로 인해 수익이 생겼습니다. 그렇기 때문에 당시 일본인 사이에서 엔 캐리는 제2의 월급이라 일컬어지며 선풍적인 인기를 끌었습니다.

엔 캐리와 국제적 자금의 이동

하지만 이러한 엔 캐리 거래는 단순히 하나의 거래 방식을 넘어 국제적으로 대규모 자금 이동을 초래했습니다. 1997년, 2001년, 2007년 그리고 2023년과 같이 미국과 일본의 기준금리 차이가 크게 벌어질수록 엔 캐리 자금의 규모는 더욱 커졌습니다.

미국과 일본의 금리 차가 커질수록 일본에서 엔화 자금을 빌리면 이득이었기에, 일본인뿐 아니라 글로벌 금융기관 또한 일본에서 싼 값으로 자금을 조달해서 다른 국가에 투자를 했습니다. 이러한 이유로, 미국이나 아시아처럼 상대적으로 높은 금리의 국가에 막대한 양의 엔화 자금이 흘러들어갔습니다. 그리고 이러한 엔 캐리를 주도한 것은 일본과 미국계 은행들이었습니다.

일본 엔화의 가치가 계속 하락하는 엔저현상이 심해질수록 차입자는 환전해 갚아야 할 달러 금액이 줄어들어 이익입니다. 이러한 이유로, 외환시장에서 달러-엔 환율이 높게 유지되는 엔저 상황이 오래 지속될 때는 엔 캐리 거래 규모 또한 늘어나는 양상을 보입니다.

일본 국내에서 자금이 빠져나가서 디플레이션 탈출에 악영향을 줄 뿐만 아니라, 엔화 매도세가 한꺼번에 올리면 엔화 가치 또한 더욱더 빨리 하락해 엔저가 심화되는 악순환을 겪게 됩니다. 외국인이 일본에서 자금을 많이 조달하면 할수록 엔저 현상은 깊어만 갔습니다.

일본 국내 투자자와 연기금 또한 엔 캐리 트렌드에 동참했습니다. 일본 장기채권의 수익률이 1% 미만의 낮은 수준에 머물렀기에, 일본인 투자자가 상대적으로 수익률이 높은 해외 채권으로 눈을 돌리면서 글로벌 채권시장의 큰손이 되었던 것입니다.

일본은 2023년 1월 기준 $1.1조 달러 규모의 미국채를 보유하고 있어, 미국 국채 최대 보유국의 지위를 차지하고 있습니다. 이는 1990년대 이후 지속된 저금리와 디플레이션으로 인해 엄청난 규모의 일본 자금이 해외로 유출된 결과입니다.

미국 국채(재무부 증권) 보유국 순위와 금액

순위	국가	금액($10억)	순위	국가	금액($10억)
1	일본	1,104	11	인도	232
2	중국	859	12	홍콩	227
3	영국	668	13	브라질	214
4	벨기에	331	14	싱가포르	188
5	룩셈부르크	318	15	프랑스	184
6	스위스	291	16	사우디	111
7	케이만 제도	285	17	한국	106
8	캐나다	254	18	노르웨이	104
9	아일랜드	253	19	독일	91
10	대만	235	20	버뮤다	77

출처: 미국재무부 (2023년 1월 말 기준)

엔 캐리 자금의 청산과 회귀

엔 캐리 거래로 인한 자금 유출은 향후 일본과 세계 경제에 다음과 같은 세 가지 위험을 초래할 가능성이 있습니다.

첫째, 엔 캐리 자금은 언제든 단기간에 급격히 유출될 수 있습니다. 엔 캐리와 같은 캐리 거래는 핫머니의 성격이 강합니다. 일본의 통화정책 변화로 금리 상황이 바뀌면, 해외로 유출되었던 자금이 순식간에 일본이나 다른 국가로 이동할 수 있습니다. 이는 투자 대상국에 자금 공동화 현상을 일으키며 갑작스러운 자금 부족과 금융 혼란을 초래할 가능성이 큽니다.

둘째, 향후 전 세계적으로 기업과 개인의 자금조달 비용이 상승할 수 있습니다. 해외에 나가 있던 일본 자금이 일부라도 일본으로 회귀하게 된다면, 더 높은 비용으로 자금을 빌려야 하기 때문입니다.

셋째, 엔화 약세가 완화될 가능성이 있습니다. 일본으로 회귀하는 자금의 영향으로 엔화 매수 추세가 이어진다면, 엔화의 가치가 회복되면서 엔화 약세 추세가 반전될 수도 있습니다.

슈퍼엔저 종료, 향후 엔 캐리 자금의 회귀 준비해야

다음은 2024년 일본의 통화정책 변화에 따른 엔 캐리 거래 청산의 위험성을 다룬 기사입니다.

> ### 3조 달러 엔 캐리 청산 때 글로벌 '돈맥경화'
> ### … 미국·독일 등 국채금리 요동
> 금리일보

3조 달러로 추산되는 막대한 규모의 엔 캐리 자금이 일본으로 회귀한다면 글로벌 자금 유동성이 부족해지면서 자금조달 비용이 상승할 가능성이 있다는 것이지요.

하지만 현실적으로 엔 캐리 자금이 갑자기 회귀하기는 힘듭니다. 그 이유는 일본은행이 기준금리를 공격적으로 올리기는 쉽지 않기 때문입니다. 일본의 정부 부채는 2022년 기준 1,000조 엔 이상이며, 이는 일본 GDP의 약 260%에 이르는 큰 금액입니다. 따라서 일본 엔 케리 자금이 본국으로 돌아오기까지는 현실적으로 조금 더 시간이 소요될 것으로 생각합니다.

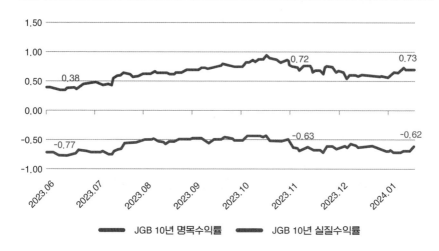

10년 만기 일본국채(JGB) 실질수익률 vs 명목수익률

1.50
1.00
0.50
0.00
-0.50
-1.00

0.38
0.72
0.73
-0.77
-0.63
-0.62

2023.06 2023.07 2023.08 2023.09 2023.10 2023.11 2023.12 2024.01

━━ JGB 10년 명목수익률 ━━ JGB 10년 실질수익률

특히나 엔 캐리 자금이 빨리 회귀하려면 낮은 실질금리 수준이 높아져야 합니다. 과거 아베 내각은 지난 수십 년간 이어진 일본의 디플레이션, 즉 경기침체의 가장 주된 원인으로 '성장률보다 높은 실질금리'라고 규정했습니다. 디플레이션으로 물가는 하락하는데 시장금리는 내려가지 않고 그대로였습니다. 이러한 상황으로 인해, 금리가 실제로는 상승한 것과 마찬가지였다고 판단했고, 이런 판단 아래 금리를 마이너스 수준까지 내린 것입니다.

일본의 실질금리는 2020년대 들어 계속해서 마이너스 구간에 머물렀으며, 이러한 추세는 2024년까지도 이어지는 것을 확인할 수 있습니다. 오히려 일본의 물가상승률이나 GDP 경제성장률보다도 낮은 수치를 기록하고 있는 상황이지요.

엔 캐리 자금이 일본으로 회귀하기 위해서는 실질금리가 적어도 플러스 수준으로 다시 올라서야 합니다. 일본의 기준금리 상단이 1%가 되면 실질금리 또한 플러스로 전환될 수 있어서 투자에 매력적인 수준이 될 것으로 보입니다.

또한 2024년 일본의 기준금리 인상과 맞물려 미국의 기준금리 인하도 시작됨에 따라, 일본 엔화의 극심한 약세 현상인 '슈퍼엔저'는 이미 종료 국면에 접어들고 있습니다.

일본의 기준금리가 지속해서 상승하고 동시에 엔화 가치가 다시 상승세로 전환되면, 해외로 나갔던 일본 자산의 본국 회귀는 일어날 수밖에 없습니다. 그렇기에 투자에 있어서 반드시 주의가 필요합니다.

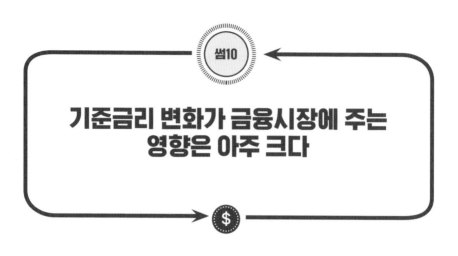

썸10

기준금리 변화가 금융시장에 주는 영향은 아주 크다

$

기준금리가 올라가거나 내려가는 변동은 금융시장에 광범위한 영향을 미칩니다. 기준금리 변동은 우선적으로 자금시장에 영향을 줍니다.

기준금리는 단기금리이기 때문에 단기 시장금리에 가장 즉각적인 영향을 미치며, 중장기금리인 은행 예금과 적금 그리고 대출금리도 연이어 변화합니다.

주식과 부동산 등 자산의 가격에도 영향을 주며, 환율변동을 통해 수출

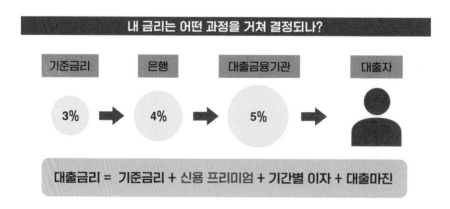

내 금리는 어떤 과정을 거쳐 결정되나?

기준금리	은행	대출금융기관	대출자
3%	4%	5%	

대출금리 = 기준금리 + 신용 프리미엄 + 기간별 이자 + 대출마진

입과 같은 국제 거리에도 영향을 미칩니다.

기준금리 변동이 국내시장에 주는 영향

(1) 조달비용의 변화

중앙은행의 기준금리 인상은 시중은행의 자금조달 비용을 증가시킵니다. 이로 인해 시중은행과 거래하는 개인과 기업은 돈을 빌릴 때 더 많은 비용을 지불해야 해서 이자비용이 늘어납니다.

또한, 시장금리 상승은 대출회수율을 낮춰 가산금리 상승으로 이어집니다. 결과적으로 대출금리 상승과 함께 가산금리도 증가하는 것이지요.

> 기준금리 인상에 가계·기업 조달비용 증가
> … 대출금리도 급상승   금리일보

반면, 기준금리 인하는 은행의 자금조달 비용을 감소시켜, 개인과 기업의 차입비용을 경감시킵니다. 이는 대출금리와 가산금리를 동시에 낮추는 효과를 가져옵니다.

(2) 시중 유동성의 변화

시중은행의 가장 중요한 기능 중의 하나가 신용창출입니다. 은행은 실제 보유 자금의 수십 배에 달하는 금액을 빌려주지요. 하지만 금리가 급격

하게 오르면 돈을 빌린 채무자의 부담이 예전보다 더 커져서 감당하지 못하게 될 확률도 커집니다. 이러한 우려에 은행은 신용위험에 더 민감해지고, 신용이 높지 않은 차입자에게는 대출을 축소하거나 회수합니다. 이로 인해 유동성이 줄어들지요.

반대로, 금리가 하락하는 시기에는 은행이 신용 문제에 유연해져서 너도나도 대출을 하려는 양상을 보입니다. 오히려 은행이 대출처를 찾아 다니는 경향도 나타나는데, 이러한 경쟁적인 대출 환경은 대출금리 하락과 시중 유동성 증가로 이어집니다.

> ### 한은 금리인하 전망에 6개월 미만 정기예금 가입 증가세
> 금리일보

또한 기준금리 인하가 예상되면 기존의 높은 금리에 예금하고자 하는 수요가 몰려서 단기자금이 은행으로 유입됩니다. 하지만 실제로 기준금리가 크게 인하된 후에는 은행 예금이 주식이나 다른 위험자산으로 빠져나가는 경향이 있습니다.

반대로 기준금리 인상이 예상되면 기업들의 채권 발행이 증가합니다. 이는 금리가 조금이라도 낮을 때 자금을 조달하려는 전략입니다.

(3) 투자의 변화

기준금리가 높아지면 자금조달 비용이 증가합니다. 자금비용이 커지면 기업의 이윤과 잉여자금이 줄어들고 기업활동이 둔화될 수 있습니다. 게

다가 자금조달 비용이 높아지면 기업은 투자에 부담을 느껴 이전보다 보수적으로 대응할 가능성이 커집니다.

> ## 기준금리 인상 지속에 미국 스타트업 투자 30% 감소
> 금리일보

특히나 현금흐름이 불안정하거나 수익이 당장 나오기 힘든 벤처기업, 새로운 분야의 스타트업에 대한 투자가 이전보다 줄어듭니다.

(4) 소비지출과 경기의 변화

기준금리가 높아지면 대출금리가 오르고 투자는 감소해서 소비자의 구매력이 약화됩니다. 또한 이자비용이 늘어나면 실제로 사용할 수 있는 소득인 가처분소득 또한 줄어들지요. 이에 따라 소비지출이 줄어들면 경기가 둔화되거나 침체에 빠질 가능성도 커집니다. 인플레이션이 일어나는 등 경기를 둔화시킬 필요가 있을 때 중앙은행이 기준금리를 올리는 이유가 바로 여기에 있습니다.

반대로 기준금리가 낮아지면 대출금리가 낮아지고 가처분소득도 늘어나서 경기가 회복됩니다. 과거 유럽과 일본이 극단적으로 낮은 금리인 마이너스 기준금리를 도입한 이유도 극심한 경기침체를 벗어나기 위해서였습니다.

미시간대학교에서는 매달 소비자 체감경기를 조사해 발표하는데 이를 줄여서 MCSIMichigan Consumer Sentiment Index라고 합니다. MCSI 수치가 상승하

면 미국의 경기 전망이 긍정적임을, 반대로 낮아지면 경기 전망이 부정적임을 의미합니다.

미국 경제는 소비가 지탱하고 있다고 해도 과언이 아니라, 경기 또한 소비와 지출이 크게 좌우합니다. 따라서 기준금리의 변화는 소비와 경기 모두에 아주 중요한 변화를 초래합니다.

(5) 자산 가격에 영향

기준금리의 변화는 금융시장을 거쳐 주식, 채권, 부동산 및 여러 유·무형의 자산 및 투자상품에 영향을 미칩니다.

금리인상 시, 이자부담이 예전보다 커지기 때문에 위험자산에 대한 투자수요가 줄어듭니다. 투자수요가 줄어들면 위험자산의 가격은 하락할 가능성이 높아집니다.

위험자산의 가격은 하락하는 반면, 미국 달러와 미국채 그리고 금과 같이 안전한 자산을 찾는 수요가 늘어나 일반적으로 안전자산의 가격은 상승합니다. 이처럼 안전자산 선호가 늘고 위험자산에 대한 선호가 줄어드는 투자 분위기를 가리켜 '리스크 오프risk-off'라고 합니다.

기준금리 인하 시에는 반대로 금융비용이 낮아지므로, 안전자산보다는 위험자산의 가격이 상승하는 국면에 접어듭니다. 금리가 낮아지면 위험자산에 대한 투자 분위기가 살아나는데 이러한 상황을 '리스크 온risk-on'이라고 합니다.

다우지수 또 최고치 경신, S&P500 최고치 근접
… 연준 금리인하 기대감에 증시 랠리   금리일보

주식은 위험자산으로 분류되므로, 기준금리 인하 전망은 주식시장에 호재로 작용합니다. 위 기사는 2023년 말 FOMC 기자회견에서 연준 위원들이 기준금리 인하 논의를 언급한 후, 연말에 미국 주가지수가 상승 랠리를 이어갔다는 내용입니다.

기준금리 변동이 글로벌 시장에 주는 영향

지금까지 기준금리 변동이 국내시장에 어떠한 영향을 미치는지를 살펴봤습니다. 하지만 한 나라의 기준금리 변화는 그 나라뿐만 아니라 국제 금융시장에도 영향을 줍니다.

(1) 통화의 가치에 영향

한국은행이 기준금리를 인상하면 국제적으로는 원화의 투자매력도가 상승합니다. 이자를 더 많이 주는 통화가 덜 주는 통화보다 투자 측면에서 매력적인 것은 당연하지요. 따라서 원화의 가치가 다른 통화에 비해 이전보다 높아지게 됩니다.

반대로, 한국은행이 기준금리를 인하하면 다른 통화에 비해 원화의 투

자매력도가 하락합니다. 그래서 원화의 기준금리가 인하되면 원화의 가치는 상대적으로 하락합니다.

(2) 환율과 무역수지에 영향

이러한 통화가치의 변화는 곧바로 환율에 반영됩니다. 환율은 본질적으로 통화 간 교환가치를 나타내기 때문입니다. 즉 환율은 통화 간의 물물교환 비율입니다.

원화의 가치 상승 시, 달러와 같은 외국 통화와 수입품을 이전보다 싸게살 수 있습니다. 반대로 원화의 가치 하락 시에는 수입품의 가격은 더 비싸지지만 한국 수출품의 가격 경쟁력은 향상됩니다.

> **엔화 약세에 일본 수출 기업들 즐거운 비명**
> **… 도요타 자동차 2023년 사상 최고 실적**   금리일보

위 기사는 엔화가 달러당 140~150엔 사이의 약세를 유지했던 2023년에 일본의 대표적인 수출 기업인 토요타 자동차의 실적이 사상 최고치를경신했다는 내용입니다. 일본의 마이너스 기준금리 정책으로 엔화가 달러에 비해 약세를 보이면서 수출 실적이 늘어난 것으로 이해할 수 있습니다.

이렇게 기준금리는 환율을 변동시켜 수출과 수입 그리고 무역수지에영향을 줍니다.

(3) 자본의 유출과 유입

우리나라의 기준금리가 상승하면 한국에 투자할 때 수익률이 높아져서 외국인이 한국에 투자하기 유리해집니다. 이러한 이유로, 한국은행 기준금리가 올라가면 외국인의 투자가 늘어나 자본이 유입되는 반면, 기준금리가 내려가면 외국인의 투자가 감소하는 경향을 보입니다.

결론적으로 말하면, 일본에서 자금이 빠져나간 것도 극단적인 저금리인 마이너스금리 정책에 근본적인 원인이 있습니다.

한미 기준금리 역전 폭 확대··· 자본유출 가능성 높아져

금리일보

다른 국가의 기준금리가 바뀔 때도 마찬가지입니다. 예를 들어 미국 연준이 기준금리를 올리면, 미국에 투자하는 것이 더 유리해지므로 한국에서 미국으로의 자본유출이 증가할 수 있습니다.

한국과 미국 간 기준금리의 역전 폭이 과도하게 벌어지지 않도록 하기 위해 노력하는 이유도 이 같은 문제를 고려하기 때문입니다.

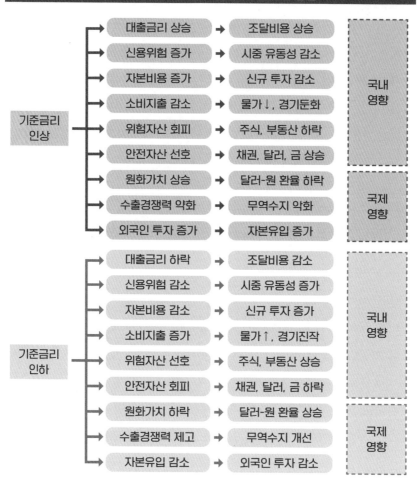

중앙은행(한국은행) 기준금리 변화의 영향

기준금리 인상			
대출금리 상승	→	조달비용 상승	국내 영향
신용위험 증가	→	시중 유동성 감소	
자본비용 증가	→	신규 투자 감소	
소비지출 감소	→	물가↓, 경기둔화	
위험자산 회피	→	주식, 부동산 하락	
안전자산 선호	→	채권, 달러, 금 상승	
원화가치 상승	→	달러-원 환율 하락	국제 영향
수출경쟁력 약화	→	무역수지 악화	
외국인 투자 증가	→	자본유입 증가	
기준금리 인하			
대출금리 하락	→	조달비용 감소	국내 영향
신용위험 감소	→	시중 유동성 증가	
자본비용 감소	→	신규 투자 증가	
소비지출 증가	→	물가↑, 경기진작	
위험자산 선호	→	주식, 부동산 상승	
안전자산 회피	→	채권, 달러, 금 하락	
원화가치 하락	→	달러-원 환율 상승	국제 영향
수출경쟁력 제고	→	무역수지 개선	
자본유입 감소	→	외국인 투자 감소	

주식엔 Bear와 Bull,
금리엔 Hawk와 Dove

금융시장에는 현재의 시장 상황을 나타내는 특유의 표현과 용어가 있습니다. 특히나 매나 비둘기, 황소나 곰 같은 동물에 자주 비유하기 때문에 이를 잘 이해해놓으면 금융시장의 상황을 이해하는 데 편리합니다.

1. 매파와 비둘기파

기준금리를 정할 때 시장은 통화정책 입안자의 견해를 비둘기dove와 매hawk로 표현합니다.

매파는 과도한 시중자금이 만들어내는 물가상승을 제어하는 데 가장 역점을 둡니다. 따라서 중앙은행이 설정한 물가상승률 목표치를 초과하면 적극적으로 기준금리를 인상하여 물가를 잡으려고 합니다. 그러면 성장이 제어되고 국민의 삶은 단기적으로 힘들어질 수 있습니다.

반면 비둘기파는 물가보다는 경제성장을 더 우선적인 과제로 봅니다. 따라서 기준금리 상승에 신중할뿐더러, 경제가 침체의 기미를 보이면 금

매파와 비둘기파		
	매파(Hawkish)	비둘기파(Dovish)
1. 통화정책의 목표	인플레이션 억제	경제성장
2. 통화정책의 방향	긴축적 통화정책	완화적 통화정책
3. 기준금리	금리인상 선호	금리인하, 유지 선호
4. 통화가치/환율	통화가치 평가절상	통화가치 평가절하

리인하를 강력하게 부르짖습니다.

　미국 연준의 통화정책 결정회의인 FOMC가 종료되면 외신에서 연준의 장의 발언을 매파적hawkish이었다, 혹은 비둘기파적dovish이었다 하면서 평가하는 것도 이 같은 맥락에서 나왔습니다.

> 우에다 총재, "BOJ, 연내 금리 0.25%에서 0.5%까지 인상"
> … 일본은행 총재 매파적 발언에 엔화 강세　　　　　금리일보

　2024년 7월 31일 BOJ 우에다 총재는 물가상승과 엔저를 의식해 일본의 기준금리 상단을 0.1%에서 0.25%로 0.15%p 인상하면서 연내 추가적인 금리인상도 불사하겠다고 강력한 메시지를 시장에 전달했습니다.

　공격적으로 금리를 추가 인상하겠다는 매파적인 중앙은행장의 발언에 시장은 크게 요동쳤고, 150엔에서 거래되던 달러-엔 환율은 일시적으로 142엔까지 곤두박질쳤습니다.

엔화의 급격한 강세에 엔 캐리 청산 가능성까지 대두되면서 2024년 8월 5일 일본 역사상 최악의 증시폭락이 찾아왔습니다. 니케이Nikkei지수는 하루 만에 12% 넘는 하락을 기록했지요. 시장의 동요에 깜짝 놀란 일본은행은 급기야 연말까지 추가인상을 보류하겠다는 발표를 하면서 시장을 진정시키려는 노력을 했습니다.

이렇듯, 중앙은행의 매파적이거나 비둘기파적인 발언은 시장에 크게 영향을 줄 수 있기 때문에 투자자라면 항상 귀를 기울여야 합니다.

2. Bull market 과 Bear Market

실업률이 낮고 자금의 유동성이 풍부하며 경제의 성장률이 견조할 때, 기업의 실적전망도 개선됩니다. 그리고 기업 실적이 좋아지면 주식시장으로 돈이 몰리면서 증시 호황기에 접어드는데, 이를 '강세장'이라고 말합니다.

반면에 실업률이 상승하고 시장의 자금 유동성이 감소하며 경제의 성장률이 차츰 하락하는 국면에 접어들면, 기업의 실적전망 또한 어두워집니다. 이런 상황에서는 주식시장에 있던 자금이 일반적으로 채권이나 다른 안전자산으로 이동하는데 이를 두고 '약세장'이라고 표현합니다.

월가 등 해외에서는 강세장과 약세장을 각각 불마켓bull market과 베어마켓bear market으로 표현하는데 그 유래에 관해서는 여러 가지 설이 있습니다. 그중 황소는 싸울 때 뿔을 아래에서 위로 치받고, 곰은 싸울 때 앞발을 위로 들어 아래로 내려찍기 때문이라는 설이 가장 유력합니다.

하여간 곰이든 황소이든 주식시장은 상승장과 하락장을 반복하는데,

우리나라 KRX나 미국 뉴욕증권거래소나 황소상을 만들어 강세장을 기원하는 모습은 모두 같습니다.

기준금리 변화는 주식시장에 Bull과 Bear를 만든다

기준금리	주식시장	위험선호도
비둘기파 (Dovish)	불 마켓 (Bull Market)	리스크 온 (Risk On)
기준금리 인하	주가상승	위험자산 선호
매파 (Hawkish)	베어 마켓 (Bear Market)	리스크오프 (Risk Off)
기준금리 인상	주가하락	위험자산 회피

그중 금리상품은 약세장에서 더욱 빛을 발합니다. 약세장에서는 주식이 하락세로 반전하기 때문에 투자를 지속하면 손해를 볼 가능성이 생깁니다. 반면, 채권이나 예금과 같은 금리상품은 미리 약정된 고정이자를 지급하기 때문에 약세장에서도 손해가 날 염려가 없습니다. 따라서 베어마켓인 약세장에서 금리상품은 자주 주식의 투자 대안이 됩니다.

3. 위험자산 회피와 위험자산 선호

달러와 미국채와 같은 자산은 일반적으로 안전자산으로 분류되는 데 반해 주식이나 암호화폐 등은 위험자산으로 분류됩니다.

주식이 크게 하락하는 '블랙 프라이데이Black Friday'와 같은 상황이 왔다고 가정해봅시다. 투자심리가 꽁꽁 얼어붙어서 주식 매수세는 크게 위축될 것이며 채권이나 예금 그리고 달러와 같은 안전자산으로 자금이 몰릴 것입니다.

이렇게 시장의 위험이 고조되는 상황을 '위험자산에서 손을 떼라'는 의미에서 리스크 오프, 혹은 '위험자산 회피' 상황이라고 부릅니다. 반대로, 경기와 투자심리가 살아나서 주식시장이 크게 호황으로 변하면서 위험자산 전반에 걸쳐 투자 모멘텀이 일어나는 상황은 리스크 온, 또는 '위험자산 선호'라고 말합니다.

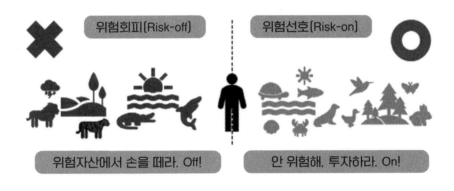

리스크 온과 리프크 오프 같은 용어는 이제 금융시장뿐 아니라 일반 뉴스 매체에서도 쉽게 접할 수 있게 되었습니다. 이 용어들의 의미를 금융 상황과 잘 연결지어 이해하면, 투자 결정과 전반적인 금융 환경 파악에 도움이 될 것입니다.

3대 글로벌 신용평가사와 신용등급 체계

금리 결정에는 신용이 영향을 미친다

만약 지금 당신이 가지고 있는 돈 100만 원을 누군가에게 빌려줬다고 가정해봅시다. 그 사람이 돈을 갚을지 안 갚을지 지금은 모릅니다. 결론적으로 그 사람이 100만 원을 반드시 갚는다는 보장은 없습니다. 그래서 돈을 주고받을 때 반드시 고려해야 하는 것이 바로 신용입니다.

신용은 1장에서 배웠듯이 신용평가회사가 평가합니다. 국내에서는 한국 신용평가회사의 신용등급을 사용할 수 있지만, 해외에서는 글로벌 신용평가기관의 신용등급을 사용해야 합니다.

국가 신용등급이란?

신용등급은 국가와 기업 그리고 개인으로 나뉘어 측정되는데, 글로벌 평가사는 주로 국가와 글로벌 기업의 신용등급을 측정하고 발표합니다.

글로벌 신용평가사는 각 국가의 재정 상황, 경제성장률, 정치적 안정성

	Moody's	S&P	Fitch
투자적격 IG (Investment Grade)	Aaa	AAA	AAA
	Aa1	AA+	AA+
	Aa2	AA	AA
	Aa3	AA-	AA-
	A1	A+	A+
	A2	A	A
	A3	A-	A-
	Baa1	BBB+	BBB+
	Baa2	BBB	BBB
	Baa3	BBB-	BBB-
투자부적격 HY (High Yield)	Ba1	BB+	BB+
	Ba2	BB	BB
	Ba3	BB-	BB-
	B1	B+	B+
	B2	B	B
	B3	B-	B-

등을 고려하여 국가 신용등급을 매기고 있습니다.

각 국가는 'sovereign credit rating'이라는 국가 신용등급을 부여받는데, 특정 국가의 경제 상황이나 투자의 규모, 외환보유고와 자본시장의 투명성과 크기 등이 주된 분석 대상입니다.

국가 신용등급은 국가가 빌린 돈을 갚을 수 있는 능력을 나타내며, 좋을수록 신용도가 높고 나쁠수록 신용도가 낮습니다. 이 때문에 국가의 신용등급은 국제적인 신뢰도와 국채 발행에 영향을 미칩니다.

정치와 경제적 안정성도 국가 신용등급의 평가 대상이기 때문에 투자자들은 어떤 국가에 투자할 때 국가 신용등급에 의존합니다.

신용등급은 크게 IG와 HY로 나뉘는데 이는 투자적격등급Investment Grade, IG, 투자부적격등급High Yield, HY의 영어 이니셜에서 따왔습니다.

3대 글로벌 신용평가사

국내 신용평가를 담당하는 기관이 있듯이, 해외에도 글로벌 기업과 국가의 신용등급을 분석하고 평가, 발표하는 기관이 있습니다. 이들을 가리

3대 글로벌 신용평가사

1. 무디스
MOODY'S

2. S&P
S&P Global Ratings

3. 피치
FitchRatings

켜 글로벌 신용평가사global rating agencies라고 합니다.

무디스Moody's, S&P Standard & Poor's와 피치Fitch Ratings의 세 곳을 3대 글로벌 신용평가사라고 부르는데, 각 사의 특징은 이어서 설명하겠습니다.

무디스

글로벌 신용평가사 무디스는 현재 가장 미국적인 신용평가기관으로 평가받고 있습니다. 창업자인 존 무디John Moody가 1900년 다양한 산업의 주식과 채권에 대한 정보를 담은《무디스 매뉴얼Moody's Manual》이라는 책자를 발간하면서 시작되었습니다.

1900년대《무디스 매뉴얼》은 미국 전역에서 인기를 얻었고, 1914년에는 현재의 무디스가 설립되면서 모든 정부 발행 국채에 대한 평가rating 업무를 시작하게 됩니다.

무디스의 평가 영역은 1970년 회사채commercial paper와 은행채로 확대되면서, 현재와 같이 모든 영역의 신용평가를 아우르는 업무 범위를 자랑하게 되었습니다.

2024년 현재 워런 버핏Warren Buffet의 투자회사 버크셔 헤서웨이Berkshire Hathaway가 10% 이상의 지분을 소유하고 있으며, 전체 신용평가 시장에서 점유율 40%를 차지하며 1위를 고수하고 있습니다.

무디스의 신용등급 체계는 최고등급인 Aaa에서 Baa3까지의 투자등급 investment grade으로 구성되어 있으며, 투자등급 아래는 Ba1에서 C등급까지의 투기등급speculative grade으로 나뉩니다. 투기등급은 흔히 하이일드high-yield나 정크junk라고 불리기도 합니다.

S&P

S&P는 국가 3대 평가기관 중 신용등급을 평가할 때 정치적인 요소를 가장 많이 반영하는 곳으로 알려져 있는데, 셋 중 역사도 가장 오래되었습니다. 1860년에 헨리 바넘 푸어Henry Varnum Poor가 《미국 철도와 운하에 관한 역사History of Railroads and Canals in the United States》라는 채권과 증권에 대한 분석을 담은 책을 발간하면서 시작되었지요.

이후 1906년에는 회사채, 정부채와 지방채의 등급을 평가하고 발표하는 스탠다드 스태티스틱스Standard Statistics라는 채권평가회사가 설립되었는데 이 회사가 현재 S&P의 모태입니다.

스탠다드 스태티스틱스는 1941년 푸어스 퍼블리싱Poor's Publishing이라는 회사와 합병하면서 'Standard and Poor's Corporation'으로 사명을 변경하는데, 1966년에는 대형 출판사인 맥그로-힐McGraw-Hill에 인수되어 현재에 이르게 됩니다.

S&P의 신용등급 체계는 최고등급인 AAA에서 최하등급인 D까지로 이루어져 있습니다. 이 중 AA등급과 CCC등급 사이의 등급은 플러스나 마이너스를 부과해서 추가로 세분하여 조절하는데, AAA부터 BBB- 까지의 등급이 투자등급, BB+와 D 사이는 투기등급으로 인식되고 있습니다.

S&P는 신용평가기관으로서뿐만 아니라 미국의 주요 500대 기업의 주가지수 가중평균인 S&P500 지수로도 우리에게 잘 알려져 있습니다.

S&P, 사상 첫 미국 신용등급 강등
… AAA에서 AA+로 하향

금리일보

특히나 S&P는 2011년 8월 3대 신용평가사 중 최초로 미국의 국가등급을 최고등급에서 하향시키면서 주목을 받았습니다. 세계에서 가장 안전한 자산이라는 평가를 받는 미국 국채의 신용등급 강등은 사상 유례없는 신용 이벤트였기에 당시 그 충격은 매우 컸습니다.

피치

피치는 1913년 피치 퍼블리싱Fitch Publishing이라는 신용평가회사로 시작했으며, 1924년에는 AAA, AA, BB 등의 평가 체계를 도입했습니다.

현재의 피치는 영국 IBCA와 미국 피치 인베스터Fitch Investor의 합병으로 만들어졌으며, 미국 뉴욕에 본사를 두고 있습니다.

> ### 피치, 미국 신용등급 AAA → AA+로 하향 조정
> 금리일보

피치는 S&P에 이어 미국의 신용등급을 강등한 두 번째 신용평가기관입니다. 2023년 8월 미국의 외화 장기채권 발행등급을 최고등급인 AAA에서 한 단계 낮은 AA+로 하향 조정했는데, 3대 신용평가사가 미국의 신용등급을 하향 조정한 것은 2011년 S&P 이후 12년 만이었습니다.

피치는 미국신용등급 하향 조정의 원인으로 급증하는 미국의 부채 문제와 재정악화를 꼽았습니다. 피치는 당시 GDP 대비 미국의 재정적자가 2022년 3.7%에서 2025년 6.9%까지 커질 것으로 전망했습니다.

주요 국가의 신용등급

2024년 7월 현재 미국은 세 개 신용평가회사 중 무디스에서만 최고등급을 유지하고 있습니다. S&P와 피치는 AA+의 등급으로 미국의 신용등급을 하향 조정했습니다. 더욱이 무디스마저 2023년 10월 미국의 부채 문제를 거론하며 등급 전망을 '안정적'에서 '부정적'으로 변경했습니다.

최고 신용등급은 일반적으로 재정 상태가 건전하고 정치적으로도 안정적인 국가에 부여됩니다. 현재 스웨덴과 덴마크 등 북유럽 국가와 스위스가 최고등급을 유지하고 있습니다. 아시아에서는 유일하게 싱가포르가 세 개 평가사 모두에서 최고등급을 유지하고 있으며 오세아니아에서는 호주가 이름을 올리고 있습니다.

한국의 국가 신용등급은 전체적으로 상당히 높은 수준입니다. 무디스는 AA, S&P는 AA2이고, 피치 등급은 3사 중 가장 낮은 등급인 AA3를 기록하고 있습니다.

주요 국가의 신용등급 [투자등급; IG]

등급	Moody's	S&P	Fitch
AAA[Aaa]	미국, 독일, 캐나다, 호주, 싱가폴, 네덜란드, 덴마크, 스웨덴, 룩셈부르크, 스위스, 노르웨이, 뉴질랜드 [12개국]	독일, 캐나다, 호주, 싱가포르, 네덜란드, 덴마크, 스웨덴, 룩셈부르크, 스위스, 노르웨이, 리히텐슈타인 [11개국]	독일, 호주, 싱가포르, 네덜란드, 덴마크, 스웨덴, 룩셈부르크, 스위스, 노르웨이 [9개국]
AA+[Aa1]	핀란드, 오스트리아	미국, 홍콩, 핀란드, 대만, 뉴질랜드, 오스트리아	미국, 캐나다, 핀란드, 오스트리아, 뉴질랜드
AA [Aa2]	한국, 프랑스, 아부다비, UAE	한국, 영국, 벨기에, 프랑스, 아부다비	프랑스, 대만, 아부다비
AA-[Aa3]	영국, 대만, 홍콩, 벨기에	체코, 아일랜드	한국, 영국, 벨기에, 아일랜드, 체코, 홍콩
A+[A1]	중국, 일본, 사우디, 아일랜드	일본, 중국	중국
A [A2]	칠레, 폴란드	칠레, 스페인	일본, 사우디
A-(A3)	말레이시아	말레이시아, 사우디, 폴란드	폴란드, 스페인, 칠레
BBB+(Bbb1)	태국, 스페인, 페루	포르투갈, 태국, 필리핀	말레이시아, 태국
BBB (Bbb2)	필리핀, 인도네시아, 포르투갈	이탈리아, 멕시코, 인도네시아, 페루	필리핀, 이탈리아, 인도네시아, 포르투갈
BBB-(Bbb3)	이탈리아, 인도	인도	인도, 멕시코

2022년 9월 현재

자본주의에서 신용은 돈이다

　교회나 성당에서 우리는 믿음과 소망과 사랑 중에 사랑이 최고라고 배웁니다. 하지만 차가운 사이보그처럼 작동하는 금융기관에 있어 〈오즈의 마법사〉 속 양철 나무꾼이 염원했던 사랑이란 절대 느끼거나 이해할 수 없는 감정이며, 당장의 이익을 추구하는 금융기관에 있어 소망이란 실속 없고 불확실한 미래의 허상일 뿐입니다.

　금융질서 속 자본에 기반한 믿음은 사랑과 소망을 압도합니다. 돈이 있는 만큼만 믿어줄 수 있으며, 돈이 없으면 믿을 수 없게 된 작금의 상황을 우리는 더 이상 슬퍼하지도 이상하게 여기지도 않습니다.

　과거에 신용-trust이란 개인 간의 믿음에 바탕을 두었지만, 현대 자본주의 하에서의 신용은 돈에 기초하고 있습니다. 금융기관도 사람도 서로를 믿지 못하고 오직 돈만 믿고 의지하게 된 것이지요.

　자연스럽게 금융기관은 돈을 가진 사람을 더 잘 대우하고 믿으며, 돈이 없는 사람을 차별하고 믿지 못합니다. 금융기관에 있어 신용은 곧 돈이요,

"믿음은 우리가 바라는 것들에 대한 실물이요, 보이지 않는 것들에 대한 증거이다."
[히브리서 11:1-6]

저기요… 우리도 좀 봐주세요

돈은 곧 믿음입니다.

우리가 은행과 같은 금융기관에서 돈을 빌릴 때 그들은 우리의 신용점수부터 확인합니다. 하지만 대출할 때 그 사람이 얼마나 정직하게 돈을 갚았는지 또는 약속을 잘 지켜서 연체를 하지 않았는지보다 더 중요한 것이 있습니다. 그것은 바로 '갚을 만큼 현금이나 자산을 충분히 갖고 있는가?'입니다.

금융기관은 돈을 빌려줄 때 충분히 갚을 수 있는 자금이나 자산이 차입자에게 있는지를 가장 중요하게 봅니다. 갚을 의지와 책임감이 얼마나 되든, 재산이 많고 경제적으로 여유로울수록 좋은 이자율로 대출을 받을 수가 있습니다. 그리고 신용등급에 따라 신용대출에 대한 이자율만 달라지는 것이 아니라 대출 가능금액 또한 차이가 큽니다.

현금흐름과 직장이 안정적이고 담보로 제공할 수 있는 자산이 있는 사람에 비해 그렇지 못한 사람은 금융기관에서 다음과 같이 차이 나는 대우를 받게 됩니다.

1. 높은 가산금리로 인해 신용대출 이자율이 크게 높아진다

신용등급이 낮으면 가산금리가 높아지기 때문에 신용대출 금리의 이자율이 10%를 초과하는 경우도 많습니다. 특히, 금리인상기에는 이러한 신용위험의 상승 경향이 더욱 높아집니다. 따라서 금리가 오르는 시기에는 정부와 중앙은행이 신용 취약계층의 상황을 조심스럽게 확인하고 안전장치를 가동해야 합니다.

2. 신용대출 금액의 한도가 매우 작을 수 있다

금융기관마다 개인에 대한 신용대출의 최고한도가 크게 설정되어 있지만, 막상 신용대출을 받아보면 보통은 생각보다 금액이 훨씬 작습니다. 그나마 재직 기간이 일정 기간 이상이고, 소득 수준도 일정 금액 이상이어야 신용대출을 조금이라도 받을 수가 있습니다.

따라서 소득이 없고 자산이 없으면 신용대출이 아예 안 되는 경우가 일반적입니다. 일정한 수입이 없는 사회적 취약계층에게 믿음에 기반한 신용대출이란 그림의 떡과 같지요.

3. 마이너스통장 발급도 힘들다

많은 사람이 은행에서 '마통'이라고 불리는 마이너스통장을 활용하고 있습니다. 마이너스통장은 지금은 돈이 없어도 월급이나 향후에 수입이 들어와서 빌린 금액을 메워줄 것으로 생각하고, 은행이 예금통장에 신용대출한도를 부여한 것입니다.

하지만 일정한 수입이 없고 신용등급 또한 상대적으로 낮은 저신용자는 마이너스통장을 발급받기조차 힘든 것이 사실입니다. 이를 개선하기 위해 과거 정부는 신용 취약계층에 대한 대출규제를 풀어주었지만, 이 또한 금융기관의 심사기준을 통과한 사람에게만 적용됩니다.

4. 신용카드 발급이 제한되거나 불가능하다

신용불량자나 일정한 신용등급 미만인 경우에는 신용카드 발급이 제한되거나 아예 발급이 안 됩니다. 따라서 이들은 금융기관이 제공하는 신용 서비스를 거의 받을 수가 없습니다.

현대 자본주의 경제에서 시중은행과 금융기관의 매우 중요한 기능 중 하나가 신용창출입니다. 하지만 신용 취약계층은 금융기관의 신용창출 혜택을 거의 받지 못하는 신용 사각지대에 놓여 있습니다. 이것이 실제로 우리가 마주한 현실입니다.

5. 통장 개설조차 불가능한 경우도 있다

특히나 일정한 직업이 없거나 정해진 현금흐름이 없는 취약계층은 신용대출은 물론이고 통장 개설조차 불가능할 수 있습니다.

실제로 미국과 같은 국가에서 금융기관은 일정 수준 이상의 신용등급과 조건을 충족하지 못하면 처음부터 통장 개설을 불허하는 경우가 다반사입니다. 우리나라 사람들이 미국에 이민 가서 처음에 겪는 가장 큰 문제가 은행 통장 개설과 신용카드 발급에 관한 것입니다. 현지에서 쌓은 신용 이력이나 신용등급이 없어서 통장 개설이나 신용카드 발급이 어렵기 때문이지요.

담보대출도 자산이 있을 때의 이야기

이처럼 신용대출은 이자율도 상대적으로 높고 충분한 금액으로 받기도 힘든 것이 현실입니다. 그래서 보다 큰 금액의 대출을 받으려면 담보를 제공해 신용위험을 낮추는 방법을 사용합니다. 담보대출은 개인이나 기업이 더 큰 금액을 빌릴 수 있고 이자율도 낮지만, 담보로 제공할 자산이 없으면 이 또한 남의 얘기일 뿐입니다.

담보로 제공할 수 있는 자산이 많을수록 돈을 더 많이 빌려서 투자할 수 있는 기회를 얻을 수 있습니다. 과정을 중시하면서 성실하게 신용을 쌓는 신생기업과 개인은 실제 경쟁을 하기도 전에 거대 공룡과 싸우면서 자본비용 측면에서 벌써 뒤처지고 마는 것이지요.

신용이란 원칙적으로 하나둘 이력을 쌓으며 착실하게 만들어나가야 하는 새로운 창출의 과정이어야 합니다. 하지만 실제 금융거래에서는 규모의 경제로 무장한 기득권의 무기이자 권리로 둔갑해버리고 말았습니다.

특히나 주택을 구입하고 담보로 제공하는 주택담보대출은 한국 사회에서 금리를 낮추기 위해 자산을 취득하는 가장 현실적인 방법입니다. 주택담보대출이 크게 늘어날 수밖에 없던 이유는, 서민이 자산 형성을 위해 돈을 빌릴 수 있는 거의 유일한 방법이었기 때문입니다.

신용의 역설과 자본주의의 한계

일반적으로 신용이 좋은 사람은 더 부자이고 경제적 여력이 큽니다. 반면, 신용이 낮은 사람은 경제적 여건이 상대적으로 취약할 가능성이 높지요. 자본주의 경제체제에서 신용은 부를 높이고 유지하는 데 필수적이기 때문입니다.

따라서 신용이 안 좋은 사람은 경제적 약자이니 비용을 더 깎아줘야 이치에 합당하겠지만, 우리가 맞닥뜨리는 현실은 그렇지 않습니다. 신용이 안 좋은 사람에게 더 싸게 빌려주고 보호해줘야 하지만 실제로는 반대입니다. 신용이 있는 자는 돈도 담보자산도 가졌기에, 싸게 많이 빌릴 수 있지만 신용이 없는 자는 돈도 담보가 될 자산도 없어서 빌릴 수조차 없습니다.

이러한 이유로 신용이 낮은 사람은 신용이 높고 부를 가진 사람에 비해 더 힘들게 경제생활을 하며 살아갈 수밖에 없습니다. 부자는 더욱 부자가 되고 가난한 사람은 점점 더 빈곤층으로 떨어지는 자본주의 경제하에서의 '빈익빈 부익부'의 악순환은 이 같은 '신용의 역설'에서 기인하는 바가 큽니다.

이러한 악순환은 영국의 경제학자 애덤 스미스Adam Smith가 강조했던 '보이지 않는 손invisible hand'이라는 시장경제의 자연적 기능으로는 해결이 안되는 문제입니다.

따뜻한 금융사회의 실현

따라서 '빈익빈 부익부' 현상을 보완하고 신용 취약계층의 경제적인 삶을 지원해서, 조금 더 많은 국민이 더 나은 삶을 영위할 수 있도록 하는 것이 현대 자본주의 시대에서 정부의 사명이기도 합니다.

사랑과 소망을 넣으면 금융이 따뜻해진다

차가운 사이보그와 같이 작동하는 금융기관에 있어
오즈의 마법사 속 양철 나무꾼이 염원했던 사랑이란
절대 느끼거나 이해할 수 없는 감정이며,

당장의 이익을 추구하는 금융기관에
소망이란 실속 없고 불확실한 미래의 허상일 뿐이다.

이런 의미에서 보면, 현대 자본주의 경제에서 정부와 사회는 '신용의 역설'을 보완하기 위해 경제적 약자인 신용 취약계층을 정책적으로 지원하고 보호해야 하는 의무를 지고 있다고 할 수 있습니다. 경제적 정의의 실현은 취약계층의 신용 사각지대를 없애는 데서부터 시작해야 함을 명심해야 할 것입니다. 신용 사각지대를 없애고 스타팅라인을 같은 선상에 두는 것이 '기회의 균등'을 만들어가는 과정이기 때문입니다.

차가운 사이보그처럼 작동하는 금융기관이 사회와 사랑을 주고받으며, 사회 구성원과 상생하는 소망이라는 꿈을 꿀 수 있도록 우리 모두 노력해 나가면 좋겠습니다.

믿을 수 있는 금융기관, 사랑을 받는 금융기관 그리고 모두가 소망하는 금융기관으로 거듭나면 우리의 금융생활도 더 따뜻해질 수 있으니까요.

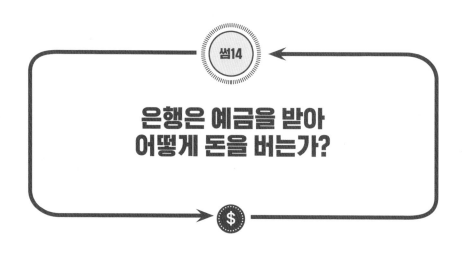

은행은 예금을 받아 어떻게 돈을 버는가?

자본주의에서 금융수익은 부가가치의 일부분

차입자에게 이자는 자금 차입에 따른 비용을 의미합니다. 그리고 차입비용은 낮을수록, 투자수익은 이 비용보다 높을수록 좋습니다. 어느 누구도 투입 대비 산출이 적을 것으로 예상되는 투자는 하지 않습니다.

투자는 예상되는 수익이 차입비용보다 크다고 생각할 때 이루어집니다. 즉 미래의 기대 투자수익이 현재의 차입비용보다 클 때 투자 결정이 이루어집니다.

한편, 대출자는 차입자에게 필요한 자금을 제공함으로써 적정 수준의 자본거래 수익을 얻습니다. 우리는 자본 투자로 얻은 이익, 즉 자본수익을 당연히 가치 증가로 여깁니다. 부가가치value added를 창출했다고 생각하는 것이지요. 주식이 올라서 거둔 주식투자 수익, 은행에 예금을 해서 받은 이자수익, 보험사의 연금에 가입해서 올린 연금수익 등은 모두 돈을 이용해서 돈을 벌어들인 자본수익에 해당합니다.

자본을 이용한 투자수익을 새로운 가치창출로 인식하는지 그렇지 않은

지는 자본주의 경제와 사회주의 경제의 주요 차이점 중 하나입니다. 자본주의 경제학에서는 돈을 투자해서 얻은 자본수익 또한 부가가치 창출로 보는 반면, 마르크스·레닌주의Marxism-Leninism로 대변되는 원조 사회주의 경제학에서는 직접 노동을 통해서 창출된 수익만을 경제성장에 도움을 준 부가가치로 인식하기 때문입니다.

한마디로 사회주의 경제에서는 돈 장사로 번 돈은 '착취'로 누군가의 가치를 빼앗은 것이기에 전체적으로 보면 가치가 증가하지 않았다고 주장합니다. 따라서 사회주의 경제학에서는 인간의 직접적인 노동이 창출해내지 않은, 금융거래가 만들어낸 이자와 같은 자본수익은 원칙적으로 부가가치로 인정하지 않지요.

그런데 흥미롭게도, 자본주의 국가와 마찬가지로 사회주의 국가에도 중앙은행과 시중은행이 있습니다. 이들 은행은 개인과 기업의 돈을 예치하기도 하고 대출해주기도 하는데, 금융기관의 영업활동은 본질적으로 자본수익을 위한 활동 그 자체입니다. 이러한 이유로 원칙에 따라 엄밀히 말하자면, 사회주의 국가에서는 금융거래를 통해서 일어난 수익과 창출된 부가가치를 국내총생산GDP에 포함시키기 않아야 합니다.

은행 신용창출 기능의 중요성

신용을 이해할 때 우리가 반드시 알아야 할 개념은 '돈이 돈을 번다'는 것입니다. 달리 말해, '돈이 없으면 돈을 벌 수 없다'는 것이 돈의 가장 기본적인 속성입니다. 기업이 안정적으로 영업활동을 수행하기 위해서는 필요할 때 돈을 빌리고, 여유자금을 운용할 수 있어야 합니다.

다국적 기업이라면 더욱 그렇습니다. 금융기관의 도움 없이는 해외 투자는 사실상 불가능하기 때문입니다. 따라서 돈을 빌려서 수익을 더 많이 창출할 수 있도록 하는 금융기관의 존재는 기업활동에 필수적입니다.

금융기관 역할의 중요성

· 든든하게 자금을 관리하고 지원해줄 수 있는 금융기관의 역할이 중요
· 국가나 사회가 견실한 기업을 만들어내고 지원할 수 있기 위함
· 금융기관은 자본주의 경제를 꽃피우게 한 원동력

국가나 사회가 견실한 기업을 육성하고 지원하기 위해서는 안정적으로 자금을 관리하고 제공할 수 있는 금융기관의 역할이 매우 중요합니다. 이는 자본주의 경제를 꽃피우게 하는 원동력이었습니다. 우리는 자본주의 경제체제 내에서 살고 있기 때문에 금융거래로 발생한 자본수익 또한 부가가치로 인정되어 국내총생산의 상당 부분을 차지하고 있습니다.

미국 연준이 실제로 발행한 달러 지폐는 약 2조 달러에 불과하지만, 전 세계적으로 유통되고 있는 달러의 규모는 40조 달러가 넘는다고 합니다. 실제 화폐 발행량의 20배가 넘는 규모입니다. 그렇다면 나머지 38조 달러는 어디서 온 것일까요? 이는 금융기관이 만들어낸 신용 달러가 유통되고 있다는 뜻입니다.

은행의 신용창출 과정

은행의 주요 업무는 예금을 받고 대출을 해주는 것입니다. 또한 공과금 수납이나 환전 같은 외환업무도 수행하지요. 하지만 은행의 매우 중요한 역할 중 하나로, 우리가 잘 인식하지 못하는 것이 바로 '신용창출'입니다.

그러면 은행은 예금자로부터 받은 예금을 어떻게 활용해 신용을 창출 할까요? 은행이 신용을 만들어내고 이를 통해 수익을 창출하는 과정을 알 아봅시다.

은행은 '레버리지leverage'라는 기능을 통해 신용을 창출합니다. 이 과정 에서 은행은 받은 예금액보다 훨씬 더 많은 가상의 자금을 생성해 빌려줍 니다.

여기 A은행이 있습니다. 이해를 돕기 위해 다음 세 가지 가정을 해보겠 습니다.

1)   모든 거래 후에 예금은 모두 100% A은행에 예치한다.

2)   모든 기업은 A은행이 주거래 은행으로 A은행하고만 거래한다

3)   중앙은행의 지급준비율(R)은 10%이다.

위 가정을 바탕으로 A은행이 예금 100억 원을 수취했다고 생각해봅시 다. 이 경우 A은행은 90%인 90억을 B기업에 대출해줄 수 있습니다. B기 업은 이 돈 90억으로 C기업에서 설비를 구입했습니다. 그리고 C기업은 받 은 90억을 다시 A은행 예금에 예치합니다.

결국 A은행은 대출해준 90억의 90%인 81억을 다시 대출해줄 수 있게 되는 것이지요.

은행의 신용창출 과정

A은행
예금 증가분
100억

↓

B기업
설비투자 대출
90억

지준율 10%
대출가능 90%

C기업
설비 매출
90억

→

A은행
설비 매출금
예금 90억

↓

D기업
사옥 매입 융자금
81억

지준율 10%
대출가능 90%

↓

E기업
사옥 매도 대금
81억

→

A은행
사옥 매도금 예금
81억

↓

F석유화학
제품 구입 대금
72억

지준율 10%
대출 가능 90%

↓

G정유
제품 매출 대금
72억

→

A은행
예금 증가
72억

'레버리지'를 이용한 신용창출 과정

≫ 은행은 돈이 들어오면 그돈으로
계속 또 다른 돈을 만들어낸다
≫ 어떤 금융기관보다 많은
'레버리지'를 사용한다

Multiplier

≫ 지급준비율 7% 가정 시 약 14배
≫ 지급준비율 5% 가정 시 약 20배

Flow ① | **A은행** **예금 증가분** | 융자
Flow ② | **A은행** **기업대출금** | 매출
Flow ③ | **기업대출금** **사용처** | 예금

이런 대출 과정이 반복되고 순환하면 승수효과가 일어납니다. 현재 한국은행 지급준비율은 일반적으로 7%(정기예금과 CD는 2%, 장기주택마련저축은 0%)이므로, 7%를 승수공식에 대입하면 약 열네 배의 레버리지가 계산됩니다.

승수효과 공식: 100억 + 100억(0.9) + 100억(0.9)(0.9) + … 100억 X $\left(\dfrac{1}{R}\right)$

이 말은 한국은행이 본원통화 1원을 발행할 때 시중은행이 몇 원의 신용화폐를 만들어내는지와 동일한 의미를 지닙니다. 현재 지급준비율 7%를 가정한다면, 시중은행은 열네 배의 레버리지로 한국은행 1원당 14원의 신용화폐를 만들어낸다고 이해할 수 있습니다. 만약 지급준비율을 5%로 계산한다면 레버리지 비율은 20%로 더 커집니다. 결국 지급준비율이 낮을수록 시중은행은 신용을 더 많이 창출할 수 있지요.

이는 또한 중앙은행이 시중 유동성을 줄이고자 한다면 지급준비율을 올리는 것이 매우 효과적인 수단임을 시사합니다.

제3장

단기자금과 변동금리의
종류와 장단점

고정금리와 변동금리 중 어느 것이 더 유리할까?

예금은 고정금리로 받고 대출은 변동금리로 해준다?

앞서 2장에서 금융기관의 종류와 중앙은행의 기준금리에 대해서 알아보았습니다. 하지만 우리에게 가장 중요한 금리는 실제로 거래하는 금리일 것입니다. 금융기관은 실제 거래 시 중앙은행 기준금리가 아닌 시장의 실세금리를 이용하며, 이는 고정금리와 변동금리라는 두 가지 방식으로 상정됩니다.

고정금리는 금리가 한번 결정되면 만기까지 변하지 않는 방식입니다. 반면, 변동금리는 기준이 되는 특정 금리를 정하고 그에 연동하여 일정 비율의 가산금리를 더해 책정하여, 이에 따라 금리가 계속 변동하는 방식입니다.

이론상으로는 예금과 대출 모두 변동금리와 고정금리로 실행할 수 있지만 실제로는 그렇지가 않습니다. 은행이 제공하고 있는 예금과 적금 금리를 대출금리와 비교해보면 금방 이해할 수 있습니다.

우선 자유적립식 수시입출금 통장을 알아봅시다. 보통 0%대에서 2%까지 낮은 금리의 수신예금을 주는데, 이 금리는 고정되어 있습니다. 참고로, 수신예금의 이자 지급주기는 월지급, 분기지급, 반기지급 등 은행과 조건에 따라 다양합니다.

은행	입출금 자유예금	기본금리	최고금리 (우대 포함)	상세정보	이자 지급방식
A 은행	A 파킹통장	0.10%	1.50%	▼	월지급
B 은행	B 매일통장	0.05%	1.00%	▼	분기지급
C 은행	C 간편한 통장	0.10%	1.00%	▼	반기지급

정기적금이나 정기예금 또한 마찬가지입니다. 시중의 정기예금 금리는 은행마다 제각각이지만, 이자율이 고정되어 있다는 점만은 같습니다. 이처럼 은행은 자신이 이자를 지불해야 하는 예금이나 적금 상품에 대해서는 고정금리를 채택하고 있습니다.

은행	정기예금(단리)	기본금리	최고금리 (우대 포함)	상세정보	전월취급 평균금리
A 은행	A 사랑 정기예금	3.20%	3.60%	▼	3.41%
B 은행	B 주거래 우대예금	3.40%	3.70%	▼	3.50%
C 은행	D 드림 정기예금	3.30%	3.50%	▼	3.38%

이제 은행이 이자를 받는 경우인 대출금리에 대해 살펴봅시다. 대출은 일반적으로 변동금리 방식을 채택합니다. 연동되는 기준금리는 3개월 CD 금리, 금융채 수익률, 코픽스 금리 등 다양하지만 변동금리라는 특성은 동일합니다.

은행은 대출 시점에서 변동금리 기준을 확정하고, 여기에 개별 대출자에게 적용하는 마진을 포함한 가산금리를 백분율로 정합니다. 이러한 방식을 통해 은행은 시장금리가 변동하더라도 일정한 수익률을 유지할 수 있습니다.

은행	대출금리	변동금리 기준	최저	최고
A 은행	A 팍팍 개인대출	3개월 CD 수익률 연동	4.20%	5.27%
B 은행	B 성공 사업대출	금융채 1년 연동	3.44%	5.31%
C 은행	C 주택담보대출	금융채 5년 연동	3.77%	5.64%
D 은행	D 주택담보대출	신잔액기준 코픽스 3개월 연동	4.56%	5.48%

이렇듯 실제 거래할 때 은행의 수신상품인 예금과 적금은 고정금리인 반면, 개인이나 기업에 대출을 해줄 때는 변동금리를 적용하는 것이 일반적인 관행입니다.

고정금리가 더 비싼 이유

그렇다면 은행은 왜 이렇게 줄 때와 받을 때 서로 다른 금리기준을 적용하는 것일까요? 이는 고정금리 거래 시 거래자 한쪽은 금리변동에 따른 시장위험market risk을 감수해야 하기 때문입니다.

시장 금리가 계속 변동하는 상황에서 은행이 고정금리를 제공한다면, 은행은 고정금리와 시장금리의 차이만큼의 이익 또는 손실을 부담하게 됩니다.

고정금리 대출이 변동금리 대출보다 더 비싼 이유는?

1. 변동금리 대출의 경우 은행의 수익과 위험
· 금리변동 위험 없음
· 중간차익1%
· 시장금리 상승 → 1%
· 시장금리 하락 → 1%

자금조달 　은행　 가계대출

변동금리 이자 지급　　변동금리 이자 수취
코픽스 금리　　　　　코픽스 금리 +1%

2. 고정금리 대출의 경우 은행의 수익과 위험
· 금리변동 위험 있음
· 리스크 은행 부담
· 시장금리 상승 → 손실
· 시장금리 하락 → 이익

자금조달 　은행　 가계대출

변동금리 이자 지급　　고정금리 이자 수취
코픽스 금리　　　　　고정금리 4%

시중은행은 주로 코픽스 금리로 자금을 조달하는데 이는 시장금리에 연동하는 변동금리입니다. 금리가 낮을 때는 싸게 조달할 수 있지만, 금리가 오르면 은행도 개인과 마찬가지로 더 비싸진 금리를 지불하고 돈을 빌려야 합니다.

그런데 은행이 자금조달은 코픽스 변동금리로 하고 대출이자는 고정금리로 받는다면 둘 사이에 괴리가 생깁니다. 고정금리 대출이 변동금리 대출보다 비싼 이유는 이처럼 은행이 금리변동의 위험을 부담해야 하기 때문입니다.

물론 은행은 금리스왑interest rate swap 같은 파생상품으로 변동성을 헤지할 수 있지만 추가적인 비용과 노력이 들어갑니다. 더구나 실제로 가계대출의 시장변동성 위험을 헤지하기 위해 은행이 개별적으로 헤지 거래를 하기도 현실적으로 어렵습니다.

결국, 예금금리가 고정된 데 따른 시장금리 변동위험은 은행이 아닌 예금주가 지게 됩니다. 대출의 경우에도, 시장금리가 변할 때 차입자인 대출자가 그 위험을 떠안습니다. 금융기관은 거래 과정에서의 금리변동성 위험을 모두 고객에게 넘기는 것이지요.

고정금리와 변동금리의 장단점

결론적으로, 개별 소비자 입장에서 고정금리와 변동금리의 구분은 예금보다 대출을 할 때 더 중요한 문제입니다. 따라서 향후 금리가 내려갈 것이라고 확신한다면 고정금리보다 변동금리를 선택하면 더 유리할 것입니다. 금리가 내려가면 지불해야 할 이자도 함께 줄어들기 때문입니다.

그러면 은행채와 코픽스 금리 중 어느 것이 더 유리할까요? 은행채와 코픽스 금리는 시장의 금리기조에 따라 달라지기 때문에, 어떤 것이 반드시 더 유리하다고 일률적으로 말할 수 없습니다. 그러나 은행채 수익률이

고정금리의 장단점	
장점	· 시장 상황에 관계없이 금리가 항상 일정하게 유지된다 · 고정금리 주택담보대출은 상환계획 마련에 편리하다 · 고정금리는 확정금리이기 때문에 현금흐름이 예측 가능하다
단점	· 금리가 일반적으로 변동금리보다 1~2% 정도 비싸다 · 시장금리가 내려갔을 때도 기존의 높은 금리를 그대로 지불해야

변동금리의 장단점	
장점	· 고정금리 대출보다 보통 1~2% 정도 저렴하다 · 미래에 시장금리가 하락할 경우, 이자비용 감소 가능성 · 초기에 고정금리 보다 저렴해 비용을 아낄 수 있다
단점	· 지급해야 할 이자비용이 고정되지 않아 상환계획에 어려움 · 시장금리가 상승할 경우, 경제적인 부담이 더욱 커진다

코픽스 금리보다 더 빨리 반영되기 때문에 일반적으로 금리하락기에는 은행채 금리 기준 대출이 조금 더 유리한 반면, 금리상승기에는 코픽스 금리 기준 대출이 상대적으로 유리할 수 있습니다.

변동금리 계약의 기준이 되는 금리를 준거금리reference rate라고 하는데, 우리나라에서 예금과 적금의 경우에는 3개월 CD금리와 은행채 금리를 준거금리로 많이 사용하고 있습니다. 이에 반해, 주택담보대출의 경우에는 코픽스 금리를 변동금리의 준거금리로 많이 사용합니다.

원화가 아닌 달러나 다른 통화 간 변동금리를 거래하는 글로벌 금융시장에서는 오랫동안 리보LIBOR금리를 변동금리의 준거금리로 사용해왔습니다. 그렇지만 여러 가지 문제점을 드러내어 리보 금리는 2023년 6월 말 역사 속으로 사라졌습니다.

고정금리와 변동금리를 혼합한 혼합금리도 있습니다. 고정금리와 변동금리가 조금씩 결합된 방식인데, 실무적으로는 담보대출을 할 때 고정금리로 일정 기간 대출해주다가 그 기간이 지나면 변동금리로 전환하는 방식으로 판매되고 있습니다.

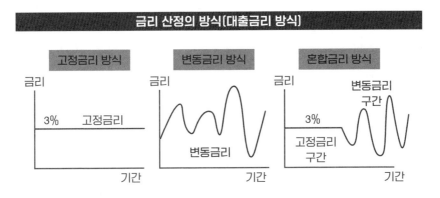

금리사이클 상황에 따라 대출을 어떻게 결정하면 좋을지에 대해서는 향후 6장에서 자세히 알아보겠습니다.

고정금리의 활용과 효과

금리상품의 가장 큰 특징은 주식과 같은 변동수익증권과 달리, 투자시점에 현금흐름이 대부분 정해진다는 점입니다. 이러한 특성 때문에 금리상품은 영어로 'Fixed Income Securities(고정수익증권)'라고 불립니다. 대출 시에는 변동금리를 잘 활용해야 하는 반면, 투자 시에는 고정금리를 효과적으로 활용하는 것이 중요합니다.

투자자 입장에서 채권과 같은 고정금리 상품의 주요한 장점은 일정한 이자수익을 얻어 안정적인 현금흐름을 확보할 수 있다는 것입니다.

고정금리 투자 방법은 크게 직접투자와 간접투자의 두 가지로 나눌 수 있습니다. 즉 채권을 바로 매입해서 투자하는 직접투자의 방법도 있는 반면, 금리를 기초자산으로 하는 상장지수펀드ETF나 채권형 뮤추얼펀드에 투자하는 간접투자의 방식도 있습니다.

국채와 회사채 등의 채권은 고정금리 중에서 가장 보편적이고 일반적입니다. 채권은 투자자에게 미래 수익을 확정적으로 제공한다는 장점이 있기 때문에, 위험이 잘 분산된 안전한 포트폴리오를 구성하는 데 많은 도움을 줍니다. 그래서 주식이나 부동산처럼 변동성이 큰 위험자산에 투자할 때는 채권이나 예금을 일정 부분 함께 넣어 포트폴리오를 구성하는 경우가 많습니다.

투자자 입장 - 고정금리 상품 투자의 효용과 위험

고정금리 상품 투자의 효용	고정금리 상품 투자의 위험
· 안정적인 현금흐름 창출	· 이자율 변동위험에 노출
· 위험분산 효과	· 인플레이션 위험에 노출
· 포트폴리오 관리 용이	· 거래 상대방 신용위험에 노출

이렇듯, 고정금리는 안정적인 수익을 제공하는 동시에 투자위험을 낮춰주는 두 가지 기능을 함께 가지고 있습니다.

반면, 단점도 존재합니다. 금리가 시장에 연동해 변동하지 않기 때문에, 향후 시장금리 변동에 따른 이자율 변동위험에 노출됩니다. 예를 들어 시장금리가 상승하더라도 투자자는 기존의 낮은 고정금리 이자로 인해 상대적으로 손해를 볼 수 있습니다. 물론 금리가 하락해서 이익이 날 수도 있지만 시장변동성 위험은 누구나 피하고 싶어 하지요.

물가상승에 따른 위험도 있습니다. 고정금리 투자는 기본적으로 인플레이션에 취약한데, 특히 장기투자일수록 이 위험이 더 커집니다. 장기간 물가가 상승한다면 이자를 받는다 해도 실질수익률은 오히려 마이너스가 될 수 있기 때문입니다.

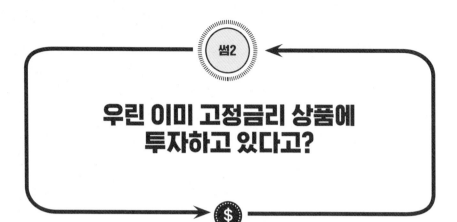

썸2

우린 이미 고정금리 상품에
투자하고 있다고?

고정금리를 왜 선호할까?

고정금리 투자자는 일반적으로 투자원금과 이자의 안정적인 성장을 선호합니다. 고정금리 투자는 시장의 금리변동이나 인플레이션에 취약함에도 여전히 많은 투자자에게 인기가 있습니다.

고정금리 투자의 주요 목적 중 하나는 은퇴 대비입니다. 은퇴를 목표로 하는 투자자는 보통 다음과 같은 이유로 고정금리 투자를 선호합니다.

우선 돈을 빌리는 대출 측면에서 살펴봅시다. 은퇴 후에는 보통 일정한 수입이 사라지거나 현금 수입이 줄어듭니다. 그렇기 때문에 이자부담을 고정시키면 금리변동에 따른 위험을 회피할 수 있습니다.

고정금리 대출은 대출 기간 내내 이자가 변하지 않기 때문에, 시장금리가 상승해도 기존의 이자비용을 유지할 수 있어서 관리가 훨씬 용이합니다. 매월 상환해야 하는 원리금이 일정하기 때문에, 은퇴 이전에도 자신의 재정 상황을 사전에 계획할 수 있습니다.

절세효과의 장점도 누릴 수 있습니다. 일부 고정금리 대출상품은 고정금리 이자상환액이 소득공제의 대상이 되기 때문입니다.

대출자뿐 아니라 투자자 입장에서도 고정금리는 이점이 많습니다. 우선 고정금리 상품은 투자자에게 정기적으로 일정한 이자를 지급하기 때문에, 은퇴 후에 소득대체 효과를 누릴 수 있습니다. 이를 통해 은퇴자는 자신의 생활비를 용이하게 계획하고 관리할 수 있습니다.

고정금리 투자는 위험관리 측면에서도 유리합니다. 고정자산은 시장금리의 변동에 영향을 받지 않기 때문에, 되도록 무리한 위험을 지지 않으려는 은퇴자의 투자위험 최소화 목적과 일치합니다. 이렇듯 고정금리 자산은 이자금액이 일정하기 때문에, 금리변동기에도 안정된 현금흐름을 만들어나가는 데 도움이 됩니다.

하지만 이 장점이 모든 사람에게 똑같이 유리하게 적용될 수는 없습니다. 개인적인 성향이나 상황이 다를 수 있기 때문입니다. 따라서 고정금리와 변동금리 상품의 장단점을 잘 비교해보고, 각자에게 가장 적합한 상품을 선택하는 것이 중요합니다.

고정금리 자산은 은퇴자만이 아니라 시장의 변동성 위험을 거의 부담하지 않으면서 꾸준한 이자 흐름을 선호하는 성향의 투자자에게도 유용합니다. 이 같은 성격 때문에 채권 등의 고정금리 자산은 위험회피 성향의 투자자에게 훌륭한 투자 수단이 될 수 있습니다. 고정금리 상품을 선택하면 시장의 폭락이나 폭등과 같은 변동성으로부터 자산을 보호할 수 있습니다.

우린 이미 고정금리에 투자하고 있다고?

예금과 적금은 대표적인 고정금리 상품으로, 우리나라 국민 중 예금통장이 없는 사람은 거의 없습니다. 자신도 모르는 사이에 모두가 고정금리 상품에 이미 투자하고 있던 것이지요. 그리고 이러한 고정금리 상품은 계약기간이 정해져 있다는 특징이 있습니다.

은행마다 차이가 있지만, 우리나라 은행의 정기예금 만기는 일반적으로 최소 1개월에서 최대 5년까지의 상품을 제공합니다. 정기적금은 일반적으로 최소 6개월에서 최대 5년까지의 상품을 판매하고 있습니다. 가입기간이 3년 미만인 예금과 적금은 대체로 만기까지 단일 고정금리가 적용되지만, 3년을 초과하는 경우에는 일정 기간 후에 금리를 재조정하는 경우가 많습니다.

그러면 예금이나 대출은 금융기관 간에 이전이 될까요? A은행에서 대출을 받거나 예금을 했는데 B은행으로 해당 상품을 넘길 수 있을까요?

대출금의 경우, 아주 드물게 한 은행에서 다른 은행으로 이전이 가능할 수 있습니다. 해당 은행의 정책 변경으로 인한 대출금 회수나 상환 요구 상황이 발생할 수 있기 때문입니다.

하지만 예금이나 적금 상품은 다른 금융기관으로의 이전이 사실상 불가능합니다. 왜냐하면 예금기관은 예금주의 돈으로 예금금리보다 더 높은 금리의 대출을 이미 실행했거나 투자를 해놓은 상태이기 때문입니다.

광화문 텔레콤의 신입사원인 전화기 대리의 예를 들어보겠습니다. 전화기 대리는 월급을 꼬박꼬박 저축해서 목돈을 마련하려고 합니다. 그래서 1년 전 입사와 동시에 A은행 광화문지점에서 매월 100만 원씩 납입하는 3년 만기 5% 금리 정기적금에 가입했습니다.

그런데 1년 후인 오늘 친구와 전화를 하다가 B은행 종로지점에서 2년 만기 6% 정기적금이 새로 출시되었다는 소식을 들었습니다.

1. 전화기 대리의 고민 → 더 좋은 상품이 나왔는데?	어떻게 하지?
· 1년 전 A은행 광화문 지점 3년 만기 5% 정기적금 가입	
· 1년 후 B은행 종로지점 2년 만기 6% 정기적금 출시!	
2. 전화기 대리의 생각 → 적금이 이전만 되면 1% 이득	이전해볼까?
· A은행의 잔존 2년 만기 5% 예금을 B은행으로 이전	
· B은행 2년 만기 6% 적금에 신규 가입하면, 1% 이득	
3. 금융기관간 이전은 안 됨 → 처음 가입할 때가 중요	안 되는구나

전화기 대리는 너무 안타까워서 전화를 든 채 펑펑 울음을 터트리고 말았습니다. 하지만 똑똑한 전화기 대리는 이내 정신을 차리고, 다른 은행으로 적금을 이전할 방법을 찾아보았습니다.

잔존 기간이 2년인 5%의 적금을 A은행에서 B은행으로 이전한 후 B은행에서 신규로 2년 만기 6% 적금을 들 수 없을까 생각했습니다. 만약 그럴 수 있다면 5%의 정기적금을 6%의 적금으로 갈아타는 것이니 남은 2년 동안 1%의 추가 이자를 받을 수가 있을 겁니다.

1등 통신사 광화문 텔레콤의 뛰어난 통화 품질과 번개 같은 스피드 덕분에, 전화기 대리는 A은행 담당자와 빠르게 전화 연결이 되었습니다. 그리고 A은행 잔존 만기 2년간의 적금을 B은행으로 이전해줄 수 있느냐고 문의했습니다. 하지만 안타깝게도 적금의 이동은 불가능하다는 대답이 돌아왔습니다. 유일한 방법은 기존 A은행 적금을 해약하는 것이었지만, 해약에 따른 손실이 1%보다 훨씬 더 컸기 때문에 전화기 대리는 눈물을 머금고 포기할 수밖에 없었습니다.

이렇듯 상품 이전은 금융회사 사이에서만이 아니라 동일 금융회사 내에서도 대부분 불가능합니다. 따라서 투자자는 예금, 적금뿐 아니라 모든 금융상품에 투자할 때, 시기와 조건을 꼼꼼히 따져본 후 처음부터 신중하게 선택해야 하겠습니다.

시장 상황에 따른 장단기 금리 선호도

같은 고정금리 예금이라도 시장 상황에 따라 기간에 대한 선호도는 달라집니다. 다음 기사의 사례를 보고 선호가 어떻게 달라지는지 이해해봅시다.

> "6개월도 길어… 단기 정기예금에 종잣돈 몰려"
> 고금리에도 추가 금리인상 가능성에 단기자금 선호   금리일보

일반적으로 고금리 예금이나 적금은 짧은 만기보다 장기 만기를 선호하는 경향이 있습니다. 하지만 보도는 시장 상황에 따라 선호도가 바뀔 수 있음을 알려주고 있습니다.

위 기사는 2024년 3월의 실제 상황을 반영한 것으로, 당시는 물가가 급

등하면서 연준이 당시 5.5%였던 기준금리 상단을 추가 인상할 수 있다는 우려가 있던 시기였습니다. 이에 따라 한국에서도 정기예금 금리가 이미 4% 이상으로 높았음에도, 향후 예금금리가 더 상승할 수 있다는 전망이 제기되었습니다.

이러한 상황에서 미국의 3월 물가가 1월의 3.1%에서 3.5%로 0.4%p나 상승하자, 예금주들은 추가 금리인상을 예상해 3~4개월 만기의 짧은 정기예금에 대거 몰려들었습니다.

은행 또한 금리변동을 앞두고 장기보다는 단기예금을 받는 것이 좋았기 때문에 예금주와 은행의 이해가 서로 맞아 떨어진 것이지요.

고정금리 대출

고정금리 선호는 시장 상황에 따라 달라질 수 있습니다. 우리나라의 대표적인 변동금리인 신규취급액기준 코픽스는 주택담보대출의 주요 준거금리로 사용됩니다.

금리하락기에는 주택담보대출 수요자들이 향후 추가적인 금리하락을 기대하여 고정금리보다 변동금리를 선호하는 경향이 있습니다. 금리하락이 본격화되는 시기에는 고정금리의 인기가 감소하면서, 고정금리가 변동금리보다 낮아지는 이례적인 상황이 발생할 수도 있습니다.

> 코픽스 하락에 변동형 주담대 금리도 3%대 급락
> … 고정금리 인기 '뚝' ↓ 변동금리보다도 금리 낮아   금리일보

기사에 따르면, 금리인하기에 접어들면서 변동형 주택담보대출의 준거 금리인 신규취급액기준 코픽스 금리가 하락세로 전환되었습니다. 이에 따라, 코픽스 금리에 연동되는 주담대 변동금리도 기존 4%대에서 3%대로 크게 하락했다고 보도되었습니다.

또한 금리의 대폭 인하가 전망되는 상황에서는 변동금리를 선택하면 고정금리보다 이자부담이 낮을 것으로 예상하는 소비자가 증가합니다. 이로 인해 고정금리 대출의 인기가 떨어지는 경향이 나타납니다.

썸3

국제 금융시장을 좌지우지했던
변동금리 리보(LIBOR)

$

변동금리는 금리 결정의 기준인 준거금리의 변동에 따라 함께 변화합니다. 글로벌 변동금리의 대표적인 준거금리로 사용되던 지표가 리보였는데, 금리조작과 같은 문제점이 드러나면서 2023년 6월 말을 기점으로 사용이 중단되었습니다.

현재는 사용이 중단되었지만 리보는 국제금융에 오랫동안 큰 영향을 미쳤습니다. 따라서 리보 금리의 역사와 기능을 이해하면 미래의 국제금융시장을 파악하는 데 많은 도움이 됩니다.

리보 금리란?

리보London Inter-Bank Offered Rate, 런던은행간금리는 1986년 영국은행가협회British Bankers' Association가 시중은행에 일일 자금조달 금리를 산출해서 보고하도록 한 데서 유래했습니다.

이후 영국 소재 열여덟 개 대형은행은 평일 오전 11시가 되면 런던은행

간 시장에서 자신들이 '합리적으로 차입할 수 있다고 판단하는' 미국 달러 USD의 금리 수준을 제시하게 되었습니다.

금융 전문 통신사인 '톰슨 로이터Thomson Reuters'가 은행으로부터 데이터를 취합했는데, 차입 기간은 1일물부터 최대 1년까지 열다섯 개 대출 기간에 대한 금리가 포함되었습니다.

데이터 취합 후, 톰슨 로이터는 각 만기별로 열여덟 개 은행의 데이터 중 상위 네 개와 하위 네 개 금리를 제외한 중간값 열 개의 평균을 계산해서 열다섯 개 만기에 대한 달러 조달금리를 산출했습니다. 이러한 계산 과정을 거친 리보 금리는 매일 런던 시간 기준 오전에 발표되었습니다.

국제금융의 발전과 함께 리보 금리는 그 사용 범위가 나날이 확대되었고, 2000년대 이후에는 금리와 파생상품 거래의 급격한 증가로 인해 국제 변동금리의 준거금리로 확고하게 자리를 잡았습니다.

리보 금리는 단순히 변동금리의 기준이 되는 준거금리의 역할을 넘어, 국제 금융시장에서 자본가치 평가의 핵심지표로 인식되었습니다. 2000년대 국가 간 통화거래의 기축통화가 미국 달러였다면, 국제 자본교환의 기준지표는 리보 금리였습니다. '달러와 리보가 2000년대 국제 금융시장을 지배했다'고 해도 과언이 아닐 만큼 그 영향력이 컸습니다.

이후 미국 달러화USD뿐 아니라 영국 파운드화GBP, 일본 엔화JPY, 유럽 유로화EUR, 스위스 프랑화CHF 등 리보 금리 산출 통화도 총 열 개로 늘어났습니다. 리보는 각종 금리상품, 모기지 및 파생상품에 이르기까지 전 세계 수백 조 달러에 이르는 막대한 변동금리 거래의 준거금리로 사용되었습니다.

하지만 2014년 리보 금리조작 스캔들LIBOR scandal이 터졌고, 이후에는 미국의 대형거래소인 ICE Intercontinental Exchange가 톰슨 로이터로부터 권한을 넘겨받아 금리를 계산하고 관리했습니다.

ICE BENCHMARK ADMINISTRATION®
LIBOR®

Introduction

ICE Benchmark Administration® Limited ("IBA") is being compelled by the UK Financial Conduct Authority ("FCA") to publish the 1-, 3-and 6-Months USD LIBOR settings, and the 3-Month GBP LIBOR setting, in each case using an unrepresentative "synthetic" methodology. The FCA intends that these "synthetic" settings will cease after a temporary period of publication. All other LIBOR® settings have ceased to be published.

IBA is the authorised administrator of LIBOR® and is regulated by the FCA.

출처 : ICE(Intercontinental Exchange) 홈페이지

> · 영국 금융청(FCA) 권고에 따라 3개월 GBP 리보와 1개월, 3개월, 6개월 만기 달러 리보를 제외한 모든 리보 금리 산출이 종료되었다는 내용
> · 실제로는 2023년 6월 말을 기점으로 위의 금리 산출도 종료된 상황

리보 금리조작 스캔들

리보 금리조작 스캔들은 2008년 5월 미국 상품선물거래위원회CFTC에 관련 고발장이 제출되면서 불거졌습니다. 수사가 처음 착수되던 이때까지만 해도 리보에 문제가 생기리라고는 누구도 예상하지 못했습니다.

하지만 2010년 CFTC가 금리조작의 강력한 증거를 확보하면서 문제가 일파만파 확대되었고, 영국 금융당국이 수사에 협조하면서 영국과 미국에

서 전면적인 수사가 이루어졌습니다.

그리고 마침내 2012년 영국과 미국 금융당국은 바클레이즈Barclays 은행을 비롯해, UBS와 도이치방크 등 10여 개 대형은행이 수년간 담합해서 리보 금리를 인위적으로 낮추었다는 사실을 발표했습니다.

달러 리보USD LIBOR는 미국의 금리와 파생상품 시장에서 사용되는 금리 지표이기 때문에, 이에 대한 조작 시도는 미국의 금융시장과 소비자를 기만하고 미국법을 위반한 것이었습니다. 따라서 미국 금융당국은 이 사안을 아주 중대하게 생각했습니다.

리보 금리를 조작한 주요 원인은, 2008년 금융위기 이후 금리가 높았던 시기에 은행들이 조달금리를 낮게 보고해서 이득을 취하기 위해서였습니다. 또한 해당 은행의 트레이더trader들은 조작된 낮은 금리로 자금을 조달해 파생상품과 채권에 투자해 수억 달러에 이르는 대규모 부당이득을 취한 것으로 나타났습니다.

특히나 바클레이즈 은행처럼 당시 조달금리가 상대적으로 높았던 은행은 자사의 신용등급을 유지하기 위해서도 지속적으로 금리를 조작했습니다.

금융허브 런던의 신뢰 추락

리보 스캔들은 그 영향력이 상당했습니다. 영국의 수도 런던은 세계 최대 외환시장이자 금 거래시장이며, 가장 오래된 금융허브이기도 합니다. 그러나 리보 금리조작 스캔들 이후, 전통적 금융 중심지인 런던의 위상에도 서서히 금이 가기 시작했습니다.

리보 스캔들은 금융소비자들에게 수백억 달러에 이르는 천문학적인 금융 피해를 입혔으며, 런던 금융시장에 회복이 불가능할 정도의 신뢰 저하를 가져오고 말았습니다. 하지만 리보 스캔들이 낳은 가장 심각한 문제는 시장금리에 대한 금융소비자들의 불신이었습니다. 사람들이 리보 금리를 더 이상 못 믿게 되었다는 것이지요.

금융시장은 정직하게 돈을 주고받음으로써 거래가 이루어지고, 믿음과 신뢰가 거래의 바탕입니다. 이러한 금융의 특성상 신뢰가 깨진 금융 관행과 거래관계는 회복되기 어렵습니다. 한순간에 시장의 신뢰를 잃어버린 리보 금리는 사라져야 할 운명이 된 이후에 시한부 선고를 받았습니다.

무위험금리로의 전환

그러면 앞으로 변동금리의 준거금리로 리보 대신 어떠한 금리지표를 이용하게 될까요? 국제 금융시장에는 리보를 대체할 수 있는 금리가 반드시 있어야 합니다.

리보의 가장 큰 문제점이자 아킬레스건은 바로 리보 금리가 실제 거래되는 객관적인 시장금리에 근거한 것이 아니라, 은행이 적어 내는 주관적인 금리였다는 것이었습니다. 따라서 리보 금리 폐지 결정 이후, 시장은 객관적이면서도 조작하기 어려운 신뢰성 있는 금리를 찾기 시작했습니다. 이러한 필요에서 나온 금리 개념이 바로 RFRRisk-Free Rate, 무위험금리입니다.

왜냐하면 국채와 같은 무위험 자산은 신용도가 높을 뿐만 아니라 실제 거래되는 국채의 시장금리는 객관적으로 형성되어 조작이 불가능하기 때문입니다. 이렇듯 RFR의 가장 큰 장점은 신용위험을 배제한 무위험금리이면서, 실제 거래되는 금리를 바탕으로 하기 때문에 객관적이라서 조작이 어렵다는 데 있습니다.

따라서 과거에는 변동금리의 준거금리로 리보와 같은 단일 금리지표를 사용했다면, 앞으로는 미국 달러 SOFR Secured Overnight Financing Rate 처럼 통화별로 해당 국가가 개발한 무위험지표금리를 사용하게 될 전망입니다.

실제로 미국 달러 표시 통화스왑CRS과 금리스왑IRS 같은 금리파생상품은 이미 2023년부터 리보 대신 미국 무위험지표인 소파SOFR를 기준으로 거래되기 시작했습니다.

유로존 또한 2022년 말을 기준으로 유로 통화의 단기 변동금리 지표로 쓰이던 EONIA Euro Overnight Index Average의 사용을 중단하고, 2023년부터는 ESTR Euro Short-Term Rate로 전환했습니다.

각국의 무위험금리 개발 현황				
국가	이전 지표	대체 RFR 지표금리	담보금리 여부	관리 기관
1. 미국	USD Libor	SOFR(Secured Overnight Financing Rate)	담보	뉴욕 연준
2. 영국	Sterling Libor	SONIA(Sterling Overnight Index Average)	무담보	영란은행 (BOE)
3. 유로존	EONIA	ESTR(Euro Short Term Rate)	무담보	유럽중앙은 행(ECB)
4. 일본	Yen Libor	TONA (Tokyo Overnight Average rate)	무담보	일본은행 (BOJ)
5. 한국	3개월 CD	KOFR(Korea Overnight Financing Repo rate)	담보	한국은행 (BOK)

한국은 KOFR Korea Overnight Financing Rate를 개발하여 한국예탁결제원에서 매 영업일 산출 및 발표를 하고 있습니다. 향후 과제는 KOFR의 활용 범위를 확대해 3개월 CD금리 등 기존 지표를 대체할 수 있도록 하는 것입니다.

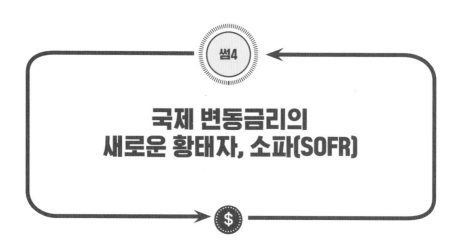

국제 변동금리의
새로운 황태자, 소파(SOFR)

달러 리보의 대체금리 개발

2014년 11월 미 연준은 달러 리보 금리를 대체할 대안지표 개발을 논의하기 위해 '대체지표금리위원회'인 ARRC_{Alternative Reference Rates Committee}를 소집했습니다. 그리고 드디어 2017년 대체 지표금리를 발표했는데 이것이 바로 소파SOFR입니다.

소파는 뉴욕 연준 및 미국 재무부 금융조사국OFR이 ARRC와의 긴밀한 협의를 바탕으로 설계 및 도입한 지표입니다.

소파 금리의 이해			
S	**O**	**F**	**R**
· Secured · 담보된	· Overnight · 하루(익일물)	· Financing · 자금조달	· Rate · 금리

≫ Q. 신용위험 없는 차입자가 달러를 하루 빌리면 금리를 얼마 줘야 하나?
≫ A. 달러의 새로운 무위험금리 지표인 하루 소파 금리를 주면 된다

소파 금리의 장점

소파는 뉴욕 연준이 실제로 시장에서 거래되는 1일물 달러 RP금리를 기반으로 산출합니다. 달러 RP거래는 미국채를 담보로 이루어지기 때문에 소파는 담보금리의 성격을 띕니다.

미국 달러 무위험금리인 소파는 기존에 달러 변동금리의 준거금리였던 달러 리보와 비교해 다음과 같은 장점과 단점을 가지고 있습니다.

첫째, 실제 거래된 달러 RP금리를 기초로 하기 때문에 주관적인 추정에 의존하던 리보에 비해 금리의 근거가 확실하고 객관적입니다.

둘째, RP거래의 특성상 미국 국채가 담보 역할을 하므로 금융 상황 변화에도 안정적인 무위험금리로 평가받습니다.

셋째, 미국 국채를 담보로 빌리는 금리이기 때문에 이전 지표인 달러 리보에 비해 금리가 상대적으로 낮은 편입니다.

넷째, 금리가 상대적으로 낮기 때문에 개인이나 기업의 차입비용이 감소해 경제 활성화 효과를 기대할 수 있습니다.

소파 금리의 장점	
1. 객관성	· 리보는 주관적 추정금리 · 소파는 전일 실제 RP거래 금리
2. 안정성	· RP거래 과정에서 미국 국채가 담보 역할 · 안정적인 무위험금리
3. 낮은 금리	· 리보는 무담보 금리, 소파는 미국 국채 담보 금리 · 때문에 소파 금리는 리보보다 금리 수준 낮은 편
4. 경제 활성화	· 낮은 금리 수준 때문에 기업의 차입 비용이 낮음 · 경제 활성화 효과

소파 금리의 단점

소파 금리는 장점도 많지만, 새로 개발된 지표이기 때문에 다음과 같은 단점도 존재합니다.

첫째, 가장 큰 단점은 기간금리로 사용하기에 적합하지 않다는 것입니다. 리보와 소파의 가장 큰 차이점은 시점에 있습니다. 리보는 현재 시점에서 예측한 미래의 금리인 반면, 소파는 전일 거래된 과거의 금리입니다. 예를 들어, 1개월 금리를 계산할 때 리보는 현시점에서의 1개월 만기 리보 금리를 바로 사용할 수 있지만, 소파는 과거 30일 동안 일일 금리를 계산해서 30일 뒤에나 평균금리를 산출할 수 있습니다. 이러한 특성으로 인해 소파 금리는 일정 기간의 기간금리로 사용하기에 제약이 많습니다.

둘째, 소파는 일수 계산이 매우 불편해서 지표로서 실용적이지 않습니다. 소파는 기본적으로 1일물 금리이기 때문에 일수가 늘어나면 매일의 금리를 복리로 연속해서 계산해야 합니다. 이는 계산을 복잡하게 만들어 실용성을 크게 저하시킵니다. 예를 들어, 1주일치 소파 금리를 계산하려면 과거 7일간 고시된 소파 금리를 하루하루 곱해야 하므로 일수 계산이 매우 불편합니다.

소파 금리의 단점	
1. 기간금리로 부적합	· 소파는 전일의 실제 거래 금리 · 미래의 기간금리로 사용하기에 제약이 있다
2. 실용적이지 않음	· 일수가 늘어나면 매일 복리식 연속계산 필요 · 불편하고 실용적이지 않음

텀 소파

소파만으로는 리보 시장을 대체하기 어렵다는 사실이 분명해지자, 이를 보완하기 위해 '텀 소파Term SOFR'가 고안되었습니다.

소파는 1일물 금리, 즉 하루 금리인 반면 리보 금리는 미래 1개월, 3개월, 6개월의 기간금리입니다. 예를 들어 3개월 달러 변동금리 예금을 한다고 가정해봅시다. 예전에는 오늘 기준의 3개월 달러 리보 금리를 기준금리로 사용하면 됐습니다. 하지만 소파는 과거인 어제의 실제 금리이기 때문에 3개월 기간금리로 바로 사용할 수가 없습니다.

따라서 리보 금리를 효과적으로 대체하려면 리보와 유사하게 미래 일정 기간의 선물환 금리인 포워드forward 금리를 제시할 수가 있어야 합니다. 소파 기간금리 없이는 전 세계 달러 변동금리의 주요 준거금리였던 3개월 리보 금리를 폐지하기가 사실상 어려운 상황이었습니다. 그래서 1개월, 3개월, 6개월 리보 금리를 대체하기 위해 텀 소파가 개발되었으며, 2021년 7월 대체지표금리위원회의 승인을 받았습니다.

텀 소파는 미국의 대형 거래소인 CME가 1개월, 3개월, 6개월과 12개월 네 기간별로 발표하고 고시하고 있는데, 포워드 금리를 계산하기 위해 소파 선물SOFR futures 가격을 기초로 합니다. 뉴욕연방은행이 소파를 계산 및 공표하는 날마다 CME도 텀 소파를 발표합니다(미국 중부Central Time 기준 매일 오전 5시 발표). 과거 3개월 리보 금리를 3개월 텀 소파로 직접 대체할 수 있어, 편리하고 간단합니다.

CME 웹사이트에는 1, 3, 6, 12개월 텀 소파 금리뿐만 아니라 뉴욕연방은행이 고시하는 해당일의 익일물 소파 금리와 과거 30일, 90일, 180일 소파 평균금리도 같이 보여주어 편리합니다.

CME 홈페이지 텀 소파 금리

CME Term SOFR Rates

DATE	TERM SOFR (%)			
	■ 1M	■ 3M	■ 6M	■ 1Y
2024-8-08	5.32666	5.10283	4.78487	4.32457
2024-8-07	5.32501	5.10416	4.78476	4.31135
2024-8-06	5.28952	5.05651	4.65546	4.14598
2024-8-05	5.32740	5.13241	4.78566	4.29257
2024-8-02	5.35204	5.22773	5.00763	4.59608

금리는 어디서 거래될까?
- 금리시장과 거래의 종류

앞서 고정금리와 변동금리의 금리 산정방식에 대해서 배웠습니다. 이제 금리시장의 다양한 유형을 알아보고, 각 시장에서 일어나는 실제 거래 사례를 통해 이해의 깊이를 더해보도록 합시다.

직접금융시장 vs 간접금융시장

금리시장에서 거래되는 상품의 종류와 분류 방법은 매우 다양하지만, 가장 기본적으로는 직접금융시장과 간접금융시장으로 분류합니다. 은행, 증권사나 보험사 같은 중개기관의 개입이 없는 경우는 직접금융이고, 중개기관의 개입이 있으면 간접금융입니다.

직접금융시장은 다시 단기금융시장과 장기금융시장, 금리파생상품시장 세 가지로 나뉩니다.

단기금융시장은 거래되는 상품의 기간이 최대 1년 이하의 단기자본시장인 머니마켓시장을 말하며, 장기금융시장은 만기 1년 이상의 장기자본

금리시장의 분류와 금리거래의 종류		
직접 / 간접	시장의 종류	거래상품의 종류
직접금융시장 (금융기관 간 거래)	단기금융시장 (머니마켓시장)	콜
		환매조건부거래
		양도성예금증서
		기업어음
		단기사채
	장기금융시장 (채권시장)	채권 발행시장
		채권 유통시장
	금리파생상품시장	금리선물·금리옵션 시장
간접금융시장 (소매 리테일 시장)	은행	예금 및 대출 시장
	보험	연금 및 보험상품 시장
	자산운용사	펀드 및 MMF 시장
	증권사	CMA, 원금보장형 ELS
	카드사, 캐피탈회사	카드할인, 신용대출, 팩토링 금융

의 조달을 목적으로 하는 금리상품인 채권시장입니다. 채권시장은 다시 채권을 처음 발행하는 발행시장primary market과 발행된 후 거래되는 유통시장secondary market으로 구분됩니다.

금리파생상품시장에서는 여러 가지 금리상품을 기초로 만들어지는 선물과 옵션 등 다양한 형태의 거래가 이루어집니다.

단기금융시장의 특징

단기금융시장은 금융기관과 기업이 짧은 기간 자금을 융통하거나 빌려주는 시장입니다. 만기 1년 이내의 현금성 단기금융상품을 거래하기 때문에 머니마켓 또는 단기자금시장이라고도 불립니다.

단기자금 거래의 종류는 다양하며, 주요 거래 방식으로는 콜거래, RP로 불리는 환매조건부-Repurchase Agreement 거래, CD라고 불리는 양도성예금증서Certificate of Deposit 거래 등이 있습니다. 단기금융시장의 차별화된 특징은 다음과 같습니다.

첫째, 단기금융시장의 금리 거래는 짧은 기간 동안 일시적인 유휴자금을 운용하는 것이기 때문에, 운용을 못했을 경우 발생할 수 있는 기회비용이 생기지 않는 장점이 있습니다.

둘째, 단기자금 거래는 채권과 같은 장기금융상품에 비해 상대적으로 금리변동에 따른 가격 변동성이 적기 때문에 위험관리 측면에서도 유용한 수단을 제공합니다.

셋째, 단기금융시장은 중앙은행의 통화정책이 수행되는 시장이기 때문에 정책의 효과가 매우 빠르게 나타납니다. 미국의 연방기금금리나 한국의 7일물 RP금리와 같은 기준금리는 단기금융시장에서 적용됩니다. 따라서 중앙은행의 기준금리는 단기금융시장을 우선적 목표로 합니다.

단기금융시장의 거래 규모

우리나라 단기금융시장에는 정부와 은행, 증권사, 자산운용사 등 다양한 금융기관과 기업이 활발하게 참여하고 있습니다. 또한 증권사의 CMA와 같은 상품을 통해 개인투자자도 자금 운용을 위해 단기금융시장에 참여하고 있으며 그 규모는 계속 커지는 추세입니다.

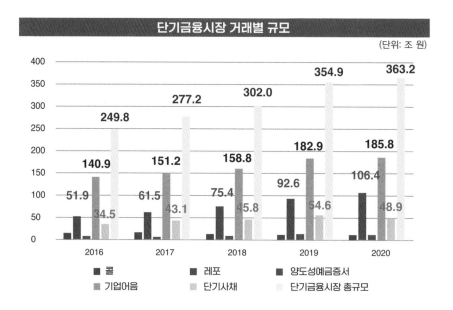

단기금융시장 거래별 규모

(단위: 조 원)

- 콜
- 레포
- 양도성예금증서
- 기업어음
- 단기사채
- 단기금융시장 총규모

우리나라 단기금융시장은 경제발전과 함께 빠른 성장세를 보이고 있습니다. 2016년 250조 원이던 거래규모는 코로나-19 상황에도 불구하고 2020년에는 363조 원으로 증가하여 4년 만에 45% 이상의 성장률을 기록했습니다.

거래 유형별로 살펴보면 RP거래, 기업어음, 단기사채의 거래량이 크게 증가한 반면에, 콜 시장과 CD 시장은 감소세를 보였습니다.

콜 수요 감소의 주요 원인은 2015년부터 금융기관 간 대차거래인 콜거래에 대한 제한 요건이 은행권을 중심으로 강화되었기 때문입니다. 콜거래가 감소한 반면, 국채를 담보로 거래하는 RP거래는 상대적으로 높은 안정성을 바탕으로 더욱 활성화되어 거래량이 크게 증가했습니다.

또한 CD거래도 2009년 예대율 규제 도입 발표 이후 일시적으로 감소했으나, RP 매도기관들의 CD 매입 확대로 인해 2021년 이후 다시 증가세로 돌아선 상황입니다.

간접금융시장

직접금융시장이 금융기관들의 도매시장이라면, 간접금융시장은 주로 개인이 참여하는 소매금융시장입니다. 즉 간접금융시장은 금융기관과 소비자가 만나는 리테일retail 시장이라고 할 수 있습니다.

간접금융시장의 가장 큰 특징은 중개사인 금융기관을 통해서 거래가 이루어진다는 것입니다. 이는 금융중개기관을 거치지 않는 직접금융시장

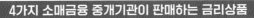

4가지 소매금융 중개기관이 판매하는 금리상품

1. 은행	2. 증권사
· 예금 · 적금 · 대출상품	· 소매채권 · 채권 ETF · CMA

3. 자산운용사	4. 보험사
· 채권형 펀드 · MMF	· 연금상품 · 저축성보험

과의 가장 큰 차이점입니다.

중개 금융회사는 크게 ①은행 ②보험사 ③증권사 ④자산운용사의 네 종류로 나뉘고, 각 회사 유형별로 고유한 금리상품을 제공하고 있습니다. 예를 들어, 은행은 예금과 대출, 보험사는 연금상품, 증권사는 소매채권과 ETF, 자산운용사는 채권펀드가 대표적인 금리상품입니다.

과거에는 이러한 영역 구분이 확실했으나, 최근에는 서로 다른 유형의 금융기관 간 연계와 상품의 융합이 빈번해지고 있습니다. 이에 따라 해외에서는 '유니버설 뱅킹Universal Banking'이라는 개념 아래 금융기관 간 벽이 많이 허물어지는 추세입니다.

썸6

초단기 자금거래를 위한
콜(Call) 시장

콜머니와 콜론

콜거래는 금융기관 간의 단기자금 거래로, 개인은 참여할 수 없습니다. 금융기관은 일상적인 거래 과정에서 자금이 남을 때도 있고 부족한 경우도 있습니다. RP거래를 통해 채권을 담보로 상대적으로 저렴한 비용으로 자금을 빌릴 수 있지만, 항상 담보용 채권을 충분히 보유하기는 어렵습니다.

따라서 국채나 통화안정증권 같은 우량 채권을 여유 있게 보유한 기관은 RP거래를 선호하지만, 그렇지 않은 경우에는 무담보 차입인 콜거래를 활용합니다. 일반 투자자가 금융기관 간 거래인 콜거래에 주목해야 하는 이유는, 콜거래가 단기금융시장의 유동성 상황을 가장 신속하고 직접적으로 반영하는 지표이기 때문입니다.

콜금리의 급격한 상승은 시장 유동성 부족을, 급격한 하락은 유동성 과잉을 의미합니다. 이러한 콜금리 변동은 예금과 대출 금리에 직접적인 영향을 미칩니다. 콜금리가 높아지면 예금이 유리해지고 콜금리가 낮아지면 대출 환경이 개선됩니다. 콜금리 변동에 따른 단기자금 변동 상황을 적절

**콜거래는 단기금융시장의 유동성 상황을 알려주는 가장 빠르고 직접적인 지표
콜금리는 직접 예금과 대출금리에 연결이 된다**

**콜금리가 높아지면 예금이 유리해지며,
콜금리가 낮아지면 대출을 받기에 좋은 환경으로 변한다**

히 활용하면 여유자금을 운용하고 필요 자금을 조달하는 데 유리할 수 있습니다.

콜거래의 최대 만기는 90일로, RP거래의 최대 만기인 6개월(182일)보다 짧습니다. 하지만 콜거래와 RP거래 모두 하루 거래인 1일물이 거래의 대부분을 차지합니다. 실제로 한국은행에 따르면, 2021년 상반기 기준 전체 콜거래 가운데 익일물 비중이 93.9%에 달한다고 합니다. 이처럼 콜 시장은 금융기관이 일시적인 자금 과부족을 해소하기 위해 활용하는 초단기 자금시장입니다.

콜 시장 참가 기관은 차입인지 대여인지에 따라 달리 지칭됩니다. 콜 시장에서 돈을 빌려주어 자금을 공급하는 기관은 콜론call loan 기관이고, 콜 시장에서 자금을 차입하는 기관은 콜머니call money 기관입니다.

금융기관은 일반적으로 회사의 비즈니스 특성에 따라 자금 사정이 달라집니다. 따라서 단기자금인 원화가 항상 부족한 기관과 여유가 있는 기관이 있습니다. 이에 따라 빌려주는 콜론 기관은 일반적으로 자산운용사와 국내은행이 많고, 콜머니 기관에는 외국계 은행과 증권사가 많습니다.

콜거래는 중개기관을 통해서 이루어집니다. 2024년 현재 한국 콜 시장에서는 한국자금중개, 서울외국환중개, KIDB자금중개 등 인가를 받은 세

콜 거래의 종류	
콜머니(Call Money)	콜 자금을 빌리는 거래(차입자 입장)
콜론(Call Loan)	콜 자금을 빌려주는 거래(대여자 입장)

개 자금중개회사가 거래 중개업무를 맡고 있습니다.

콜거래의 최소거래 금액과 거래단위는 1억 원이며, 체결에 따른 자금의 수수와 상환은 주로 한국은행금융결제망BOK-Wire을 통해서 이루어집니다. 자금중개회사는 중개 서비스를 제공하는 대가로 중개수수료를 거래 양방으로부터 받습니다.

실제 콜거래를 해보자!

그럼 실제 콜거래 사례를 통해, 그 특성을 더욱 명확히 이해해보도록 합시다.

국내 시중은행인 K은행 본점에 근무하는 구매력 과장은 다방면에 뛰어난 재원으로, 은행계의 매력 덩어리로 불립니다. 그녀는 오늘 자금표를 확인하다가 예기치 않게 원화 자금 500억 원의 잉여금을 발견했습니다.

내일은 이 자금을 쓸 일이 있지만 오늘 하루는 쓸 곳이 없어서 구매력 과장은 이 자금을 하루 동안 어떻게 운용할지 고민합니다.

RP거래보다 상대적으로 금리가 높은 콜론을 고려하던 중, 자금중개회사인 BTB 자금중개 서비수 차장에게서 전화가 왔습니다. 서비수 차장은 투철한 서비스 정신으로 고객의 요청을 잘 처리해주기로 소문난 중개인

K은행 구매력 과장

3월 21일 자금 대여 →

3월 22일 자금 회수 ←

BTB 자금중개
서비수 차장

· 콜론
· 콜 매수(매입)
· 500억 자금 대여
· 1일 콜이자 수취

J은행 이자율 부장

· 콜머니
· 콜 매도(매각)
· 500억 자금 차입
· 1일 콜이자 지불

입니다. 구매력 과장은 500억에 대한 콜론 수요처를 알아봐달라고 했습니다.

서비수 차장은 지금 마침 외국계 J은행 서울지점의 이자율 부장이 원화자금이 부족해 500억 원 상당의 하루짜리 콜머니를 급하게 찾고 있다고 전합니다. 구매력 과장은 서비수 차장의 말이 끝나기 무섭게 기쁜 마음으로 즉시 거래에 동의합니다.

이 거래에서 K은행은 1일물 콜론 거래를, J은행은 1일물 콜머니 거래를 실행한 것입니다. 서비수 차장은 합의된 거래 조건을 양측에 이메일이나 팩스로 통지하고 서로 확인하고 증빙도 남김으로써, 향후 발생할 수 있는 분쟁과 착오를 방지합니다.

1일물 거래이기 때문에 J은행은 다음 날 원금 500억 원에 이자를 더해 상환해야 합니다. 원금 500억 원에 대한 이자율 3.53%를 곱하면 1년치 이자 17억 6,500만 원이 나오고, 하루 이자를 계산하기 위해 365로 나누면 하루 이자는 4,835,616원이 됩니다.

영미권에서는 360일을 기준으로 이자를 계산하지만, 우리나라는 365일을 기준으로 하고 있습니다. 또한 원 미만은 절사하는 것이 통상적인 관례입니다.

따라서 J은행은 차입한 원금 500억 원과 하루 이자 4,835,616원을 합한 금액인 50,004,835,616원을 다음 날 상환하면 됩니다.

콜 거래 체결통지서			
대여기관	K은행 본점	차입기관	J은행 서울지점
담당자	구매력 과장 (02-200-2000)	담당자	이자율 부장 (02-500-5000)
대여기간	1일(2024.03.21~3.22)	거래금액	50,000,000,000원
연이율	3.53%　상환: 자동	상환금액	50,004,835,616원
수수료(수수료율)		○○○○○원(0.00%)	
상기와 같이 콜거래가 체결되었습니다. 감사합니다. (중개담당자: 서비수 차장)			
BTB 자금중개(주)			

(체결일: 2024년 3월 21일)

콜 거래 현황

콜금리는 한국은행이 발표하는 기준금리와 시장에서 거래되는 시장금리에 모두 영향을 받지만, 단기자금의 특성상 주로 당일의 자금 유동성에 가장 민감하게 반응합니다. 따라서 기준금리와 시장의 채권금리가 안정적일 때도 유동성이 부족한 날에는 급전이 필요한 금융기관이 늘어나 콜금리가 급등하는 경우가 있습니다.

콜 시장의 규모는 확대되고 있지만, 우리나라 전체 단기금융시장에서 콜거래가 차지하는 비중은 점차 감소하는 추세입니다. 여러 가지 이유가 있지만 가장 기본적 이유는 2000년대 이후 우리나라가 선진국에 들어서면서 국가 신용도가 크게 향상되어 한국 국채를 담보로 하는 RP거래가 증가했기 때문입니다. 또한 이전에는 외국계 금융기관이 단기 국채를 제외한 10년 이상의 한국 국채를 보유하는 경우가 상대적으로 적었는데, 지금은 외국인들의 국내 상장채권 지분도 크게 늘어났습니다. 이외에도 한국 금융시장의 유동성이 개선되어 과거에 비해 급전의 필요성이 상대적으로 줄어든 것도 하나의 원인입니다.

단기금융시장의 꽃, RP거래

'환매조건부'라는 말에 해답이 있다

레포 거래는 '환매조건부거래'라고 하는데 그 말 자체에 해답이 있습니다. '환매조건부'에서 '환매'란 팔았던 채권을 다시 사온다는 것으로, '지금 채권을 파는 사람이 만기에 해당 채권을 다시 사올 것을 미리 약정한 조건부 거래'라는 뜻입니다.

영어로는 'Repurchase agreement'인데, 특정 채권을 팔고 나서 일정한 시점 후에 다시 사오는 계약이라는 뜻입니다. 부르는 명칭도 매우 다양한데, 일반적으로 줄여서 '레포'라고 부르며, Repo 또는 영문 약자 RP로 주로 표기합니다. 이 책에서 이제부터는 'RP거래'로 통일해 사용하겠습니다.

RP거래의 성격

RP거래는 최소 1일에서 최대 6개월(182일) 이하의 단기거래로, 자신이 보유한 채권을 일정 기간 동안 상대방에게 넘기는 대가로 자금을 빌려 쓰

RP거래의 다른 표현들		
환매조건부거래	환매조건부채권매매	RP
레포 거래	Repo	Repurchase Agreement

는 성격의 거래입니다.

담보채권을 중심으로 매매가 이루어지기 때문에 채권을 매매하는 시점을 매입일purchase date이라고 하고, 채권을 다시 환매하는 시점을 환매일repurchase date이라고 부릅니다. 또한 거래의 방향을 지칭할 때도 담보채권을 중심으로 이야기합니다. 그래서 매입일에 매입대금을 받고 채권을 매도하는 것을 'RP 매도'라고 하며, 반대로 매입일에 매입대금을 지급하고 채권을 매입하는 경우를 'RP 매입'이라고 말합니다.

이렇듯 경제적 개념으로 RP거래는 채권을 담보로 돈을 차입하는 개념으로 이해하면 편리합니다. 하지만 법적인 측면에서 보자면 약정기간 동안 채권의 법적 소유권legal title이 RP 매도자로부터 RP 매수자에게 이전title transfer되는 거래입니다. 따라서 RP 매도자가 자금을 갚지 못하는 경우 RP 매수자는 채권을 처분할 수 있는 담보권을 갖게 됩니다.

결론적으로 RP 매수자에게는 단기자금을 안전하게 운용할 수 있는 기회를 제공하며, RP 매도자에게는 무담보 차입에 비해 저렴하게 자금을 조달할 수 있는 수단으로서 의미가 있습니다.

거래주체별 RP거래의 종류

RP거래는 거래주체를 기준으로 크게 ① 대고객 RP ② 금융기관 간 RP 그리고 ③ 한국은행 RP의 세 가지로 나눌 수 있습니다.

대고객 RP는 금융기관과 일반고객 간에 이루어지는 소매 RP거래이며, 금융기관 간 RP는 장외시장에서 금융기관 간에 이루어지는 RP거래입니다. 마지막으로 한국은행 RP는 한은이 시중 통화량을 조절하거나 은행 예금의 과부족 상황을 조절하기 위한 수단으로 발행하는 환매조건부채권입니다. 한국은행 금융통화위원회에서 결정하는 우리나라의 기준금리 또한 7일물 RP를 기준으로 하고 있습니다.

RP거래의 종류	
대고객 RP	금융기관과 일반 개인 고객 간의 RP(소매거래)
금융기관 간 RP	금융기관 간 이루어지는 기관거래(조달거래)
중앙은행(한국은행) RP	중앙은행이 시중 통화량 조절 목적으로 거래

이처럼 RP거래의 참여자는 개인부터 금융기관 그리고 중앙은행에 이르기까지 광범위하기 때문에 활용도가 굉장히 넓습니다. 이에 RP거래는 현대 금융기법 중에 가장 많이 사용되는 방법 중 하나로 자리 잡았습니다.

우리나라 금융시장에서는 1일물 RP거래가 대부분을 차지합니다. 실제로 RP거래는 2일물부터는 유동성이 상당히 떨어지기 때문에 RP시장은 사실상 하루 동안 자금을 빌리고 빌려주는 1일물 시장이라고 해도 과언이 아닙니다.

RP거래의 매커니즘과 특징

RP는 단기거래이지만 담보를 기초로 한 담보부거래입니다. 따라서 RP 거래는 안정성이 높으면서도 환금성이 보장된다는 특징이 있습니다. 주로 국채 같은 우량채권을 담보로 돈을 빌려주는 거래이기 때문에, 거래 상대방 간 채무불이행 같은 신용리스크가 매우 낮습니다.

안정성이 높기 때문에 대출 이자율도 낮습니다. 실제로, RP금리는 다른 단기금리 상품인 CD금리나 기업어음 금리에 비해 훨씬 낮을뿐더러 금융기관 간 콜금리보다도 낮습니다.

RP거래는 돈을 빌리는 쪽인지 돈을 빌려주는 쪽인지에 따라 부르는 명칭이 달라집니다. 채권을 담보로 제공하고 돈을 빌리는 거래자를 '레포 거래자'라고 하며, 채권담보를 받고 돈을 빌려주는 쪽을 '역레포 거래자'라고 부릅니다. RP거래 시 한쪽은 반드시 레포 거래자가 되고, 다른 한쪽은 역레포 거래자가 되는 것이지요. RP거래는 콜거래와 마찬가지로 자금중개회사의 중개로 거래가 이루어집니다.

RP거래는 담보채권 매매가 수반되기 때문에, 거래 특성상 RP 매도기관은 거래 대상 채권을 RP 매수자의 예탁분으로 명시하여 한국예탁결제원에 예탁해야 합니다. 예탁된 채권의 담보가치를 일정 수준 이상으로 유지해야 하는데, 이를 '증거금률'이라고 합니다. 1일물의 경우는 실제로 담보채권의 시장가격을 평가할 필요가 없지만, 만기가 길어질수록 일일정산mark-to-market을 통해 해당 채권의 시가평가를 통해서 담보가치를 유지하는 것이 필수적입니다.

담보채권의 시장가격이 증거금률에 미달할 경우, 한국예탁결제원은 추가증거금margin을 징수하는 절차인 마진콜margin call을 수행합니다.

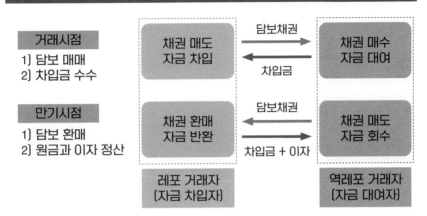

RP거래의 과정

거래시점

1) 담보 매매
2) 차입금 수수

만기시점

1) 담보 환매
2) 원금과 이자 정산

채권 매도
자금 차입

담보채권 →

← 차입금

채권 매수
자금 대여

채권 환매
자금 반환

← 담보채권

차입금 + 이자 →

채권 매도
자금 회수

레포 거래자
(자금 차입자)

역레포 거래자
(자금 대여자)

RP거래는 단기자금시장의 꽃

금융시장에서는 자금거래를 하는 방식에는 일반적으로 두 가지가 있습니다. 하나는 단순히 자금의 수수만 이루어지는 경우이고, 다른 하나는 자금의 수수와 함께 담보계약도 동시에 이루어지는 경우입니다.

하지만 RP거래는 이들 거래보다도 한 차원 더 정제된 아름다운 구조로 이루어집니다. RP거래는 자금의 대차, 채권의 매매 그리고 신용담보 계약이라는 세 가지 거래가 동시에 결합된 예술적인 구조이기 때문입니다. 이러한 특성으로 인해 RP거래에는 장점도 굉장히 많습니다.

첫째, 1일물 위주의 초단기 거래이기 때문에 자금이 필요한 쪽은 쉽게 빌릴 수 있고 여유자금이 있는 쪽은 쉽게 빌려줄 수 있어 매우 편리합니다.

둘째, 국채와 같이 신용도 높은 우량채권을 담보로 주고받는 거래이기 때문에 자금을 주고받더라도 상대방의 신용리스크에 거의 노출되지 않습니다.

RP거래의 장점
1. 단기간의 거래이기 때문에 부담 없이 빌리고 빌려줄 수 있다
2. 담보를 주고받기 때문에 일반 대출금리보다 싸게 빌릴 수 있다
3. 채권 담보를 받기에 빌려줄 때 상대방의 신용리스크에 노출이 적다
4. 자금이 필요할 때 뿐만 아니라 특정 채권을 빌릴 때도 사용 가능
5. 기존에 보유하고 있는 채권을 담보로 사용하기에 금전적 부담이 적다

셋째, 자금거래가 필요할 때만이 아니라 특정 채권이 필요할 때도 해당 채권을 빌릴 수 있기 때문에 채권의 대차거래 용도로도 사용할 수 있습니다.

넷째, 보유채권을 실질적으로는 팔지 않고 단기간 대여해주는 기능을 하기 때문에 기존에 보유한 채권을 담보로 재활용할 수 있어 담보 제공으로 인한 금전적인 부담이 적습니다.

금융시장에서 RP거래의 중요성

RP거래는 채권매매의 형태를 통해 이루어지지만, 실질적으로는 단기자금의 조달과 운용에 있어 중요한 수단이기 때문에 금융시장에서는 단기자금 대출로 인식되고 있습니다.

또한 RP거래는 채권을 매개로 하기 때문에 채권시장의 수급에 영향을 미칠 뿐만 아니라, RP시장과 채권시장 간 금리 차이가 발생할 경우 차익거래의 기회를 제공합니다.

이러한 특성으로 인해 RP는 단기금리임에도 불구하고 채권시장의 금리 안정화에 기여하고 있습니다. 또한, 채권과 RP의 연결고리를 통해 단기금융시장과 장기금융시장인 자본시장을 연결하는 중요한 역할 또한 수행하고 있습니다.

RP거래의 구조는 이처럼 복잡하면서도 정교하고 절제되어 있어서, 금융거래에 효율성과 안정성을 동시에 제공합니다. 작고 아담하지만 많은 꽃잎을 속에 간직한 채, 잎에서 대로 이어지는 검붉은 황홀함이 시간이 지나면서 크레센도crescendo로 발산되는 아름다운 한 송이 장미꽃을 보는 것 같습니다.

RP거래의 중요성
· RP거래는 채권과 단기금리 상호 간의 연결고리
· RP는 단기금융시장과 자본시장을 연결해주는 가교 역할
· RP거래는 채권시장의 수익률 안정화에도 기여

RP거래를 감히 단기금융시장의 꽃이라고 부를 수 있는 이유는 거래의 시작부터 맡은 바 역할을 하고 사라질 때까지의 생애 모든 과정이 너무나도 곱고 아름답기 때문입니다. 독자 여러분의 금융생활도 RP거래와 같이 아름답기를 바랍니다.

RP거래는 단기금융시장의 꽃

RP거래의 아름다움

· 거래 형태가 정교하면서 군더더기가 없다

· 가장 효율적인 모양으로 빚어졌다

· 복잡한 가운데서도 절제되고 정제된 미학

· 하나의 거래에 꽃잎 같이 많은 역할을 수행

· 크레센도로 발산되는 아름다운 장미

금융기관 간 RP거래

결론적으로, RP거래는 금융기관이 채권을 담보로 돈을 빌리는 거래라고 이해하면 됩니다. 개인이 집을 담보로 돈을 빌리는 것이 주택담보대출이라면, 금융기관이 채권을 담보로 돈을 빌리는 것이 RP거래입니다. 주된 차이점이라면 RP는 단기로 이루어진다는 것이지요.

RP는 금융기관의 담보대출이다	
주택담보대출	개인이 주택을 담보로 돈을 빌리는 거래
RP거래	금융사가 채권을 담보로 돈을 빌리는 거래

RP거래 중에서도 금융기관 간 RP가 가장 대표적이며 거래규모도 가장 큽니다. 이제 금융기관 간 RP거래의 실제 사례를 통해서 RP거래를 더욱 구체적이고 명확하게 이해해보겠습니다.

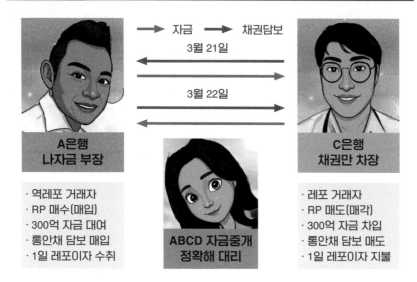

금융기관 간 RP거래(1일물 RP)

자금 ➡ 채권담보

3월 21일

3월 22일

A은행
나자금 부장

· 역레포 거래자
· RP 매수(매입)
· 300억 자금 대여
· 통안채 담보 매입
· 1일 레포이자 수취

ABCD 자금중개
정확해 대리

C은행
채권만 차장

· 레포 거래자
· RP 매도(매각)
· 300억 자금 차입
· 통안채 담보 매도
· 1일 레포이자 지불

　　외국계 은행인 C은행 서울지점의 채권만 차장은 오늘 3월 21일이 생일인데도 아침 일찍 출근해서 열심히 일하고 있습니다. 그러던 중 자금표를 확인하고 오늘 원화 자금이 300억 원 부족하다는 사실에 깜짝 놀랐습니다.

　　하루 동안 300억 원을 어디서 조달할지 고민하는 차에, 마침 ABCD 자금중개회사의 매우 정확한 중개인 정확해 대리에게서 전화가 걸려왔습니다. 마치 텔레파시가 통한 듯, 정확해 대리는 시중은행인 A은행 나자금 부장이 오늘 C은행과는 정반대로 300억 원의 여유자금이 있어 고민 중이라고 전했습니다.

　　이에 정확해 대리는 한국은행이 발행한 2년 만기 통화안정채권(통안채)을 담보로 하는 C은행과 A은행 간의 1일물 RP거래를 제안했습니다.

RP 레포 거래 확인서			
매도기관	C은행 서울지점	매수기관	A은행 서울지점
담당자	채권만 차장 (02-300-3000)	담당자	나자금 부장 (02-700-7000)
수탁기관	한국은행 2024	수탁기관	한국은행 0321
거래종류	Term Repo	결제구분	DVP
거래내역			
매매조건	매입가 ₩30,000,000,000	환매가 ₩30,002,819,178	
	기간　　1일	(2024.03.21~3.22)	
	RP이자율　3.43%	고정이자율	매입증권 대체가능
	중개수수료 OOOO원	예탁수수료 OOOO원	
정산	이자정산　없음	증거금율	103.00
매입증권 내역			
액면금액	₩30,900,000,000	시가(평가)	₩30,902,719,200
채권종류	통안채	채권단가	₩10,000.88
종목번호(종목명)		최소증거금율	103
통안채 KR310101GD78		매도가능금액	₩30,002,640,000

상기와 같이 RP거래가 체결되었습니다. 감사합니다.
(중개담당자: 정확해 대리)

ABCD 자금중개(주)

체결일 : 2024년 3월 21일

　　A은행 입장에서는 무담보 대출보다 채권을 담보로 하는 RP거래가 안전성 측면에서 유리하고, 돈을 빌리는 C은행 입장에서도 채권을 담보로 제

공함으로써 차입금리를 낮출 수 있어서 이점이 있습니다. 양측 모두에게 이익이 되는 윈윈win-win 상황입니다.

C은행 채권만 차장과 A은행 나자금 부장은 곧바로 ABCD 자금중개사를 통해 1일물 RP거래를 체결합니다. 사탕 한 봉지를 사도 봉지 안 사탕 개수를 일일이 세어보고 난 후에 먹는 과도한 정확성을 가진 중개인인 정확해 대리는, 거래확인서를 양측에 송부하기 전 돋보기까지 들고 내용을 꼼꼼히 확인합니다.

(1) 거래 금액과 거래방향 확인

정확해 대리는 우선 채권 매수, 매도의 방향과 자금 수수 방향 및 계좌를 확인합니다. RP거래에서는 자금 차입자를 '레포 거래자'라고 부르고 자금 대여자는 '역레포 거래자'라고 부릅니다.

또한 매입과 매도 측면에서 RP거래를 'RP 매도(매각)' 그리고 역레포를 'RP 매수(매입)'라고도 합니다. RP거래는 항상 담보채권을 중심으로 이루어지므로, 채권의 매수 또는 매도를 기준으로 생각하면 쉽습니다.

이번 거래에서 A은행은 자금을 빌려주고 C은행의 담보채권을 매수하는 역레포 거래자(RP 매수기관)가 되며, C은행은 자금을 차입하고 담보채권을 매도하는 레포 거래자(RP 매도기관)가 됩니다.

RP거래는 또한 콜거래와 마찬가지로, 일반적으로 한국은행금융전산망을 통해서 자금을 주고받으며, 각 은행마다 고유 계좌번호가 있습니다. 또한 RP 매도기관은 한국예탁결제원에 매도채권을 매수기관 명의로 예탁해야 하는데, 이에 따른 예탁수수료를 부담합니다.

정확해 대리는 거래 과정뿐만 아니라 결제 관련 사항 또한 매우 중요하게 여겨 일일이 확인합니다. 금융기관이나 기업 간 금전 거래는 결제를 통해서 최종 마무리됩니다. 그렇기에 아무리 거래를 잘했어도 결제가 안 된다면 큰 문제가 생깁니다.

금융기관 간 RP거래는 특히 거래소가 아니라 금융기관 간에 직접 결제가 이루어지는 장외거래over-the-counter, OTC입니다. 장외거래는 거래소 거래에 비해 결제 위험이 더 높습니다. 예를 들어, 지금을 지불했으나 증권을 받지 못하거나, 증권은 제공했는데 자금을 받지 못하는 상황이 발생할 수 있습니다. 이러한 결제 위험을 방지하기 위해서 일반적으로 증권과 돈을 동시에 주고받는 방식이 사용되며, 이를 DVPDelivery Versus Payment 또는 증권대금 동시결제 방식이라고 합니다. 말 그대로 채권과 자금을 동시에 맞바꾸어 결제불이행 위험을 제거하는 결제 방식입니다. 반면, 증권과 자금을 분리해서 개별적으로 결제하는 방식은 분리결제 또는 FOPFree of Payment라고 합니다.

(2) 상환일과 이자금액 및 상환금액 확인

정확해 대리는 확인 작업을 꼼꼼히 계속 진행합니다. 두 번째로는 자금 차입 관련 거래사항이 기록된 거래내역을 확인합니다. 이번 RP거래의 액면금액은 300억 원(₩30,000,000,000)이며, RP기간은 2024년 3월 21일부터 다음 날(익일)인 3월 22일까지입니다.

또한 300억 원에 대한 RP금리가 3.43%이기 때문에 1일에 대한 이자금액은 2,819,718원이 됩니다. 따라서 3월 22일인 다음 날에 RP 매도자가 RP 매수자에게 돌려줘야 할 금액은 원금과 이자를 포함해서 총 30,002,819,178원입니다.

채권이나 금리의 이자 계산 시 우리나라는 1년을 365일로 계산하지만 미국과 같은 영미권에서는 360일로 계산하는 경우가 많으니 이 차이에 유의해야 합니다.

RP거래 이자와 환매금액 계산하기	
·1년 이자금액	₩30,000,000,000 X 3.43% = ₩1,029,000,000
·1일 이자금액	₩1,029,000,000 ÷ 365 = ₩2,819,178
·1일 후 돌려줄 금액	₩30,000,000,000 + ₩2,819,178 = ₩30,002,819,178

(3) 증거금률과 담보조건 체크

정확해 대리는 마지막으로 증거금률과 채권담보의 조건 그리고 시가계산이 정확한지 등을 확인합니다. 이 거래는 하루 만기의 초단기 금융상품이므로 중간 이자정산은 당연히 없으며, 담보의 증거금률은 103%로 설정되었습니다.

RP거래에서는 매수자가 매도자에게 자금을 제공하면서 담보로 채권을 받는데, 이때 담보로 제공해야 하는 채권의 비율을 '증거금률'이라고 합니다. 증거금률이 높을수록 담보비율이 안전하며, 낮을수록 레버리지 효과가 높아집니다. 이는 주식매매에서의 증거금률과 기본적인 의미와 목적이 유사합니다. 예를 들어, 어떤 투자자의 주식증거금률이 10%라면 1만 원으로 10만 원어치의 주식을 매수할 수 있습니다. 즉 열 배의 레버리지가 가능하다는 의미입니다.

이번 RP거래의 증거금률은 103%이기 때문에 거래 시점에서 C은행은 해당 증거금 103%에 해당하는 액면가 30,900,000,000원 통안채 담보를 A은행에 제공해야 합니다.

하지만 채권의 시장가격은 만기까지 시장금리의 변화에 따라 계속 변동합니다. 예를 들어, 발행 당시 1만 원(₩10,000)이었던 채권의 단가가 현재 조금 올라서 10,000.88원이라고 가정해봅시다. 이 경우, 현재 시장에서 거래되는 채권의 시가는 현재의 채권단가 10,000.88원에 액면금액 300억 원을 곱하고 다시 원래 채권단가인 10,000원으로 나누어주면 되는데, 30,902,719,200원입니다.

채권매도가능액은 반대매매 상황을 대비해서 미리 계산해놓는 금액입니다. 반대매매란, 자금을 받지 못할 경우 채권을 매도해서 자금을 회수하는 것을 말합니다.

RP거래 증거금과 채권시가 계산하기
· 증거금 총액 ₩30,000,000,000 x 103% = ₩30,900,000,000
· 채권담보 시가 [₩30,000,000,000 x 10,000.88]÷10,000 = ₩30,902,719,200
· 채권매도가능액 ₩30,902,719,200 ÷ 103% = ₩30,002,627,864

채권매도가능액은 100% 담보를 기준으로 계산해야 하지만, 실제로는 빌린 돈보다 많은 103%를 받아놓았습니다. 따라서 채권담보의 시가를 103%로 나누면 채권매도가능액이 산출됩니다.

채권매도가능액 = 30,902,719,200원 ÷ 103% = 30,002,627,864원

빌린 자금의 100%보다 많은 담보를 요구하는 것을 '추가담보비율'이라고 하는데 영어로는 헤어컷hair-cut이라고 합니다. 담보증권의 신용등급이 낮거나, 차입자의 신용위험이 클수록 일반적으로 높은 추가담보비율이 적용됩니다.

금융기관 간 RP거래에서 반대매매를 통한 자금 회수는 실제로 거의 발생하지 않기 때문에, 이는 주로 이론적인 개념으로 이해하면 됩니다.

중앙은행의 RP거래

한국은행 같은 중앙은행도 시장금리와 유동성을 조절하기 위해 RP거래를 활용합니다. 중앙은행의 RP거래에서는 '매수', '매도' 대신 '매입', '매각'이라는 표현을 더 자주 사용합니다.

앞서 살펴본 바와 같이 RP거래는 국채나 통화안정증권과 같은 신용등급이 높은 채권을 담보로 돈을 빌리는 거래입니다. 중앙은행들도 RP거래를 통해 자금을 조달하는 경우가 많습니다.

아래 기사의 사례를 보면서 왜 한국은행을 비롯한 중앙은행이 RP거래를 하는지 살펴보겠습니다.

> 한국은행, RP 7일물 매각… 응찰 37.70조 원,
> 3.5%에 5,000억 전액 낙찰   금리일보

이 보도에 따르면, 한국은행이 7일물 RP 매각을 실시하여 평균 낙찰금

리 3.50%에 5,000억 원이 낙찰됐다는 기사입니다. 7일물 RP는 우리나라의 기준금리로도 사용되는 중요한 금리지표입니다.

한국은행의 RP 매각은 시장에서 자금을 차입하는 효과가 있어서, 시중 유동성을 흡수하는 역할을 합니다. RP 매각 규모가 클수록 흡수하는 유동성의 양도 증가합니다.

반면, 한국은행이 RP 매입을 실시하면 채권을 담보로 시중에 자금을 공급하게 되어 유동성이 증가하는 효과가 발생합니다.

이처럼 한국은행을 비롯한 중앙은행은 RP거래를 통화정책의 수단으로 활용하여 시중 유동성을 조절하고 있습니다.

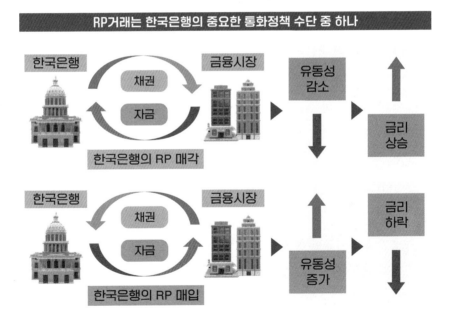

양도성예금증서의 중요성

양도성예금증서는 영어로 'Certificate of Deposit'이고, 흔히 줄여서 CD라고 부릅니다. 한자어 표현은 조금 어렵게 느껴질 수도 있는데, 일본 용어인 '讓渡性預金証書(じょうとせいよきんしょうしょ)'를 그대로 차용했기 때문입니다. 이렇게 길고 어려운 금융용어는 앞으로 우리나라 사정에 맞게 바꾸어나가면 좋을 것 같습니다.

기본적으로 CD는 개인이나 금융기관의 단기자금 운용에 적합한 예금 상품입니다. 최소 1,000만 원부터 가입 가능하고 은행과 같은 금융기관이 주로 3개월 만기로 발행합니다. CD는 3개월 이내의 단기투자를 원하는 목돈 보유자에게 적합한 상품입니다.

일반예금과 달리, CD는 양도가 가능한 예금으로, 채권과 유사하게 시장에서 자유롭게 매매할 수 있습니다. 만기 시 예금증서 소지자는 누구나 어음이나 수표처럼 예금을 인출할 수 있습니다. CD는 은행이 고객으로부터 정기예금을 받았다는 증서이지만, 무기명이기 때문에 익명성이 보장됩

CD금리가 중요한 이유
· CD는 은행이 고객으로부터 정기예금을 받았다는 증서
· CD금리는 은행이 예금을 받는 조달금리의 성격
· 많은 금융기관이 CD금리에 기초해 변동금리 대출 실행

니다. 타인에게 양도가 가능한 예금인 것이지요. 따라서 과거 증여나 정치자금 등 불법적인 자금세탁에 사용된 이력도 있습니다.

또한 CD금리는 은행의 자금조달 비용을 반영하므로, 많은 금융기관이 CD금리를 기준으로 변동금리 대출상품을 설계합니다. 그렇기에 CD금리는 투자자에게 중요한 지표입니다.

양도성예금증서의 특징과 장단점

CD의 최단 만기는 30일로 제한되어 있지만, 최장 만기에는 제한이 없습니다. 실제로 은행은 최장 1년 이내의 CD를 발행하고 있습니다.

CD에는 몇 가지 장점이 있습니다. 첫째, 30일~91일 사이의 단기상품이면서도 상대적으로 시중 예금금리보다 이자율이 높다는 측면이 가장 큰 장점입니다. 91일물 CD의 금리 수준은 일반적으로 콜금리보다는 높으나 기업어음인 CP보다는 낮습니다. 둘째, 만기일에 예금증서만 가지고 있으면 누구나 인출할 수 있을 뿐만 아니라 만기일 이전에도 양도가 가능하여 현금화가 쉽습니다.

하지만 이러한 장점과 달리, 일반 예금이나 적금에 비해 위험성이 크고 단점도 많아 다음과 같은 특징을 고려해서 매매해야 합니다.

첫째, CD는 은행의 신용으로 발행되므로, 동일 금리 조건에서는 신용도가 높은 은행의 CD가 더 안전합니다. 특히, CD는 예금자보호가 되지 않는 예금자비보호 상품이기 때문에 더욱더 은행의 신용도가 중요합니다.

둘째, CD는 무기명으로 발행되어 일반 예금이나 적금과 달리 중도에 변경이나 해지가 불가능합니다. 또한 무기명의 성격상 자금 추적이 어려워서 돈세탁에 악용될 위험성도 있습니다.

CD는 콜, RP와 함께 단기금융시장의 주요 금리지표였으나, 최근에는 그 인기가 예전만 못 해 단기금융거래에서 차지하는 비중이 줄어들었습니다. 다음 CD거래의 사례를 보면서 양도성예금증서에 대해 더 확실하게 이해해봅시다.

세종시 정부부처에 근무하는 공무원인 양도해 주무관은 3개월 후에 친지에게 갚을 1,000만 원을 마련해두었습니다. 3개월 동안 조금이라도 더 높은 금리를 받고 싶어서 은행이 발행하는 CD를 알아보기로 했습니다.

양도성예금증서의 장점과 단점

쌤
사무관

달러CD 매수

양도성예금증서의 장점
· 예금이나 적금 대비 높은 금리
· 무기명이라 제3자에게 양도 가능
· 원화와 외화 발행 모두 가능
· 만기일 이전에도 양도 가능

양도성예금증서의 단점
· 해당 은행의 신용위험에 노출
· 만기 전 중도해지가 불가능
· 예금자 비보호

양도해
주무관

원화CD 매수

마침 서울은행에서 3개월 만기(91일물) CD를 특판 금리 4%로 발행한다는 소식을 창구에서 듣고 기쁜 나머지 바로 계약을 하고 돌아왔습니다. 현재 단기금리가 모두 3%대인데 4%면 매우 좋은 조건이라고 판단해 양도해 주무관의 얼굴에는 싱글벙글 웃음꽃이 만발했습니다.

이를 지켜본 옆자리의 외국인 사무관인 쌤Sam은 샘이 났습니다. 어떻게 CD금리가 일반예금 금리보다 높은지 의아해하면서, 양도해 주무관에게 혹시 USD CD 예금은 없느냐고 물었습니다.

양도해 주무관도 달러 CD가 있는지는 몰라서 즉시 서울은행에 전화로 문의를 했습니다. 은행 측은 달러 표시 외화양도성예금증서 또한 원화와

양도성예금증서 [무기명식]

만기지급액	금 10,000,000원	계좌번호
	할인매출액 **금 9,901,259원**	
기간 91일	만기일 2023년 11월 30일	

서울은행 ㈜
Seoul Bank 위 금액을 만기 지급일에 이 증서와 상환하여
증서 소지인에게 지급하겠습니다.   2023년 8월 31일

외화양도성예금증서 [무기명식]

만기지급액	USD $10,000	계좌번호
	할인매출액 **USD $9,899.90**	
기간 91일	만기일 2023년 11월 30일	

서울은행 ㈜
Seoul Bank 위 금액을 만기 지급일에 이 증서와 상환하여
증서 소지인에게 지급하겠습니다.   2023년 8월 31일

동일하게 91일 만기, 4% 특판 금리로 제공할 수 있다고 답변했습니다.

친구 따라 강남 가는 것을 좋아하는 쌤 사무관은, 점심시간에 바로 은행을 방문해 달러 표시 외화양도성예금증서를 매수했습니다.

CD의 연간 할인율 계산

그런데 증서를 받고 보니 뭔가 이상했습니다. 예금증서에 몇 %라는 금리 표시가 없고 '할인매출액'이라고만 쓰여 있는 게 아니겠어요? 왜 그럴까요? 은행이 이자율 표시를 잊어버리고 안 넣은 것일까요?

아닙니다, CD에는 원래 금리 표시가 없습니다. 이는 CD가 일반 예금과 달리 이자 지급식이 아니라 할인 방식으로 발행되기 때문입니다.

만기에 1,000만 원을 받지만, 매수 시점에서 이자금액인 98,741원(₩10,000,000 − ₩9,901,259)만큼을 미리 깎아주는 것입니다. 지금 9,901,259원만 주고 산 다음 91일 뒤에 1,000만 원을 받는 것입니다. CD라는 단기금리 상품의 특징입니다.

그러면 4%라고 얘기한 서울은행 직원의 말은 맞는지 확인할 수 없는 걸까요? 확인이 가능합니다. CD의 이자율(연간 할인율)은 다음과 같이 역산해서 계산할 수 있습니다.

우선 91일 동안의 할인율을 구합니다. 할인액 98,741원을 매매금액 9,901,259원으로 나누면 0.9973%가 나옵니다. 그런데 이는 91일 동안의 할인율이기 때문에 1년 동안의 연간 할인율을 구하려면 365를 곱하고 91로 나누어주면 됩니다. 이렇게 계산하면 4.0%가 나오는데 이것이 바로 1년 동안의 연이율인 연간 할인율인 것이지요.

이렇게 서울은행이 정직하게 양도성예금을 판매했다는 것이 증명되었습니다.

원화양도성예금증서 연간 할인율 구하기		
· 91일 할인금액	₩10,000,000 - ₩9,901,259	= ₩98,741
· 365일 할인금액	₩98,741 x 365 ÷ 91	= ₩396,049
· 연간 할인율	₩396,049 ÷ ₩9,901,259	= ₩ 4.0%

달러 표시 CD의 할인율 계산 과정도 원화 CD와 기본적으로 동일합니다. 그러나 한 가지 중요한 차이점이 있습니다. 달러 상품은 1년 이자를 계산할 때 우리나라처럼 365일을 기준으로 하지 않고 360일을 기준으로 합니다.

따라서 쌤 사무관이 투자한 달러 CD의 하루 이자를 계산할 때는 년간 총 일수를 365가 아닌 360으로 나누어야 합니다.

달러 양도성예금증서 연간 할인율 구하기		
· 91일 할인금액	$10,000 - $9,899.90	= $101.10
· 365일 할인금액	$101.10 x 360 ÷ 91	= $396.00
· 연간 할인율	$396.00 ÷ $9,899.90	= $4.0%

CD금리의 중요성과 문제점

CD금리는 우리나라의 대표적인 단기시장 금리로, 대출 및 파생상품 거래에 있어서 준거금리로 사용되어왔습니다. 글로벌 금융시장의 변동금리의 준거금리로 리보가 있었다면 우리나라에서는 CD금리가 그 역할을 해왔던 것이지요.

특히 3개월 만기(91일물) CD금리는 오랫동안 원화 변동금리의 기준지표로 이용되어왔으며, 현재도 이 같은 관행은 이어지고 있습니다. 코픽스와 같은 다른 변동금리 지표가 CD금리를 완전히 대체하지 못한 상황에서, 많은 원화 파생상품 및 변동금리 거래가 여전히 3개월 CD금리를 준거금리로 사용하고 있습니다.

하지만 리보와 마찬가지로 CD금리 또한 여러 가지 문제점으로 인해 타당성과 신뢰성에 대한 의문이 지속적으로 제기되어왔습니다. 특히나 은행의 CD 발행물량이 갈수록 감소하면서 금리가 시장 상황을 적시에 반영하지 못하고 경직되는 문제가 주요 원인으로 지적되고 있습니다.

이 같은 금리의 경직성 문제를 해소하기 위해 당국은 CD금리 산출에 필요한 최소 CD 발행량을 유지하기 위해 노력하고 있습니다. 또한 원화 무위험지표금리인 KOFR을 사용하도록 장려하고 있습니다.

기업의 단기자금 조달 수단 - 기업어음(CP)과 단기사채

기업어음이란?

금융기관은 단기자금이 필요할 때 RP와 콜 시장에서 거래를 합니다. 하지만 기업은 RP와 콜 시장의 참가기관이 아니기 때문에 다른 방법으로 단기자금을 조달해야 합니다.

기업의 주요 단기자금 조달 방법은 기업어음과 단기사채 발행입니다. 그중 기업어음은 기업이 단기 운전자금 등을 조달하기 위해 발행하는 약속어음입니다. 기업어음이 증권사를 통해 중개 및 매매되기 위해서는 두 개 이상의 신용평가회사로부터 신용등급을 획득해야 합니다. 그렇기 때문에 기업어음은 신용이 양호한 기업이 발행합니다.

회사채 또한 기업이 자금조달을 위해 발행한다는 공통점이 있지만, 기업어음은 단기자금 융통을 목적으로 하는 데 반해 회사채는 장기의 자금조달을 목적으로 합니다. 또한 기업어음은 신용이 우량한 기업이라면 어떤 기업이든 발행할 수 있지만, 회사채는 주식회사만 발행할 수 있다는 차이점이 있습니다. 증권이나 채권과 달리 어음법의 구속을 받기 때문에 발행 절차가 간소합니다.

국내 CP의 신용등급은 최우량 등급인 A1부터 A2, A3, B, C 및 지급불능 상태인 D까지 구성되어 있습니다. 그러나 실제로는 A1~A3의 기업어음만 유통됩니다.

CP는 양도성예금증서인 CD와 마찬가지로 할인 방식으로 발행됩니다. 따라서 만기에는 증서에 적힌 액면금액이 증서 소지자에게 상환됩니다. CP의 발행금리는 기업의 신용등급과 만기 그리고 CP 시장 상황을 고려해 결정됩니다. 그렇기 때문에 다른 단기자금 거래에 비해 매우 다양하고 기업어음마다 발행 금리의 차이가 큰 편입니다.

약속어음		(기업어음증권)
서울은행 ㈜ Seoul Bank	종로은행 귀하	금 **10,000,000원**
	위 금액을 귀하에게 이 약속어음과 상환하여 지급하겠습니다.	
지급기한 2024년 12월 31일	발행일 2024년 1월 2일	
지급장소 서울은행 광화문지점	발행자 주식회사 슈퍼리치㈜	
[어음조회] 02-777-7777	대표이사 변 정 규	

사례의 기업어음은 슈퍼리치 주식회사가 1년 만기 CP를 발행한 경우입니다. 기업어음은 법적으로 약속어음이기 때문에 우리에게 익숙한 수표와 형태가 비슷합니다.

슈퍼리치 주식회사가 CP를 발행하면 금융회사는 선이자를 떼고 할인해서 매입한 후 할인된 금액을 슈퍼리치 주식회사에 지급합니다. 금융회사는 중개수수료를 받고 다른 기관투자가에 도매로 판매하거나 개인에게 소매로 판매하기도 합니다.

CP는 1997년 금리자유화 조치 이후, 30일 최단만기 규제와 1,000만 원의 최소금액 규제가 철폐되었기 때문에 원칙적으로 금액과 만기가 자유롭습니다. 그러나 단기자금을 융통하기 위한 목적이기 때문에 실제로는 30일, 60일, 90일, 180일 등 1년 이내로 발행되고 있습니다.

CP는 우리나라 기업의 대표적인 단기자금 조달 수단이기에 금리 수준이 변하면 경제뉴스에도 빈번하게 보도가 됩니다.

> ## 기업어음 금리 연일 상승… 고개 드는 단기자금시장 경색 불안
> 금리일보

해당 기사에 따르면 최근 기업어음 금리가 연일 상승하는 추세라고 합니다. 이러한 현상은 신용위험에 대한 가산금리가 높아질 때 특히나 두드러집니다.

CP에 가장 많이 투자하는 주체는 증권사의 단기투자상품인 특정금전신탁과 랩wrap어카운트입니다. 그러나 금융시장에 신용위험에 대한 위기감이 고조되기 시작하면 이들 CP에 투자하는 증권사의 신탁상품과 랩어카운트에 대한 수요가 크게 줄어듭니다. CP에 대한 수요가 줄어들면 금리를 더 높여야 투자자를 유치할 수 있으므로 CP 금리가 빠르게 상승합니다.

기업 입장에서 CP 금리 상승은 자본조달 비용의 증가를 의미합니다. 따라서 회사채 금리와 CP 금리는 기업의 자금관리에 있어서 가장 중요한 금리지표로 간주됩니다.

단기사채란? 단기사채 도입의 배경

단기사채는 1년 미만의 단기채권으로, 종이와 같은 실물이 아닌 전자방식으로 발행됩니다. 법적 성격이 약속어음인 CP와 달리, 단기사채는 사채의 형태를 띱니다.

기업의 단기자금 조달을 지원하기 위해 2013년 '전자단기사채'라는 명칭으로 도입되었으며, 2019년 '단기사채'로 명칭이 변경되었습니다.

단기사채 도입의 취지는 크게 두 가지입니다. 첫째, 기존 CP의 문제점인 시장투명성 결여와 열악한 투자자 보호장치를 개선하기 위해서입니다.

단기사채의 발행 요건	
1. 발행 최소금액	각 사채의 금액이 1억 원 이상일 것
2. 발행 최대만기	만기가 1년 이내일 것
3. 발행 납입금	사채금액을 일시에 납입할 것
4. 전액 일시상환	만기에 원리금 전액을 일시에 상환할 것
5. 주식권리 부여 금지	전환권, 신주인수권 등 주식 관련 권한 부여 금지
6. 담보설정 금지	단기사채는 담보부사채가 인정되지 않음

기업어음은 기업의 단기자금 조달수단으로 활용되어왔으나, 시장투명성과 투자자 보호를 위한 제도적 장치는 사실 매우 미흡했습니다. CP는 공시의무가 없어 투명성이 결여되어 있는 데다, 투자자 보호장치가 채권이나 주식에 비해 부족합니다. 또한 증서의 위조와 변조의 가능성, 실물발행에 따른 분실위험 등의 문제점이 있었기에 이를 개선하기 위해 단기사채를 도입한 것입니다.

둘째, 기업이 더욱 효율적으로 자금을 조달할 수 있도록 발행을 전자화, 체계화하고 유통체계의 편의성을 향상시키기 위해서입니다. 단기사채는 실물 없이 전자장부에 등록하는 형태로 발행되어, 기업어음에 비해 여러 우수한 장점을 가지고 있습니다. 법적 성격은 어음과 다르지만, 경제적인 실익이나 효과는 기존의 기업어음인 CP와 유사합니다.

단기사채는 사채임에도 불구하고, 발행 및 유통을 용이하게 하기 위해 상법상 사채 발행 규정에 대한 특례를 적용받습니다. 이에 따라 단기사채 발행기업의 대표이사는 이사회가 정한 발행한도 내에서 발행권한을 위임받아 신속하게 발행할 수 있습니다. 이는 CP의 발행 절차에 비해 매우 간소화된 것입니다.

또한 단기사채는 발행 종목, 조건, 금액뿐 아니라 발행잔액과 한도까지 한국예탁결제원 홈페이지에 모두 공시하도록 규정되어 있어, CP에 비해 투자자 보호장치가 크게 강화되었습니다.

단기사채의 투자위험

기업어음 및 여타 사채와 마찬가지로 단기사채도 투자위험이 존재합니다. 단기사채는 중도에 해지가 불가능하고 예금자보호법 적용 대상이 아니기 때문에, 발행회사의 신용 상황 변화에 따라 원금손실이 발생할 수 있습니다.

이러한 이유로 기업어음, 사채, 단기사채 모두 발행회사의 신용도가 매우 중요합니다. 신용도가 높을수록 투자위험과 수익률이 낮아지는 반면, 신용도가 낮을수록 투자위험과 수익률이 높아지기 때문입니다.

단기사채는 크게 '일반단기사채'와 '자산담보부단기사채'의 두 가지로
나뉩니다. 일반단기사채는 회사가 자신의 이름으로 발행하는 단기사채이
고, 자산담보부 단기사채는 가상의 특수목적법인인 SPCSpecial Purpose Compa-
ny가 발행자가 됩니다.

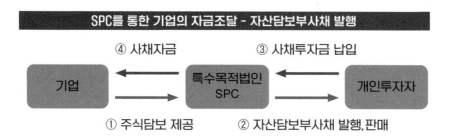

최근에는 건설사들이 아파트나 상가 건설을 목적으로 하는 부동산 프
로젝트 파이낸싱PF을 진행하면서 이러한 방식으로 단기사채를 많이 발행
하고 있습니다. 특히, 부동산 PF 관련 단기사채는 회사에서 직접 발행하지
않고 주로 SPC를 설립해서 간접 발행하는 방식을 사용하는 경우가 많습니
다. 이러한 단기사채는 금리가 일반적으로 높지만 신용위험도 상대적으로
높아 주의가 필요합니다.

이는 자산을 보유한 기업이 SPC를 설립한 후, SPC에 자산을 양도하고
회사가 아닌 SPC가 사채를 발행하는 방식입니다. SPC는 사채를 발행해서
받은 투자금을 다시 기업에 제공합니다. 이들 단기사채는 해당 부동산 PF
의 자금조달을 위해 발행되는데, SPC는 사실상 주인이 없는 가상의 법인
이기 때문에 투자위험성이 높습니다.

부동산 PF 관련 자산담보부 단기사채는 상대적으로 높은 금리를 제공

하지만 위험성도 크기 때문에 수익 대비 위험을 확실히 파악하고 조심해서 투자하기 바랍니다.

향후 단기사채를 활성화하는 것도 중요하지만, SPC를 이용한 '편법 발행'은 투자자에게 위험할 수 있으므로 제도적인 정비가 필요합니다. 단기사채의 발행과 투자 모두 금융의 기본원칙인 신뢰를 바탕으로 해야 하며, 정직함과 투명성을 필수적으로 갖춰야 합니다.

회사채, 기업어음과 단기사채의 구분은 중요하므로 하나의 표로 정리해 숙지해두면 유용할 것입니다.

구분	회사채	기업어음	단기사채
법적 성질	사채	약속어음	사채
경제적 기능	장기자금 조달	단기자금 조달	단기자금 조달
실물 발행 여부	실물 발행 O	실물 발행 O	실물 발행 X
증권신고서 제출	제출 의무 있음	의무 있는 경우*	만기 3개월 초과
발행자격	주식회사	제한 없음	제한 없음
발행한도	제한 없음	제한 없음	이사회 결의
최저액면	1만 원	제한 없음	1억 원
만기	제한 없음	6개월 이내 단기	1년 이내
발행정보	발행공시	정기보고서	예탁원 공시
분할양도	가능	불가	가능

* 만기 1년 이상 혹은 특정금전신탁에 편입되고 투자자 50인 초과 경우

썸11

코픽스(COFIX), 주택담보대출의 대표적 변동금리

대출금리의 기준 코픽스

우리나라에서 변동금리의 준거금리로 사용되는 금리지표로 3개월 CD 금리 외에 또 어떤 금리가 있을까요? 최근에 많이 사용되는 변동금리가 바로 코픽스입니다. 코픽스는 주택담보대출 등의 대출을 받을 때 많이 이용되기 때문에 우리에게 익숙한 금리이기도 합니다.

Cost of Funds Index의 약자인 COFIX를 바탕으로 하는 코픽스 금리는 우리나라에서 만든 금리지표입니다. 이는 은행연합회가 국내 여덟 개 주요 은행의 자금조달 금리를 가중평균해 매월 15일 오후 3시에 고시합니다.

코픽스가 은행들의 자금조달 금리를 원천으로 한다고 했는데, 그렇다면 은행은 어떠한 경로와 방식으로 자금을 조달하는 것일까요? 은행의 자금 조달원과 조달방식을 먼저 알아야 코픽스 금리를 이해할 수 있습니다.

결론적으로 말하면, 은행은 주로 예금을 받거나 채권을 발행해서 자금을 조달합니다. 따라서 각 은행이 은행연합회에 통보하는 조달금리는 예

코픽스 금리 산출에 포함되는 다양한 금리들	
기존 코픽스	정기예금, 정기적금, 상호부금, 주택부금, CD, RP, 표지어음, 금융채
신잔액기준	기존 코픽스 8개 상품 + 3개 (기타 예수금, 기타 차입금, 결제성자금)

금과 적금 등 수신상품 금리와 은행이 발행한 금융채 금리를 가중평균한 금리입니다.

그렇다면 은행의 조달금리인 코픽스가 왜 우리 같은 일반인에게 중요할까요? 코픽스가 예금이나 적금뿐만 아니라 주택담보대출 같은 변동금리 대출금리 산정의 기준이 되는 준거금리 역할을 하기 때문입니다.

은행은 고객의 대출금리를 산정할 때 코픽스 금리를 기준으로, 여기에 고객별 신용도에 따른 가산금리(위험 프리미엄)와 은행 마진을 얹어 최종 대출금리를 산정합니다.

코픽스 금리는 비교적 최근인 2010년에 도입되었습니다. 기존에 우리나라 변동금리의 준거금리 역할을 해오던 CD금리가 시장의 실제 금리를 제대로 반영하지 못하고 있다는 비판이 꾸준히 제기되었기 때문입니다.

도입 이후 빠르게 성장세를 보이면서, 2022년 말 기준 전체 변동금리 상품 중 약 60% 이상을 코픽스가 차지할 정도로 대표적인 변동금리 지표로 자리 잡았습니다.

코픽스는 은행연합회가 네 가지로 구분하여 공시하는데, 그 유형은 ①신규취급액기준 코픽스 ②잔액기준 코픽스 ③신잔액기준 코픽스 ④단기 코픽스입니다.

코픽스 금리의 4종류		
종류	도입 시기	특징
1. 신규취급액기준 코픽스	2010. 2	한 달 동안 신규로 취급한 수신상품금액의 가중평균금리
2. 잔액기준 코픽스	2010. 2	은행이 보유한 모든 수신상품 잔액의 가중평균금리
3. 단기 코픽스	2012. 12	해당 주간에 신규로 취급한 만기 3개월 단기 수신상품 금액의 가중평균금리
4. 신잔액기준 코픽스	2019. 7	산출 대상 수신상품에 기타 예수금, 기타 차입금, 결제성자금 추가로 포함

신잔액기준 코픽스는 가장 최근인 2019년도에 도입되었으며, 소비자 보호 차원에서 금리를 낮추기 위해 산정방식을 조정했습니다. 그렇기에 대출 고객에게 더 유리한 조건을 제공합니다.

기존 코픽스 산정방식에서는 은행 조달자금 중에서 금리가 낮은 요구 불예금, 수시입출식 예금, 한국은행 차입금은 제외되어 있었습니다. 신잔 액기준에서는 이들을 포함시켜 실제 조달금리가 더 정확하게 반영되도록 했습니다.

은행연합회 홈페이지의 코픽스 탭에 들어가면 코픽스 금리를 종류별로 확인할 수 있으며, 신잔액기준 코픽스 금리가 다른 유형에 비해 월등히 낮 은 것을 확인할 수 있습니다. 따라서 대출자에게는 일반적으로 금리가 가 장 낮은 신잔액기준 코픽스가 가장 유리한 선택일 수 있습니다.

은행연합회 코픽스 자료화면			
신규취급액기준 코픽스 공시일: 2024.07.15.	잔액기준 코픽스 공시일: 2024.07.15.	신잔액기준 코픽스 공시일: 2024.07.15.	단기 코픽스 공시일: 2024.08.07.
3.52%	3.73%	3.17%	3.42%
다음 공시일: 2024.08.16.	다음 공시일: 2024.08.16.	다음 공시일: 2024.08.16.	다음 공시일: 2024.08.14.

(2024년 8월 10일 기준)

코픽스 금리와 대출금리 간 괴리

코픽스 금리는 은행의 자금조달 금리이기 때문에 시장의 금리변동을 매우 빠르게 반영합니다. 하지만 실제로 대출을 받기 위해 은행을 방문하면, 은행이 제시한 대출금리와 공시된 코픽스 금리 사이에 큰 차이가 있어 놀랄 때가 많습니다. 신세대 슈퍼리치로 성공한 해다방 커피 원두야 사장의 경험을 들어 왜 그런지 알아보도록 하겠습니다.

최근 선풍적인 인기를 끌고 있는 커피 전문점 '해다방 커피'는 신이 창조한 듯한 고귀한 원두의 깊은 맛과 향기로 장안의 화제입니다. "해다방 커피를 마셔보지 않은 손님은 있어도, 한 번만 마셔본 손님은 없다"는 말까지 나오고 있지요.

매장에 앉을 데가 없을 정도로 손님이 많아지자, 회사의 젊은 창업주 원두야 사장은 매장의 확장 이전을 고려합니다. 매장을 늘리려면 큰돈이 필요하기에 자신의 명의로 된 아파트를 담보로 주택담보대출을 알아보고 있지요.

하지만 주택담보대출을 알아보면서 황당한 경험을 했습니다. 몇 주 전,

· 원두야 사장은 금리가 오른 게 이해가 안 됨

3월 18일 코픽스 3.50% / 대출금리 → 4.50%
3월 25일 코픽스 3.40% / 대출금리 → 4.60%

· 코픽스 내렸는데? 주담대 금리는 왜 올랐지?
→ 가산금리가 범인

원두야 사장

매장 앞에 있는 A은행 지점에 주택담보대출을 알아봤을 때 코픽스 금리가 높아서 대출금리도 높다는 얘기를 듣고 발길을 돌렸습니다. 그런데 최근 코픽스 금리가 조금 내렸다는 이야기를 듣고 대출금리도 낮아졌을 것으로 기대하고 다시 문의했지만 이상하게도 대출금리는 오히려 높아졌습니다. 왜 그럴까요? A은행이 폭리를 취하는 것일까요?

가산금리는 대출금리 상승의 주범

시장의 금리는 내렸는데 대출금리는 변함이 없는 경우는 실제로도 자주 있습니다. 다음 기사를 통해 왜 그런지 이유를 알아보도록 합시다.

> "코픽스 금리 내렸는데… 주담대 변동금리는 제자리"
>
> 금리일보

2023년 11월의 금리 상황을 나타낸 기사입니다. 당시는 글로벌 금리인상이 사실상 종료된 것으로 여겨졌습니다. 미국 연준이 11월 FOMC에서 금리를 동결하고, 물가상승률이 빠르게 낮아지면서 실업수당 청구건수도 늘어나는 등 경기하락이 가시화되는 시기였지요.

연준의 금리인하 시기가 빨라질 것이라는 기대감에 채권 등 시중금리와 예금·적금 금리가 하락 전환하면서 은행의 조달금리도 하락하기 시작했습니다. 하지만 은행의 조달금리가 하락했음에도, 기사의 내용처럼 개인에 대한 담보대출 금리는 하락하지 않고 종전과 비슷하거나 오히려 상승하는 양상을 보였습니다.

'주담대'로 불리는 주택담보대출의 금리는 ① 코픽스 기준금리 ② 가산금리 ③ 은행마진의 세 가지 요소로 구성됩니다. 그리고 주담대 금리가 오히려 상승한 주요 원인은 이 중 가산금리가 높아졌기 때문일 가능성이 가장 큽니다. 코픽스 금리가 하락해도 가산금리가 인상되면, 최종 대출금리는 하락하지 않거나 오히려 상승할 수 있습니다.

가산금리를 올리는 2가지 주범

은행은 유동성 프리미엄, 신용 프리미엄, 리스크 프리미엄과 자본비용 등 여러 항목의 비용요인을 가산금리에 포함시킵니다. 따라서 소비자는 반드시 여러 은행의 금리를 온라인상에서 미리 꼼꼼히 비교하고 대출을 결정할 필요가 있습니다.

대출금리가 높아진 주요 원인은 가산금리 중에서도 '신용 프리미엄' 또는 '리스크 프리미엄'의 상승일 가능성이 높습니다.

첫째, 가산금리 중 신용 프리미엄이 상승해서 코픽스 금리가 내렸음에도 불구하고 최종 대출금리는 오히려 상승했을 수 있습니다. 2023년 말 미국 달러의 기준금리 상단은 5.5%로 여전히 매우 높은 수준이었습니다. 또한 앞으로 고금리가 상당기간 더 오래 지속될 것으로 예상되어, 은행은 기업들의 부도와 같은 신용 리스크에 매우 민감한 시기였습니다. 기업이나 가계 대출이 매우 까다로워진 상황이었지요. 이로 인해 대출의 기준인 코픽스 금리는 소폭 하락했지만, 신용사태 발생에 대한 불안감 때문에 신용 프리미엄이 훨씬 상승했을 가능성이 있습니다.

만약 시장 상황이 반대였다면 어땠을까요? 경제가 호황이고 중앙은행이 추가적인 기준금리 인하를 전망하는 사황에서는 가산금리가 오히려 많이 하락할 수 있습니다. 호황으로 돈이 남아도는 상황에서 기준금리가 앞으로 더 낮아질 것으로 예상되면 신용 리스크에 대한 위험이 최소화되기 때문입니다. 결과적으로 코픽스와 가산금리 모두 동시에 낮아져 대출금리가 하락할 수 있습니다.

둘째, 가산금리의 여러 항목 중 리스크 프리미엄이 상승했을 수 있습니다. 리스크 프리미엄은 은행의 자금조달 금리와 대출금리의 차이를 의미합니다.

코픽스 금리는 월 1회 고시되기 때문에, 코픽스 금리와 실제 은행의 조달금리 사이에는 시차가 생길 수밖에 없습니다. 전월에 비해 코픽스 금리가 하락했더라도 최근에 시장이 급격하게 변해서 은행의 실제 조달비용이 증가했다면, 리스크 프리미엄 상승으로 인해 실제 조달금리와 이전에 발표된 코픽스 금리 간에 차이가 발생할 수 있습니다.

결국, 최근 리스크 프리미엄 상승폭이 전월 코픽스 금리하락분보다 크다면 최종 대출금리는 전월 대비 오히려 상승할 수도 있습니다. 따라서 코픽스 금리의 상승 또는 하락이 대출금리 변화로 반드시 연결된다고는 볼 수 없습니다.

이는 코픽스뿐만 아니라 시장 상황의 변화도 고려해야 함을 알려줍니다. 코픽스 금리와 대출금리는 곧바로 연동되지 않기 때문에, 시장 상황에 따라 어느 정도 괴리가 있을 수 있습니다.

가산금리 외에도, 은행의 정책이나 수수료 같은 마진 또한 대출금리에 영향을 줍니다. 금융기관마다 서로 다른 금리체계와 대출정책을 운용하기 때문에 대출금리도 모두 다를 수밖에 없습니다.

원두야 사장은 다시 알아보고 문의한 결과, A은행이 아닌 B은행에서 만족할 만한 금리로 주택담보대출을 받을 수 있었습니다. 대출을 결정하기 전에 항상 여러 금융기관을 비교해보는 태도가 매우 중요합니다.

가산금리의 종류와 성격에 대해서는 제1장 [썸12]에서 자세하게 다루었으니 복습해보기 바랍니다.

개인의 단기자금 관리는 파킹통장?
- CMA의 종류별 장단점

은행 보통예금의 추락

2000년대 이전에는 은행 예금이 매우 안전하고 효율적인 투자 방법 중 하나였습니다. 예금이나 적금 금리도 5% 이상인 경우가 많았으며, 복리효과를 고려하면 은행 예금이나 적금이 투자 포트폴리오에서 차지하는 비중이 높은 것이 당연했습니다.

하지만 2010년 이후 저금리가 본격화되고 물가상승도 가중되면서, 투자자의 고민이 커졌습니다. 예금은 자금을 보관해주지만 늘려주는 데에는 한계가 있다는 문제가 발생했습니다.

회사에서 지정해준 시중은행의 월급통장으로 매월 급여가 들어오지만, 이는 신용점수를 쌓는 것 외에는 재테크에 크게 도움이 되지 않습니다. 남는 여윳돈인 단기자금을 보통예금으로 놔두는 것도 아깝습니다. 은행 보통예금은 연이율이 0.1%~0.2% 수준으로, 사실상 이자가 없습니다. 또한 대부분 이자를 복리가 아닌 단리로 계산하기 때문에 예금주는 목돈을 하루라도 보통예금에 묵혀두면 손해입니다.

이런 이유로 인해 개인은 CMA와 MMF, 파킹통장처럼 상대적으로 고금리이면서 하루만 맡겨도 이자를 받을 수 있는, 수시입출금이 가능한 상품을 찾게 되었습니다.

금융사들은 수시입출금 상품에 어떻게 고금리를 제공할 수 있을까요? CMA, MMF와 파킹통장은 고객의 자금을 받아서 콜거래, RP거래, CD와 CP, 단기사채와 만기 1년 미만의 단기채 등 단기상품에 투자합니다. 그 후 수익금 중 일부를 고객에게 나누어 주는 것이죠.

따라서 콜거래, RP거래, CD와 CP, 단기사채와 같은 단기자금 거래의 기본 속성을 이해해야 단기자금을 예치할 때 위험과 수익을 제대로 분간할 수 있으며, 이를 통해 좋은 판단을 내릴 수 있습니다.

보통예금의 대안-CMA, MMF, 은행 파킹통장

투자 여부를 결정하지 못한 자금이나 단기간 여윳돈을 보관할 통장을 찾는다면 보통예금 통장 대신 어떤 상품을 선택하는 것이 좋을까요?

개인의 단기자금 거래에는 크게 ① 증권사의 CMA ② 자산운용사의 MMF ③ 은행의 파킹통장이라는 세 가지 선택지가 있습니다. 이들 세 가지 상품은 일반 예금이나 적금과 다른 두 가지 차별적인 특징 때문에 개인의 단기자금 계좌로 선호됩니다.

첫째, 보통예금과 달리 하루만 맡겨도 이자가 발생합니다. 보통예금은 이자도 낮고, 이자 계산도 매일 이루어지지 않아 단기자금 관리에 불리할 수 있습니다.

둘째, 은행의 정기예금, 적금과 달리 입출금이 자유롭습니다. 은행의 정기예금이나 정기적금은 대부분 폐쇄형입니다. 특히 추가 불입은 가능하지만 인출은 제한적이라 단기자금 관리에 불편합니다.

파킹통장으로 CMA가 좋다

'파킹통장'이라는 용어는 사실 공식적인 금융용어가 아닙니다. 자동차를 잠시 주차parking하듯이 '단기자금을 고금리로 넣어둘 수 있는 수시입출금통장'이라는 의미로 만들어진 용어입니다.

하지만 입출금이 자유로우면서도 금리가 높은 파킹통장을 제공하는 시중은행은 거의 없고, 대부분은 인터넷은행이나 저축은행이 제공하므로 신용도가 떨어질 수밖에 없습니다. 인터넷 전문은행은 저신용 대출을 많이 하기 때문에 5,000만 원 이상의 자금은 분산 예치하는 것이 좋습니다. 또한 신용이 높은 고신용자들은 종합적으로 보면 시중은행의 혜택이 더 많아서, 인터넷은행을 파킹통장으로 거래할 유인이 낮습니다.

기존에 판매되는 파킹통장도 최대 지급금리는 높게 제시되어 있지만, 막상 자세히 살펴보면 부수 조건이 많아서 실제로 받는 금리는 낮은 경우가 대부분입니다. 따라서 파킹통장은 단기자금 운용의 적절한 대안으로 보기 어렵습니다.

자산운용사의 머니마켓펀드인 MMFMoney Market Fund 또한 예금에 비해 인출이 불편하고 다른 금융기관의 ATM 사용 시 수수료를 추가로 내야 하는 등 사용상의 제약이 많습니다. 따라서 MMF도 단기자금의 수시입출금 통장으로는 부적합합니다.

더욱이 MMF는 증권사의 CMA로도 가입이 가능하기 때문에 증권사에서 가입하는 편이 더 편리할 수 있습니다. 금리도 CMA 유형별로 차이는 있지만, 일반적으로 인터넷은행이나 저축은행의 수익률보다도 약간 높아 금리 경쟁력도 있습니다.

따라서 현실적으로 개인의 단기자금 관리에 있어서 보통예금을 대체할 수 있는 가장 효율적인 대안은 CMA라고 볼 수 있습니다.

증권사 종합자산관리계좌 CMA

CMA는 'Cash Management Account'의 약자로, 말 그대로 '현금관리 계좌'를 뜻합니다. 이는 종합금융회사(종금사)나 증권사에서 개설하는 종합 자산관리 계좌로, 은행이 아닌 증권사에서 개설하는 수시입출금 통장이라 고 할 수 있습니다.

증권사에서 주식을 거래하려고 하면 CMA 계좌를 개설하라고 권유하기 때문에 우리에게 비교적 익숙하지만, CMA는 증권사 상품이기 때문에 운 용방식이 시중은행 보통예금과 전혀 다릅니다.

예금과 대출의 마진(예대마진)을 통해서 예금의 이자를 지급하는 은행과 달리, CMA는 투자자로부터 예탁금을 받아 여러 단기자금상품에 투자하 여 나온 수익을 돌려주는 운용방식을 취합니다.

이제 CMA를 각 유형별로 알아보고, 각각의 장단점을 살펴보겠습니다. CMA는 운용방식에 따라 다르지만, 크게 여섯 종류로 구분할 수 있습니다.

(1) RP형 CMA

고객이 RP형 CMA에 가입하면 증권사는 한국예탁결제원에 원금의

CMA의 6가지 종류		
CMA 유형	**거래 유형**	**내용**
1. RP형	레포 (RP)	· 국채, 공채, 은행채, 우량 회사채 편입 · 편입자산 담보로 RP 발행 후 확정이자 지급 · 비대면 계좌개설시 RP형이 기본 선택됨 · CMA 중 안전성이 높은 편
2. MMF형	펀드 (Fund)	· 펀드 형태의 단기 머니마켓 상품 · CP, CD 등 상대적 금리 높은 상품에 투자 · 펀드 성과에 따른 수익 배분
3. MMW형	랩 (Wrap)	· 랩 형태의 단기 머니마켓 상품 · 증권사가 한국증권금융에 자금 위탁운용 · 회사채 비편입. 높은 안전성. 비대면 개설 불가
4. 종합금융형	종금	· 종합금융사에서 개설하는 CMA 계좌 · 예금자보호법 대상. 5,000만 원 한도 원금보장 · 현재 전업종금사 한 곳, 우리종금에서 판매
5. 발행어음형	어음 (CP)	· 증권사가 기업어음 형태로 발행하여 판매 · 증권사의 자체 신용으로 발행하는 고금리 상품 · 원금손실 위험성이 가장 높은 상품
6. 외화RP형	USD RP	· RP형 CMA와 구조는 같으나 USD RP에 투자 · 환전 후 당일 오후까지 입금 필요, 환전 수수료 발생 · 미국 기준금리 높을 때 투자 유리. 환차손 유의

105%에 해당하는 국공채나 회사채를 담보로 맡기고(보호예수), 정해진 확정금리를 제공합니다. CMA 유형 중에서 확정형 금리를 지급하는 유형은 RP형이 유일합니다.

신용사태가 발생하더라도 담보채권의 가치만 유지되면 채권을 매각해 원금을 보전할 수 있어, 상당히 안전한 단기자금의 투자 대안입니다.

(2) MMF형 CMA

머니마켓펀드의 약자인 MMF는 원래 자산운용사의 단기운용상품이지만 증권사에서도 CMA로 편입해서 판매하고 있습니다.

MMF형 CMA는 기본적으로 단기펀드 거래 형태이기 때문에, 수익은 확정금리가 아닌 실적배당으로 지급되며 원칙적으로는 원금손실이 가능합니다. 하지만 실제로는 금리가 높으면서도 신용등급이 우량한 기업어음과 은행 CD에 주로 투자해 운용하기 때문에, 원금손실의 가능성은 낮습니다.

(3) MMW형 CMA

안전하고 상대적으로 수익률도 괜찮은 CMA를 찾는다면 RP형이나 랩어카운트 형태인 MMW형 CMA를 추천합니다. RP형과 MMW형 둘 다 예금자보호 상품은 아니지만 안정성이 높다는 공통점이 있습니다.

RP형은 담보채권으로 보증되는 반면, MMW형은 증권사가 한국증권금융에 운용을 일임하기 때문에 한국증권금융이 원금지급의 의무를 집니다. 따라서 증권사가 파산하더라도 원금이 보장됩니다.

또한 MMW형은 확정금리를 주는 RP형과 달리 실적배당형 상품입니다. 특히 MMW형 CMA는 WWF형이나 RP형과 달리 회사채가 편입되지 않기에 매우 보수적으로 운용됩니다.

(4) 종합금융형 CMA

종합금융형 CMA는 종합금융사에서만 개설 가능합니다. 최근 메리츠종합금융과 동양종합금융 또한 계열 증권사와 합병되어 종금업 인가를 반납했습니다. 그래서 이제 남은 종합금융사는 우리종합금융이 유일합니다.

현재는 우리종합금융에서만 종금형 CMA에 가입할 수 있으며, 다른 선택지가 없고 금리도 CMA 중 가장 낮은 수준입니다. 종금형 CMA의 가장 큰 장점은 예금자보호법의 대상이라는 것입니다. 이에 따라 가입자는 최대 5,000만 원까지 원금보장을 받습니다.

(5) 발행어음형 CMA

발행어음형은 증권사가 어음을 발행한 자금으로 금리가 상대적으로 높은 CP나 CD에 투자하는 상품으로, 대표적인 실적배당형 CMA입니다.

발행어음형 CMA는 증권사가 자체 신용도로 고객에게 발행어음을 판매하는 CMA 상품이기 때문에 담보가 없습니다. 따라서 CMA 중에서 위험성이 가장 높고, RP형이나 MMF형에 비해 실제 투자수익률이 낮은 경우도 많아 장점이 떨어집니다.

특히 전세금이나 결제자금과 같이 원금보장이 반드시 필요한 자금이라면 발행어음형 CMA는 피하는 것이 좋습니다.

(6) 외화 RP형 CMA

외화 RP는 주로 미국 달러 RP에 투자하는 상품입니다. 외화 RP는 환율 변동성 위험에 노출되기 때문에 증권사에서 별도로 가입해야 하는 서비스입니다. 또한 미국의 기준금리에 연동되므로 연방기금금리가 높은 경우에 유리합니다.

외화 RP는 달러원금은 보장되지만, 환전할 때 수수료가 발생하고 원화로 재환전할 경우에는 환차손이 생길 수 있어 상대적으로 고위험 CMA입니다.

CMA 유형별 수익과 위험 분석

CMA는 우리나라 개인투자자들이 가장 많이 사용하는 단기금융상품 중 하나입니다. 하지만 종금형 CMA 외에는 예금자보호 상품이 아니기 때문에, 기본적으로 예금자보호법상 원리금이 보장되지 않습니다. 따라서 각 유형별 수익과 위험을 잘 숙지한 후 자신에게 맞는 CMA를 선택하기 바랍니다. 수시입출금 통장으로 사용할 경우, RP형과 MMW형이 가장 보편적인 선택입니다.

CMA 종류별 수익과 위험

CMA 유형	수익 형태	금리 수준	위험 수준	특징
1. RP형	확정금리	평균	담보 보증, 안전함	예탁원 담보
2. MMF형	실적배당	높음	무보증, 위험성 있음	원금손실 가능
3. MMW형	실적배당	평균	원금보장, 매우 안전함	한국증권금융
4. 종금형	실적배당	낮음	원금보장, 가장 안전함	5,000만 원 예금자 보호
5. 발행어음형	실적배당	평균 (편차 큼)	무보증, 가장 위험	원금손실 가능
6. $ RP형	$확정금리	미국 금리 연동	환율변동성	달러금리 확정

증권사의 금리상품인 ELS도
원금보장이 될까?

원금보장형 ELS 또한 금리상품이다!

'파생결합증권'이란 금리, 주가, 환율 등에 기초한 파생상품(선물, 옵션)의 가격에 연동되어 미리 정해진 조건을 충족하면 약정한 수익률을 지급하는 증권상품을 말합니다. 즉 '파생상품을 결합하여 증권의 형태로 판매되는 금융상품'입니다.

파생결합증권은 선물이나 옵션과 같은 파생상품을 내재하고 있지만, 그 자체는 파생상품이 아닌 증권의 형태입니다. 또한 국내에서 파생결합증권을 DLSDerivatives Linked Securities라고 통칭하고 있으나 이 역시 공식용어가 아닙니다. 해외에서는 DLS라는 명칭을 쓰지 않고 구조화상품Structured Products이라고 부릅니다.

파생결합증권은 개인에게도 많이 판매되어 이미 친숙하지만, 여러 가지 사회문제를 일으키고 있기 때문에 좀 더 정확하게 파악하고 이해할 필요가 있습니다. 설령 투자하지 않더라도 확실하게 이해하고 있어야 수익과 위험 측면에서 다른 상품과 비교할 수 있습니다.

파생결합증권 중에서도 우리가 증권사에서 가장 흔하게 접하는 상품 중의 하나가 주가연계증권이라고 불리는 ELS Equity Linked Securities 입니다. 2024년 홍콩 주가지수를 기초자산으로 한 ELS에 투자한 투자자들이 HSI Hangseng Index 지수 폭락으로 원금손실이 커지면서 사회적 이슈가 되기도 했습니다.

결론적으로, 시중에 판매되는 주가연계증권인 ELS 상품은 일반적으로 수익 대비 위험이 상대적으로 훨씬 큰 고위험 파생결합증권입니다. 추가적 금리수익 기회보다 부담해야 할 위험이 훨씬 클 수 있기 때문에 파생결합증권은 구조와 조건을 잘 보고 판단해야 합니다. 특히 DLS나 ELS라는 명칭으로 판매되는 상품은 그 종류와 구조가 매우 다양하고 조건 또한 천차만별이기 때문에, 계약하기 전에 상세한 가입 조건을 확인하지 않으면 낭패를 볼 수가 있습니다.

우리나라에서 판매되는 ELS는 우선 원금이 보장되는 ① 원금보장형과 보장되지 않는 ② 원금비보장형, 크게 둘로 나눌 수 있습니다.

원금비보장형이 절대 다수를 차지하지만, 구조가 복잡해 소비자가 완전히 이해하지 못하고 계약할 가능성이 매우 높습니다. 불완전판매의 소지가 크기 때문에, 원금비보장형 ELS 투자는 추천하지 않습니다. 이에, 여기서는 원금보장형 파생결합증권을 중심으로 살펴보겠습니다.

원금보장형 ELS는 주로 ELB Equity Linked Bond 나 DLB Derivatives Linked Bond 라는 명칭으로 판매되고 있습니다. 마지막에 공통적으로 들어가는 B는 채권을 뜻하는 Bond의 약자로, 채권 형태로 판매되는 상품입니다.

원금보장형 ELS는 80%이든 90%이든 100%이든 일정 부분 이상의 원금보장이 이루어집니다. 원금비보장 ELS에 비해 상대적으로 안전하다고

원금보장형 상품은 모두 금리상품이다

원보장 투자자

"원금보장형 상품은 모두 채권이나 예금과 같은
확정금리 상품을 기초로 만듭니다."

"원금보장형 ELS는 ELB 또는 DLB라고도 부르는데,
원금을 보장하기 위해 확정금리 상품에 대부분을 투자하고
남은 부분만 선물이나 옵션과 같은 상품에 투자합니다."

"금융소비자 여러분, 항상 꼼꼼히 확인하고 투자하세요."

할 수 있지만 100% 원금보장을 하지 않는 경우가 많기 때문에, 투자하기 전에 꼼꼼하게 확인해야 합니다.

투자자들은 ELB나 DLB로 불리는 원금보장형 주가연계증권 ELS를 완전히 주식상품이라고 오해하는 경우가 많습니다. 하지만 실제로는 그렇지 않습니다.

원금보장형 ELS는 우선 투자원금의 가장 큰 부분을 채권이나 예금과 같은 금리상품에 투자하여 원금의 일정 부분을 보장합니다. 금리상품에 투자하고 남은 나머지를 선물이나 옵션 같은 파생상품에 투자하여 추가수익 (+α)의 기회를 노리는 상품이지요.

원금보장의 원리와 구조를 이해하면, 원금보장형이든 비보장형이든 ELS가 어떤 상품이고 어떻게 운용되는지 확실하게 이해할 수 있습니다.

원금보장형 ELS의 구조

청계천 돌다리도 항상 두 번 이상 두드려보고 건넌다는 꼼꼼한 전문 투자자 원보장 씨는 이번에 A증권사가 발행한 삼송전자 주가에 연계된 원금보장형 ELS에 100만 원을 투자했습니다.

원금이 보장되는 ELS 상품은 채권 형태인 ELB 또는 DLB로 판매됩니다. 이는 채권증권이 주식증권이나 파생증권과 달리 원금이 보장되는 형태만 존재하기 때문입니다.

1년 만기 우량 회사채 수익률이 5%라고 가정했을 때, 원보장 씨가 투자한 원금보장형 ELS인 ELB는 일반적으로 다음과 같은 구조로 만들어집니다.

원금보장형 ELS 투자 시점

(1) 1단계

우선 원금을 보장하기 위해 채권에 넣어야 할 금액을 계산합니다. 편의상, 해당 ELS가 100% 원금을 보장한다고 가정합시다. 100% 원금보장 금액을 계산해보면, 현재 95만 2,400원을 1년 만기 5% 채권에 투자한다면 1년 후에 100만 원이 됩니다. 따라서 A증권사는 1년 뒤에 약정된 원보장 씨의 원금 100만 원을 보장하기 위해, 5% 수익률의 채권 95만 2,400원을 매수합니다.

편입 채권은 신용등급이 좋을수록 금리가 낮고 신용등급이 낮을수록 금리가 높아지기 때문에, 증권사의 투자성향과 투자목표 그리고 보장 정도에 따라 어떤 등급의 채권을 편입할지 결정합니다.

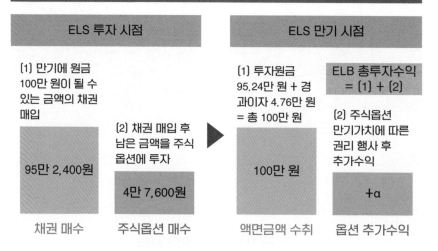

원금보장형 ELS (ELB/DLB)의 투자과정과 최종수익

ELS 투자 시점		ELS 만기 시점	
[1] 만기에 원금 100만 원이 될 수 있는 금액의 채권 매입	[2] 채권 매입 후 남은 금액을 주식 옵션에 투자	[1] 투자원금 95.24만 원 + 경과이자 4.76만 원 = 총 100만 원	ELB 총투자수익 = [1] + [2] [2] 주식옵션 만기가치에 따른 권리 행사 후 추가수익
95만 2,400원	4만 7,600원	100만 원	+α
채권 매수	주식옵션 매수	액면금액 수취	옵션 추가수익

(2) 2단계

1단계 투자를 통해서 만기에 투자원금 100만 원의 현금흐름을 확보했다면, 나머지 투자금액 47,600원은 옵션과 같은 파생상품에 투자하게 됩니다.

원보장 씨가 삼송전자의 주가에 연계된 ELB에 투자했으므로, 나머지 47,600원으로 삼송전자 주가를 기초로 한 주가지수옵션을 매수합니다. 개별 회사 주식의 주가에 연동되는 주가지수옵션은 만기와 행사가격에 따라 가격이 다양합니다.

모든 옵션은 기본적으로 위험이 커질수록 미래에 가능한 수익도 늘어나지만, 옵션의 원금손실 위험도 같이 커집니다. 따라서 A증권사는 해당 상품의 투자자가 선호할 만한 위험의 수준과 예상 가능 수익을 동시에 고려하여 편입할 옵션의 만기와 행사가격을 정합니다.

파생결합증권 ELS, ELB, DLB는 예금자보호 상품이 아니다!

· 증권사가 판매하는 파생결합증권 상품인 ELS는 5,000만 원 예금자보호가 되지 않는다.

· 증권사 파산의 경우, ELS의 원금을 돌려받지 못할 수 있다.

원금보장형 ELS 만기 시점

투자 시점에서 A증권사는 채권의 만기와 옵션 만기 그리고 파생결합증권인 ELB의 만기 등 세 가지의 만기를 같은 날로 맞추어 투자했습니다. 이렇게 파생결합증권에 내재된 상품들의 만기를 맞추는 이유는 현금흐름을 해당일로 일치시키기 위해서입니다.

이제 시간이 흘러 만기 시점이 되었습니다. 만기에는 시장 상황에 관계없이 미리 확보해두었던 채권의 현금흐름으로 100만 원 원금이 보장됩니다. 원금 100만 원 이외의 추가수익은 삼송전자 주가지수옵션의 가치에 따라 결정됩니다. 따라서 원금보장형 ELS 투자자의 총 투자수익은 채권의 만기 현금흐름인 100만 원과 옵션 추가 수익 α의 합이 됩니다.

주의할 점은 파생결합증권 투자에 있어서 증권사의 신용도가 매우 중요하다는 것입니다. 예금이 아니기 때문에, 원금보장형 ELB라고 하더라도 거래 증권사가 파산하는 경우 원금을 돌려받지 못할 수 있습니다. 따라서 파생결합증권 투자를 맡길 증권사는 운용 성과도 좋아야 하지만, 신용도 또한 높은 회사로 선택하는 것이 유리합니다.

더군다나 일반적인 형태의 ELS 등 파생결합증권은 대부분 원금보장이 안 됩니다. 파생결합증권은 증권에 파생상품인 선물이나 옵션을 내재한 상품 형태이기 때문에 투자약관과 설명서를 확실하게 이해하고 투자해야 하겠습니다.

원금비보장형 ELS의 위험성

파생결합증권의 원금보장성이 50% 미만으로 떨어지면 투자위험성이 매우 커집니다. 이는 투자원금의 50% 이상을 선물이나 옵션과 같은 위험 상품에 투자한다는 뜻이기 때문입니다.

> 홍콩 ELS 손실 3,000억 넘어⋯ 투자자 원금 '반토막'
>
> 금리일보

중국의 경제불황이 홍콩으로 이어지면서 2023년 말부터 2024년 홍콩 HSI 지수를 기초로 하는 ELS가 무더기로 손실을 기록했습니다. 일부는 원금 전액 손실도 발생했으며, 결국 정부가 구제에 나서게 되었습니다.

더욱 심각한 것은 원금보장이 되지 않는다는 사실 자체를 모르고 투자한 투자자도 있었다는 점입니다. 이는 파생결합증권이 불완전판매될 가능성이 크다는 것을 확실히 보여주는 계기가 되었습니다.

파생결합증권이 공식 용어⋯ ELS, DLS, ELB는 공식용어가 아니다

결론적으로 말하면, 파생결합증권은 원금보장 형태와 연계된 기초자산의 종류만 다를 뿐 근본적인 구조는 같습니다. 따라서 ELS나 DLS, DLB 등 여러 가지 형태의 이름으로 투자자를 현혹할 필요가 없습니다.

더욱이 ELS, DLS와 같은 상품의 이름은 공식 금융용어가 아닙니다. 이는 외국의 특정 금융회사가 ELS라는 용어를 2000년대 초반에 잠시 사용한 데서 유래했을 뿐입니다. 파생상품과 연계된 상품의 공식명칭은 '파생결합증권' 또는 '파생연계증권'입니다.

'파생결합증권'이라고 판매하면 소비자가 친숙하게 다가갈 수 없고 위험이 더 크게 보이기 때문에 판매사들이 이 명칭을 꺼리게 된 것이지요. 이에 영문 이니셜로 위험성을 감추고 소비자가 더 친숙하게 부를 수 있도록 만들어 소비자를 현혹한 것입니다. 따라서 앞으로는 ELS나 DLS 같은 용어의 사용은 지양해야 할 것입니다.

또한 파생결합증권은 그 자체로 파생상품인 선물이나 옵션 등과 명확하게 구별해야 합니다. 따라서 ELS나 DLS를 '파생상품'으로 부르는 것 또한 잘못입니다.

결론적으로 이들 용어는 정치든 경제든 금융이든, 모든 영역에서 영문 이니셜 쓰기를 좋아하는 우리나라에서 만들어낸 독특한 '콩글리시' 금융 상품 표시 방법입니다. 이들 용어는 사용하지 않는 것이 바람직하지만, 그 용어가 생겨난 이유를 이해해보겠습니다. 이들 용어의 이니셜에는 일정한 규칙이 있습니다.

먼저 해당 파생결합증권에 연계된 파생상품의 기초자산을 맨 앞에 표시합니다. 중간에는 '연계'를 뜻하는 영문 'Linked'의 이니셜 L을 넣고, 맨 뒤의 영문 약자는 소비자에게 제공되는 상품의 형태를 지칭합니다.

ELS의 경우를 예로 들면, E는 '주가연계파생결합증권'에 내재된 주가지수옵션의 기초자산인 주식 'Equity'의 약자로서, 해당 파생결합증권의 기초자산이 주식이라는 것을 알려줍니다. 마지막 영문 S는 증권 'Securities'의 약자로, 이 상품이 증권의 형태로 발행되었다는 것을 의미합니다. 증권의 형태이기 때문에 증권사의 상품이며 은행이나 자산운용사가 운용하고 판매하는 상품이 아닌 것이지요.

영문 이니셜로 된 파생결합증권 용어는 해외에서는 사용되지 않고, 우리나라에서만 쓰이고 있어 글로벌 금융용어와 무관합니다. 과거 몇몇 증권사에서 사용하기 시작하면서 금융권 전체로 퍼져 사용되었으며, 이제는 공공기관의 보고서에도 버젓이 사용되고 있습니다.

국제 금융시장에서는 파생결합증권을 'Structured Derivatives' 또는 'Structured Products'라고 부릅니다. 상품마다 구조와 위험이 다르기 때문에 해당 내재 파생상품의 위험과 구조를 상세히 설명하고 있으며, ELS 또는 DLB 같은 일원적인 표현은 지양하고 있습니다.

우리나라 파생결합증권 용어의 이해

ELS	DLB	ELF	공식용어 아니다! 외국인은 이해 못 함
기초자산 주식 [Equity]	기초자산 파생상품 [Derivatives]	기초자산 주식 [Equity]	DLS　　？
상품형태 증권 [Securities]	상품형태 채권 [Bond]	상품형태 펀드 [Fund]	

실제로 국내 금융회사 직원들이 미국 월스트리트 유수의 금융회사 관계자들과 만난 자리에서 DLS를 언급하는 모습을 과거에 본 적이 있었습니다. 미국 금융회사 직원들은 당연히 DLS가 무엇을 의미하는지 전혀 알아듣지 못했고, 국내 회사 직원들은 이를 의아해했습니다.

금융기관뿐만 아니라, 공공기관의 공식용어에서도 이러한 용어가 그대로 쓰이는 경우가 있어 우려됩니다. 앞으로 금융용어는 글로벌 기준에 맞춰 정립하고, 이를 공식용어로 사용하는 것이 바람직합니다.

제4장

본격적인
금리와의 연애

—

대표적 금리상품, 채권을 만나자

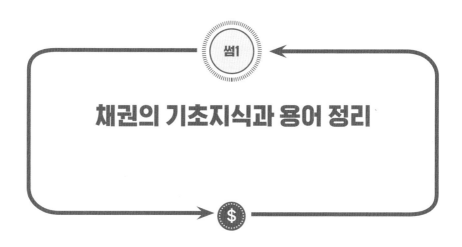

섬1

채권의 기초지식과 용어 정리

채권이란?

개인 간에 돈을 빌리면 빌린 기간 동안 이자를 주고 상환일에 원금을 갚겠다는 차용증을 작성합니다. 채권이란 법적인 테두리 안에서 기업, 정부 또는 단체가 돈을 빌리기 위해 발행하는 차용증입니다. 채권 발행 시 돈을 빌리는 쪽은 채무자가 되고 돈을 빌려주는 쪽이 채권자가 됩니다.

'채권'이란?
정부, 회사나 단체가 법적으로 돈을 빌리기 위해 발행하는 차용증

과거에는 채권증서를 종이 형태의 실물로 발행했으나, 최근에는 실물로 발행하는 경우는 거의 없고 전자발행으로 이루어집니다.

액면가

액면가는 채권이 발행될 때 채권증서의 권면에 표시되어 있는 원금을 말합니다. 액면가는 채권의 가치를 나타내는 용어로 시장가와 대비됩니다. 만기 시 상환해야 하는 금액을 뜻하며, 시장가는 변해도 액면가는 변하지 않습니다. 즉 채권 만기시 상환해야 할 금액인 액면가는 고정되어 있습니다.

'액면가'란?
원금을 의미하며, 만기에 상환되는 원금 또한 액면가에 의한다

액면가 100만 원 채권을 95만 원에 발행(할인발행)했다면, 채권 발행자는 만기에 100만 원을 상환해야 합니다. 따라서 채권 매수자는 5만 원이 할인된 가격에 구매한 것으로 볼 수 있습니다.

시장가(시가)

채권은 발행 후 만기 전까지 시장에서 유통됩니다. 채권은 주식과 달리 만기가 있지만, 만기 전까지는 주식과 마찬가지로 시장에서 거래됩니다.

시장가는 채권이 시장에서 거래되는 가격을 의미하며, 채권의 가격은

'시장가'란?
현재 채권이 거래되는 가격으로, 채권을 팔아 지금 받을 수 있는 금액

금리 상황과 수요·공급 상황에 따라 계속해서 변합니다. 시장가는 '시가' 또는 '시장가격'이라고도 부릅니다.

따라서 액면가는 해당 채권을 만기까지 보유하면 받을 수 있는 금액을 의미하는 반면, 시장가는 현재 해당 채권을 사고팔 때 주거나 받을 수 있는 금액을 의미합니다.

표면금리

표면금리는 채권을 발행할 때 증서의 표면에 기재되어 있는 지급이자율을 말합니다. 지급되는 이자를 영어로 쿠폰coupon이라고 하기 때문에 지급이자율을 '쿠폰이자율'이라고도 합니다.

이자 지급금액은 채권의 원금인 액면가를 기준으로 합니다. 따라서 발행자가 투자자에게 지불해야 할 연간 총 이자를 액면가로 나눈 연이율annual rate(%)이 바로 표면금리입니다.

채권증서에 표시되어 있는 금액이 액면가이며, 증서에 표시된 이자율이 바로 표면금리입니다.

'표면금리'란?

연간 총이자를 액면가로 나눈 연이율(%)로, 증서의 표면에 기재된다

채권수익률

수익률이란 어떤 금융상품에 투자했을 때 투자한 원금 대비 얻을 수 있는 수익의 비율을 말하며, 투자기간을 1년으로 환산한 연율로 표시합니다.

예를 들어, 1년 만기 국고채에 1년 동안 100만 원을 투자해서 5만 원의 수익을 얻었다면 채권수익률은 5%입니다. 이렇게 만기까지 보유한 수익률을 '만기수익률'이라고 합니다. 반면, 중도에 매각했다면 보유기간의 수익을 연율화한 수익률이 채권의 수익률이 됩니다.

'채권수익률'이란?
채권을 투자했을 때 얻게 되는 연환산수익률로, 만기수익률을 의미

하지만 현재 상황에서 채권을 만기까지 보유할지 아니면 중도에 매각할지 판단할 수 없는 경우가 일반적입니다. 따라서 우리가 채권수익률이라고 말할 때는 통상 만기까지 보유할 경우 얻게 되는 수익률인 만기수익률을 의미합니다.

채권의 투자 목적

채권은 정해진 만기까지 보유할 수 있고, 만기 전에 매도할 수도 있습니다. 투자자는 만기까지 보유할 목적으로 채권을 매수해서 '만기수익률'을 고정시킬 수 있습니다. 미래에 가격이 어떻게 변할지 모르는 주가와 달리 채권은 미래의 투자수익률을 고정시킬 수 있다는 점이 가장 큰 장점입

'채권의 투자 목적'은?
(1)만기보유 전략 또는 (2)중도매각 통한 차익실현

니다.

하지만 만기까지 보유하려고 했어도, 중간에 채권의 시장가격이 많이 올랐다면, 만기 전에 매도해서 차익을 실현할 수도 있습니다. 따라서 채권은 만기보유 목적이나 중도 차익실현 목적 두 가지로 투자할 수 있습니다.

이표채

'이표'라는 말은 채권증서에 '이자가 표시되어 있다'는 의미입니다. 3개월, 6개월, 1년 등 채권마다 미리 정해진 이자 지급주기에 따라 이자가 지급되는 가장 일반적인 형태의 채권을 '이표채'라고 합니다.

'이표채'란?

정해진 이자 지급주기에 따라 이자가 지급되는 채권

이표채는 채권을 발행할 때 액면가와 발행가격이 같은 채권입니다. 예를 들어, 액면가 100만 원, 표면금리 연 5%의 이표채에 100만 원을 투자했다고 가정해봅시다. 액면가는 100만 원이고, 발행가격 100만 원이 판매가격이 됩니다. 이처럼 이표채는 액면가와 발행가가 같은 채권입니다.

또한, 만기까지 5만 원의 이자수익을 기대할 수 있기 때문에, 만기수익률도 표면금리와 같은 5%가 됩니다. 즉 이표채 채권을 매수했을 때의 만기수익률은 표면금리와 같습니다.

할인채

할인채는 이자를 지급하지 않는 채권을 말합니다. 향후 지급해야 할 이자를 미리 공제하고 액면가보다 낮은 할인된 가격에 발행하는 채권입니다.

'할인채'란?

발행 당시에 미리 선이자 분만큼 싸게 할인해서 발행하는 채권

예를 들어, 1년 만기 액면가 100만 원 채권을 연이자율 5%에 발행한다고 가정해봅시다. 이표채라면 5% 이자를 만기에 지급하게 되기 때문에, 발행가 역시 100만 원이 됩니다.

하지만 이자인 5만 원을 발행 시점에서 미리 할인해 판매할 수도 있습니다. 이처럼 미리 선이자 5만 원을 공제하여 95만 원에 발행하는 것이 할인채입니다. 할인채의 경우, 액면가와 발행가가 달라집니다.

채권의 발행자는 이자 5만 원을 주지 않는 대신에, 95만 원에 발행하고 만기에 액면가 100만 원을 상환하는 것이 할인 방식입니다.

청약의 권유

청약의 권유란, 신규로 채권을 발행하거나 기존에 보유하고 있는 채권의 매도를 청약하라고 권유하는 것입니다. 즉 신규 채권이나 기존 채권의 매매를 청약하도록 권하는 행위를 말합니다.

권유 방법에는 신문과 같은 인쇄매체, 방송 같은 전자매체, 또는 직접 설명회 등이 모두 포함됩니다. 예를 들어, 채권의 발행자가 투자설명회를

'청약의 권유'란?
신규 채권이나 기존 채권의 매매를 청약하라고 권하는 행위

열거나 신문이나 방송 같은 매체에 홍보하는 행위는 청약의 권유에 해당합니다.

모집과 매출

모집과 매출은 모두 투자자를 찾는 행위를 의미합니다. 새로 발행되는 신규 채권의 투자자를 찾아 판매하는 행위를 모집이라고 하며, 기존에 발행되었던 채권의 투자자를 찾는 것은 매출이라고 합니다.

'모집' vs '매출'
신규발행 채권 판매를 모집, 기존 채권 판매를 매출이라고 구분

공모채

모집의 경우, 50인 이상인지 미만인지에 따라 채권의 발행 절차가 달라집니다. 50인 이상이면 공모채로, 50인 미만이면 사모채로 분류됩니다.

공모채는 공개 모집의 과정을 통해 50인 이상의 불특정 다수의 투자자에게 발행하는 채권입니다. 금융감독원에 증권신고서를 제출해야 하고 주간사를 선정해야 하는 등 절차가 사모채에 비해 상대적으로 복잡하며, 수요예측의 과정도 거쳐야 합니다.

공모를 통해 50인 이상 불특정 다수 투자자에게 발행하는 채권

신용도가 높은 대기업이 대규모의 자금을 모집하는 데 주로 사용되는 채권 발행 방식입니다.

사모채

사모채 발행은 이미 내정된 50인 미만의 한정된 소수 투자자에게 채권을 발행할 경우에 이용됩니다. 주로 발행사가 채권을 인수하는 기관과의 계약을 통해 발행하는 채권입니다.

'사모채'란?

50인 미만의 한정된 소수 투자자에게 발행하는 채권

이러한 특성 때문에 사모채는 신용도가 상대적으로 낮아서 공모채로는 투자자 모집이 어려운 기업이나 소규모 회사가 자금을 조달하는 데 많이 이용됩니다. 실무적으로 사모채는 발행 절차가 간편하기 때문에, 소수의 투자자와 합의해 적은 규모의 자금을 조달하기 위한 모집에 주로 사용됩니다.

공모채는 공모사채, 사모채는 사모사채라는 명칭으로도 불립니다.

썸2

수많은 채권의 종류와 분류, 한번에 정리해 이해하자!

우리는 뉴스나 경제매체에서 다양한 종류의 채권에 대해 자주 접하고 있지만, 'OO채권'이라는 채권의 종류는 사실 발행주체와 이자 지급방법 등 다양한 분류 방법에 따른 것입니다. 따라서 'OO채권'이라는 용어를 접했을 때, 해당 채권이 어떤 기준에 따라 분류된 것인지 그리고 그 채권의 기본적인 특성이 무엇인지를 이해하는 것이 가장 중요합니다.

발행주체에 따른 채권의 분류

발행주체에 따라 국채, 지방채, 특수채, 금융채와 회사채의 다섯 가지로 나누는 것이 가장 일반적인 국제적 채권 분류 방법입니다.

국채

국채Government bonds는 재정정책 등 공공목적을 달성하기 위해 정부가 발행하는 채권으로 원금과 이자를 정부가 보증합니다. 그렇기 때문에 신용도는 가장 높아 안전한 반면, 금리는 가장 낮아서 가격이 비쌉니다.

기획재정부에서 발행하는 대한민국 국채인 '국고채'는 국내 발행 채권 중 가격이 가장 비쌉니다.

미국채 'U.S. Treasury Bond'와 일본 국채 'JGB'는 외국 정부가 발행하는 대표적인 국채입니다.

지방채

지방채Municipal bonds는 시, 도, 군 등의 지방자치단체가 자금조달 목적으로 발행합니다. 고속도로나 다리, 학교 같은 인프라 건설이나 지역개발이 발행의 주된 목적입니다.

지방채는 국채에 비해 신용도는 조금 낮은 반면, 금리는 약간 높은 편입니다. 우리나라에서는 인천, 경기, 강원 등 지역별로 발행되는 지역개발채권이 대표적인 지방채입니다.

특수채

특수채Agency bonds는 특별법에 의해 설립된 정부 관련 기관이 발행하는 채권입니다. 국채와 회사채의 성격을 모두 가진 채권으로, 안정성과 수익성을 동시에 갖추고 있다는 장점이 있습니다.

정부의 보증 유무에 따라 정부 보증채권과 보증 없이 발행기관의 신용에 의거한 무보증채권으로 나뉩니다. 대표적인 특수채로 한국전력공사법에 근거해 발행하는 한국전력채권과 한국토지주택공사법(LH공사법)에 의해 발행되는 토지주택채권이 있습니다.

금융채

금융채Financial bonds는 한국은행, 한국산업은행, 주택은행, 중소기업은행, 국민은행 등의 금융기관이 발행하는 채권입니다. 대표적인 예로 한국은행이 시중의 통화량 조절을 위해 발행하는 통화안정증권(통안채)을 들 수 있습니다. 통안채는 중앙은행인 한국은행이 발행하기 때문에 국채에 준하며, 여타 금융기관이 발행하는 어떤 금융채보다도 신용등급이 높습니다.

회사채

회사채Corporate bonds는 상법상 주식회사만 발행할 수 있으며, 유한회사는 회사채를 발행할 수 없습니다. 회사채의 금리는 신용등급에 따라 결정되는데 크게 투자등급채권과 투기등급채권의 두 가지로 나뉩니다.

등급 분류는 다양하지만, 일반적으로 AAA부터 BBB까지를 투자등급채권IG이라고 하고, BB 이하를 투기등급채권 또는 하이일드채권HY이라고 합니다.

회사채의 종류는 매우 다양하며 금리 또한 천차만별입니다. 기업이 도산하거나 청산될 경우, 회사채의 채권자들은 주주들에 앞서 우선적으로 기업 자산에 대한 청구권을 가집니다.

이자 지급방식에 따른 채권의 분류

채권은 이자를 지급하는 방식에 따라서도 부르는 명칭이 달라집니다. 이자 지급 방법에 따라 이표채coupon bond와 할인채discount bond 그리고 복리채compound bond의 세 가지로 나뉩니다.

발행주체에 따른 채권의 종류

종류	발행주체	특징	해당 채권
1. 국채	국가	· 안정성 가장 높음 · 수익성 가장 낮음	국고채 외평채
2. 지방채	지방자치단체	· 안정성 매우 높음 · 수익성 매우 낮음	지역개발채
3. 특수채	공공기관	· 국채보다 수익률 높음 · 회사채보다 안정성 높음	한전채 토지주택채
4. 금융채	금융회사	· 국채보다 수익률 높음 · 유동성 좋음	통안채(한은)
5. 회사채	주식회사	· 신용도에 따라 수익률이 천차만별	선순위채 후순위채

이표채

이표채는 약정한 쿠폰이자를 매 이자 지급일에 받는 채권으로, 국고채
와 회사채 대부분이 이표채에 해당합니다. 국내채권과 해외채권은 이자
지급주기가 다르니 주의해야 합니다.

우리나라 채권은 1년에 4회 분기별quarterly 지급이 관행이지만, 미국채
와 같은 해외채권은 1년에 2회 반기별semi-annual 지급이 일반적입니다.

할인채

할인채는 발행할 때 이자금액만큼 미리 할인discount하기 때문에, 이표채
와 달리 쿠폰이자가 없습니다. 즉 채권 액면가보다 낮은 가격으로 발행되
는 채권입니다. 할인채를 영어로 '제로쿠폰본드zero-coupon bond'라고도 하는

데, 둘은 같은 말입니다.

국내에서는 한국은행이 발행하는 통화안정증권(통안채)이 대표적인 할인채입니다. 한국은행이 발행하는 통안채는 1년 이하는 할인채, 1년 이상은 이표채로 발행됩니다.

할인채는 발행자와 투자자 모두에게 장점이 많습니다. 발행기업 입장에서는 채권의 이자 지급을 미룰 수 있어서 자금부담이 줄어들며, 투자자가 선호하기 때문에 발행금리를 조금 낮출 수 있습니다.

투자자 입장에서도 할인발행이기 때문에 초기 투자금액이 액면발행 채권보다 작아서 투자수익률이 높아지는 동시에, 쿠폰이자 재투자에 따른 금리변동성 위험도 없다는 장점이 있습니다.

할인채 투자는 자본수익만을 얻게 되므로 이자소득세를 절약할 수 있습니다. 따라서 이자소득세보다 자본이득에 대한 소득세(종합소득세)가 낮은 국가의 투자자에게 특히 매력적입니다.

복리채

복리채는 중간에 이자를 지급하지 않고 복리로 재투자해서 원금과 재투자한 이자수익의 합계를 만기에 한꺼번에 지급하는 채권입니다. 중간에 이자를 지급하지 않는다는 점은 할인채와 비슷하지만, 만기에 원금과 이자를 한꺼번에 지급한다는 점은 이표채와 같습니다.

복리채는 원금과 이자 모두 복리로 늘어나기 때문에 장기투자에 적합합니다. 다만 표면금리가 이표채에 비해 일반적으로 낮다는 단점이 있습니다.

이자 지급방식에 따른 채권의 종류		
종류	**특징**	**해당 채권**
1. 이표채	· 정기적 쿠폰이자 지급 · 채권의 액면가로 발행	국공채
2. 할인채	· 액면가보다 낮은 할인가로 발행 · 이자 지급 이연, 이자소득세 절감 효과	통안채 금융채(일반적)
3. 복리채	· 쿠폰이자 지급하지 않고 복리로 투자 · 만기에 원금과 복리투자 이자 함께 지급	국민주택채권

상환기간에 따른 채권의 분류

채권의 상환기간은 만기일을 의미하며, 채권은 만기에 따라 ①단기채 ②중기채 ③장기채로 분류합니다. 여기서 단기는 일반적으로 2년 이내의 만기를 의미합니다. 하지만 중기채와 장기채를 구분하는 만기는 채권시장의 발달 정도에 따라 국가마다 조금씩 다릅니다.

일반적으로 우리나라에서는 만기 1~5년 정도를 중기채, 5년 이상을 장기채로 분류하고 있습니다. 하지만 미국의 경우 1~10년까지를 중기채인 'Treasury Notes', 20년 이상을 장기채인 'Treasury Bonds'로 구분합니다.

이자금액 변동 여부에 따른 분류

채권은 이자율의 변동 여부에 따라서도 구분할 수 있습니다. 지급할 이자율이 고정되어 있는 경우를 고정금리채권이라고 하고, 지급이자율이 변동하는 경우를 변동금리채권이라고 합니다.

채권의 만기에 따른 국채 구분		
구분	한국 국고채(기획재정부)	미국 국채(미국 재무부)
단기채	· 2년 만기 국고채	· 만기 2년 이내 · Treasury Bills
중기채	· 3년 만기 국고채 · 5년 만기 국고채	· 만기 2년~10년 · Treasury Notes
장기채	· 10년 만기, 20년 만기 국고채 · 30년 만기, 50년 만기 초장기	· 20년, 30년 이상 장기 · Treasury Bonds

고정금리채권

채권이 발행된 후 시장금리가 변동해도 지급이자율은 변하지 않는 채권을 고정금리채권fixed rate bond이라고 부르는데, 대부분의 국채와 회사채는 고정금리채권의 형태로 발행되고 있습니다.

변동금리채권

고정금리채권과 달리 지급이자율이 변하는 채권을 변동금리채권이라고 합니다. 'Floating Rate Note'의 영문 약자인 FRN으로 자주 표기하며, 지급이자율이 시장금리에 연동되어 변동합니다.

변동금리의 이자율은 해당 계약의 기준금리로 사용되는 지표금리에 가산금리를 추가한 형태로 결정됩니다.

물가연동채권

채권이 발행된 후에는 시장 요인이 계속 변화하면서 채권의 가격에 영향을 미칩니다. 시장금리 변화에 대처하기 위해 고안한 것이 변동금리채권이며, 물가변동에 따른 채권 가격의 변동위험을 회피하기 위한 목적으로 만들어진 채권이 물가연동채권inflation-linked bond입니다.

모집 방법에 따른 분류

채권은 모집 방법에 따라서 공모채와 사모채로 나뉩니다. 공모채는 투자자를 공개적으로 모집하는 채권이며, 사모채는 비공개적으로 모집하는 채권입니다.

공모채

공모채는 발행사가 증권사와 같은 주간사를 통해 공개적으로 투자자를 모집하는 채권입니다. 공모를 통해 채권 투자자를 모집하려면 까다로운 조건을 충족해야 합니다. 발행사는 금융감독원에 증권신고서를 제출하고 주간사를 선정한 후 50인 이상의 불특정 투자자에게 채권을 발행합니다.

공모채는 신용도가 좋은 대기업이 낮은 이자율로 대규모 자금을 모집하는 데 주로 사용됩니다.

사모채

사모채는 발행사가 인수할 증권사와 계약을 체결하고 총액인수의 방식으로 발행하는 채권입니다. 50인 미만의 한정된 소수 투자자에게 발행할 목적이기 때문에 증권신고서 제출이나 주간사 선정이 필요 없습니다.

규모가 작은 중소기업이 개별적으로 투자자를 찾아 소규모 자금을 모집할 때 발행하기 때문에 이자율이 높은 경우가 많습니다.

모집 방법에 따른 채권의 구분		
구분	**1. 공모채**	**2. 사모채**
발행대상	· 50인 이상 불특정 투자자	· 50인 미만 소수의 투자자
발행방법	· 주간사 선정후 모집 발행	· 발행자 직접 투자자 발굴
유동성	· 채권의 유동성 높음	· 채권의 유동성 낮음
발행조건 결정	· 주간사 수요예측 과정	· 증권사와 발행사 간 협의
발행주체	· 대기업	· 중소기업(신용도 낮음)
발행규모	· 대규모	· 소규모

보증 유무와 변제순위에 따른 분류

마지막으로 채권은 보증의 유무에 따라 보증채와 무보증채로 나뉘며, 변제순위에 따라 선순위채와 후순위채로 구분됩니다.

보증채, 무보증채

보증채는 채권 발행주체의 원리금 상환 의무를 정부나 금융기관 등의 제3자가 보증하는 채권입니다. 발행자의 신용이 부족할 경우 이를 보강할 때 주로 사용됩니다.

정부가 지급 보증을 하는 정부보증채가 대표적입니다. 1997년 IMF 외환위기 당시 외국 금융기관들은 우리나라 금융기관의 외채상환을 연장해주는 대신 한국 정부가 보증을 서도록 요구했습니다. 국민이 낸 세금으로 갚아야 하는 만큼 정부보증채는 국회의 동의가 있어야 발행됩니다.

무보증채는 제3자의 보증 없이 발행주체의 신용만으로 발행되는 채권입니다. 일반적으로 무보증채는 보증채보다 수익률이 높습니다. 국채의 경우 보증을 이용해서 발행할 필요가 없기 때문에, 국내 보증채의 대부분은 일반 보증 회사채입니다.

보증 유무에 따른 채권의 구분		
구분	보증채	무보증채
발행기준	· 제3자의 보증으로 발행	· 발행주체의 신용도 의존
수익률	· 낮은 금리 수준	· 높은 금리 수준
해당 채권	· 국채 등	· 회사채 등

선순위채와 후순위채

발행회사가 파산, 법정관리나 청산할 경우 채권은 주식에 비해 우선 순위의 청구권을 가지고 있습니다. 채권 간에도 변제순위에 따라 선순위와 후순위로 구분할 수 있습니다. 후순위채권은 선순위채권을 전부 변제한

변제순위 따른 채권의 구분		
구분	선순위채	후순위채
파산·청산 시	· 우선순위 변제	· 선순위 전부 변제 후 청구권
회생절차 시	· 채무재조정 시 유리	· 출자전환, 만기연장 등 불리
해당 채권	· 일반 회사채	· 금융기관 발행 코코본드 · 일반기업 발행 영구채

후에 원리금을 상환받을 수 있습니다. 한편, 후순위 채권은 일반적으로 선순위채권에 비해서 금리가 조금 높습니다.

썸3

채권 발행의 용도와
장외거래 관행

채권은 왜 발행할까?

그렇다면 채권은 왜 발행할까요? 단기자금만으로는 국가의 재정이나 회사의 비즈니스를 영위하기가 어렵기 때문입니다. 국가는 단기금리를 정책의 수단으로 사용해서 금융시장을 안정시키고 잘 유지해야 하지만, 국가의 장기적인 비전 아래 안정적으로 차입할 수 있는 장기자금도 필요합니다. 그렇다고 모든 정책 수행에 필요한 자금을 세금으로 충당하기에는 부족하고, 특수한 목적의 정책을 수행하는 데 국민의 세금을 사용하기 어려울 때도 있습니다.

기업도 마찬가지입니다. 주식을 발행해서 자금을 조달하면 비용이 적게 들지만, 회사의 의사결정권을 내줘야 하므로 주식자금을 너무 많이 받으면 경영권을 방어해야 하는 문제가 생길 수 있습니다. 또한 회사의 운전자금을 모두 단기로 조달하게 되면 미래 금리변동성에 크게 노출되어, 회사의 자금 상황이 위험해질 수 있습니다.

자금을 안정적으로 운영하기 어려워지면, 회사의 영업상황이 좋더라도 자금 문제 때문에 회사의 존립이 위태로워질 수 있습니다. 따라서 회사가 일정 기간 동안 안정적으로 자금을 조달하는 가장 일반적인 방법이 바로 채권 발행입니다.

채권

- 발행자가 복수의 투자자로부터 일정 기간 동안 돈을 빌리는 계약
- 투자자는 빌려주는 대가로 미리 정해진 금리의 이자를 받는다
- 채권의 발행자는 채무자, 채권의 투자자는 채권자가 된다

채권 발행과 투자의 장점

부산 광역시는 아시아의 금융허브로 도약하기 위한 야심찬 '21세기 부산 금융허브 프로젝트'를 추진하기로 하고 대규모 금융업무지구 개발계획에 착수하려고 합니다.

프로젝트의 자금조달을 위해 미스코리아 부산진 출신의 전문 금융인 부산진 매니저를 프로젝트의 총괄 디렉터로 선임했습니다. 업무지구의 토지 매입과 대규모 건축 비용 등 장기간 많은 비용이 프로젝트에 소요되어, 10년 후부터 자금 상환이 시작될 것으로 전망됩니다. 그렇다면 부산진 디렉터는 어떻게 자금을 조달해야 할까요?

미모와 지성의 아이콘 부산진 디렉터는 채권의 효용을 잘 알고 있습니다. 부산진 디렉터는 한치의 망설임 없이 부산시가 발행하는 10년 만기 지역개발채권으로 대규모의 장기자금을 조달하기로 결정했습니다. 그렇다면 부산시 입장에서는 어떤 면이 유리하길래 채권을 발행해 자금을 조달

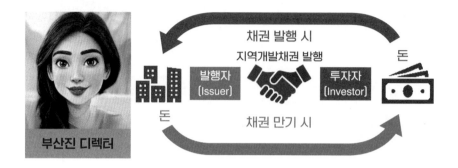

채권 발행 - 대규모 프로젝트의 효율적 자금조달 수단

채권 발행 시

지역개발채권 발행

발행자 (Issuer)

투자자 (Investor)

돈

돈

채권 만기 시

부산진 디렉터

한 것일까요?

지방채는 회사채나 대출에 비해 상대적으로 저렴한 금리로 자금을 조달할 수 있습니다. 따라서 부산시는 저금리로 10년간 자금을 조달할 수 있어 유리합니다.

반면, 투자자 또한 좋은 투자기회를 얻을 수 있습니다. 여유자금이 있는 투자자는 '부산광역시'라는 신용도 높은 지방자치단체가 발행한 채권에 투자하여 이자수익을 얻을 수 있어 양측 모두에게 이익이 됩니다.

채권은 이처럼 투자자와 발행자 모두에게 도움이 되는 장점이 있습니다. 투자자는 만기까지 고정 이자를 받을 수 있어서 안정적인 현금흐름을 창출할 수 있습니다. 한편 발행자인 차입자는 은행 대출에 비해 낮은 금리로 자금조달을 안정적으로 할 수 있다는 이점이 있습니다.

채권증서와 수도결제

채권은 종이로 된 증서로 발행했으나, 요즘에는 실물증서 발행을 하지 않고 전자공시로 대체하는 것이 세계적인 추세입니다. 채권을 전자발행하면 채권 매매 시 전산으로 모든 것이 처리됩니다. 반면 증서를 발행했다면 반드시 증서를 서로 교환해야 합니다. 현금을 주고받을 때와 마찬가지로 실물을 주고받는 과정을 거쳐야 하는 것이지요.

우리나라도 예전에는 채권증서를 발행했습니다. 따라서 채권을 사고팔 때는 반드시 채권증서를 서로 교환하는 과정을 거쳤습니다.

이처럼 채권의 실물증서를 교환하는 관행을 '수도결제受渡決濟'라고 합니다. 영어로는 실물을 주고받는다고 해서 'physical delivery'라고 합니다.

역사의 뒤안길로 사라진 실물발행 채권

현재 우리나라에서 신규로 발행되는 채권은 모두 전자화되었기 때문에 실물증서를 서로 교환하는 수도결제 관행은 사라졌습니다.

증서 형태의 국채는 더는 존재하지 않지만, 아직도 일부 국가에서는 채권을 실물로 수도결제하는 관행을 유지하고 있습니다.

> 한국예탁원 "마지막 실물발행 국민주택채권 상환 완료"
> … 한국의 마지막 실물 국채, 역사 속으로 사라져   금리일보

이 기사는 2019년 5월 2일 한국예탁결제원이 통일규격 증권용지로 발행된 마지막 만기도래 국민주택채권을 상환하고 난 뒤 보도되었습니다.

해당 국민주택채권은 1999년 4월 20일 권면액 500만 원의 20년 만기로 실물증서로 발행되었으며, 1999년 5월부터는 전자등록 발행으로 바뀌었습니다. 20년 후 만기인 2019년 4월 30일 마지막 국민주택채권이 상환되면서 한국예탁결제원이 보관하고 있는 실물채권은 더 이상 존재하지 않게 되었습니다.

제2종 국민주택채권 마지막 실물

출처: 한국예탁결제원 증권박물관

채권의 거래 관행 - 장외거래

채권은 거래 금액과 단위가 크기 때문에 과거에는 금융기관이나 투자회사의 전유물로 인식되어왔습니다. 이에 따라 우리나라에서 채권 거래는 중개사를 통해서 소수 기관 간에 이루어져왔습니다.

그리고 금융상품을 대규모로 거래하는 방식은 거래소에서 거래하는 장내거래와 거래소 밖에서 기관들끼리 거래하는 장외거래의 두 가지로 크게 나뉩니다.

장내거래는 거래소 내에서 거래소가 정한 규정에 따라 거래하는 금융 거래방식입니다. 한국거래소KRX에서 거래되는 주식과 채권, 선물과 옵션은 전부 장내거래입니다.

반면, 장외거래는 거래소가 아닌 거래자 쌍방 간에 약속하고 거래하는 것입니다. 같은 주식과 채권, 선물이나 옵션을 거래해도 거래소를 통하지 않고 거래하면 장외거래가 됩니다.

대부분 한국거래소에서 장내거래되고 있는 주식과 달리, 우리나라 채권은 아직까지 증권사의 채권 중개 브로커들을 통해 대부분이 장외거래로 이루어지고 있습니다. 우리나라 채권 거래에서 장외거래가 차지하는 비중이 전체 거래의 90% 이상이기 때문에, 외국인 투자자의 국내 채권 투자를 늘리기 위해서는 장내거래 활성화가 향후 중요한 과제입니다.

장내거래는 가격 및 거래의 투명성이 장외거래보다 높아 별다른 담보를 교환하지 않아도 되며, 비용이 절감될뿐더러 유동성 또한 좋기 때문에 외국인들이 더 신뢰하고 선호합니다.

외국인 국내채권 투자 촉진 - 채권 장내거래 활성화 필요!		
1	가격의 투명성	장내거래는 가격이 투명성이 높아 외국인이 선호
2	높은 신뢰도	장내거래는 결제불이행 위험이 없어 외국인이 선호
3	비용절감	장외거래는 담보교환이 필요해 거래 비용이 더 높다
4	높은 유동성	장내거래 활성화하면 유동성 개선으로 거래 용이

채권과 주식의 비교
– 장기자금 조달, 어떤 방법이 유리할까?

장기자금 조달의 3가지 방법

장기자본은 기업활동에 필수적인데, 기업은 그 많은 장기자금을 어떻게 조달하는 걸까요? 기업의 장기자본 조달 수단은 크게 ① 회사채 발행 ② 주식 발행 ③ 신종자본증권 발행과 같은 세가지 방법으로 나누어볼 수 있습니다.

자금 상황이 다른 세 회사의 장기자금 조달 사례를 통해 각 조달 방법의 장점과 단점을 알아보겠습니다.

(1) 주식 발행을 통한 자금조달

마시자 주류회사는 최근에 새로 런칭한 국산 싱글몰트 위스키 브랜드 마시자 골드의 선풍적인 인기에 힘입어 자본금을 확충하는 증자를 고려하고 있습니다. 이 회사의 CFO이자 술 상무인 한잔해 상무는 가능한 몇 가지 자본확충 방법을 놓고 최근까지 고심하다가, 드디어 어젯밤에 한잔하면서 주식 발행을 통한 증자를 결정했습니다. 그 이유는 다음 세 가지입니다.

첫째, 현재 마시자 주류회사의 부채 수준이 높아 이자비용이 증가한 상황에서 채권을 발행하면 이자비용이 추가로 발생해서 영업이익이 줄어들어 회사에 부정적인 영향을 줄 것으로 판단했습니다.

둘째, 현재 이미 발행된 마시자 회사 보통주가 많지 않아 주식의 주당가격이 너무 높고, 이로 인해 거래가 잘 이루어지지 않아 주식의 유동성이 낮은 상황입니다.

셋째, 주식 발행으로 조달한 자본은 영구적 자기자본이기 때문에 회사가 상환할 필요가 없어, 증자를 통해 회사 경영에 큰 도움이 될 것으로 예상했습니다.

장기자본 조달 [1] 주식 발행의 경우

한잔해 상무
MASHIJA WHISKEY

마시자 주류회사의 상황
· 추가 자본금이 필요하나, 현재 부채 수준이 높음
· 이자비용 증가 시 회사에 부담스러운 상황
· 발행된 주식규모가 적고 주당 가격이 너무 높음
· 회사 경영에 필요한 안정적인 자기자본 선호

주식 발행으로 자금조달 시 고려할 요인
· 주주에게 의결권 제공 및 배당금 지급 필요
· 경영권 위협 고려하여 필요한 금액만 증자

한잔해 상무는 잘 판단한 것일까요? 회사채를 발행하면 이자를 지급해야 하지만, 주식을 발행하면 이자비용이 들지 않습니다. 회사가 기업활동을 계속하는 동안에는 주식이 시장에서 계속 매매되고 거래되기 때문입니다. 따라서 주식을 발행한 기업은 만기 없이 자금을 사용할 수 있습니다.

또한 회사에 부채가 이미 많은 상황에서 무리하게 추가 차입을 하면, 이자비용이 늘어나서 회사의 순이익이 감소합니다. 이런 측면에서 한잔해 상무의 판단은 적절했다고 볼 수 있습니다.

하지만 보통주 발행에도 좋은 점만 있는 것은 아닙니다. 회사는 주주에게 의결권 행사를 통한 간접적 경영참여와 배당금이라는 이익배분의 권리를 부여합니다. 따라서 기업의 미래경영에 대한 참여의 기회를 제공해야 하며, 외부 주주의 지분이 커지면 경영권 위협까지 있을 수 있습니다. 이러한 이유로 필요한 금액 정도만 증자하는 것이 좋다고 판단한 것으로 보입니다.

(2) 회사채 발행을 통한 자금조달

세계적인 낚시대 제조업체인 일본 다낚아 피싱의 한국지사 '다낚아 피싱 코리아'는 요즘 판매할 재고가 없는 상황입니다. 주력 낚시대 모델인 '대물'이 던지기만 하면 월척이 잡힌다는 입소문을 타면서 입고되자마자 날개 돋친 듯 팔리고 있기 때문입니다.

그래서 다나카 한국 지사장은 요즘 장기적으로 쓸 자금을 조달하기 위해 열심히 알아보고 있습니다. 공장을 증설하고 판매 루트도 다원화하기 위해 장기자금을 크게 조달해야 하기 때문입니다.

결국 다나카 지사장은 회사채를 발행하기로 결정했습니다. 이렇게 결정한 배경에는 다음과 같은 요인이 작용했습니다.

첫째, 주식회사가 아니라서 주식 발행이 불가능하기 때문입니다. 다낚아 피싱 코리아는 다낚아 피싱이 한국에 설립한 현지법인이기 때문에 독

자적으로 주식을 발행하기 어렵습니다. 더욱이, 본사인 다낚아 피싱조차
도 유한회사 형태이기 때문에 상장되어 있지 않습니다.

둘째, 다낚아 피싱의 탄탄한 재무구조 때문입니다. 현재 다낚아 피싱 코
리아는 무차입 경영을 원칙으로 하고 있기 때문에 차입금의 비중이 미미
하고 신용등급이 좋습니다. 따라서 회사채를 발행할 경우 아주 낮은 금리
로 자금을 빌릴 수 있습니다.

셋째, 절세효과 때문입니다. 낚시대는 인터넷이나 전국 수천 개 소매점
을 통해 판매되는데, 매출 후 최대 일주일 이내에 빠르게 현금화가 됩니
다. 현금화가 빠르기 때문에, 원가 이외에 비용으로 계상하여 세금을 줄일
수 있는 절세요인이 거의 없었습니다. 회사채를 발행하면, 지급이자를 비
용으로 처리할 수 있어서 세금을 절약할 수 있습니다.

장기자본 조달 (2) 회사채 발행의 경우

다나카 지사장
DANAKA FISHING

다낚아 피싱 코리아의 상황
· 다낚아 피싱은 유한회사로 주식회사가 아님
· 재무구조가 탄탄한 상황. 이자부담 없음
· 낮은 금리로 회사채 발행이 가능한 상황
· 현금매출 구조로 감세요인이 거의 없어 고민

회사채 발행으로 자금조달 시 고려할 요인
· 금리상승기에는 자금부담이 늘어날 수 있음
· 장래 신규사업 진출 시, 신규투자가 어려움

다낚아 피싱이 유한회사를 고집하는 이유는 경영권을 안정적으로 유지
하고 싶기 때문입니다. 회사채 발행은 주식 발행과 달리 기업 소유구조에

영향을 미치지 않으므로, 경영권에 아무런 변화 없이 장기자금을 일시에 조달할 수 있습니다. 차입금에 대한 이자 역시 비용으로 계산되기 때문에 납부할 세금이 줄어드는 세금 절감 효과가 있어 유리합니다.

하지만 금리가 높아지는 금리상승기에는 자본비용이 높아지기 때문에 자금부담이 증가할 수 있다는 점에 주의해야 합니다. 기업의 순이익이 줄어들면 파산 위험이 급격히 증가할 수 있기 때문입니다.

기업의 자금비용이 증가하면 중소기업에 있어 가장 큰 문제는, 신규사업 진출이 어려워진다는 것입니다. 특히 성장하는 회사라면, 새로운 사업에 진출하거나 신규투자를 할 때 부담이 커져서 주식 발행보다 불리할 수도 있습니다.

(3) 신종자본증권을 통한 자금조달

한국이 자랑하는 세계적인 자동차 메이커 한대자동차 자금부의 촉망받는 인재이자 애주가인 차사라 과장은, 요즘 자금조달 문제로 가장 좋아하는 술인 '마시자 골드'마저 끊었습니다.

수년간 대기 기간을 거쳐야만 살 수 있는 한대자동차는, 아무리 재력가라 해도 누구에게든 딱 한 대씩만 판매하는 것으로 유명합니다. 그럼에도 물량을 맞추기가 어려워, 현재 공장을 크게 증설해야 하는 상황입니다.

주식 발행과 채권 발행 사이에서 고민하던 차사라 과장은 수개월간 고뇌한 끝에 드디어 신종자본증권을 발행해 자금을 조달하기로 결정했습니다. 이 결정에는 다음과 같은 이유가 있습니다.

첫째, 최신 금융 트렌드를 이용하면 주식 발행과 회사채 발행의 두 가지 장점을 모두 활용할 수 있습니다. 한대자동차는 회사채와 주식 모두 발행할 수 있지만, 딱히 어느 것이 특별히 필요한 상황은 아니었습니다.

최근에는 주식과 채권의 성격을 모두 가진 신종자본증권을 활용한 자금조달이 늘고 있습니다. 대표적으로 주식을 매수할 있는 권리가 첨부된 사채인 신주인수권부사채Bond with Warrant, BW와 회사채를 아예 주식으로 전환할 수 있는 전환사채Convertible Bond, CB가 있습니다. BW는 사채 보유자가 정해진 가격에 새로 발행된 주식을 매입할 수 있는 권리를 갖습니다. 반면, CB는 보유한 사채를 주식으로 전환할 수 있는 권리를 행사할 수 있습니다. 이와 같이 일정한 조건에 해당되면 행사할 수 있는 권리를 옵션option이라고 합니다.

BW와 CB 모두 옵션을 제공하기에 발행회사인 한대자동차는 일반 회사채보다 낮은 금리에 발행할 수 있어, 이자비용을 많이 절감할 수 있습니다.

둘째, BW와 CB의 옵션이 실행되어 주식으로 전환될 경우 한대자동차의 자기자본으로 전환되어 자본확충으로 이어질 수 있습니다.

현재 한대자동차의 주가가 저평가된 상태에서 BW나 CB를 통해 낮은 금리로 자금을 조달하고, 향후 주가가 상승하여 회사채가 주식으로 전환되면 한대자동차의 자기자본이 확충되는 이점이 있습니다. 특히 한대자동차는 매우 큰 성장세를 보이는 회사이기 때문에 주가상승 여력이 큽니다. 따라서 자기자본으로 전환된 회사채의 주가가 상승하면 자본규모가 더욱 늘어나 회사가 더 크게 성장할 수 있습니다.

또한 주가상승 여력이 큰 회사일수록 BW나 CB를 발행할 때 낮은 금리로 발행할 수 있어 자금조달에 유리합니다.

이처럼 한대자동차 입장에서는 신종자본증권을 발행하면 주식 발행과 회사채 발행의 장점을 모두 활용할 수 있습니다. 한대자동차처럼 한창 성장기에 있는 회사일수록 향후 자금 상황의 변화에 잘 대응하기 위해 주식이나 채권 어느 한쪽의 조달에만 치중하지 않는 것이 좋습니다. 다양한 자금조달 방법을 적절히 포트폴리오 관점에서 안배하는 것이 중요합니다.

장기자본 조달 (3) 신종자본증권 발행의 경우

한대 자동차의 상황
· 주식 발행과 회사채 발행의 두 장점 모두 활용
· BW(신주인수권부사채)와 CB(전환사채) 대표적
· 주식 전환권 행사 시, 회사의 자본금 확충 가능
· 향후 주가상승 여력 커, 낮은 금리로 발행 가능

차사라 과장
HANDAE MOTORS

신종자본증권 발행으로 자금조달 시 고려할 요인
· 회사 성장기. 주식과 채권의 적절한 안배 필요
· 이번 발행을 넘어선 장기적 계획 필요

이번 챕터에서 살펴보았듯이, 자본조달의 방법은 여러 가지입니다. 회사의 사정이나 필요 그리고 금융시장 상황을 고려하여 가장 효과적인 방법을 선택하는 것이 중요합니다.

또한 투자자 입장에서도 주식이나 주식형 펀드보다 상대적으로 위험도가 낮으면서 일정한 수익을 추구하는 상품을 찾는다면, 채권이 적합한 투자 대안이 될 수 있습니다.

기업의 장기자금 조달 방법과 각각의 장단점		
1. 주식 발행 (보통주)	장점	· 자기자본으로 인정. 안정적인 자금운용 가능 · 영구적 자금조달. 상환 의무 없음
	단점	· 투자자에게 의결권 부여. 기업 소유구조에 영향 · 배당금 지급 압박. 경영권 도전 위험성
2. 회사채 발행	장점	· 기업 소유구조에 영향없이 장기자금 조달 · 차입금 이자비용 계상에 따른 감세효과
	단점	이자비용 부담에 따른 이익률 하락 · 순이익 감소로 인한 파산위험 증가
3. CB, BW 발행	장점	· 일반 회사채보다 낮은 금리로 발행 가능 · 주식으로 전환될 경우, 자본 확충 효과
	단점	· 주가상승 시에도 약정 가격으로 발행해야 할 의무 · 주식 전환 시, 주가 높을수록 회사에 불리

채권은 무엇으로 구성돼 있나?
- 국고채와 통안채

채권의 구성요소

채권은 가장 대표적인 금리상품으로, 수익이 이자율로 확정되어 있기 때문에 영어로 고정수익증권이라는 의미의 '픽스드 인컴fixed income'이라고 표현됩니다. 채권의 구성요소를 살펴보면 이 금융상품의 특성을 파악하고 이해하기 쉽습니다.

채권은 원래 실물증서를 발행했지만 지금은 실물발행은 없어졌으며, 현재 우리나라 채권은 모두 한국예탁결제원을 통한 전자식 등록발행 방식으로 발행되고 있습니다. 실물발행 증서는 없어졌지만, 증서를 보면 한눈에 구성요소를 파악할 수 있습니다. 국고채를 실물증서로 재구성해서 채권이 기본적으로 무엇으로 구성되어 있는지 살펴보겠습니다.

국공채 투자로 유명한 연기금인 제일공제회의 수석운용역 지호 과장은 2016년 9월 10일 오늘 액면가 1만 원, 연이율 1.50%의 국고채를 매수했습니다. 숙련된 채권 매니저임에도 오늘 지호 과장의 얼굴은 평소보다 더욱 상기되어 있습니다. 매수한 채권이 오늘 처음으로 발행되는 최장기 대한

채권의 구성요소

1. 액면가 → 만기에 상환될 금액
2. 표면금리(또는 할인율) → 지급되는 쿠폰의 이자율
3. 발행기관 → 국채인지 회사채인지 채권 종류를 결정
4. 발행일 → 채권이 발행된 날짜
5. 만기일 → 채권의 원금이 상환되는 만기일

지호 과장

민국 국채인 50년 만기 국고채이기 때문입니다. 지호 과장은 거래 후, 채권의 필수 구성요소들을 빠르게 점검해나갑니다.

50년 국고채를 예로 들어 채권을 이해해보자!

정부가 발행하는 국고채

7. 채권 종류

일만

3. 발행기관

대 한 민 국 정부

4. 발행일

일만

국고01500-6609 [16-9]

국고채권

발행일 2016년 9월 10일
상환일 2066년 9월 10일

8. 종목명

일 만 원

1. 액면가   5. 만기일

이자율: 연 1.50%

₩10,000

2. 표면금리

기 획 재 정 부 장 관

장관
의인

6. 발행권자

(1) 액면가

액면가는 채무자가 빌리는 돈의 액수입니다. 이는 만기에 채권 발행자가 상환해야 하는 금액이기도 하지요. 우리나라에서 발행되는 채권의 액면가는 일반적으로 1만 원(₩10,000)입니다. 액면가는 영어로 'par value'라고 하며, 채권 거래 시에 기준값으로 사용됩니다.

액면가는 이표채나 할인채 등 채권의 종류와 관계없이 항상 만기에 상환되는 금액입니다. 기존에 얼마에 샀는지와 상관없이 만기에는 액면가를 상환합니다.

따라서 '액면가=만기 상환액'이라는 공식을 이해하기 바랍니다. 매수한 국채의 액면가는 1만 원이기 때문에, 차입자인 대한민국 정부는 만기에 투자자에게 1만 원을 상환합니다.

(2) 표면금리

표면금리는 채권이 지급하는 이자율을 의미합니다. 표면금리를 액면가에 곱하면 이자금액이 산출됩니다. 액면가 1만 원(₩10,000)에 1.50%의 표면금리를 적용하면 1년에 총 지급되는 이자는 150원(₩150)이 됩니다.

이자는 1년에 두 번, 6개월마다 지급하기 때문에 분기별로 75원이 쿠폰이자로 지급됩니다. 참고로 이자 지급주기는 채권마다 다른데, 국고채는 6개월마다 지급하고 통안채는 분기별로 지급합니다.

표면금리는 발행 당시 시장의 금리 상황과 발행기관의 신용도 그리고 채권의 만기 및 세부 발행조건에 따라 결정됩니다. 표면금리는 쿠폰이자율을 나타내기 때문에 채권의 만기수익률과는 구별되므로 주의해야 합니다. 지호 과장은 유통 채권이 아닌 신규발행 채권을 액면가에 매수했기 때문에 표면금리와 만기수익률은 같습니다. 발행 때 할인가격으로 매수했거나, 발행 이후 유통되는 채권을 매수했을 경우에는 만기수익률이 표면금리와 달라집니다.

(3) 발행기관

발행자가 표시되지 않은 채권은 없습니다. 채권을 발행하는 발행자는 빌린 돈을 상환해서 갚아야 할 채무자이기 때문입니다. 채권 발행자의 신용등급은 채권의 표면금리를 결정하는 중요한 기준입니다. 채권은 기본적으로 돈을 갚겠다는 종이 증서 한 장을 채권자에게 맡기고, 돈을 빌려 쓰는 신용거래이기 때문입니다. 따라서 신용등급이 일정 수준에 미치지 못하면 채권 발행 자체가 어렵습니다.

지호 과장이 이번에 매수한 국고채는 대한민국 정부인 기획재정부가 발행한 국채입니다. 금리는 낮지만 국가가 상환을 보증하기 때문에, 만기가 50년으로 길어도 상환에 대한 걱정이 없습니다. 국고채권의 원금상환, 이자 지급 및 발행 전반에 관련한 사무는 정부가 직접 하기 어렵기 때문에 한국은행이 실무적으로 대행하고 있습니다.

(4) 발행일과 만기일

발행일은 해당 채권이 발행된 날짜이며, 만기일은 채권의 원금을 상환하는 날입니다. 발행일은 이자가 계산되기 시작하는 이자 기산일이 되며, 상환시에는 원금과 마지막 이자 지급도 함께 이루어지면서 채권이 소멸됩니다.

만기가 있다는 것은 주식과 채권의 큰 차이점 중 하나입니다. 주식은 영구자본이기 때문에 만기가 없는 증권인 반면, 채권은 영구채perpetual bond 와 같은 예외적인 경우를 제외하고는 언제나 만기인 상환일이 있습니다.

우리나라 국고채는 1년 중 매 분기 마지막 달인 3월, 6월, 9월, 12월의 10일에 네 번 발행됩니다. 발행 일자가 10일로 고정되어 있기 때문에, 만기일도 10일입니다.

(5) 발행권자와 채권의 종류

채권은 발행기관의 기관장 명의로 발행하는데, 국고채의 경우 기획재정부 장관이 발행권자가 됩니다. 국고채와 통안채 및 특수한 목적으로 발행된 특수채의 경우는 채권의 종류가 증권에 기재되어 있습니다. 회사채의 경우, 발행하는 회사명과 대표이사가 기재됩니다.

(6) 이자 지급주기

채권이자는 연간 지급되는 이자율인 연이율로 표시됩니다. 실제로 이자를 1년에 몇 번 지급하는지는 채권마다 다르지만, 일반적으로 1년에 한 번이 아니라 여러 번에 걸쳐 나뉘어 지급됩니다.

이자 지급주기는 1개월, 3개월, 6개월, 12개월 등으로 다양한데, 지호 과장이 거래한 국고채는 6개월마다 현금으로 이자를 지급합니다.

채권 투자의 가장 좋은 장점은 복리효과를 더 크게 누릴 수 있다는 것입니다. 예금과 비교해보면 그 차이가 확연합니다. 은행 예금은 이자를 1년에 한 번만 지급하지만, 채권은 이자를 수회에 나누어 지급하기 때문입니다.

따라서 일반적인 시장 상황에서는, 같은 표면금리 1.50%의 채권이라 하더라도 분기별 3개월마다 지급하는 채권이 6개월마다 지급하는 채권보다 유리합니다. 이자 지급주기가 짧으면 이자를 먼저 받아 복리효과를 누릴 수 있으니 유리하지요.

(7) 종목명

국고채의 종목명은 표면금리와 만기연월 및 발행연도와 차시로 구성되어 있습니다. 지호 과장이 매수한 국고채 종목명은 국고01500-6609 (16-9)인데, 여기에 발행정보가 들어가 있습니다.

'국고'는 국고채를 의미하며, 다음 5자리 숫자 01500는 표면금리 1.50%에 발행되었다는 것을 알려줍니다. 또한 6609는 채권의 만기를 가리키며, 해당 국고채권은 2066년 9월 만기입니다. 마지막으로 16-9은 2016년도에 9회차로 발행된 국고채임을 의미합니다.

일반적으로 만기가 동일한 채권 중에서 가장 최근 발행된 국고채 종목을 '지표물' 또는 '지표종목'이라고 합니다. 해당 종목이 발행된 지 얼마 되지 않았기 때문에, 현재의 시장금리를 잘 반영하는 지표금리의 역할을 합니다. 예를 들어 3년 만기 국채 지표종목 금리가 1.0%라고 하면, 이 종목이 국채 3년의 시장금리를 대표하기 때문에 3년 만기의 새로운 채권이 발행될 때 기준금리 역할을 합니다.

이표채가 아닌 할인채의 경우 - 통안채의 사례

이표채가 아닌 할인채와 복리채의 경우에는 '이자율' 대신 '할인율'을 연이율로 대신 표기합니다. 대표적인 예가 '통안채'라고 불리는 한국은행이 발행하는 통화안정증권으로, 국고채와 발행 목적이 다릅니다.

통안채는 한국은행이 통화정책의 일환인 공개시장운영의 수단으로 사

	국고채	통안채
국고채와 통안채 비교		
1. 발행주체	· 대한민국 정부(기획재정부) · 한국은행 발행사무 대행	· 한국은행
2. 발행금액	· 최소 1,000억 원 단위 · 한국은행(BOK) Wire를 통한 전자입찰 방식	· 100억 원 단위(최소 100억 원) · 한국은행(BOK) Wire를 통한 전자입찰 방식
3. 액면가	· 1만 원	· 1만 원
4. 발행만기	1) 발행만기 · 2년, 3년, 5년, 10년, 20년, 30년, 50년, 물가연동국채 10년 2) 이자 지급주기 · 6개월 주기 이자 지급 · 3월, 6월, 9월, 12월 지급	1) 할인발행 방식 · 14일, 28일, 63일, 91일, 140일, 182일, 364일, 371일, 392일, 546일 2) 액면발행 방식 · 1년, 1년 6개월, 2년, 3년 (3개월 이자 지급)
5. 발행목적	· 정부 공공목적 자금 확보 · 23년 말 기준 국고채 발행잔액 약 1,000조 원 · 채권시장 비중 38%~40%	· 한국은행 통화정책인 공개시장조작의 일환 · 시중 통화량 및 유동성 조절

용하기 위해 발행합니다. 공개시장운영이란, 중앙은행이 시중의 유동성을 조절하기 위해 채권을 시장에서 매매하는 행위를 말합니다. 통안채를 새로 발행하여 매도하면(한은이 채권증서를 시장에 주고 돈을 받으면) 시중에 유동성이 줄어들고, 반대로 통안채를 시장으로부터 매입하면(한은이 채권증서를 받고 시장에 돈을 풀면) 시중 자금의 유동성이 늘어납니다. 한국은행은 통안채를 이용해서 통화량을 조절함으로써 시장의 유동성과 금리 수준을 관리할 수 있습니다.

기존에 통안채는 할인발행만 이루어졌으나, 1989년 12월 한국은행 통화안정증권법 개정으로 액면발행도 가능해졌습니다. 통안채는 이자 지급 방식에 따라 발행 방식이 다릅니다. 1년 미만은 할인채, 1년 이상은 이표채로 발행되고 있습니다. 통안채의 만기는 기존에 2년이 발행 최대 만기였지만, 2021년부터 3년물도 발행되기 시작했습니다.

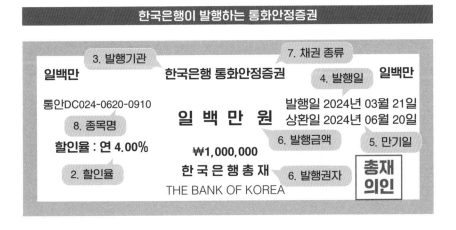

채권증서의 위 사례는 한국은행이 발행한 91일 만기 통안채입니다. 통안채는 앞서 살펴본 국고채와 구성요소가 대부분 같지만, 몇 가지 차이가 있습니다.

우선 짚고 넘어가야 할 사항이 있습니다. 통안채 표면에 나와 있는 ₩1,000,000(백만 원)은 액면가가 아니라 권종별 발행금액입니다. 채권의 액면가는 채권의 가격을 뜻하고, 우리나라에서 발행되는 모든 채권의 액면가는 1만 원입니다. 따라서 통안채의 액면가 또한 1만 원입니다. 이제 국채와의 차이점을 살펴봅시다.

첫째, 표면금리 대신 할인율이 표시되어 있습니다. 이는 91일 만기 통안채가 이자 지급을 하지 않고, 할인된 가격으로 할인발행 되기 때문입니다. 국고채를 포함한 국채와 통안채 등 모든 1년 미만의 단기 재정증권은 이자를 지급하지 않고 할인발행됩니다. 만기가 1년 이내인 재정증권은 만기가 짧기 때문에 이자 지급이 번거로워, 발행 시 아예 이자만큼 할인해 판매합니다. 할인채의 통상적인 매매과정은 다음과 같습니다.

만약 3개월(91일) 만기인 100억 원짜리 채권을 할인발행으로 99억 원에 샀다면, 투자자는 3개월(91일) 뒤에 100억 원을 받습니다. 액면가인 100억 원과 발행가인 99억 원의 차이인 할인액 1억 원은 선지급이자의 성격을 갖습니다.

둘째, 통안채의 종목명은 할인채와 이표채에서 표시형식이 조금 다릅니다. 채권의 종목명인 통안DC024-0620-0910에서 '통안'은 통안채를 의미하고, DC는 'discount(할인)'의 영어 줄임말로 할인채를 뜻합니다. 024-0620은 2024년 620일 만기 채권, 0910은 91일물 3개월짜리 채권임

국고채와 통안채 종목명 표시형식 이해하기

국고04000-6610 [16-1]		통안DC024-0620-0910		통안0400-2406-02	
국고	국고채	통안	통안채	통안	통안채
04000	표면금리 4.000%	DC	할인채 (Discount)	04000	표면금리 4.000%
6610	채권만기 2066년 10월	024-0620	채권만기 2024년 6월 20일	2406	채권만기 2024년 6월
[16-1]	2016년 1차 발행	0910	91일물 (3개월)	02	2년물

을 나타냅니다. 만약 해당 통안채가 4%의 표면금리를 조건으로 상환일이 2024년 6월인 2년 만기 채권이었다면 '통안04000-2406-02'와 같은 형식으로 표시되었을 것입니다.

썸6

채권과 금리상품의 가격 조회

금융투자협회 채권정보센터

채권을 비롯한 금리 관련 정보를 조회할 때는 금융투자협회 채권정보센터 사이트(www.kofiabond.or.kr)가 유용합니다. 이 사이트는 채권금리를 조회할 수 있는 곳으로 국고채, 회사채, CD, CP, 은행채 등 단기금리 및 장기금리 상품의 금리를 모두 조회할 수 있어서 매우 편리합니다.

금융투자협회 채권정보센터 사이트의 정보를 투자에 활용할 수 있는 몇 가지 방법을 설명하겠습니다.

최종호가수익률　　기간별　　과거자료

| 조회일 | 2024-08-16 📅 | | www.kofiabond.or.kr |

종류명	최종호가수익률			
	당일		전일대비	전일
	오전	오후		
국고채권(1년)	3.061	3.060	0.011	3.049
국고채권(2년)	3.036	3.040	0.040	3.000
국고채권(3년)	2.931	2.928	0.040	2.888
국고채권(5년)	2.940	2.933	0.034	2.899
국고채권(10년)	2.975	2.973	0.028	2.945
국고채권(20년)	2.953	2.954	0.024	2.930
국고채권(30년)	2.855	2.853	0.018	2.835
국고채권(50년)	2.803	2.798	0.015	2.783
국민주택1종(5년)	3.061	3.054	0.041	3.013
통안증권(91일)	3.281	3.281	0.007	3.274
통안증권(1년)	3.042	3.041	0.022	3.019
통안증권(2년)	2.993	2.988	0.035	2.953
한전채(3년)	3.207	3.206	0.046	3.160
산금채(1년)	3.285	3.285	0.039	3.246
회사채(무보증3년)AA-	3.416	3.415	0.045	3.370
회사채(무보증3년)BBB-	9.402	9.401	0.041	9.360
CD수익률(91일)	-	3.51	0.02	3.49
CP(91일)	3.61	3.61	-0.01	3.62

(1) 당일의 채권 종가수익률

금리시장을 파악하려면, 우선 오늘 당일 채권시장의 전체적인 방향성을 알아야 하기 때문에 채권의 최종호가수익률을 확인해야 합니다.

채권과 같은 금융상품은 매일매일 거래되면서 가격이 변하는데, 마지막으로 거래된 가격인 종가금리를 최종호가수익률이라고 합니다. 최종호가수익률은 만기별로 대표금리인 지표금리를 보여주고 있어, 당일의 시장금리가 전일에 비해 어떤 방향으로 얼마나 변했는지 알 수 있습니다.

사이트 홈에서 '주요메뉴' 맨 앞에 나와 있는 '최종호가수익률'을 누르면, 채권의 종류별 최종호가수익률을 볼 수 있습니다. 맨 위 툴바에서 '채권금리' 탭을 눌러도 같은 창으로 들어갈 수 있습니다.

최종호가수익률은 소수점 세 자리로 표시되며, 금리의 움직임은 '전일 대비' 항목을 보면 됩니다. 빨간색은 전일 대비 해당 채권의 금리가 상승했음을 의미하며 반대로 파란색은 전일 대비 금리가 하락한 것을 나타냅니다.

예를 들어, 2024년 8월 16일 시장금리는 전일의 종가에 비해 대체로 상승했음을 보여주고 있습니다. 파란색으로 유일하게 금리가 하락한 CP를 제외한 '전일 대비' 항목의 종목들은 전반적으로 빨간색이기 때문입니다.

(2) 기간별 채권수익률 동향

당일의 움직임을 파악했지만, 하루 동안의 수익률 변화만으로는 전체적인 채권금리의 추세를 알기 어렵습니다. 특히 최근 중요한 통화정책의 변화가 있었거나 시장에 이벤트가 일어났다면 과거의 추세 변화를 자세히 비교해야 할 필요가 있습니다. 따라서 1개월, 3개월 또는 1년과 같이 원하는 기간 동안의 금리를 비교해야 합니다.

우리가 원하는 금리 정보가 국고채 10년물의 2019년 8월~2024년 8월까지 과거 5년간 일별 금리 변화라고 가정해봅시다. 채권금리 탭 '최종호가수익률' 탭에서 해당 국고채 10년을 클릭하면 일정 기간의 수익률 변화

를 보여줍니다. 월별이나 연간 단위의 수익률 변화도 체크할 수 있어 보고
싶은 기간을 클릭하면 됩니다.

그래프를 통해서 지난 5년간 장기채권 금리가 꾸준히 상승하다가 금리
가 높은 수준에서 일정 기간 안정화된 이후 최근 금리하락기로 접어들고
있는 추세를 볼 수 있습니다.

(3) 채권의 실시간 호가 체크

전체적인 채권시장의 동향을 봤으면 현재 투자하고자 하는 종목의 가격을 알아야겠지요. 특정 채권의 종가 정보는 어떻게 확인할 수 있는지 살펴보겠습니다.

금융시장 거래는 장내거래와 장외거래로 크게 구분되는데, 우리나라에서 채권은 대부분 장외에서 거래됩니다. 코스피나 코스닥처럼 주식거래소가 있어서 그 안에서 매매가 이루어지는 것이 아니라, 증권사가 중개 브로커 역할을 하면서 매수자와 매도자를 연결해주는 거래입니다.

물론 한국거래소를 통한 장내거래도 소폭 늘기는 했지만, 아직까지 채권은 대부분 장외시장에서 거래된다고 보아도 무방합니다.

현재 이미 발행되어 유통되고 있는 채권의 거래가격을 알기 위해서는 사이트의 맨 위쪽 상단 '유통시장' 탭에서 '장외채권 호가정보' 창을 클릭

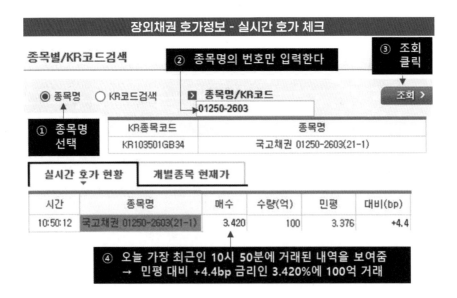

합니다. '실시간 호가 현황' 탭에서 '종목검색' 창을 클릭하면 새로운 창이 뜹니다. 종목명을 선택하고 종목명 뒤에 숫자만 넣고 조회를 클릭하면 원하는 종목의 실시간 호가를 보여줍니다.

(4) 실시간 호가와 증권사 매매가 비교

'장외채권 호가정보'에서는 실시간으로 실제 거래되는 채권의 가격 정보를 확인할 수 있어, 증권사가 제시한 가격과 비교해보면 좋습니다. 비교를 통해, 증권사의 소매판매 채권의 가격이 적당한지 혹은 마진이 과도한지 판단할 수 있습니다.

채권은 일반적으로 100억 원씩 매매되기 때문에 개인이 한 단위를 전부 매수하기에는 금액이 너무 큽니다. 따라서 개인이 매수하는 경우, 증권사가 해당 종목을 미리 매수한 후 이를 개인들에게 분할하여 판매합니다.

이러한 이유로 매매방식도 주식매매와 많이 다릅니다. 또한, 증권사마다 운용 상황과 리스크 상황이 다르기 때문에 같은 종목이라도 증권사마다 가격이 당연히 다를 수 있습니다. 따라서 매수하고 싶은 종목이 있으면 금융투자협회 채권정보센터의 '실시간 호가 정보'를 확인한 후, 증권사마다 제시하는 금리를 비교해보고 매매하는 것이 좋습니다.

(5) 유통중인 채권의 신용전망 체크

금융투자협회 채권정보센터 사이트의 또 다른 유용한 점은 이미 발행되어 유통 중인 채권의 신용등급 상황도 체크할 수 있다는 점입니다. 채권뿐만 아니라 CP, 단기사채 등의 신용정보 상황도 검색이 가능합니다. 예를 들어, 경기도시공사가 발행한 채권의 신용등급 상황을 알아보고 싶다면 다음과 같이 할 수 있습니다.

금융투자협회 채권정보센터 상단 '신용평가정보' 탭을 클릭하고 발행 회사에서 경기도시공사를 입력합니다. 조회를 누르면 경기도시공사가 발행하여 유통 중인 채권 목록이 여러 개 나옵니다. 이 중에서 '경기주택도시공사보상 24-01가' 채권을 보면, 한국신용평가에 의해 가장 최근 신용평가가 이루어졌으며, 해당 등급은 AAA이고 전망은 안정적으로 평가되었음을 알 수 있습니다.

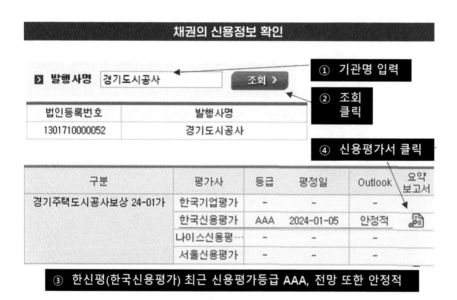

채권의 신용정보 확인

① 기관명 입력
② 조회 클릭
④ 신용평가서 클릭

법인등록번호	발행사명
1301710000052	경기도시공사

구분	평가사	등급	평정일	Outlook	요약보고서
경기주택도시공사보상 24-01가	한국기업평가	-	-	-	
	한국신용평가	AAA	2024-01-05	안정적	
	나이스신용평…	-	-	-	
	서울신용평가	-	-	-	

③ 한신평(한국신용평가) 최근 신용평가등급 AAA, 전망 또한 안정적

추가로 요약보고서 항목을 클릭하면 신용평가서를 직접 띄워줍니다. 해당 등급과 전망치가 부여된 배경과 재무제표 분석 및 기타 상세 사항이 구체적으로 설명되어 있으니 참고하면 좋습니다.

경기주택도시공사 귀중

신 용 평 가 서

귀사의 회사채 신용평가 의뢰에 따라 당사의 평가기준에 의하여 실시한 평가 결과는 다음과 같습니다.

발 행 회 사 채 명	경기주택도시공사 보상 제24-01가 특수채	회사채 신용등급
발 행 자	경기주택도시공사 (대표자 김세용)	교부번호 : 24-BOND-00041-a호 교 부 일 : 2024년 01월 05일
발 행 권 면 총 액	일십억원 (1,000,000,000원)	**AAA**
발 행 일 / 만 기 일	2024년 01월 / 2027년 01월	
재 무 제 표 기 준 일	2022년 12월 31일	한국신용평가
평 가 일	2024년 01월 05일	
용 도	특수채 발행용	Rating Outlook : 안정적(Stable)

채권의 가치는 어떻게 표시될까?
- 채권의 가격과 수익률은 반비례

채권의 가치를 표시하는 방법 2가지

옷이나 신발 같은 물건은 판매가격을 기준으로 비교해보고 구입합니다. 주식을 매매할 때도 마찬가지입니다. 주식 가격인 주가를 기준으로 거래합니다. 그러면 채권은 어떨까요? 채권은 금리상품인데 매매가격의 기준은 무엇으로 잡을까요?

채권은 표면금리에 따른 이자가 정기적으로 지급되고 만기에는 원금을 상환받습니다. 그렇다면 채권은 한번 발행되면 만기까지 가격이 변하지 않을까요? 결론적으로, 그렇지 않습니다. 주가와 환율이 변하듯이, 채권 또한 처음 발행된 후 시장에서 매매되면서 계속해서 가격이 변동합니다. 이는 날마다 시장금리 상황이 다르기 때문입니다. 주식은 주가를 기준으로 평가하는데, 그렇다면 채권의 가격은 무엇을 기준으로 싸졌는지 비싸졌는지 비교할 수 있을까요?

주가와 물건의 가치는 가격으로만 표시됩니다. 하지만 채권은 금리상품이기 때문에 ①매매가격과 ②수익률 두 가지 모두로 가치를 표시할 수

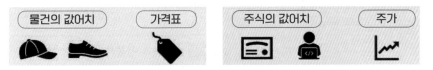

채권의 가격 표시 방법 2가지

| 물건의 값어치 | 가격표 | 주식의 값어치 | 주가 |

그러면... 채권의 값어치는 어떻게 표시할까?

채권의 값어치
≫ 2가지 방법으로 표시

1) 채권의 단가
· 발행가 100을 기준, 대비한 가격
2) 채권의 수익률
· 만기보유 가정한 수익률 금리(%)

있습니다.

다시 말해, 채권의 가치는 발행가격을 기준으로 하는 가격으로 표시할 수도 있고 수익률인 퍼센트(%)로 표시할 수도 있습니다. 다음 사례를 통해 더 쉽게 이해해보겠습니다.

꽃미남 아이돌 한서무는 2023년 서울시 홍보대사로 일하면서 받은 1억 원을 서울특별시채권 3년 신규발행물(서울특별시채권 2023-1)에 투자했습니다. 5개월이 지난 2024년 3월 15일 현재 채권 가격이 어떻게 변했는지 궁금합니다. 하지만 채권을 잘 알지 못하는 '채알못'인 한서무는 한숨만 쉬다가 《슈퍼금리 슈퍼리치》를 읽고 나서 용기를 내어 알아보기 시작합니다.

한서무는 금융투자협회 채권정보센터의 장외채권 호가정보 창에 들어가 개별종목의 현재가를 검색합니다. 그리고 그가 투자했던 서울특별시채권의 시장금리(시장가)가 3.598%로 하락한 것을 확인합니다.

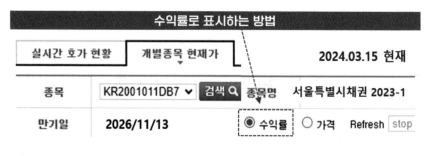

수익률로 표시하는 방법						
실시간 호가 현황	개별종목 현재가				2024.03.15 현재	
종목	KR2001011DB7 ∨ 검색🔍		종목명	서울특별시채권 2023-1		
만기일	2026/11/13		● 수익률 ○ 가격	Refresh stop		

구분	매도		매수		확정	
민평/대비	3.598	00.0	3.598	00.0	3.598	00.0
발행금액 (억)			발행일		2023/11/13	
표면금리	4.263		민평금리		3.598	
이자지급	이표채		잔존일		2Y. 7M	

채알못 한서무

· 발행 당시 표면이자율(4.263%)보다 현재 민평금리(3.598%)가 낮아진 것을 확인
· 금리하락 확인했지만, 평가이익 또는 평가손실이 났는지 궁금한 상황

하지만 한서무는 여전히 궁금한 것이 있습니다. 투자 당시보다 시장금리가 떨어졌는데, 자신의 채권 가격은 올랐는지 내렸는지 알고 싶었습니다. 채권의 가격 변동을 알아야 평가이익이 났는지 평가손실이 났는지 파악할 수 있습니다.

그래서 같은 창에서 채권의 가치를 수익률 대신 '가격'으로 바꾸었더니, 채권의 가격이 기존의 ₩10,000에서 ₩10,313.6으로 3.13% 이상 오른 것을 확인할 수 있었습니다. 채권 가격이 올라서 평가이익이 발생한 것이지요. 한서무는 평가이익을 확인한 후 그 이유를 곰곰이 생각해보았습니다.

그러다가 채권의 표면금리는 그대로인데, 시장 상황이 바뀌어 채권의

396

채권의 단가(가격)로 표시하는 방법

실시간 호가 현황	개별종목 현재가			2024.03.15 현재	

종목	KR2001011DB7 ∨ 검색 🔍 종목명	서울특별시채권 2023-1
만기일	2026/11/13	○ 수익률 ◉ 가격 │ Refresh │ stop

구분	매도		매수		확정	
민평/대비	10,313.6	00.0	10,313.6	00.0	10,313.6	00.0
발행금액 (억)			발행일		2023/11/13	
표면금리	4.263		민평단가		10,313.6	
이자지급	이표채		잔존일		2Y. 7M	

유레카 한서무

- 채권 단가가 ₩10,000 → ₩10,313.6으로 올라 평가이익을 확인
- 또한 현대 시장금리가 3.5%대로 하락하였지만 쿠폰이자는 예전 그대로 4.263%를 받고 있는 것도 기분 좋은 상황
- 채권에 대해 잘 알게 되자 한서무는 '유레카'를 외치며 뛰어나감

현재 시장금리(민평금리)와 채권의 단가가 변한 것임을 깨달았습니다. 예전보다 시장금리가 하락했기 때문에 지금은 그 정도의 표면금리를 받기 어려운 상황입니다. 한서무는 그때 투자하기를 참 잘했다는 생각이 들었습니다.

채권의 가격이 오른 것도 기분이 좋았지만, 한서무는 채권의 가치를 금리와 단가(가격) 두 가지 다른 방법으로 표시할 수 있다는 것을 알았다는 데 큰 희열을 느꼈습니다. 그는 채권에 대한 깨달음을 얻어 너무나 기쁜 나머지 마치 아르키메데스와 같이 '유레카'를 외치며 기쁨의 눈물을 흘렸습니다. 채권을 알지 못하는 '채알못 한서무'가 채권의 본질을 깨닫고 '유레카 한서무'로 탈바꿈하는 순간이었습니다.

그렇다면 실제 거래에서는 어떨까요? 실제 금리상품을 거래하는 딜러들은 가격을 호가하기도 하지만, 수익률로 채권의 가치를 호가하는 경우가 더 일반적입니다.

채권의 가격과 수익률은 반비례한다

앞에서 살펴본 2023년 11월 발행된 서울특별시채권은 고금리 시기에 발행되었습니다. 그래서 4.263%로 표면금리가 높았지요. 그러나 시간이 지나서 2024년 3월에는 연준의 기준금리 인하 기대감으로 시장금리가 소폭 하락했습니다. 이로 인해 잔존만기 2년 7개월인 상황에서 채권의 수익률 역시 시장금리를 따라 3.598%로 하락했습니다.

현재 해당 서울특별시채권의 단가는 1만 원에서 1만 313.6원으로 상승했습니다. 수익률은 4.263%에서 3.598%로 하락했지만, 채권의 가격인 단가는 1만 원에서 1만 313.6원으로 상승한 것입니다. 결과적으로, 5개월 전

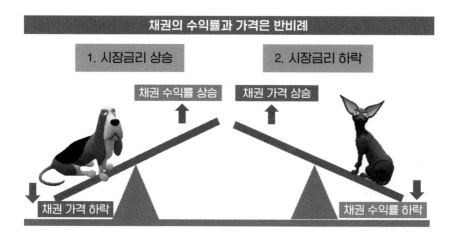

채권의 수익률과 가격은 반비례

1. 시장금리 상승   2. 시장금리 하락

채권 수익률 상승   채권 가격 상승

채권 가격 하락   채권 수익률 하락

인 2023년 11월에 4.263%의 이자를 받기로 하고 채권에 투자한 것은 매우 잘한 결정이었습니다.

여기서 채권의 수익률과와 가격은 서로 반대로 움직이는 것을 알 수 있습니다. 채권금리가 오르면 채권의 가격이 하락하고, 채권금리가 하락하면 채권의 가격이 상승합니다.

투자자가 아닌 채권의 발행자 입장에서도 금리와 채권 가격의 관계를 이해할 수 있습니다. 앞서 살펴본 서울특별시채권을 예로 들어 살펴보겠습니다.

2023년 11월 발행 당시 서울특별시채권의 인기가 없어서 액면가 100만 원이 아닌 90만 원에 투자자가 인수했다고 가정해봅시다. 이 경우, 투자자는 10만 원이나 싸게 채권을 산 셈이지요. 이렇게 할인된 가격에 발행하는 경우를 할인발행이라고 합니다. 표면금리 5%의 채권을 90만 원에 매입한 것으로 계산하면 수익률은 무려 14%가 됩니다. 채권이 팔리지 않아 할인발행을 해서, 채권의 가격은 90만 원으로 크게 하락했습니다. 반면, 채권의 수익률은 표면금리인 5%에서 14%로 크게 상승했습니다.

이와 반대로, 서울특별시가 발행하는 채권의 인기가 너무 높아서 투자자가 줄을 설 정도라면, 채권은 발행 시 액면가보다 더 비싸게 팔립니다. 이 경우 투자자는 오히려 100만 원보다 더 비싸게 채권을 매입하게 됩니다.

할인발행과 할증발행		
할인발행	· 액면가보다 싸게 발행	(예) 액면가 1만 원 채권을 더 싼 가격인 9,000원에 발행
할증발행	· 액면가보다 비싸게 발행	(예) 액면가 1만 원 채권을 더 비싼 가격인 10,100원에 발행

이렇게 액면가보다 더 비싸게 채권을 발행하는 것을 '할증발행'이라고 합니다. 만약 할증발행으로 101만 원을 주고 채권을 인수했다면 채권을 비싸게 샀기에, 실제 수익률은 원래 표면금리인 5%보다 하락할 것입니다.

이렇듯 채권의 가격이 오르면 수익률은 하락하고, 채권의 가격이 하락하면 수익률은 오르므로, '채권의 가격과 수익률은 서로 반비례'의 관계입니다. 그러나 실제로 시장에서 할증발행은 거의 찾아볼 수 없으며, 할증발행을 하고 쿠폰이자를 지급하는 사례는 더더욱 없습니다.

실제 사례로 알아보기

미국 연준은 2023년 9월 FOMC에서 높은 물가 때문에 기준금리 인하를 고려하지 않고 있다고 발표했습니다. 다음 기사는 고금리가 장기화될 것을 시사하자 미국 국채 수익률이 크게 상승했다는 내용입니다.

> 연준 매파적 기조에 천장 뚫은 미국 채권금리
> … 10년 만기수익률 4.5% 훌쩍. 미국채 투자 개미들 발 동동
> 금리일보

미국 국채 10년물 수익률은 전일 4.2%에서 4.5%대로 하루 만에 0.3%p 급등했고, 당시 미국채 장기물 ETF에 투자한 개인투자자는 피해를 보았습니다. 이는 채권수익률이 오르면 채권의 가격은 반대로 하락하는 원리를 실례로 보여주고 있습니다.

미국 기준금리 인상→ 채권수익률 상승→ 채권 가격 하락→ 투자자 손실

한편, 채권금리를 얘기할 때 '발행금리'와 '수익률'이 동시에 거론되어 혼동될 수 있는데, 이는 발행자와 투자자 간에 사용하는 용어가 다르기 때문입니다. 우선 채권을 발행하는 기업 입장에서는 조달금리인 '발행금리'가 가장 중요합니다. 채권이 발행되고 나서 이후에 시장에서 거래되는 회사채의 수익률은 발행회사 입장에서는 크게 중요하지 않습니다. 따라서 엄밀하게 말해, 채권의 시장금리를 의미하는 '수익률'이라는 단어는 채권에 투자하는 투자자 입장에서 사용하는 말이라고 할 수 있습니다.

채권의 표면금리와 만기수익률이란?
– 엑셀로 YTM 계산하기

표면금리

투자의 목적은 수익창출입니다. 주식이나 부동산 같은 투자자산과 마찬가지로, 채권도 투자하면 수익이 생깁니다. 따라서 채권의 수익률이 얼마인지는 채권 투자 시 가장 중요한 결정요인입니다. 이러한 채권의 투자수익률에 막대한 영향을 미치는 요인이 액면에 표시된 표면금리 또는 표면이자율입니다.

표면금리 또는 표면이자율이란 채권의 액면가에 대한 이자율로, 국가나 공공기관 또는 회사가 채권을 처음 발행할 때 '이자를 몇 % 주겠다'고 채권의 표면에 명시한 이자율을 말합니다.

여의도 증권가에서 모래조차 금가루로 바꾼다는 전설로 유명한 초대박증권. 이 회사의 인사부장인 조대박 부장은 요즘 신입사원들에게 채권 교육을 하느라 바쁩니다. 오늘도 회사가 신규 투자한 A회사 채권을 예로 들어 표면금리와 현금흐름에 대해 설명하고 있습니다.

초대박증권은 2024년 1월 1일 A회사가 발행한 2년 만기 액면가 100만 원, 표면이자율이 연 5%(연말 1회 이자 지급)인 채권을 발행가 100만 원에 전액 인수했습니다. 이 경우, 투자자인 초대박증권이 받는 이자와 현금흐름은 어떻게 될까요?

우선, 채권 발행자인 A회사는 투자자로부터 돈을 빌렸기 때문에 액면에 표시된 표면금리 5%에 따른 이자를 투자자에게 지급해야 합니다. 연간 지급되는 이자의 금액은 채권의 액면가에 채권의 연이율을 곱한 값입니다. 이때 채권을 매수함에 따라 채권의 액면가에 비례하여 정기적으로 받게 되는 5% 이자를 표면금리, 표면이자 또는 쿠폰이자이라고 합니다. 이자를 매년 연말 1회 지급한다고 가정하면, A회사는 투자자에게 매년 말 5만 원씩, 총 10만 원의 이자를 2년 동안 지급하게 됩니다.

2년 후 만기에는 마지막 이자 지급과 함께 투자원금도 돌려줘야 하기 때문에 원금교환도 일어납니다. 따라서 현금흐름으로 본다면, 투자자인 초대박증권은 채권 발행 당시에 100만 원을 투자하고 만기까지 총 110만 원의 현금을 정해진 시점에 받게 됩니다.

채권의 표면금리와 현금흐름

조대박 부장

I. A회사 채권 발행

[1] 발행조건
액면가 100만 원
· 상환만기 2년
· 표면이자율 연 5%
· 이자 지급 연말 1회
[2] 총액인수
· 초대박증권 전액인수

II. 초대박증권 현금흐름

[1] 투자원금 지출
· 2024.01.01　[−]₩1,000,000
[2] 쿠폰이자 수취
· 2024.12.31　[+]₩50,000
· 2025.12.31　[+]₩50,000
[3] 투자원금 회수
· 2025.12.31 [+]₩1,000,000

여기서 가장 중요한 것은 역시 수익률이겠지요? 초대박증권의 총수익률과 연수익률을 계산해하면 투자 결과의 성공 여부를 알 수 있습니다.

채권 투자 수익의 구성

그렇다면, 이자의 금액을 결정하는 표면금리는 수익률과 같은 의미일까요? 결론적으로, 수익률은 표면금리와 그 개념이 다릅니다. 채권을 투자해서 얻는 수익에는 이자수익 외에도 채권의 가격변동에 따른 평가수익이 있기 때문입니다. 주식투자를 하면 배당금 외에 주가가 변동하면서 자본손익을 보는 것과 마찬가지로, 채권 또한 매일 가격이 달라지기 때문에 가격변동에 따른 자본손익이 생깁니다.

채권의 수익은 표면금리에 따른 쿠폰이자 수익에 채권 자체의 가격변동에 따른 자본수익(손실)을 합한 것입니다. 따라서 자본수익이 없다면 채권의 표면금리와 실제 수익률은 일치하지만, 채권의 가격이 시장금리에 따라 등락하기 때문에 일반적으로 둘은 서로 다릅니다. 그러므로 자본수익이 (+)일 경우에는 채권의 투자수익률이 표면금리보다 높아지지만, 반대로 자본수익이 (-)일 경우에는 표면금리보다 수익률이 낮아집니다.

채권의 총 투자수익은 이자수익과 자본수익의 합계				
채권의 투자수익	=	이자수익	+	자본수익
		표면금리에 따른 이자금액		채권 가격변동에 따른 수익(손실)

만기수익률이란?

채권의 수익률 계산에서 가장 중요한 것이 만기 수익률Yield to Maturity, YTM입니다. 채권과 같은 금리상품의 큰 특징 중 하나는 만기가 있다는 것이지요. 주식이나 통화 같은 상품은 만기가 따로 정해져 있지 않기 때문에 현금흐름을 예상하기가 어렵습니다. 반면, 채권은 만기가 정해져 있기 때문에, 만기까지 받는 이자와 만기에 상환되는 원금으로 현재 투자시점에서 수익률을 계산할 수 있습니다.

투자자가 현재 시점에서 채권을 매입하여 만기까지 보유할 경우에 기대할 수 있는 수익률을 만기수익률 또는 YTM이라고 합니다. 그런데 만기수익률을 계산하기 위해서는 다음의 두 가지 비현실적인 가정이 필요합니다.

- 투자한 채권을 만기까지 보유한다.
- 지급되는 이자는 만기수익률과 동일한 금리로 재투자된다.

이러한 가정이 비현실적인 이유는 우선, 지급되는 이자가 만기수익률과 동일한 금리로 재투자되기 어렵기 때문입니다. 지급되는 이자가 발행금리와 동일하게 재투자되려면 매 이자 지급 시기의 시장금리가 발행금리와 같아야 합니다. 채권이 발행되고 난 후에 시장금리는 금융시장의 변화에 따라 끊임없이 변합니다. 따라서 이자는 발행금리가 아니라 당시의 새로운 금리로 재투자됩니다.

또한 투자한 채권을 만기까지 보유하는 경우도 있지만, 중도에 매매하는 경우도 빈번합니다. 발행 시점에 매수한 채권을 중간에 매도하면 실제

수익률은 만기수익률과 달라질 수밖에 없습니다.

따라서 만기수익률은 실제수익률이 아닌 현재 투자시점에서 현금흐름에 따라 예상되는 '예상투자수익률'이라고 이해하는 것이 좋습니다.

채권의 만기수익률이란?

· 현재 투자금액 $= \dfrac{1년\ 뒤\ 현금흐름}{할인율^1} + \dfrac{2년\ 뒤\ 현금흐름}{할인율^2} + \dfrac{N년\ 뒤\ 현금흐름}{할인율^N}$

· 채권의 만기수익률
  → 투자로 얻는 미래 현금흐름을 현재 투자금액과 일치시키는 할인율

이렇게 비현실적인 가정에도 불구하고, 만기수익률이 중요한 이유는 채권시장에서 채권을 거래할 때 실무적으로 만기수익률을 사용해 가격을 계산하고 있기 때문입니다. 이제 초대박증권의 만기수익률을 계산해보겠습니다.

(1) 액면가 100만 원에 채권을 인수한 경우: 액면발행

만기수익률을 계산하기 위해서는 우선 현금흐름을 확인합니다. 채권의 만기까지 1년에 한번씩 5%로 지급되는 두 번의 이자금액 총액 10만 원과 만기에는 액면가 100만 원을 상환받습니다. 그래서 만기까지 총 110만 원을 받게 되지요.

만기수익율을 y라고 하면, 채권 투자 시 예상되는 현금흐름은 1년 후 받는 이자수익 5만 원과 2년 후 받는 이자수익 5만 원 그리고 만기에 상환되는 원금 100만 원을 합한 것입니다. 이자는 만기수익률로 재투자된다고

가정했기 때문에 만기수익률 y를 할인율로 사용해 연도별 복리로 나누어 미래 현금흐름의 현재가치를 구합니다. 채권의 만기수익률은 투자로 얻는 미래 현금흐름을 현재의 투자금액 100만 원과 일치시키는 할인율이라고 했으므로 아래의 공식으로 나타낼 수 있습니다.

$$100\text{만 원} = \frac{5\text{만 원}}{(1+y)^1} + \frac{5\text{만 원}}{(1+y)^2} + \frac{100\text{만 원}}{(1+y)^2}$$

이렇게 만기수익률 y는 초기 투자원금과 미래에 유입될 현금의 가치를 일치시키는 이자율을 뜻합니다. 투자원금 100만 원에 대해 1년 후 이자 5만 원, 2년 후 이자 5만 원과 원금 100만 원이 상환될 때, 이 모든 미래 현금흐름을 현재 가치로 할인하여 초기 투자원금과 동일하게 만드는 이자율이 바로 만기수익률인 것입니다.

(2) 할인가 90만 원에 채권을 인수한 경우: 할인발행

A회사 발행 채권이 인기가 없어서 발행 시점에 초대박증권이 100만 원이 아닌 90만 원에 채권을 인수했다고 가정해봅시다. 이 경우 A회사는 할인발행을 한 것입니다. 표면금리와 만기 등 다른 조건이 액면발행과 동일하다면, 만기수익률은 액면발행의 경우보다 높을 것입니다. 채권을 정해진 액면가 100만 원보다 10만 원 싸게 샀기 때문에 투자수익률이 높아진 것이지요.

먼저 현금흐름은 액면가 발행 때와 같습니다. 채권의 만기까지 1년에 한 번 5%로 지급되는 5만 원씩 두 번의 이자와 만기에 지급받는 액면가 100만 원을 합해 총 110만 원의 현금흐름이 생깁니다. 이 같은 현금흐름과 투자원금 90만 원을 일치시키는 할인율을 계산하면 그것이 바로 투자수익률이 됩니다.

만기수익율을 y라고 할 때, 90만 원에 할인발행된 A회사 채권의 만기수익률은 아래의 공식으로 나타낼 수 있습니다.

$$90만\ 원 = \frac{5만\ 원}{(1+y)^1} + \frac{5만\ 원}{(1+y)^2} + \frac{100만\ 원}{(1+y)^2}$$

(3) 할증가 115만 원에 채권을 인수한 경우: 할증발행

이번에는 반대로 A회사가 발행한 채권이 물량이 부족할 정도로 인기가 많아서 발행 시점에 비싸게 할증발행되었다고 가정해봅시다. 초대박증권이 100만 원이 아닌 115만 원에 채권을 인수했고, 표면금리와 만기 등 다른 조건은 동일하다고 가정합시다.

115만 원 할증발행의 경우, 만기수익률은 다음과 같이 나타낼 수 있습니다.

$$115만\ 원 = \frac{5만\ 원}{(1+y)^1} + \frac{5만\ 원}{(1+y)^2} + \frac{100만\ 원}{(1+y)^2}$$

이렇듯, 채권의 만기수익률은 채권의 미래 현금흐름과 현재의 채권 가격을 일치시키는 할인율로 구할 수 있습니다. 이러한 특성 때문에 만기수익률을 내부수익률Internal Rate of Return, IRR이라고도 합니다. 내부수익률은 미래의 현금흐름을 현재 가치로 환산할 때 지금 투자되는 금액과 같아지도록 만들어주는 이자율을 의미하기 때문입니다.

엑셀로 만기수익률 간단하게 구하기

이제 만기수익률을 계산해봅시다. 엑셀의 IRR 수식을 이용하면 누구나 간단히 채권의 만기수익률을 구할 수 있습니다. 재무계산기를 사용할 필요가 전혀 없습니다. 얼마나 간단한지 초대박증권의 투자 사례를 이용하여 지금부터 계산해보도록 하겠습니다.

우선 엑셀에 연도별 현금흐름에 따른 금액을 0년부터 2년까지 입력합니다. 액면가와 초기 채권 투자 금액이 100만 원이라면 0년 시점에 (-)1,000,000 그리고 1년과 2년 시점의 이자와 상환되는 액면가 현금흐름의 숫자를 입력합니다. 그런 다음 엑셀의 '수식' 탭에서 '함수삽입'을 누르고 '재무' 범주의 IRR을 선택합니다.

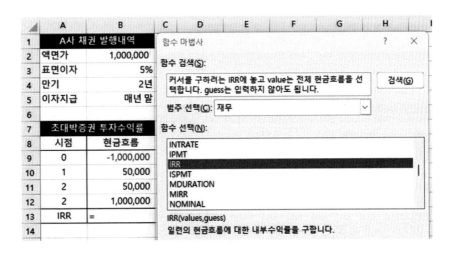

'Values'는 전체 현금흐름을 드래그하여 선택하고 'guess'는 추정치이므로 입력하지 않아도 자동으로 만기수익률을 계산해줍니다. 그리고 나서 확인 버튼을 누르면 아래와 같이 y가 IRR로 계산됩니다.

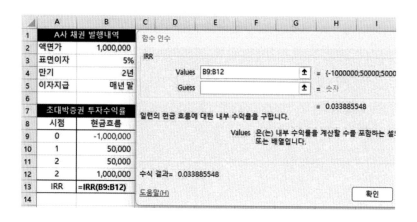

채권의 만기수익률을 계산할 때 이 방법을 사용하면 재무계산기보다
훨씬 편리하고 간단합니다. 할인발행과 할증발행의 경우에도 0년 시점의
금액을 각각 수정해서 계산할 수 있습니다. 이 과정을 통해 초대박증권이
액면가 100만 원, 할인가 90만 원, 할증가 115만 원에 채권을 인수한 경우

초대박증권의 투자수익률 - 액면발행, 할인발행, 할증발행					
시점	현금흐름	시점	현금흐름	시점	현금흐름
0	-₩1,000,000	0	-₩900,000	0	-₩1,150,000
1	₩50,000	1	₩50,000	1	₩50,000
2	₩50,000	2	₩50,000	2	₩50,000
2	₩1,000,000	2	₩1,000,000	2	₩1,000,000
IRR	3.39%	IRR	7.28%	IRR	-1.54%
액면발행 3.39%		할인발행 7.28%		할증발행 [-]1.54%	

각각의 만기수익률은 다음과 같이 계산됩니다(410쪽 하단).

다른 금융상품과 마찬가지로, 채권 역시 싸게 사면 수익률이 높아지고 비싸게 사면 수익률이 낮아집니다.

채권을 투자할 때 위험요인 5가지

금융상품 투자에는 수익의 기회와 동시에 투자에 위험도 수반됩니다. 리스크risk와 리턴return은 항상 비례하기 때문이지요. 채권도 주식이나 환율과 같은 다른 금융상품과 마찬가지로 시장가격이 계속 변하기 때문에, 투자 이후에도 리스크 요인을 주의 깊게 살펴봐야 합니다. 채권 투자 시에는 금리 이외에도 채권의 만기에 따른 듀레이션duration 위험과 채권 발행자의 신용등급 변동위험, 물가변동 위험과 재투자 위험 등 크게 다섯 가지 위험에 노출됩니다.

1. 시장금리 변동위험

채권은 금리상품이기 때문에 시장의 금리변동에 민감하게 반응합니다. 그리고 시장금리는 중앙은행의 기준금리 변화에 따라 움직입니다. 기준금리가 오르는 금리상승기에 채권의 가격은 하락세를 보이는 반면, 중앙은행이 기준금리를 인하하는 금리인하기에 채권 가격은 상승세를 보입니다.

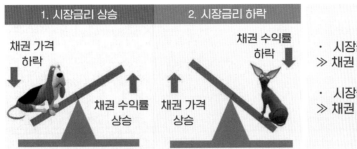

채권 가격은 시장금리 위험에 노출되어 있다

1. 시장금리 상승

채권 가격
하락

채권 수익률
상승

2. 시장금리 하락

채권 수익률
하락

채권 가격
상승

· 시장금리 상승
≫ 채권 가격 하락

· 시장금리 하락
≫ 채권 가격 상승

이러한 현상의 이유는 생각해보면 쉽게 이해할 수 있습니다. 기준금리 인상으로 시장금리가 오르면, 과거에 낮은 표면금리로 발행되어 유통되고 있던 채권은 인기가 떨어집니다. 이로 인해 저금리에 발행된 채권의 가격은 하락하고, 결과적으로 이전에 발행된 채권의 수익률 또한 현재 발행되는 채권의 금리와 같은 수준으로 오를 것입니다.

반대로 시장금리가 하락하는 경우, 기존에 발행된 상대적으로 높은 표면금리의 채권은 인기가 높아집니다. 이에 따라 채권 가격이 상승하고 결국 해당 채권의 수익률은 현재 낮아진 시장금리 수준으로 하락하게 됩니다.

> 연준 기준금리 인하 전에 더 담자. "금리 인하" 배팅
> … 10년 미국 국채수익률 전일 대비 10bp 하락한 3.90%
>
> 금리일보

채권 투자자들에게 기준금리 인하는 아주 좋은 소식입니다. 기준금리가 인하되면 시장금리가 하락하여 채권 가격이 상승하기 때문이지요. 위 기사

는 2024년 상반기 미 연준의 기준금리 인하를 예상한 채권 투자자들이 몰리면서 미국채 수익률이 급락한 상황을 보도하고 있습니다.

2. 듀레이션 위험

같은 종류의 채권이라도, 만기에 따라 위험이 크게 다릅니다. 채권의 만기 상환기간이 길어질수록 투자자가 노출되는 금리 리스크가 급격하게 커지기 때문입니다. 이로 인해 채권의 발행금리도 대개 만기가 긴 장기채권일수록 높아지며, 만기가 짧을수록 낮아집니다. 채권 투자자는 투자수익률뿐만 아니라 상환기간에 따른 금리변동 리스크를 잘 고려해야 합니다.

듀레이션이란 영어로 '기간'을 뜻하는데, 채권에 투자한 원금을 회수하는 데 걸리는 기간을 의미합니다. 즉 투자금인 원금을 얼마 만에 회수할 수 있는지를 알려주는 것이 듀레이션입니다.

채권 거래 자체가 오랜 기간 돈을 빌려주고 이자를 받는 거래이기 때문에 얼마나 빨리 원금을 회수할 수 있는지는 위험을 줄이는 데 있어 매우 중요합니다. 따라서 듀레이션의 길이는 채권의 위험을 분석할 때 가장 먼저 확인해야 할 항목입니다.

채권은 만기에 원금을 상환받지만, 중간에 이자를 받기 때문에 원금 회수에 걸리는 기간은 채권의 만기보다 짧습니다. 따라서 채권의 표면금리인 이자율이 높으면 듀레이션이 짧아지고, 낮으면 원금 회수 기간이 오래 걸리게 되어 듀레이션이 길어집니다.

듀레이션이 채권 투자 위험에 미치는 영향은 무엇일까요? 금리 변동폭에 따라 채권 가격의 변화 정도가 달라진다는 것입니다. 장기채권의 듀레

채권 듀레이션의 영향

1. 듀레이션이란?
≫ 해당 채권에 투자한 자금을 회수하는 데 걸리는 기간

2. 듀레이션의 영향
≫ 단기채일수록 듀레이션이 짧아 가격이 안정적
≫ 장기채일수록 듀레이션이 길어 가격의 변동성 커짐

이션이 단기채권보다 길기 때문에 금리 변화에 따른 가격 변동폭도 장기채권이 더 큽니다. 이러한 듀레이션 효과로 인해 금리가 조금만 변해도 장기채권의 가격은 단기채권의 가격보다 훨씬 크게 변동합니다.

예를 들어, 듀레이션이 긴 장기채권은 금리에 더 민감해서 금리가 0.1%만 움직여도 가격이 크게 변합니다. 반면, 상대적으로 듀레이션이 짧은 단기채권은 금리에 덜 민감해서 같은 폭의 금리 변동에도 가격 변동성이 작습니다.

이 때문에 향후 금리상승이 예상되면 짧은 듀레이션의 채권을 중심으로 포트폴리오를 짜는 것이 유리한 반면, 금리하락이 확실시된다면 듀레이션이 긴 장기채권을 중심으로 포트폴리오를 짜는 편이 유리합니다.

실리콘밸리은행 파산의 교훈

2023년 실리콘밸리은행Silicon Valley Bank, SBV의 파산은 금융위기 이후 최대규모였으며, 무리한 장기국채 투자가 주된 원인이었습니다. 이 사건은 장기채권의 듀레이션 위험이 얼마나 심각한지를 보여주었습니다.

SVB는 2020년 코로나19 이후 고객의 예금과 적금 대부분을 채권에 투

2023년 실리콘밸리은행 파산은 장기채권 듀레이션 때문

자했습니다. 문제는 당시 저금리를 타개하기 위해 200억 달러가 넘는 금액을 10년 이상의 장기채권에 투자했다는 점입니다.

그런데 연준이 2022년부터 빠르게 기준금리를 인상하자 시장금리가 급격히 상승하면서 채권 가격이 하락하여 SVB는 순식간에 엄청난 손실을 보게 됩니다. 이 소식을 듣고 놀란 고객들이 예금 인출에 나서면서 뱅크런이 발생했고, SVB는 결국 파산하고 말았습니다. 최근 우리나라에서도 채권 투자가 늘어나고 있는데 장기채와 레버리지 투자는 항상 주의해야 한다는 교훈을 잊지 말아야 하겠습니다.

3. 신용변동 위험

채권 투자에서 발행자의 신용은 매우 중요한 요소입니다. 사실 채권을 발행해서 자금을 조달할 수 있는 기업은 매우 한정적입니다. 채권이라는 증권을 발행해서 불특정 다수에게 돈을 빌리려면 일정 수준 이상의 신용을 갖추고 있어야 하기 때문입니다.

국채와 공사채는 신용위험이 거의 없지만, 회사채는 상당한 신용위험을 내포하고 있습니다. 이러한 신용위험은 크게 회사 내부의 상황 변화에서 기인하는 위험과 외부 시장의 상황 변화로 인한 신용위험, 두 가지로 나눌 수 있습니다.

첫째, 발행회사의 문제로 인해 신용 전망이 변화할 경우에는 회사채 가격이 일정 부분 상승하거나 하락할 수 있고, 더 나아가 회사채의 등급 자체가 상향 또는 하락 조정되면 가격 변화가 더 크게 일어납니다. 극단적인 경우, 회사의 부도 위험이 높아지면 회사채의 거래가 중지되고, 결국 파산에 이르면 투자자는 원금을 손해 볼 수도 있습니다.

둘째, 시장 상황의 변화도 회사채의 신용위험에 영향을 미칩니다. 이는 주로 '크레딧 스프레드credit spread'라고도 불리는 회사채 가산금리의 증가 또는 감소를 통해 반영됩니다.

예를 들어, 시장의 자금 유동성이 크게 줄어 회사채 투자금액을 모집하기 어려운 상황이라면 회사채의 가산금리가 상승하지만, 시장의 유동성이 풍부한 상황이라면 회사채 가산금리가 하락합니다.

글로벌 투자심리에도 유사한 영향을 미치는데, 위험자산을 선호하는 '리스크 온' 상황에서는 일반적으로 회사채 가산금리가 줄어드는 데 반해, 안전자산을 선호하는 '리스크 오프' 상황에서는 가산금리가 상승합니다.

중앙은행의 통화정책이 긴축기조로 변하는 경우에도 발행회사의 신용위험이 증가되어 가산금리가 높아지는 반면, 완화적인 중앙은행의 통화정책은 회사채의 가산금리를 낮춥니다.

회사채의 신용 관련 위험	
회사의 상황 변화	**시장의 상황 변화**
1. 회사의 신용전망 변화 ・회사채 가격에 소폭 영향	1. 자금시장 유동성의 변화 ・회사채 가격에 영향
2. 회사의 신용등급 변화 ・회사채 가격에 중대 변화	2. 글로벌 투자심리의 변화 ・Risk On vs Risk Off
3. 회사의 부도위험 증가 ・채무불이행 위험	3. 중앙은행 통화정책의 변화 ・시장금리에 영향

4. 물가변동 위험

사실 채권은 신용도가 높으면 원금손실의 위험이 크지 않습니다. 정기적으로 약정된 이자를 받을 수 있으며, 중간에 시장가격이 오르고 내려도 만기까지 갖고 있으면 만기수익률이 확보되기 때문입니다. 또한 발행사가 부도만 나지 않으면 만기에는 투자원금을 상환받을 수 있습니다.

하지만 채권에도 약점이 있는데, 채권이 가장 취약한 것이 물가상승입니다. 인플레이션과 같은 물가의 상승은 미래 채권의 현금가치를 하락시킵니다. 예를 들어, 어떤 채권에 투자해서 4%의 이자를 받았지만 물가상승률이 3%였다면 실제 수익률은 1%에 불과합니다.

이는 인플레이션이 높으면 높을수록 채권의 투자자들이 더 높은 채권 수익률을 요구한다는 의미입니다. 인플레이션이 심화되면 채권의 실질수익률은 낮아지기 때문에 채권의 가격 또한 하락하게 됩니다. 반면, 물가가 내려가면 실질수익률이 높아지기 때문에 채권의 가격은 상승합니다. 이처

채권은 인플레이션에 취약하다			
1. 자금 대여	2. 물가상승률	3. 3년 후 원금회수	4. 채권자 상황
100만 원 ▶	CPI 연 20% ▶	원금가치 40만 원 ▶	벼락 거지
100만 원 ▶	CPI 연 0% ▶	원금가치 100만 원 ▶	Happy

럼 물가는 채권의 실질수익률을 낮추는 주범이기 때문에, 채권의 가장 큰 적은 인플레이션이라고 할 수 있습니다.

5. 재투자 위험

시장금리 변동은 채권의 가격뿐만 아니라 향후 받게 될 이자의 재투자 수익률에도 영향을 미칩니다.

이는 만기수익률의 가정에서도 살펴본 사항입니다. 만기수익률을 계산하기 위한 첫 번째 가정이 바로 현재의 금리로 이자가 재투자될 것이라는 점이었습니다. 따라서 중간에 발생하는 이자수익이 처음에 투자한 표면금리 이상으로 재투자되어야 만기수익률이 실현될 가능성이 높아집니다.

하지만 시장금리는 계속 변화하고 어떤 방향으로 갈지 알 수 없습니다. 그렇기에 중도에 발생한 이자가 처음 투자한 수익률보다 낮은 이자율로 재투자될 가능성도 있는 것이지요. 이와 같이 시장금리가 하락하여, 처음 채권을 매수할 때의 금리보다 낮은 금리로 중도에 받은 이자를 재투자해야 할 경우의 위험을 '재투자 위험'이라고 합니다.

재투자 위험이란?

· 채권의 표면이자율에 따라 받는 이자수익은 보통 복리로 재투자됨
· 시장금리는 계속 변하기 때문에 재투자수익률도 변동함
· 재투자 위험이란, 처음에 채권을 매수할 때의 금리보다 낮은 금리로 중도에
  받은 이자를 재투자해야 할 가능성을 의미

썸10

채권시장과 발행방식 그리고 발행과정을 알아보자

발행시장과 유통시장

　채권이 거래되는 시장은 크게 발행시장과 유통시장으로 구분됩니다. 채권이 처음 발행될 때 발행금리로 투자자들이 거래하는 시장이 발행시장이며, 발행된 이후 시장가격에 따라서 채권이 거래되는 시장이 유통시장입니다.

　채권의 발행시장과 유통시장은 서로 아주 밀접한 관련이 있습니다. 이미 발행된 채권이 유통시장에서 거래되는 수익률이 앞으로 새로 발행될 채권의 발행금리를 산정하는 데 결정적인 영향을 미치기 때문입니다. 회사가 처음 채권을 발행하는 경우에는 비슷한 신용도와 업종의 회사를 벤치마크benchmark하여 발행 금리를 산정합니다.

채권 발행의 방식

(1) 입찰방식

입찰이란 특정 금융상품을 경쟁매매의 방식으로 판매하는 방법입니다. 가장 경쟁력 있는 가격을 제시한 참여자에게 채권이 낙찰됩니다. 반면, 모집방식은 비경쟁 매매 방법입니다. 우리나라 국고채는 모집방식과 입찰방식 두 가지를 모두 사용하고 있습니다.

신규발행이 아닌 기존에 발행되었던 국고채가 만기가 되어 재발행하

서울특별시 채권 발행 공고	
서울특별시	**LH 한국토지주택공사**
서울특별시 채권 발행 공고	**LH 한국토지주택공사 채권 발행 공고**
서울시는 채권 발행을 위해 아래와 같이 경매플랫폼을 통해 전자입찰을 실시 예정입니다.	LH는 채권 발행을 위해 아래와 같이 경매플랫폼을 통해 전자입찰을 실시 예정입니다.
1. 발행예정 채권내역 · 종목명 서울특별시 지방채 · 발행액 2,900억 원 · 발행구분 신규발행 · 채권유형 지방채 · 발행일 2023.12.12 · 발행만기 1개월(2024.1.12) · 원금상환방법 만기 일시상환 · 이자유형 1개월 후취 · 대금납입일 2023.12.12 16:00 · 최소입찰단위 100억 원 · 입찰일시 2023.12.12 10:00 2. 문의처 · 재정담당관 서울시 02-200-0000 3. 유의사항 · 인수수수료 0.01% · 낙찰금액은 지정된 주간사서 인수 · 주간사 매출금리는 낙찰금리와 동일	1. 발행예정 채권내역 · 종목명 토지주택채권 464 · 발행액 1,000억 원 내외 · 발행구분 신규발행 · 채권유형 특수채 · 보증/담보 무보증 · 발행일 2023.11.29 · 발행만기 3년(2026.11.29) · 원금상환방법 만기 일시상환 · 이자유형 3개월 이표 · 대금납입일 2023.11.29 15:00 · 기준금리 동일만기 특수채 / AAA 28일 민평 종가 · 최소입찰단위 100억 원 · 사채 신용등급 AAA(한신평, NICE) · 입찰일시 2023.11.28. 09:30 2. 문의처 · 발행담당관 LH Kim 055-900-4000 3. 유의사항 · 인수수수료 0.01% · 낙찰금액은 지정된 주간사서 인수 · 주간사 매출금리는 낙찰금리와 동일

는 경우를 '통합발행'이라고 하는데, 통합발행은 전부 입찰방식을 채택하고 있습니다. 국고채와 통안채 그리고 대부분의 공사채 역시 주로 입찰방식으로 채권을 발행하고 있습니다. 미국채의 경우에도 국고채와 지방채는 대부분 트레저리다이렉트TreasuryDirect와 같은 사이트를 통해서 입찰auction 방식으로 투자자를 모집하고 있습니다.

출처: treasury direct

(2) 신디케이션 방식

글로벌 채권과 해외에서 발행되는 외평채(외국환평형기금채권)와 같은 일부 국채 및 회사채는 입찰방식이 아닌 신디케이션syndication방식으로 발행됩니다.

신디케이션이란 규모가 큰 채권을 발행하는 경우, 한 금융기관이 아닌 여러 금융기관이 참여해서 공동으로 자금을 조달하는 방식입니다. 해외에서 발행되는 글로벌 채권은 대체로 융자규모가 크고 대출 기간이 길기 때문에 신디케이션방식이 일반적입니다. 국책은행이나 대기업이 해외에서 채권을 발행해 성공적으로 자금을 조달했다는 뉴스가 나왔다면 이는 대부분 신디케이션방식을 통한 발행입니다.

2024년 4월 L전자가 대규모 외화채를 발행한 사례를 보면, 기업이 어떤 과정을 거쳐 신디케이트방식으로 채권을 발행하는지 이해할 수 있습니다.

L전자는 당시 R&D와 시설 투자 등 미래 경쟁력 강화를 위해 약 1조 원 가량의 자금을 조달하고자 했고, 시장조사 결과 국내보다는 해외에서 채권을 발행하는 편이 더 저렴하고 경쟁력이 있다고 결론을 냈습니다. 이러한 판단에 따라 12년 만에 외화 채권 발행에 나섰는데, 글로벌 신용평가사 S&P는 L전자가 발행할 3년 만기 글로벌 채권과 5년 만기 글로벌 채권에 'BBB' 등급을 부여했습니다.

이후 글로벌 투자자 대상 기업설명회를 열었으며, 주간사들과 함께 진행한 수요예측에서 모집금액의 열 배가 넘는 94억 달러의 주문을 받았습니다. 이에 따라 3년물과 5년물의 발행금리가 각각 동일 만기 미국 국채금리에 95bp(1bp=0.01%포인트)와 110bp를 더한 수준으로 정해졌습니다. 이는 글로벌 투자자들의 관심을 반영한 것으로, 최초 제시한 금리인 3년물 135bp, 5년물 150bp의 가산금리보다 각각 40bp 낮게 발행되었습니다. 이로써 L전자의 글로벌 채권 발행은 성공적인 사례로 기록되었습니다.

회사채는 어떠한 과정을 거쳐 발행되나?

실제 회사채가 발행 과정을 다음 사례를 통해 이해해보도록 하겠습니다. 친환경 에너지기업인 하나솔루션의 조달해 자금부장은 최근 회사채 발행을 검토하고 있습니다. 회사가 21세기 세계적 기업으로 도약하려면

신디케이션 발행 방식 - 글로벌 회사채(공모채) 발행 절차		
1	자금수요 분석	회사 내부적으로 자금수요와 발행 목적 파악
2	1) RFP 발송	발행 수요가 생긴 회사가 RFP를 증권사들에 발송
3	증권사 제안서	증권사의 2) DCM 부서들은 제안서를 만들어 회신
4	주간사 선정	발행사는 채권 발행을 주관할 대표 증권사 선정
5	이사회 결의	채권의 발행금리, 금액, 방식 내부적으로 승인
6	신용등급 부여	신용평가기관에서 채권의 등급 산정
7	발행 서류 준비	투자설명서 OC(Offering Circular) 작성 배포
8	3) 기업실사	주관사, 법무법인, 감사인이 기업실사를 진행
9	IR 및 Roadshow	투자자들 대상으로 대면/화상 회의 통한 홍보
10	증권발행 신고서	당국에 증권발행 신고서 제출
11	총액인수계약	채권 발행사가 주관사와 총액인수계약
12	4) 수요예측	채권수요 파악하기 위해 투자자 대상 5) IOI 수집
13	공모금리 결정	공모금리 및 발행물량 확정
14	청약, 납입, 발행	투자자 청약 및 배정, 금액 납입 후 사채 발행

1) RFP: Request for Proposal(채권 발행 입찰제안 요청서)
2) DCM: Debt Capital Market(채권 발행 관련 증권사의 IB 부문)
3) 기업실사: 흔히 영어로 'Due Diligence(듀딜리전스)'라고 부른다
4) 수요예측: 흔히 영어로 'Book Building(북빌딩)'이라고 한다
5) IOI: Indication of Interest(수요 관심의사 표명)

내년까지 약 1천억 원의 장기투자 자금이 필요하기 때문입니다.

조달해 부장은 우선 회사채 발행을 위해 초대박증권을 주간사로 선정했습니다. 그리고 회사의 이사회에 채권 발행 계획을 설명하고 3년 만기 1천억 원의 공모채 발행에 대한 승인을 받았습니다. 이와 동시에 국내 신

회사채 발행 과정의 이해

조달해 부장

I. 하나솔루션 채권 발행

1,000억 원
· 상환만기 3년
· 신용등급 AAA(안정적)
· 민평 대비 ±30bp
· 방식: 공모채 발행
· 주관사: 초대박증권

II. 투자자 수요예측

(1) 현재 시장금리 수준
· 3년국채금리 3.00%
· AA-가산금리 1.00%
(2) 수요예측 결과
· 3년 3.50%(민평 -0.30%)
· 시장대비 50bp 낮은금리

용평가기관 3사에 신용등급 산정을 요청했습니다.

최근 몇 년간 하나솔루션의 재무구조가 크게 개선되어, 국내 신용평가 3사로부터 신용등급 AAA, 전망도 '안정적'을 부여받았습니다. 이로 인해 조달해 부장은 민간평가사 평가금리 대비 ±30bp 범위 내의 경쟁력 있는 금리로 자금을 조달할 수 있을 것으로 기대하고 있습니다.

다음 주에는 주간사인 초대박증권의 조대박 부장으로부터 일주일 동안 기업실사를 진행하겠다는 전화를 받습니다. 이후 기업실사 내용을 바탕으로 초대박증권은 관계기관에 유가증권신고서를 제출하고, 일주일 후 증권신고서의 효력이 발생하게 됩니다.

조달해 부장은 곧바로 투자자를 모집하자고 초대박증권에 제안합니다. 하지만 이는 조달해 부장이 공모채 발행 경험이 없어서 수요예측의 절차를 모르기 때문입니다. 사모사채 발행과 달리 공모채 발행은 반드시 투자자들의 수요예측을 거쳐야 합니다.

회사채 발행을 위한 수요예측이 진행되었고, 하나솔루션은 계획했던 1천억 원 모집액의 다섯 배가 넘는 5천억 원의 주문을 받았습니다. 결국

언더 발행과 오버 발행	
1. 언더 발행(Under)	· 현재 시세인 민평금리보다 낮게, 즉 비싸게 발행 · 발행회사에 유리
2. 오버 발행(Over)	· 현재 시세인 민평금리보다 높게, 즉 싸게 발행 · 발행회사에 불리

최종 발행금리 3.5%로 1천억 원을 모두 조달하여 성공적으로 발행을 완료했습니다.

회사채 발행을 통한 장기자본 조달

기업이 자신의 신용을 이용해서 자금을 조달하는 방법은 다음의 네 가지가 있으며, 각각의 자금조달 방법에는 차이점이 있습니다. 이 중 회사채는 기업이 영업과 투자에 소요되는 자금을 조달하기 위해 가장 일반적으로 사용하는 장기차입 방법입니다. 기업은 회사채를 발행함으로써 불특정 다수의 투자자들에게 자금을 빌리는 반면, 회사채를 매수한 투자자들은

기업의 자금조달 방법	
1. CP 기업어음 발행	만기 1년 이내 단기자금 조달, 담보나 보증 없음
2. 금융기관 대출	금융기관으로부터 ①담보 대출 ②신용대출
3. 주식 발행	출자자 모집 통해 회사의 영구적 자본 조달
4. 회사채 발행	장기자본 조달 ①공모사채 ②사모사채 발행

이자수익을 대가로 해당 기업에 돈을 빌려주게 됩니다.

회사채가 국채나 공사채와 가장 다른 점은 신용등급이 매우 다양하다는 것입니다. 국가나 공공기관이 발행하는 채권의 신용등급은 국가등급에 준하기 때문에 부도 위험이 낮아서 안전자산으로 취급됩니다. 반면 회사채는 발행 기업의 상황에 따라 신용등급이 천차만별이기 때문에 신용위험에 따른 가산금리가 매우 중요합니다.

회사채의 가치는 신용등급

회사채의 가격은 채권을 발행하는 해당 기업의 신용도에 따라서 달라집니다. 회사채 발행 기업의 재무상황이 좋지 않을 경우, 투자자들은 더 높은 이자율을 요구하거나 심지어 채권이 미매각될 수도 있습니다. 주식과 달리 채권은 가격변동에 있어 상하한가 제도와 같은 투자자 보호장치가 없어 시가 변동폭에 제한이 없기 때문에 신용 상황이 더욱 중요합니다.

회사채는 기업마다 원리금 상환능력에 차이가 있기 때문에, 이를 구분해 보여주는 것이 회사채의 신용등급입니다. 일반적으로 글로벌 채권의 신용등급은 가장 등급이 높은 AAA부터 부도 상황의 채권인 D까지로 나뉘며, 크게 ①투자등급과 ②투기등급으로 구분됩니다.

글로벌 채권시장에서 투자등급은 일반적으로 AAA등급부터 BBB등급까지의 채권을 일컬으며 'Investment Grade'의 약자를 써서 IG등급이라고 표시합니다. 반면에 투기등급 채권은 수익률이 매우 높은 채권이 주를 이루기 때문에 하이일드High Yield 채권 또는 HY등급으로 불립니다.

글로벌 채권과 달리, 국내에서 발행되는 회사채의 신용등급은 글로벌

글로벌 채권의 신용등급		
투자등급	AAA	원리금 상환가능성 최고 수준
	AA	원리금 상환가능성 매우 높은 수준
	A	원리금 상환가능성 높지만 경제환경 변화에 영향
	BBB	경제환경 변화 따라 원금 상환가능성 저하 가능성
투기등급	BB	원리금 상환에 불확실성 내포, 투기적 요소 있음
	B	원리금 상환가능성에 불확실성이 상당함
	CCC	채무불이행 위험 수준이 높고 상환가능성 의문시
	CC	채무불이행 위험 수준 매우 높음. 상환가능성 희박
	C	채무불이행 위험 수준 극히 높음. 상환가능성 없음
	D	원리금 지급불능 상태(부도상황)

신용평가사가 아니라 국내 신용평가사에 의해 결정됩니다. 국내 회사채는 A-등급까지 IG투자등급으로 인식되고 있으며 BBB+부터 하이일드 채권으로 불립니다.

이렇게 투자등급과 투기등급으로 채권을 나누는 가장 중요한 이유는 투자등급 채권과 투기등급 채권의 투자자와 투자형태가 매우 다르기 때문입니다. 실제로 국내에서 원리금 상환 불이행 가능성이 있는 신용등급 BBB+ 이하의 채권은 시장에서 거래가 거의 되지 않고 있습니다.

국내 회사채 투자 신용등급	
투자등급	AAA, AA+, AA, AA-, A+, A, A-
투기등급	BBB+, BBB, BBB-, BB+, BB, BB-, B, CCC, CC, C, D
→ 국내 회사채 지표 금리: 3년 만기 **AA-** 등급 무보증 회사채금리	

회사채의 가산금리 결정 과정

대출의 경우 회사의 신용등급이 낮을수록 대출금리가 높아지고 신용도가 높을수록 대출금리가 낮아지는데, 회사채를 발행할 때도 마찬가지입니다. 회사채 금리는 다음의 두가지를 기반으로 결정됩니다.

첫째, 회사채 금리는 무위험 금리인 국채금리에 해당 회사채의 신용을 감안한 '신용가산금리'를 더해서 결정됩니다. 회사채의 수익률은 동일 만기 국채의 수익률에 해당 회사채의 신용에 따른 가산금리를 더한 것과 같습니다. 즉 무위험 채권인 국채의 금리에 회사의 개별 신용위험에 따른 가산금리를 더한 것이 회사채 금리입니다.

개별 신용위험에 따른 가산금리는 투자등급 채권보다 투기등급인 HY 채권이 훨씬 높기 때문에, 회사채 금리도 투기등급의 채권이 투자등급 채권보다 월등히 높습니다.

둘째, 회사채 금리는 만기를 고려한 기간금리를 더해서 결정됩니다. 같은 날 같은 회사가 발행한 회사채라 하더라도, 단기채보다 장기채일수록 금리가 높습니다. 이는 발행만기가 길어질수록 듀레이션 위험이 커지기

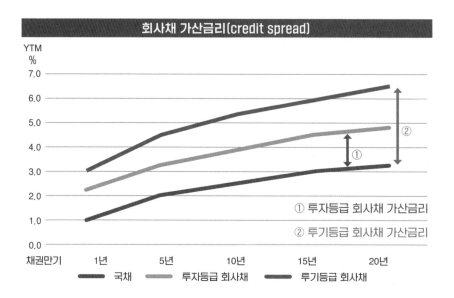

회사채 가산금리(credit spread)

① 투자등급 회사채 가산금리
② 투기등급 회사채 가산금리

채권만기   1년   5년   10년   15년   20년
━━━ 국채   ━━━ 투자등급 회사채   ━━━ 투기등급 회사채

때문입니다.

따라서 회사채도 발행 만기가 길어질수록 듀레이션 위험이 늘어나기 때문에 장기채로 갈수록 발행금리가 높아집니다. 우리나라에서는 3년 만기 AA- 등급의 무보증 회사채 금리를 회사채의 지표금리로 사용하고 있습니다.

다음 기사는 회사채가 잘 팔리지 않아 민평(민간평가사 평가금리) 대비 최대 1%까지 추가 가산금리를 주어도 발행이 힘든 상황을 알려주고 있습니다.

회사채 약세에 잇단 오버 발행
… 최대 민평 대비 1% 까지. 말라가는 자금줄   금리일보

이렇게 가산금리가 높아지면서 회사채가 잘 소화되지 않는 상황은 시장의 유동성이 줄어들어 안전자산을 선호하게 되는, 중앙은행의 긴축적 통화정책 상황에서 많이 나타납니다. 가산금리는 영어로 주로 스프레드 spread라고 표현됩니다.

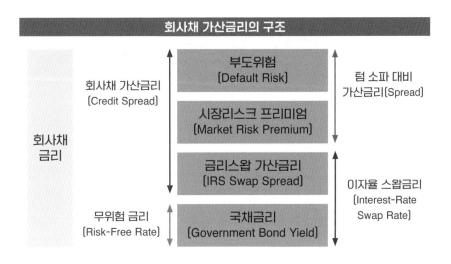

SSA 채권

SSA는 국제기구와 같은 초국가기구를 뜻하는 'Supranational', 정부가 발행하는 채권을 뜻하는 'Sovereign', 정부 유관기관인 'Agency'를 합한 영문 약자입니다. 다른 채권에 비해 신용등급이 상대적으로 높기 때문에 초우량 등급 발행자로 불립니다. 따라서 SSA채권이란 정부기관 및 정부 유관기관이나 ADB와 같은 개발은행이나 국제기구가 발행하는 채권을 통칭합니다.

일반 회사채에 비해 안전하기 때문에 초우량 발행기관으로 인식됩니

SSA 발행 채권	
Supranational	· 국가를 초월(Supra)하는 초국가기구가 발행하는 채권 · 아시아개발은행(ADB), 세계은행(World Bank)
Sovereign	· 중앙정부에서 자국 통화 아닌 외화로 발행하는 채권 · 대한민국 외국환평형기금채권(외평채)
Agency	· Agency의 범위는 넓으나 정부 유관기관을 모두 포함 · KDB산업은행, 한국수출입은행(KEXIM), 주택금융공사

다. 이에 이들 채권은 주로 중앙은행과 국부펀드, 연기금 등 안정성을 중요시하는 투자 기관들이 투자합니다.

이렇게 신용도가 높기 때문에 회사채보다 훨씬 낮은 금리로 발행됩니다. 그러나 신용위험이 전혀 없는 것은 아니기 때문에 국채와 같은 무위험 채권과는 구분해야 합니다.

아래 기사는 2024년 2월 KDB산업은행이 SSA 투자자들을 대상으로 한 채권 발행에서 큰 관심을 받아 초과 주문을 기록하며 성공적으로 SSA 발행사로서 자리매김했다는 내용을 다루고 있습니다.

KDB산업은행, SSA 발행시장 입성… 확 바뀐 조달 입지
… 30억 달러 글로벌 채권 발행 성공   금리일보

코리안 페이퍼

외국인들은 한국 기업이 해외에서 발행한 글로벌 채권을 통칭 코리안 페이퍼Korean Paper 혹은 줄여서 KP라고 부릅니다. 코리안 페이퍼는 한국 기업들이 해외에서 외국통화로 발행한 채권을 말합니다. 다만 한국 국내에서 외화로 발행된 외화채권인 아리랑본드Arirang Bond는 여기에 해당하지 않으므로 구분해야 합니다.

신종자본증권이란?

우리가 가장 잘 아는 자본증권은 주식으로 대표되는 주식증권입니다. 주식은 만기가 없는 영구자본으로 회사의 자본금으로 인정되는 반면, 채권과 같은 채무증권은 일정 기간 동안의 부채로 인식됩니다. 따라서 기업의 자산은 크게 자본금과 부채로 이루어져 있습니다.

자본시장의 발전과 더불어 주식과 채권의 성격을 동시에 가진 증권이 나타나게 되었는데, 이들을 통틀어 신종자본증권新種資本證券이라고 부릅니다. 신종자본증권이라는 용어는 우리나라에서 사용되는 단어이기 때문에 미국이나 일본 등 다른 나라에는 이러한 용어가 없는 점도 참고하기 바랍니다.

신종자본증권	
1. 신종자본증권이란?	자본과 부채의 성격을 동시에 가진 증권
2. 신종자본증권의 종류	①전환사채 ②교환사채 ③신주인수권부사채

주식과 채권의 성격을 동시에 가지고 있는 신종자본증권은 크게 ① 전환사채, ② 교환사채 그리고 ③ 신주인수권부사채의 세 종류로 나눌 수 있습니다.

(1) 전환사채

전환사채convertible bond는 발행 당시는 채권이지만, 이후 일정한 조건에 따라 채권 발행회사의 주식으로 전환할 수 있는 권리, 즉 주식전환권이 부여된 채권입니다. 이때 채권을 얼마에 주식으로 전환할 수 있는지는 사전에 '전환가격'으로 정해놓습니다.

전환사채는 흔히 영문 약자인 CB라고 불립니다. 전환권 행사 이전에는 채권으로 분류되어 부채로 인식됩니다. 하지만 전환권 행사 뒤에는 주식으로 전환되기 때문에 기타자본으로 편입됩니다. 전환사채를 보유하고 있는 투자자는 채권 발행회사의 주가가 전환가격을 웃도는 경우, 주식전환권을 행사하고 주식으로 전환해서 시세차익을 누릴 수 있다는 장점이 있습니다. 이 같은 주식전환권 때문에, 전환사채의 표면금리는 일반 회사채보다 상대적으로 낮습니다.

따라서 전환사채는 채권 발행회사의 입장에서 시장보다 낮은 이자로 자금을 조달할 수 있어서, 주로 주식 활황기 때 자금조달의 수단으로 이용됩니다.

> ## "조달 비용 낮추자" 미국 기업들 전환사채 발행 급증
> 금리일보

위 기사는 2023년 하반기 미국의 기준금리가 최고 5.5%까지 치솟고 고금리 장기화 전망으로 인해 시장의 채권 발행금리가 크게 오르자, 미국의 기업들이 앞다투어 전환사채를 발행한 실제 상황을 보여줍니다.

당시 기업들이 금융권 대출을 받거나 일반 회사채를 발행하지 않은 이유는 간단합니다. 시장보다 낮은 이자를 지불할 수 있어서, 금융비용 측면에서 유리했기 때문입니다. 또한 당시 미국의 주식시장이 최고점을 연이어 경신하는 등 주가상승세가 매우 강했기 때문에, 주식에 대해 지불하고자 하는 전환권의 가격도 높아져서 전환사채 발행에 매우 좋은 시장 상황이었던 점도 영향을 미쳤습니다.

투자자 입장에서 전환사채 투자와 전환권 행사는 매우 신중히 해야 합니다. 원금을 상환하기 않기 위해 회사가 주식으로 전환을 유도할 수 있기 때문입니다. 전환권이 행사되고 난 후에는 주식수가 급증하면서 주식의 가치 또한 하락하는 경우가 많아 주의해야 합니다. 특히 잠깐의 호재로 인해 주가가 상승한 뒤에 다시 크게 하락하면 투자자들은 원금손실을 피할 수 없습니다. 따라서 전환권의 매수나 행사는 장기적인 주가의 흐름에서 살피고 결정해야 하며, 단기차익만을 노리고 접근하는 경우에는 손실을 볼 가능성이 있으니 투자에 유의해야 합니다.

(2) 교환사채

교환사채exchangeable bond는 영문 약어인 EB로도 많이 사용되며, 이 역시 전환사채의 일종입니다. 주식교환권이 행사되면 발행회사가 보유하고 있는 다른 주식으로의 교환이 가능한 채권입니다.

전환사채와 유사한 면도 있습니다. 우선, 교환 시 받게 되는 주식의 수를 나타내는 교환비율이 발행조건으로 미리 정해져 있습니다. 또한, 교환권을 행사하면 사채권자로서의 지위를 상실한다는 점도 동일합니다. 하지만 가장 큰 차이점은 교환사채의 경우에는 채권 발행회사가 보유 중인 다른 회사의 주식으로 교환된다는 것입니다. 즉 발행회사 자신의 주식을 주는 것이 아니라, 보유하고 있는 다른 회사의 주식으로 전환해주는 것입니다. 이 과정에서 교환사채 발행회사는 교환 대상이 되는 주식을 증권예탁결제원에 예탁해야 합니다.

사례를 통해서 교환사채의 교환권행사와 수익 발생 과정을 알아보도록 하겠습니다. 특수채권 운용을 전문으로 하는 한양자산운용의 책임 운용역인 서영 책임은 사모사채로 발행되어 투자한 한대자동차 발행 교환사채의 교환권 행사를 검토하고 있습니다.

사모로 발행된 한대자동차 교환사채는 전환권 가격을 고려하여 발행 당시 5년 만기 회사채 민평인 3.5%보다 약 2%p 낮은 연율 1.5%의 금리로 액면 발행되었습니다. 교환 대상 주식은 한대자동차의 계열사인 지아자동차의 주식입니다. 교환가격은 발행 당일 지아자동차 거래 종가인 50만 원

교환사채의 주식전환 후 투자수익은?

서영 책임

I. 교환사채 투자내역

· 발행자　한대자동차
· 발행일　2024.1.8
· 만기일　2028.1.8
· 표면금리　1.5%
· 액면금액　25억 원

II. 교환 조건

· 교환기간 2024.4.8~만기일
· 교환비율 100%
· 교환주식 지아자동차
· 교환가액 600,000원[주당]
· 주식수　5,000주

[주식교환권] Handae Motors 채권 → GIA Motors 주식

에 20%의 프리미엄premium을 더한 60만 원으로 설정되었습니다.

3개월 후인 2024년 4월 8일, 전환권 행사가 가능한 첫 번째 날이 되었습니다. 이날 교환 대상 주식인 지아자동차의 종가가 70만 원이라면, 서영책임의 주식교환권 행사 후 세전 총투자수익과 수익률은 얼마일까요?

우선 교환 후 주식의 가치를 계산해봅니다. 지아자동차의 주가가 70만 원으로 상승했기 때문에 교환 가능 주식수 5,000주를 곱하면 현재 주식가치는 35억 원이 됩니다. 아직 쿠폰이자를 받지 않았으므로, 현재 주식가치 35억 원에서 원래 교환사채 투자금액 25억 원을 뺀 10억 원이 세전 총 투자수익입니다. 3개월 동안의 투자실적이기 때문에 연율로 환산하면 연간 수익률은 162%로 계산됩니다. 교환사채도 전환사채와 마찬가지로 주식으로 전환 후 사채는 소멸합니다.

(3) 신주인수권부사채

신주인수권부사채新株引受權付社債는 영어로 BWbond with warrant라고도 부르

한양자산운용의 교환사채 투자 성적표		
1. 사채 액면가	25억 원	교환사채 투자원금
2. 전환 후 주식가치	35억 원	70만 원 X 5,000주
3. 세전 투자수익	10억 원	35억 원 - 25억 원
4. 투자수익률	40%	10억 원/25억 원
5. 투자수익률(연간)	162%	40% X (365/90)

는데, 새로 발행될 주식을 정해진 조건으로 인수할 수 있는 권리가 부여된 회사채입니다. 신주인수권부사채의 권리인 신주인수권warrant은 일반 회사채에 추가로 부가된 옵션입니다. 따라서 전환사채나 교환사채와의 가장 큰 차이점은 채권이 소멸하지 않고 그대로 존재한다는 것입니다.

전환사채나 교환사채의 전환권이 행사되면 사채는 소멸하면서 주식으로 전환됩니다. 하지만 신주인수권부사채는 주식인수권이 행사되더라도 채권은 소멸하지 않고 그대로 존재합니다. 옵션 행사 후에는 채권 발행사의 채권과 주식을 모두 보유하게 됩니다.

신주인수권부 사채권자는 목표한 주가에 도달하면 신주인수권을 행사하여 당시 주가보다 낮은 가격으로 주식을 매수할 수 있습니다. 이로 인해 신주인수권부사채 역시 일반 회사채에 비해 낮은 금리로 발행이 가능합니다. 이를 회사 대차대조표의 변화를 통해 비교하면 이해가 아주 쉽습니다.

전환사채와 교환사채의 경우, 권리 행사 후에도 총자산 금액은 변동이

권리 행사 전후 신종자본증권의 대차대조표 변화

회사 대차대조표	전환/교환 사채	신주인수권부사채
자산 / 자본 / 부채	자산 / 자본 ↓ / 부채 ↔	자산 ↓ / 자본 ↓ / 부채 ↔
권리 행사 전	권리 행사 후	

없지만 채권이라는 부채가 주식이라는 자본으로 이동합니다. 반면, 신주 인수권 행사 후에도 채권은 그대로 존재합니다. 채권은 그대로 있으면서 새로 주식을 추가로 매수하는 결과가 되기 때문에 자본과 자산이 동시에 같은 금액만큼 증가합니다.

코코본드와 하이브리드, 후순위채, 신종자본증권은 어떻게 다른가?

BIS의 자기자본 규정

은행과 같은 금융기관의 자본금은 일반기업의 자본금과 매우 다른 모습을 보입니다. 특히 은행은 대출 등의 영업활동을 펼치며 자기자본이 아닌 예금과 같은 부채에 크게 의존해왔습니다. 결과적으로, 은행의 총자산 중에서 자기자본의 비중은 지속적으로 낮아졌습니다. 이처럼 낮은 자기자본비율 때문에 은행은 오일쇼크나 리먼 사태와 같은 금융위기 앞에서 무기력한 모습을 보였고, 피해는 고스란히 소비자에게 돌아가고 말았습니다.

이러한 위험을 방지하기 위해 1988년 7월 국제결제은행Bank of International Settlement, BIS은 은행들의 건전성과 안정성을 확보하기 위해 최소 자기자본비율에 대한 국제적 기준을 정했습니다. 이것이 바로 'BIS 자기자본비율 BIS capital adequacy ratio'이라고도 불리는 바젤 I입니다.

바젤 I 발표 이후에도 금융환경의 급격한 변화로 인해 2008년에는 바젤 II, 2010년에는 바젤 III가 연이어 발표되었습니다. 바젤 III는 현재 세계 금융시장에 아주 큰 영향을 미치고 있기 때문에, BIS의 자기자본 항목은 알아두면 도움이 됩니다.

은행 자본금의 구성 - 바젤 III		
1) Tier1 자본금 영속은행	≫ CET1 · Common Equity Tier1 · 보통주	· 보통주의 합계(JV 제외) · 자본잉여금, 이익잉여금 · BIS 보통주자본비율 요건: 　CET1 〉4.5%
	≫ AT1 · Additional Tier1 · 기본 자본	· 추가적 자본으로 인정 · 조건부자본증권(코코본드) · BIS 기본자본비율 요건: 　CET1+AT1 〉6.0%
2) Tier2 자본금 파산은행	· 청산 중인 은행 · 청산 예정인 은행	· BIS 총자본비율 요건 : 　CET1 + AT1 + Tier2 〉8.0%

　BIS는 우선 자본을 성격에 따라 일반은행의 자본인 Tier1과 파산은행의 자본인 Tier2로 나눕니다. 또한 바젤 III에서는 Tier1과 Tier2를 합친 총자기자본 비율을 적어도 8% 이상으로 유지하도록 권고하고 있습니다.

Tier1 자본

　Tier1 자본은 CET1과 AT1으로 구성됩니다. CET1은 가장 좁은 의미의 자본으로 보통주의 합계인데, 'Common Equity Tier1'의 약자입니다. BIS는 은행의 최소 보통주 자본비율을 4.5%로 규정하고 있습니다.

　AT1은 CET1에 이어 추가로 자기자본으로 인정해주는 Additional Tier1 자본을 의미하는데, 여기에는 우발전환사채인 코코본드contingent convertible bond가 포함됩니다. 코코본드는 만기가 없으며, 우발적 트리거trigger가 발생하면 채권자의 동의 없이 주식자본금으로 전환할 수 있기에 AT1에 포함됩니다.

CET1과 AT1을 합치면 영속은행going concern의 자본금인 Tier1 자본이 됩니다. Tier1 자본이 AT1자본에서 차지하는 비율을 기본자본비율이라고 하는데, BIS는 은행의 최소 기본자본비율을 6%로 정하고 있습니다.

Tier2 자본

은행은 영속적으로 존재해야 하지만, 예외적으로 파산하는 경우도 있을 수 있습니다. 따라서 국제결제은행은 청산 중이거나 앞으로 청산 예정인 파산은행들의 자본금을 추가로 규정하고 있는데 이것이 Tier2 자본입니다. 즉 파산은행이나 청산은행의 자본금은 Tier1 자본에 더해 Tier2 자본까지 추가해서 자본으로 규정하고 있습니다.

Tier2 자본의 등급 기준은 AT1에 비해 덜 엄격하여, 만기가 있는 채권도 일부 포함됩니다. 대표적인 항목이 바로 우리나라에서 좁은 의미의 신종자본증권으로 불리는 Tier2 후순위채Tier2 subordinate입니다. Tier2 후순위채는 콜옵션이 행사되지 않으면 30년 이상으로 만기가 긴 채권이라서 영구채perpetual bond라고도 불리며 신종자본증권으로 분류됩니다. 이는 주식은 아니지만 오랫동안 자본의 역할을 할 수 있는 것으로 보아 후순위 자본으로 편입된 것입니다. 이 때문에 한국의 금융기관들이 자기자본비율을 맞추기 위해서 발행하는 증권 역시 대부분 Tier2 후순위채입니다.

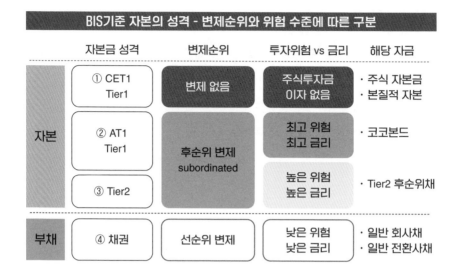

BIS기준 자본의 성격 - 변제순위와 위험 수준에 따른 구분			
자본금 성격	변제순위	투자위험 vs 금리	해당 자금
① CET1 Tier1	변제 없음	주식투자금 이자 없음	· 주식 자본금 · 본질적 자본
② AT1 Tier1	후순위 변제 subordinated	최고 위험 최고 금리	· 코코본드
③ Tier2		높은 위험 높은 금리	· Tier2 후순위채
④ 채권	선순위 변제	낮은 위험 낮은 금리	· 일반 회사채 · 일반 전환사채

자본: ①②③ / 부채: ④

AT1과 Tier2 후순위채 발행이 증가한 이유

우리가 BIS 자기자본비율을 이해해야 하는 주된 이유는 '코코본드CoCo bond'라고 불리는 AT1 전환사채와 Tier2 후순위채가 금융기관의 건전성 규제와 맞물려 발행되었기 때문입니다. 은행들이 재무건전성 지표를 개선할 목적으로 코코본드와 Tier2 후순위채를 발행하게 된 것입니다.

BIS 자기자본비율은 위 식과 같이 자기자본을 위험가중자산으로 나눈 값입니다. 코코본드나 신종자본증권을 자기자본으로 인정해주면, 은행의 자기자본비율이 상승하여 건전성 지표가 개선됩니다.

$$\text{BIS 자기자본비율} = \frac{\text{자기자본}}{\text{위험가중자산}} \times 100$$

BIS는 우발적인 트리거 이벤트trigger event가 발생했을 때 AT1 전환사채와 Tier2 후순위채가 강제로 보통주로 전환되거나 상각될 수 있다는 것을 전제로, 이들을 회계상 자기자본으로 인정해주었습니다. 은행 입장에서는 자기자본비율을 늘릴 수 있는 좋은 방법이었기 때문에 발행이 크게 늘어난 것입니다.

우리나라 은행권의 자본건전성은 꾸준히 개선세를 보이고 있습니다. 2024년 3월에 발표된 자료에 따르면 2023년 말 기준 국내은행의 BIS 기준 자기자본비율은 15.66%로 2022년 말 대비 0.37%p 상승했습니다.

자기자본비율 외에도 보통주 자본비율은 13.01%, 기본자본비율은 14.29%로, 이러한 세부항목에서도 은행의 재무구조 건전성이 개선되고 있음을 보여줍니다.

AT1과 Tier2의 자본금 인정 전제조건

· 다음의 두 가지 트리거 이벤트 상황이 발생하는 경우,
  채권이 강제로 보통주로 전환 또는 상각될 수 있어야 한다

(ⅰ) 은행의 생존이 어려워 전환 또는 상각이 불가피하거나
(ⅱ) 은행의 파산을 막기 위해 공적자금을 투입해야 하는 단계인 경우

순익 증가에 국내은행 건전성 지표 개선
… 2023년 말 BIS 기준 자기자본비율 15.66%   금리일보

코코본드

AT1 자본의 대표적 유형인 코코본드는 'contingent convertible bond' 의 영문 이니셜을 딴 우발전환사채입니다.

코코본드가 Tier2 후순위채와 구별되는 가장 큰 특징은 전환사채라는 점으로, 사전에 채권 발행계약서에 명문화된 트리거 조항에 부합하는 경우 강제로 자본으로 전환됩니다. 이처럼 코코본드는 은행이 위기에 처할 경우 강제로 주식으로 전환되거나 소각될 수 있는 고위험채권이기 때문에, 투자자 입장에서는 위험이 상당히 큽니다.

코코본드는 통상 6~7% 이상의 높은 금리로 발행되었으며, 특히 유로존에서 선호되었습니다. 이는 2016년 이후 ECB가 마이너스 예금금리를 도입하면서 유로존이 본격적인 저금리 시대에 접어들었고, 상대적으로 금

코코본드의 실제 사례

Issuer Information		Identifiers	
Name UBS GROUP AG → 발행자		FIGI	BBG01LCQNWD1
Industry Banking (BCLASS) 코코본드/AT1		ISIN ISIN코드	USH42097EW38
Security Information	↑	ID Number	ZF8923848
Mkt Iss EURO-DOLLAR Capital Type CoCo		**Bond Ratings**	
Ctry/Reg CH 후순위채 Currency USD 통화		Moody's	Baa3
Rank Jr Subordinated Series REGS		S&P	BB 채권의
Coupon 7.750000 Type Variable		Fitch	BBB- 신용등급
Cpn Freq S/A 현재금리 7.75% 향후에 변동 가능		Composite	BB+
Day Cnt ISMA-30/360 Iss Price 100.0000		**Issuance & Trading**	
Maturity PERPETUAL 영구채		Aggregated Amount Issued/Out	
PERPETUAL CALL 04/12/31@100.00 콜 옵션 조항		USD	1,000,000.00 (M) /
Iss Yield 7.753 발행금리		USD	1,000,000.00 (M)
Calc Type (1469)FIX-TO-VARIABLE BD		Min Piece/Increment	
Pricing Date 02/07/2024		200,000.00/ 1,000.00	
Interest Accrual Date 발행일 02/12/2024		Par Amount	1,000.00
1st Settle Date 02/12/2024		Book Runner	UBS-solo
1st Coupon Date 만기일 없음! 04/12/2024		Reporting	출처: Bloomberg

리가 높았던 코코본드가 투자자들로부터 크게 인기를 얻어 발행량이 급증했기 때문입니다. 코코본드는 만기가 없는 영구채 형태로 발행되며, 일정 기간 후에 발행자가 상환할 수 있는 권리인 콜옵션을 포함하는 것이 일반적입니다.

AT1 자본으로 분류되는 코코본드가 관심을 받게 된 것은 2023년 크레디트 스위스Credit Suisse의 코코본드가 전액 상각되면서부터였습니다. 당시 160억 스위스프랑(170억 달러 규모)에 달하는 크레디트 스위스의 AT1 채권인 코코본드가 CET1인 보통주보다 먼저 상각되기로 결정되면서, 이는 스위스 정부와 투자자 간의 법적 다툼으로 비화하기도 했습니다.

> 크레디트 스위스 CS AT1 채권 전액 상각 처리 결정
> … UBS에 인수되며 170억 달러 하루 아침에 '휴지조각'
>
> 금리일보

또한 코코본드 쿠폰이자의 타입type은 변동variable으로 되어 있는데, 이는 전환사채이기 때문에 향후에 변동될 수 있다는 의미입니다. 현재는 전환사채이기 때문에 연 7.75%와 같은 높은 쿠폰이자를 지급하지만, 전환이나 상각 이후에는 이자가 지급되지 않습니다.

Tier2 후순위채

Tier2 후순위채는 시장 참여자 사이에서 거래될 때는 일반적으로 '하이브리드Hybrid 채권'이라고 불립니다. Tier2 후순위채가 코코본드와 구별되

는 가장 큰 차이점은 만기가 있다는 것입니다. 영구채가 아닌 장기채로 만기가 있기 때문에, AT1이 아닌 Tier2에 포함됩니다.

코코본드가 주로 유로존 은행들에 의해 발행하는 데 비해, Tier2 후순위채는 주로 영미권 금융기관이 발행합니다. 우리나라 은행들도 신종자본증권으로 Tier2 후순위채를 주로 발행하고 있습니다. 다만 AT1 자본금에 포함시키기 위해, 만기가 없는 조건으로 발행하는 경우도 있습니다.

Tier2 후순위채는 만기가 30년 이상이고, 일정 기간 후 정해진 날짜에 발행자가 채권을 상환할 수 있는 콜옵션call option 조항이 존재하는 경우가 많습니다. 콜옵션은 발행자인 금융기관의 권리로서, 콜을 행사하면 채권이 회수되기 때문에 발행자는 채권자에게 돈을 상환하고 채권은 소멸하게 됩니다.

Tier2 후순위채는 만기가 있기 때문에 콜옵션의 연장이 가능하며, 이를 영어로 Extendible call이라고 표기합니다. 반면, AT1의 Perpetual call은 연장이 불가능합니다. AT1은 정해진 날짜에 콜을 하지 않으면 그것으로 끝이지만, Tier2 후순위채는 콜을 하지 않더라도 나중에 콜을 해 채권을 상환할 수 있다는 차이점이 있는 것이지요.

Tier2 후순위채가 콜을 하지 않게 되면 기존에 명문화된 스텝-업step-up 조항에 따라 더 높은 금리를 제시하고 만기가 연장extendabl됩니다. 콜옵션은 행사하지 않아도 법적으로는 전혀 문제가 없지만, 국내에서는 신종자본증권의 콜옵션을 당연시하는 풍조가 있어서 과거 행사하지 않겠다고 했다가 크게 문제가 된 경우가 있었습니다.

2009년 리먼 금융위기 이후 금리가 급등하자, 우리은행은 콜옵션 행사 시점이 다가온 Tier2 후순위채를 상환하지 않고 자금을 계속 사용하고자

Issuer Information
Name   WOORI BANK →발행자
Industry Banking (BCLASS)
Security Information
Mkt Iss DOMESTIC   Hybrid 하이브리드채권
Ctry/Reg KR   후순위채 Currency KRW 통화
Rank   Jr Subordinated Series   1506
Coupon   4.430000   Type   Fixed
Cpn Freq Quarterly   금리 4.43%로 고정
Day Cnt ACT/ACT   Iss Price 100.0000
Exp Mat 06/03/2045 → 만기 30년 Tier2
EXTENDIBLE CALL 06/03/25@100.00 콜옵션 조항
Iss Yield 4.430 발행금리
Calc Type (768)S.KOREA COUPON
Extension Decision Date
1st Settle Date   발행일 06/03/2015
1st Coupon Date   09/03/2015
Final Maturity Date 만기일 06/03/2045

Identifiers
FIGI   BBG009557DT6
ISIN   ISIN코드 KR6000031569
ID Number   EK9331712
Bond Ratings
KIS   AA-
KR   AA-   채권의
NICE   AA-   신용등급

Issuance & Trading
Amt Issued/Outstanding
KRW   240,000,000.00 (M) /
KRW   240,000,000.00 (M)
Min Piece/Increment
       100,000.00 / 100,000.00
Par Amount   100,000.00
Book Runner   MFRTT7
Exchange   출처: Bloomberg

했습니다. 우리은행이 콜옵션을 행사하지 않겠다고 발표했다가 결국 발행한 채권의 가격이 폭락하고 신용가산금리가 폭등하는 결과가 초래되었습니다. 결국 우리은행은 발표를 정정하고 해당 후순위채의 콜옵션을 행사했습니다.

2022년에도 유사한 사건이 있었습니다. 2022년 10월 흥국생명이 2017년 발행된 자사 Tier2 후순위채의 콜옵션을 행사하지 않을 예정이라고 발표했다가 마찬가지로 시장여론 악화로 콜옵션을 행사할 수밖에 없었습니다.

이렇듯 Tier2 후순위채의 콜옵션 행사를 당연하게 여기는 풍조 때문에, 한국에서 발행되는 신종자본증권의 콜옵션 프리미엄은 매우 작습니다. 채권이 무조건 상환될 것이라는 계산이 이미 깔려 있기 때문입니다.

긍정적인 측면도 있습니다. 신종자본증권의 발행 가산금리가 다른 국가 대비 상대적으로 낮아 국내은행들이 자본확충을 하는 데에는 좋은 환경이 조성된 것입니다.

신종자본증권 관련 용어 - 정확하게 구분해서 이해하자!	
1. 신종자본증권	· 전환사채, 교환사채 및 신주인수권부사채 등 주식과 채권의 성격을 가진 모든 증권을 포괄 · 가장 넓은 의미
2. 하이브리드채권	· 주식과 채권의 성격을 가진 모든 증권을 의미 · 신종자본증권과 동일한 의미
3. 코코본드	· 신종자본증권의 한 종류, BIS 자본기준 AT1에 포함 · 만기가 없는 영구채로 우발전환사채
4. AT1	· BIS 기준, 보통주자본에 이어 Tier1 자본에 포함 · AT1이라고 하면 보통 코코본드를 지칭함
5. 후순위채권	· 신종자본증권은 증권의 성격상 구분 · 후순위채권은 변제순위상 구분 · AT1, Tier2 모두 변제순위상 후순위 채권에 해당
6. 영구채	· 만기가 없는 채권, '퍼페츄얼(perpetual)'이라고 함 · 코코본드는 만기가 없는 영구채에 해당
7. Tier1, Tier2	BIS 자본금 분류 영속은행의 자본은 Tier1 파산은행의 자본은 Tier2까지 포함

신종자본증권 관련 용어들은 정확히 구별할 줄 알아야 하기 때문에 표와 같이 정리해두기 바랍니다.

물가상승에 대비한 채권 - TIPS와 FRN

인플레이션이 채권 가격에 주는 영향

채권자는 채무자에게 돈을 빌려주고 일정 기간 동안 이자를 받고 만기에 원금을 돌려받습니다. 채권이나 예금이나 모든 금리상품은 이러한 원리로 만들어집니다.

인플레이션으로 물가가 크게 상승한다면, 향후 받게 될 이자의 가치와 상환 시점의 원금 가치는 지금보다 훨씬 하락합니다. 2024년 초 물가상승률이 연 70%까지 육박한 튀르키예에서 당시 현금을 가지고 있었더라면 이는 자살행위나 다름없었을 것입니다. 다음 사례를 보면서 물가상승이 채권의 가격과 시장금리 그리고 환율에 미치는 전반적인 영향을 알아보도록 하겠습니다.

2023년 6월 말에 38%였던 튀르키예의 소비자물가지수 상승률은 2024년 3월 말 기준 68%까지 치솟았습니다. 인플레이션이 심화되자, 튀르키예의 채권금리도 덩달아 크게 올랐습니다. 2023년 6월 약 15%였던 3년 만기 튀르키예 국채금리는 2024년 3월 말 32%까지 상승했습니다.

튀르키예, 인플레와 사투, 70% 미친 물가상승률 잡아라
… 터키 중앙은행 기준금리 50.00%로 인상   금리일보

인플레이션은 지금 빌려주는 돈의 가치와 향후 상환받게 될 돈의 가치를 완전히 다르게 만듭니다. 따라서 채권자 또한 돈을 빌려줄 때 인플레이션을 감안하여 훨씬 더 높은 금리를 받고자 합니다.

이렇게 금리가 급등했기 때문에 기존에 발행되었던 채권의 가격은 폭락에 폭락을 거듭했고 튀르키예의 자본시장은 혼동에 빠졌습니다. 예전에 낮은 금리로 발행되었던 채권의 금리는 현재 금리와는 너무나 큰 차이가 나서, 예전보다 훨씬 낮은 가격으로 거래될 수밖에 없었습니다.

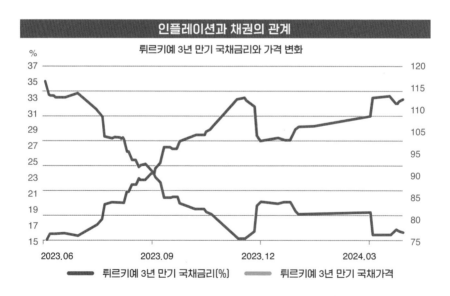

인플레이션과 채권의 관계

튀르키예 3년 만기 국채금리와 가격 변화

■ 튀르키예 3년 만기 국채금리(%)   ■ 튀르키예 3년 만기 국채가격

여기에서도 채권금리와 채권 가격이 반비례한다는 사실을 다시 확인할 수 있습니다. 이처럼 물가상승은 채권금리를 상승시키는 동시에 채권 가격은 하락시킵니다.

튀르키예 국내의 인플레이션이 가중되면서 환율도 조정될 수밖에 없었습니다. 인플레이션은 튀르키예의 통화인 리라Lira화의 가치를 하락시켜 국가 간 통화의 교환비율인 환율을 변화시킵니다. 그 결과, 미국 달러 1달러당 리라의 교환비율은 20리라에서 9개월 만에 32리라로 상승하여 환율이 50% 이상 올랐고 리라화의 가치는 폭락했습니다.

인플레이션은 이렇게 심각한 결과를 가져옵니다. 물가가 급등하면 현금의 가치가 떨어지고, 시장금리가 상승하면서 채권 가격은 폭락합니다. 결국 통화가치까지 하락하면서 보유한 자산의 가치가 줄어듭니다.

명목금리와 실질금리

명목금리nominal interest rate란 예금이나 증권 등 금융자산의 액면금액에 대한 표면금리, 즉 물가상승률을 조정하지 않은 금리입니다. 예를 들어 5%의 금리로 돈을 빌린다고 한다면 이는 명목금리입니다. 일반적으로 우리가 금융상품이나 대출을 접할 때 명시된 금리이지요.

반면, 실질금리real interest rate는 물가상승률을 감안하여 조정된 금리로서, 구매력이나 차입비용을 반영한 금리입니다. 실질금리는 명목금리에서 물가상승률을 차감하여 계산합니다. 예를 들어 명목금리가 5%인데 물가상승률이 2%라고 가정한다면 실질금리는 3%가 됩니다. 5%의 이자를 지불하고 있지만 물가상승률이 2% 오르고 있어, 실질구매력 측면에서 보면 내가 갚는 돈의 실제 가치는 떨어지기 때문입니다.

실질금리를 파악하는 것은 인플레이션의 영향을 고려한 후 실제 차입비용이나 실제 투자수익률을 평가할 수 있기 때문에 매우 중요합니다.

일드커브라고 불리는 수익률곡선은 ①실질금리와 예상 물가상승을 감안한 ②인플레이션 프리미엄 그리고 기간에 따른 금리변동성 위험을 감안한 ③기간금리 프리미엄의 세 가지로 구성되어 있습니다.

물가연동채권은 수익률을 해당 기간의 실제 물가지수로 나눔으로써 최대한 실질금리와 기간금리 프리미엄의 두 가지만 반영될 수 있도록 고안된 채권입니다.

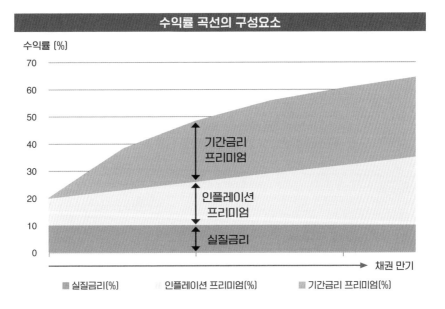

수익률 곡선의 구성요소

수익률 [%]

70

60

50

40 — 기간금리
프리미엄

30

20 — 인플레이션
프리미엄

10

0 — 실질금리

채권 만기

■ 실질금리[%]　　■ 인플레이션 프리미엄[%]　　■ 기간금리 프리미엄[%]

물가연동채권의 작동원리

물가상승은 채권의 가격에 치명적인 영향을 주기 때문에 물가의 영향을 최소화하고자 고안된 채권이 물가연동채권입니다. KTBi는 물가연동국고채로, 물가에 연동해서 채권의 원금과 이자가 변하면서 채권의 실질금리를 보장합니다. 국가가 인정한 물가지수에 원금과 쿠폰이자가 연동되어 있기 때문에, 인플레이션이 발생한 만큼 원금이 증가하는 반면, 물가가 하락하면 원금이 줄어드는 위험도 있습니다.

우리나라 물가연동국고채는 2007년에 최초로 도입되었습니다. 이 채권은 원금과 이자 지급금액을 물가에 연동시켜 채권 투자에 따른 물가변동 위험을 없애고 채권 투자자의 실질구매력을 보장합니다.

예를 들어 액면가 1만 원(₩10,000)의 물가연동국고채를 매수했는데 1년

물가연동국고채의 특징과 장단점	
1. 특징	1) 일반국고채와 달리 원금 및 이자금액이 고정되어 있지 않고 변동 (원금에 물가연동계수를 곱한다) 2) 원금이 물가에 연동하여 증감하여 발행 후 원금, 이자금액 변동
2. 장점	1) 인플레이션이 예상되는 경우에 물가방어 수단으로 효과적 2) 국고채이기 때문에 파산위험이 없는 안전 자산
3. 단점	1) 인플레이션에는 효과적이나 디플레이션의 경우는 손해 2) 금리가 낮아 일반적으로 국고채보다도 수익률이 낮다

뒤 물가가 5% 올랐다고 가정해봅시다. 이 경우 물가연동계수는 1.05가 되고 원금은 ₩10,000에 1.05를 곱한 ₩10,500이 됩니다.

일반채권의 경우에는 원금이 그대로 1만 원이지만, 물가연동국고채의 원금은 5% 물가상승률을 반영하여 ₩10,500이 됩니다. 물가상승률을 결정하는 물가연동계수의 식은 다음과 같으며, 실제 계수는 기획재정부나 한국은행 홈페이지에서 조회가 가능합니다.

$$물가연동계수 = \frac{이자\ 지급일의\ 소비자물가지수}{채권\ 발행일의\ 소비자물가지수}$$

물가연동국고채의 원금은 발행 당시의 액면가에 물가연동계수를 곱하여 산출합니다. 이자금액 역시 발행 당시와 달라진 원금에 표면이자율을 곱해서 구하기 때문에 물가 수준의 영향을 받습니다.

물가연동국채 원금 = 물가연동국채 발행당시 액면가 × 물가연동계수

쿠폰 지급이자율은 발행 시점에 고정되어 있지만, 실제 이자 지급액은 조정된 원금에 따라 달라지기 때문에 인플레이션을 회피할 수 있습니다.

물가연동국채 이자 = (새로 계산된) 물가연동국채 원금 × (발행 당시) 표면이자율

따라서 물가연동국고채를 매매할 경우, 투자자가 결제하는 가격은 매매가격에 물가연동계수를 곱한 가격이 됩니다. 예를 들어, 채권의 매매가격이 ₩10,000이었고 매매 당시의 물가연동계수가 1.05였다면 결제되는 금액은 ₩10,500이 됩니다.

우리나라 물가연동국채의 종목명 앞에는 '국고'나 '재정'이 아닌 '물가'라고 표시되어 일반 국고채와 구별됩니다.

각 국가마다 물가연동국채를 발행하고 있지만, 명칭만 다를 뿐 발행구조나 원금과 이자의 계산원리는 거의 동일합니다. 가장 대표적인 물가연동국채는 미국의 TIPSTreasury Inflation-Protected Securities 입니다.

미국의 물가연동국채

미국 물가연동국채는 TIPS(팁스)라고 불리는데, 채권의 가장 큰 아킬레스건인 물가변동에 대응하기 위해 1997년 발행하기 시작했습니다. 따라서 TIPS의 가격은 일반 미국채와 달리 소비자물가지수의 변화에 따라 액면가가 조정됩니다. 다음의 예를 들어 TIPS의 가격이 어떻게 변하는지 작동원리를 이해해봅시다.

한국 바이오산업의 선구자 'L-Bio Science'의 고물가 사장은 향후 물가상승률이 높아질 우려 때문에 걱정이 태산입니다. 그래서 올해 2024년 1월 1일에 미국의 제약사를 인수하고 남은 달러 자금을 액면가 100만 달러, 표면이자율 3%의 10년 만기 TIPS에 투자했습니다.

TIPS 미국 물가연동국채 투자효과

고물가 사장
L-Bio Science

I. TIPS 투자내역
· 투자일   2024.1.1
· 액면가   100만 달러
· 만기일   10년 만기
· 이자 지급 매 6개월
· 표면금리 3.0%

II. CPI 물가상승률 전망
· 전반기   2%
· 후반기   6%

TIPS 원금과 이자 계산

Q1. 6개월 뒤 새로운 TIPS 원금과 받게 될 쿠폰이자는 얼마인가?

Q2. 1년 뒤 새로운 TIPS 원금과 받게 될 쿠폰이자는 얼마인가?

향후 1~6월까지 미국의 CPI 상승률이 2%, 7~12월은 6%라고 가정할 때, L-Bio Science가 TIPS 투자로 1년 동안 받을 수 있는 예상 쿠폰이자를 계산해보겠습니다.

TIPS의 주요 특징은 액면가가 CPI에 연동된다는 점입니다. 이로 인해 이자금액은 기존의 액면가에 CPI를 곱해서 계산합니다.

TIPS는 반년마다 한 번씩 이자를 지급합니다. 먼저 1~6월까지 전반기의 물가상승률 2%를 기존 액면가인 100만 달러에 곱하여 물가가 반영된 원금을 구합니다($1,000,000 x 1.02 = $1,020,000). 이에 따라 투자자인 L-Bio Scienc는 6개월 동안의 물가지수를 반영한 새로운 원금 $1,020,000에 표면이자율 3%를 곱한 $30,600의 반년치 이자 $15,300을 반기인 2024년 7월 1일에 쿠폰이자로 받게 됩니다($1,020,000 × 3% ÷ 2 = $15,300).

$$\text{'24 전반기 물가연동계수} = \frac{\text{채권 지급일의 CPI}}{\text{채권 발행일의 CPI}} = \frac{1.02}{1.00} = 1.02$$

$$\text{'24 전반기 물가연동국채 원금} = \$1,000,000 × 1.02 = \$1,020,000$$

$$\text{'24 전반기 물가연동국채 이자} = [\$1,02,000 × 1.03] × \frac{1}{2} = \$15,300$$

하반기에는 물가상승률이 6%로 예상되기 때문에 물가를 반영한 원금은 $1,060,000가 되고($1,000,00 × 1.06 = $1,060,000), 여기에 3% 쿠폰이자를 계산하면 2025년 1월1일 하반기 쿠폰이자는 $15,900가 됩니다 ($1,060,000 × 3% ÷ 2 = $15,900

$$\text{'24 후반기 물가연동계수} = \frac{\text{채권 지급일의 CPI}}{\text{채권 발행일의 CPI}} = \frac{1.06}{1.00}$$

$$\text{'24 후반기 물가연동국채 원금} = \$1,000,000 × 1.06 = \$1,060,000$$

$$\text{'24 후반기 물가연동국채 이자} = [\$1,060,000 × 1.03] × \frac{1}{2} = \$15,900$$

이렇듯, 물가연동국채는 물가상승률이 높아지면 원금 또한 물가에 맞춰 조정되어 증가하기 때문에 물가변동 위험을 헤지hedge하는 기능이 있습니다.

2022년의 급격한 인플레이션이 준 교훈

코로나19 이후 연준과 세계 중앙은행들의 완화적 통화정책 때문에 2022년 인플레이션은 크게 심화되었습니다. 대다수 유럽 국가들이 두 자 릿수의 물가상승을 보였으며 2022년 미국의 CPI 또한 9.1%를 기록했습니다.

그렇다면 이렇듯 인플레이션이 최고조에 이른 2022년에 과연 실제로 TIPS는 인플레이션 헤지inflation hedge에 큰 성과를 보였을까요? 안타깝게도, 결과는 상당히 실망스러웠습니다.

인플레이션이 일어나기 전인 2020년 7월에 발행된 2030년 만기 TIPS(T-TI 0.125 07/15/30)를 예로 들어 실제로 가격변화를 미국 CPI와 비교해보았습니다.

2022년 미국의 인플레이션이 6~9%로 크게 높아진 상황에서 물가연동채권의 본질적인 목표인 인플레이션 헤지 기능이 제대로 작동했다면, 물가상승에 따라 TIPS 채권의 가격 또한 상승해야 했을 것입니다. 하지만 물가가 상승함에 따라 TIPS 채권의 가격은 오히려 크게 하락한 것을 확인할 수가 있습니다. 어떻게 된 것일까요? 가격 하락폭이 당시 같은 만기의 일반 국채와 크게 다르지 않았습니다. 물가연동채권이라서 발행 당시 쿠폰 이자도 낮았는데 인플레이션 헤지 기능조차 작동하지 않았던 것입니다.

TIPS의 가격이 이처럼 하락한 원인은 간단합니다. TIPS와 여타 물가연동채권도 일반 국채와 마찬가지로 채권입니다. 따라서 물가연동채권 또한 물가상승의 영향보다는 시장금리 상승의 영향을 훨씬 크게 받습니다. 당시 미국 연준이 물가를 잡기 위해 기준금리를 크게 인상하면서 채권 가격이 폭락하는 상황이었기 때문에, TIPS 역시 예외가 아니었던 것입니다. 이처럼 TIPS도 채권이기 때문에, 급격한 단기 물가상승에는 취약합니다.

물가연동국채도 채권이기 때문에 물가가 급격히 상승하는 시기에는 실질적으로 물가상승률만큼 헤지 기능이 따라가지 못하는 것이 현실입니다. 따라서 물가연동국채가 물가상승 위험을 완전히 제거해준다고 생각하면 큰 오산입니다.

2022년의 상황은 TIPS나 일반채권 두 가지 모두 금리상승기에는 투자하지 않는 것이 좋다는 교훈을 줍니다.

물가상승에 대비할 수 있는 채권

위에서 본 바와 같이 TIPS와 같은 물가연동채권은 물가가 오르면 원금 또한 물가상승률에 연동되어 늘어나기 때문에 물가상승률을 어느 정도 상

인플레이션을 방어할 수 있는 채권		
1	물가연동채권	· 물가상승률에 액면가를 곱해 원금을 계산 · 물가가 높아지면 원금이 커진다 · 결국, 물가가 상승하면 수취 이자도 커짐
2	금리연동채권	· 물가가 상승하면 시장금리도 높아진다 · 시장금리에 따라 채권 쿠폰이자율이 연동 · 결국, 물가가 상승하면 시장금리도 상승해서 수취 이자가 많아진다

쇄할 수 있습니다. 따라서 앞으로 미래에 인플레이션이 심화될 것으로 예상된다면 물가연동채권에 투자해야 일반채권보다 인플레이션에 대한 방어력을 높일 수 있습니다.

물가연동채권 외에 변동금리채권인 FRN Floating Rate Note 역시 물가상승에 대한 방어력이 있는 채권입니다. 물가가 올라 인플레이션이 심화되면 인플레이션을 낮추기 위해 연준이나 한국은행과 같은 중앙은행은 필연적으로 기준금리를 인상하게 됩니다. 기준금리 인상은 시장금리를 상승시키지요. 결국 인플레이션은 금리상승을 동반하기 때문에, 채권의 쿠폰이자율이 변동하면 인플레이션에 대한 방어력을 갖게 됩니다. 따라서 변동금리채권 또한 물가연동채권과 더불어 물가상승에 대비할 수 있는 대표적인 금리상품입니다.

FRN의 구체적인 작동원리와 예시는 제5장 [썸1]에 자세히 나와 있으니 참고하기 바랍니다.

개인이 채권 투자할 때
반드시 고려해야 할 사항

(1) 왜 채권에 투자하는지 목적이 분명해야

우선 채권에 투자하는 이유가 분명해야 합니다. 채권은 대표적인 안전 자산으로 불리며, 만기까지 보유할 경우 투자시점에 확정한 만기수익률을 보장받을 수 있습니다. 이렇듯 채권은 주식보다 안전하면서도 확정 수익률을 얻을 수 있어 매력적입니다.

반면, 채권은 예금이나 적금보다 수익률이 일반적으로 조금 더 높지만, 위험성도 더 큰 상품입니다. 예금상품이 아니기 때문에 예금자보호의 대상이 아닙니다. 또한 채권 발행자의 신용위험에 노출되기 때문에 부도 등 신용문제가 발생하면 원금손실의 위험도 있습니다.

예금은 투자손실이 발생하지 않지만, 채권은 매도할 때 매수 시보다 가격이 하락할 경우 투자손실이 발생할 수 있습니다. 이는 채권 투자 시 이자소득뿐만 아니라 채권 매매에 따른 매매차익(차손)도 발생할 수 있기 때문입니다.

예금과 적금은 은행의 수신상품으로 5,000만 원까지 예금자보호법의 보호를 받지만, 채권은 증권사의 투자상품이기 때문에 예금자보호법의 대상이 아닙니다. 채권의 원금보장은 만기까지 보유했을 때만 가능하다는 것을 명심해야 합니다.

특히 국고채와 같은 신용도가 높은 채권은 예금이나 적금과 이자 수익이 크게 다르지 않은 경우가 일반적입니다. 따라서 채권에 투자할 때는 자신의 투자 목적을 분명히 인식하고 투자하는 것이 중요합니다.

(2) 만기와 듀레이션을 반드시 체크하자

단기 채권 투자는 예금이나 적금과 효과가 비슷합니다. 특히 만기 5년 이하의 단기채는 투자수익률을 미리 확정할 수 있어 안정적인 수익을 추구하는 투자자에게 적합합니다.

하지만 투자 결정에 있어서 중요한 것은 돈이 아니라 투자자의 마음가짐입니다. 미래는 불확실하기 때문에, 당장은 쓸 일이 없어 보이는 자금도 언제든 필요해질 수 있습니다.

따라서 노후연금을 제외한 투자는 너무 장기간 묶이게 되면 중도에 환매할 위험이 커집니다. 예금이나 적금도 중도에 환매를 하면 보통 처음에 의도했던 수익률을 포기해야 합니다. 이자수익의 일부분을 포기해야 하지만, 그래도 원금은 언제나 보장됩니다. 이에 비해 채권은 중도에 환매를 하면 원금을 보장받을 수 없습니다. 이는 채권이 당시의 시장가격에 의해 매매되기 때문입니다. 채권의 가격이 오르면 투자수익이 생기고, 반대로 채권의 가격이 투자 시점보다 내렸으면 투자손실이 발생할 위험이 있습니다. 이 같은 투자수익이나 손실의 크기는 장기채일수록 듀레이션 효과 때문에 커지므로 매우 신중하게 접근해야 합니다.

따라서 장기채 투자는 단기채에 비해 여러 가지 면에서 위험이 훨씬 크기 때문에, 단순히 더 많은 수익을 올릴 수 있다고 생각해서 투자하는 것은 매우 위험합니다. 특히 독자 여러분이 긴 만기의 장기채권에 투자했다면, 이를 예금이나 적금보다는 연금과 유사한 성격의 투자로 이해해야 합니다. 물가상승률에 장기간 노출되기 때문입니다. 단기예금이나 적금은 물가상승률의 영향을 크게 받지는 않지만, 장기채권은 물가의 영향을 크게 받기 때문에 연금과 같은 투자효과를 가져옵니다.

(3) 신용도는 채권의 전부라 해도 과언이 아니다

신용등급 역시 채권을 투자할 때 반드시 체크해야 할 부분입니다. 채권은 발행자의 신용에 따라 가산금리가 결정됩니다. 따라서 신용등급이 높은 경우에는 가산금리가 매우 낮아 채권 투자의 수익률도 낮은 반면, 발행자의 신용등급이 상대적으로 좋지 않을 경우에는 가산금리가 매우 높아져서 채권 투자의 수익률도 높아집니다.

이렇듯 수익과 위험은 항상 함께 커지거나 작아집니다. 따라서 수익창출의 기회를 더 크게 만들려고 하면 위험 또한 더 많이 감수해야 하기 때문에 채권을 투자할 때는 이러한 부분을 반드시 고려해야 합니다. 특히 최근에는 담보물을 기초로 한 ABS와 같은 구조를 가진 채권형 상품을 판매하는 경우가 많아졌습니다. 이러한 담보자산은 건설회사 등 위험성이 큰 프로젝트를 기반으로 증권사가 설정하는 경우가 있기 때문에, 투자자들은 수익-위험 관련성을 사전에 꼼꼼히 체크하고 투자해야 합니다.

채권의 신용위험이 커지면 투자자는 부도위험을 감수해야 합니다. 회사채의 위험성은 이자 미지급 위험과 원금 미상환 위험의 두 가지입니다.

물론 채권은 주식보다 선순위 변제를 받기는 하지만, 회사가 부도가 난 경우 회사채 투자자가 투자한 전액을 상환받기 위해서는 많은 노력과 오랜 기간이 필요할 수 있습니다.

따라서 회사채 투자 전 해당 채권의 예상 수익률과 회사의 신용도를 비교해, 투자자 자신의 위험-수익 선호도를 명확히 파악하고 투자 결정을 내리는 것이 필수적입니다.

(4) 금리사이클을 반드시 고려하자

채권 투자 시에는 반드시 경기사이클을 고려해야 합니다. 우리가 경기사이클에 대해서 공부하는 가장 큰 이유는 금리의 변화와 그것이 금융시장에 미치는 영향 때문입니다.

경기가 호황으로 변해 물가가 상승하고 기준금리가 인상기로 접어들면 채권 투자보다는 단기예금에 투자하는 것이 유리할 수 있습니다. 기준금리가 어느 정도 높아져서 향후에 높은 이자를 받을 수 있게 된다면 그때 가서 고금리 채권에 투자하는 것이 더 좋은 방법입니다.

반면에 금리가 하락하는 시기에는 채권에 투자해서 중간에 매각해 투자수익을 올릴 수 있어서 유리합니다. 게다가 예금이나 적금에 비해 채권 투자의 가장 큰 장점은 이러한 투자수익의 기회입니다. 단기국채를 투자해 이자를 예금이나 적금과 비슷한 수준으로 받으면서도 투자수익의 기회 또한 얻는 전략을 구사할 수 있습니다.

따라서 이 같은 투자전략을 구사할 수 있다는 것이 채권 투자의 또 다른 매력이라고 볼 수 있습니다. 이러한 중도매각을 통한 투자수익 기회를 활용하기 위해서는 경기사이클에 따른 시장금리의 변화를 읽는 안목을 갖출 필요가 있습니다.

(5) 직접투자와 간접투자 중 투자방법을 결정한다

채권 투자에는 직접투자와 간접투자 두 가지 방법이 있습니다. 채권의 매매 단위는 일반적으로 100억 원으로 상당히 크기 때문에 과거 채권 투자는 기관이나 고액 자산가의 전유물로 여겨졌습니다. 하지만 이제는 개인도 증권사 웹사이트나 앱을 통해서 원하는 채권을 매수할 수 있습니다.

하지만 증권사를 통해서 개인이 채권을 매수하는 것은 엄밀히 말하자면 증권사가 보유한 채권의 일부 권리를 사는 것입니다. 해당 채권은 사실상 증권사의 소유로 되어 있고 그 일부를 증권사가 개인에게 분할매도한 것입니다. 따라서 채권을 발행한 발행회사에서 보면 채권에 대한 권리, 즉 청구권은 계속 증권사에 있습니다.

개인이 증권사에서 채권의 일부를 매수했지만 채권 발행회사는 표면이자 금액을 증권사에 지급합니다. 증권사는 표면이자 금액을 받아 이를 다시 매수한 개인에게 계산해서 지급하는 시스템인 것입니다. 따라서 채권을 샀다고 생각하는 투자자와 달리 실제로 증권사가 판매하는 상품은 엄밀하게 말하자면 채권이 아닌 파생상품의 일종인 신용연계증권Credit-Linked Note, CLN 입니다.

투자자가 매수한 해당 채권은 발행자에게 직접 권리를 행사하지 못하고 반드시 매수중개인인 증권사를 통해서만 권리를 요청할 수 있습니다.

결과적으로 투자자는 해당 증권사의 신용위험을 떠안기 때문에 증권사의 신용도가 매우 중요합니다. 만약 중개한 증권사가 파산 또는 지급불능 상황에 이르면 투자금을 보전받기 힘들 수 있기 때문입니다.

간접투자의 방법으로는 ETF나 ETN에 투자하는 방법이 일반적입니다. 이 같은 상품들은 운용사가 해당 채권을 편입해서 상품을 설정하고, 증권사를 통해서 일반 개인에게 분할하여 판매합니다.

ETF는 영문인 'Exchange Traded Fund'의 약자로 펀드의 성격입니다. 펀드이기 때문에 펀드를 운용할 때 드는 운용수수료는 판매수수료와는 별개입니다. 펀드별로, 회사별로 운용 방법과 내재 수수료는 천차만별이므로 각각의 내용을 숙지하고 투자해야 착오가 없습니다.

ETN은 'Exchange Traded Note'의 약자로, 'Note'는 금리상품의 형태로 포장되어 판매되는 상품입니다. Note는 Bond와 많은 경우 혼용되므로 채권의 형태로 이해해도 무방합니다. 증권사가 채권상품을 편입해 신용상품으로 재설정해 판매하기 때문에 펀드보다는 조금 더 채권의 성격에 가깝다고 할 수 있습니다.

하지만 ETN이나 ETF 모두 단일종목을 편입하지 않고 복수의 종목을 편입한 경우가 많기 때문에 편입한 채권의 시장수익률과 운용사의 마진을 꼼꼼히 체크해야 투자자가 정당한 수익률을 보장받을 수 있습니다.

또한 금융회사에 따라 보유 채권의 목록이 다를 수 있기 때문에 증권사마다 판매하는 채권의 종류와 기간이 다를 수 있습니다. 따라서 사전에 충분한 정보를 얻은 후에 투자하기를 권합니다.

(6) 절세효과, 세금을 고려한다

채권의 이자소득에는 15.4%의 세금이 과세됩니다. 14%의 이자소득세와 이의 10%인 1.4%의 지방소득세가 추가로 과세되기 때문입니다. 이는 예금과 적금상품에도 마찬가지로 적용됩니다. 모든 예금과 적금의 이자소득은 15.4%의 세금을 원천징수한 후에 지급됩니다.

금투세(금융투자소득세)를 폐지하기로 결정되었기 때문에, 채권의 매매차익에 대해서도 개인이 직접 투자할 경우 세금이 과세되지 않습니다. 하지만 같은 채권이라도 펀드를 통해 투자한다면 매매차익도 배당소득으로 과세됩니다.

해외채권이나 해외 ETF에 투자한다면 매매차익에 대해서도 양도소득세를 내야 합니다. 또한 해외 ETF에 투자한다면 국가에 따라 세금 규정도 달라집니다.

예를 들어 미국시장에 상장되어 있는 ETF를 팔아 시세차익을 거두었다고 가정해봅시다. 이런 경우 시세차익에 대한 세금은 양도소득세입니다. 미국 ETF 투자수익에 대한 양도소득세는 수익의 규모에 따라 차등 부과되는데, 250만 원 미만은 비과세되지만 250만 원 이상부터는 22%를 납부해야 합니다. 이러한 양도소득세는 1년 동안의 수익을 합산하여 사후적으로 세금신고를 해야 합니다.

해외 ETF는 시세차익에 대한 양도소득세뿐만 아니라 배당금에 대해서도 세금을 내야 합니다. 이는 국내에 상장되어 있는 ETF 역시 배당금에 대해 세금을 내야 하기 때문에 동일합니다. 배당금에 대한 세율은 조금 다른데, 국내 ETF 배당금에 대한 세율은 15.4%이고 미국 ETF 배당금에 대한 세율은 15%입니다.

(7) 해외채권 투자는 환율추이를 반드시 고려해야

해외 채권이나 해외 ETF에 투자할 때는 달러-원USD/KRW 환율 추세를 반드시 확인하고 투자를 시작하거나 환매해야 합니다.

투자시점의 환율이 매우 중요한데, 이는 기초자산의 변동성보다 환율의 변동성이 더 클 수 있기 때문입니다. 달러-원 환율이 매우 높은 시기는 강달러가 유지되는 시기입니다. 이는 주로 미국의 기준금리가 높은 시기와 일치하며, 미국의 금리가 높으면 채권의 수익률 또한 일반적으로 상승합니다.

따라서 고환율 시기가 일반적으로 미국채의 수익률이 높은 시기와 동일하게 맞물려 있습니다. 그러나 금리인하기로 전환될 경우, 채권의 수익률은 개선되지만 환율에서는 오히려 환차손이 발생할 수 있습니다. 이러한 이유로 해외채권 ETF에 투자하는 경우, 해외채권의 수익률 수준과 환율 수준의 두 가지를 비교해서 유리한 시점에 투자해야 합니다.

반면 국내채권이나 ETF에 투자할 때는 환율을 고려할 필요가 없어 보다 단순하게 금리만을 기준으로 투자할 수 있습니다. 따라서 금리인하 시기에 투자수익만을 목표로 한다면 국내채권이나 국내채권 ETF 투자 역시 고려해볼 만한 투자전략입니다.

(8) 채권 레버리지 상품은 채권이 아니다

채권 투자는 몇 가지 이점이 있어서 투자하는 것이 일반적입니다. 첫째는 만기까지의 수익률을 확정할 수 있다는 점입니다. 처음에 의도했던 만기까지 보유하면 확정된 비율의 수익을 올릴 수 있기 때문입니다. 둘째는 이자소득이 있다는 점입니다. 정기적으로 이자를 받을 수 있다는 것도 채권의 매력입니다.

이자소득을 올릴 수 있다는 이점은 예금이나 적금과도 같은 효과이기 때문에, 채권 투자는 일반적으로 안전성이 높은 투자라고 말합니다. 하지만 채권 투자의 또 다른 이점은 채권의 가격이 상승했을 때 중도에 매각해서 매매차익, 즉 자본이득을 올릴 수 있다는 것입니다.

채권 레버리지 상품은 채권의 투자 수익 중 자본이득에 중점을 둔 상품 구조를 갖고 있습니다. 주로 옵션과 같은 파생상품을 이용해서 적은 초기 투자금으로 큰 수익 변동성을 만들어내는 투자 기법입니다. 이는 실제로 투자한 금액의 몇 배에 해당하는 금액을 투자한 것과 같은 효과를 냅니다.

금리의 방향성에 초점을 맞추어 자본이득을 극대화하려는 전략인데, 이자소득보다 자본소득에 중점을 두다 보니 위험성이 매우 커집니다. 특히 자본소득을 극대화하려다 보니 최소 10년 이상의 장기채권을 기초자산으로 주로 편입하는 것도 위험성을 키우는 결과를 낳고 있습니다. 듀레이션을 극대화하는 전략을 사용하면 장기채의 금리가 하락하는 경우에는 평가이익이 매우 클 수도 있지만, 상승하는 경우에는 수익의 변동성이 매우 커져서 큰 손해를 볼 수도 있습니다.

장기채의 듀레이션이 큰 상황에서 수배의 레버리지 효과까지 더해지다 보니, 금리의 변동성이 너무 커져서 대부분의 주식의 변동성보다도 더 위험한 상품으로 탈바꿈하게 되는 것입니다. 또한 투자기간이 길어질수록 운용 관련 수수료 또한 눈덩이처럼 늘어나 원금을 갉아먹는 경우도 많습니다. 따라서 채권을 레버리지 한 상품은 더 이상 원금이 보장되는 채권이 아닙니다. 금리에 배팅하는 위험자산 투자라고 생각하면 되겠습니다.

제5장

해외채권과
꼭 알아야 할
금리상품의 성격

썸1

미국 국채의 종류와
변동금리국채(FRN)

$

미국 재무성 채권의 종류

세계에서 가장 안전한 자산은 무엇일까요? 일반적으로 세계에서 가장 안전한 현금자산은 세계의 기축통화인 미국 달러입니다. 반면 가장 안전한 실물자산은 5,000년 이상 인류사회 가치의 척도로 사용되어오고 있는 금이지요.

세계에서 가장 안전한 자산	
1. 가장 안전한 현금자산	· 미국 달러
2. 가장 안전한 실물자산	· 금
3. 가장 안전한 금융자산	· 미국 국채

한편, 미국의 재무부가 발행하는 미국 국채는 세계에서 가장 안전한 금융자산으로 인식되고 있습니다. 미국 재무성 채권이라고도 불리는 미국

국채는 사실상 만기에 따라 Treasury Bill, Treasury Note, Treasury Bond 의 세 가지로 구분됩니다.

Treasury Bill T-Bill 은 만기가 1년(52주) 미만인 단기 국채로 쿠폰이자를 지급하지 않고, 할인채 방식으로 발행됩니다. 중기채인 Treasury Note T-Note 는 만기가 1년에서 10년 사이의 국채를 말하는데, 반기별(1년에 2회)로 쿠폰이자를 지급합니다. T-Note는 세 종류 가운데 가장 많이 발행되어 잔액이 가장 크고, 따라서 유동성도 가장 높습니다.

반면, 우리가 미국 국채라고 흔히 말하는 Treasury Bond T-Bond 는 엄밀히 말해 만기 20년 이상의 미국 장기 국채를 지칭합니다. T-Bond는 듀레

미국 국채의 종류 (만기와 특징이 서로 상이)				
종류	주요 만기	이자 지급	금리변동위험	유동성
1. Treasury Bill · 미국채 단기물	4~52주	할인채	낮음	많음
2. Treasury Note · 미국채 중기물	2년, 3년, 5년, 7년, 10년	6개월 (연 2회)	중간	많음
3. Treasury Bond · 미국채 장기물	20년, 30년	6개월 (연 2회)	높음	상대적 적음
4. TIPS · 물가연동국채	5년, 10년, 20년	6개월 (연 2회)	물가변동 헤지 금리변동 노출	상대적 적음
5. FRN · 변동금리국채	2년(단기채)	분기별 (연 4회)	물가변동 헤지 금리변동 노출	상대적 적음

이션이 매우 길기 때문에 보험사 등으로 투자자가 한정적입니다. 따라서 셋 중에서 민간 부문이 아닌 미국 정부기관이나 중앙은행의 투자 비중이 가장 높습니다.

미국채 총 발행잔액		
SUMMARY OF TREASURY SECURITIES OUSTANDING MARCH 31, 2024		(기준일: 2024.3.31)
T-Bills	$6,063	23%
T-Notes	$13,863	51%
T-Bonds	$4,467	17%
Treasury Inflation-Protected Securities (TIPS)	$1,999	7%
Floating Rate Notes (FRN)	$554	2%
Total Outstanding (단위: $10억)	$26,946	100%

(출처: Treasury Fiscal Data)

T-Bill, T-Note, T-Bond가 미국채를 만기에 따라 분류한 것이라면, 물가연동국채와 변동금리국채는 일반 국채와는 조금 다른 성격의 특수한 국채입니다. 이 책에서는 T-Bill, T-Note, T-Bond와 TIPS를 포함한 미국국채를 모두 포괄하여 '미국채'로 지칭하기로 합니다. TIPS의 구체적인 작동원리와 계산방식은 제4장 [썸14]에 상세히 기술해놓았으니 참고하기 바랍니다.

미국 변동금리국채

세계적인 톱스타 가수 세일러 트위프트는 자신의 이름을 딴 뱃사람Sailor 컨셉의 공연으로 막대한 재산을 벌었습니다.

하지만 억만장자가 된 그녀는 이 돈을 어디에 투자할지 큰 고민입니다. 주식에 투자하자니 불안하고, 채권에 투자하자니 최근 물가상승률과 금리 변동성이 높아 '채권 벼락 거지'가 될까 걱정입니다.

채권 벼락 거지 싫어! 미국채 FRN에 투자한 세일러

세일러 트위프트

I. 미국 변동금리국채
· 지급이자가 시장금리에 연동되어 변동하는 국채
· 3개월마다 T-Bill에 연동된 쿠폰금리 재설정
· 3개월마다 쿠폰이자 지급

II. 쿠폰이자의 계산
· 쿠폰이자 = 최근 3개월 T-Bill 금리 + 스프레드
· 스프레드는 시장 상황에 따라 결정, 만기까지 불변

금리변동과 물가상승 모두 방어할 수 있는 투자방법이 무엇일지 생각하던 중 마침 그녀의 한국인 친구이자 뛰어난 재무 어드바이저advisor인 채권만 차장의 전화가 걸려옵니다. 채권만 차장은 테일러에게 미국채 중에서도 물가와 금리변동에 대처할 수 있는 FRN을 추천합니다. 채권만 차장이 FRN을 추천한 이유는 다음의 두 가지 이유 때문입니다.

(1) FRN 금리는 미국 기준금리 변동을 따라간다

미국 변동금리국채는 표면이자인 쿠폰이자 금리가 만기 13주인 3개월 Treasury Bill의 금리에 연동되기 때문에 기준금리 변동위험을 헤지할 수 있습니다. 해당 그래프에서 2020년 이후 기준금리 변화와 미국 변동금리 국채의 금리는 거의 비슷하게 연동하면서 변화하는 것을 확인할 수 있습니다.

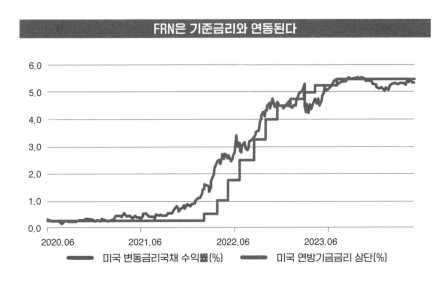

FRN은 기준금리와 연동된다

━━ 미국 변동금리국채 수익률(%)   ━━ 미국 연방기금금리 상단(%)

(2) FRN은 일반 국채보다 인플레이션 방어력이 크다

FRN의 또 다른 장점은 일반 채권에 비해서 물가상승에 대한 방어력이 강하다는 것입니다. 시장의 물가상승률이 높아지는 인플레이션이 나타나면 중앙은행의 기준금리 또한 높아지기 때문에 FRN의 금리도 함께 상승합니다. 따라서 FRN은 인플레이션 위험에 대해서도 일반 국채에 비해 잘 대처할 수 있다는 장점이 있습니다.

그래프는 FRN이 일반적인 미국 국채보다 인플레이션이 높은 시기에 가격 방어력이 더 강한 것을 보여주고 있습니다. 결국 테일러 스위프트는 채권만 차장의 조언을 받아들여, 미국 재무부가 발행하는 변동금리국채에 투자하기로 결정했습니다.

FRN의 쿠폰이자는 시장의 수요와 공급 등 상황에 따라 미국 재무부가 결정하는데, 가장 최근의 3개월 만기 T-bill 금리에 일정한 스프레드를 더해 결정합니다. 스프레드는 일반적으로 0.01~0.10%p 사이 범위에서 결정되며, 한번 정해진 스프레드는 채권의 만기까지 변하지 않습니다.

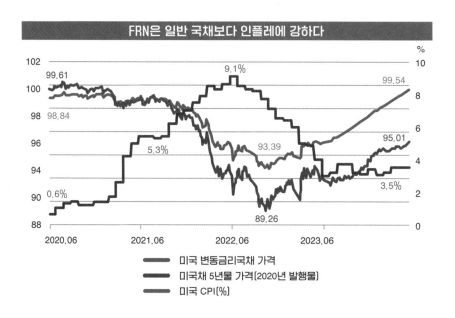

FRN은 일반 국채보다 인플레에 강하다

― 미국 변동금리국채 가격
― 미국채 5년물 가격(2020년 발행물)
― 미국 CPI[%]

이 같은 장점에도 불구하고 FRN은 일반 미국채보다 인기가 적은 것이 현실입니다. 가장 큰 이유는 쿠폰이자율이 일반 국채에 비해 낮기 때문입니다.

미국채 스트립

스트립STRIPS은 'Separate Trading of Registered Interest and Principal of Securities'의 약자로, 채권의 원금에서 이자를 분리해낸 채권입니다. 이는 기존의 T-note나 T-bond의 원금과 이자 부분을 분리해 원금principal 또는 이자interest에만 투자하는 방식입니다.

미국채 스트립의 종류

원금 스트립채권(Principal STRIPS)

미국채의 원금 부분만을 떼어낸 스트립 채권. 일반적으로 이자 스트립보다 금액이 크다.

이자 스트립채권(Interest STRIPS)

반년마다 지급되는 미국채 이자만을 떼어내 거래. 이자는 원금보다 일반적으로 금액이 작다.

우리나라 증권사들이 ETF의 형태로 판매하는 미국채 스트립은 주로 30년 T-bond 원금 스트립이 많습니다. 하지만 원금 스트립 채권은 쿠폰이자가 없기 때문에 투자원금을 회수하는 기간이 일반 국채보다 훨씬 깁니다. 실제로, 시중에 판매되는 30년 미국채 ETF의 듀레이션이 약 17~18년 정도인 데 반해, 30년 원금 스트립 채권의 듀레이션은 원래 채권의 만기인 30년과 같습니다. 이는 쿠폰이자가 없기 때문에 채권 가격이 금리변동에 매우 민감하게 반응하여 수익의 변동성 위험이 극단적으로 커지는 효과가 발생하기 때문입니다.

듀레이션이 일반 채권보다 훨씬 길어지고 금리변동성 또한 아주 커지기 때문에, 보험사나 연기금과 같이 채권 투자 후 만기 보유를 통해 자산의 듀레이션을 늘리고자 하는 운용 전략에는 효율적입니다. 즉 스트립채권은 장기자산 투자의 듀레이션을 늘리고 싶은 금융기관의 자산운용을 돕기 위한 목적으로 개발되었습니다.

　단기간에 많은 수익을 벌고 싶은 욕심에 최근에는 개인투자자들도 스트립 채권에 관심을 가지고 있는 것으로 알고 있습니다. 또한 이러한 스트립을 개인 용도로 실제로 판매하는 금융기관도 있습니다. 하지만 스트립 채권은 변동성 위험도 높고 유동성 또한 좋지 않기 때문에 만기 보유가 원칙입니다. 일반 채권과 달리 고난도 파생상품만큼 위험한 상품입니다. 따라서 개인의 투자 용도에는 적합하지 않으므로 아주 조심해야 합니다.

　스트립은 미국 재무부가 그러한 형태로 따로 발행하는 것이 아니라, 발행된 채권을 금융기관이나 채권중개사가 채권 발행 후에 회사 차원에서 원금과 이자 부분을 따로 떼어서 매매하는 형태입니다. 따라서 스트립 채권의 매매는 금융기관이나 채권중개사를 통해서만 가능합니다.

미국채의 호가방법과
글로벌증권 식별번호(ISIN code)

$

미국채 가격의 표시 - 32진법

단기채인 T-Bill을 제외한 미국채 T-Note와 T-Bond는 수익률 표기 방식이 우리나라 채권과 조금 다릅니다. 따라서 처음 보면 '이게 뭐지?'라 며 이해하기 어려울 수도 있는데, 이는 미국채의 수익률 호가가 32진법을 기준으로 하기 때문입니다.

미국채 가격은 32진법에 의한다 (예시)				
종류	채권만기	쿠폰이자	채권가격	수익률
T-Bill	04/17/2025	0%(할인채)	-	5.180%
T-Note 5YR	04/30/2029	4.625%	100-15+	4.515%
T-Bond 20YR	02/15/2044	4.500%	96-29	4.742%
TIPS	04/15/2029	2.125%	99-06 1/4	2.170%

우리는 10진법에 익숙하지만, 32진법도 크게 어렵지 않습니다. 32진법은 미국채와 모기지채MBS 등 미국 채권시장에서 호가로 사용되고 있기 때문에 어떻게 10진법으로 해석하는지 알아보도록 하겠습니다.

채권은 국채, 회사채 등 종류를 막론하고 100을 기준으로 한 가격과 %로 표기된 수익률의 두 가지로 호가가 가능합니다. 채권을 가격으로 호가할 때는 99.875나 101.505와 같이 10진법으로 하는 것이 일반적입니다. 우리나라도 채권 가격을 10진법으로 표기하고 있습니다. 하지만 T-Bill을 제외한 미국의 국채와 모기지채권 등은 채권가격의 소수점 이하를 32진법으로 호가하고 표기하기 때문에 우리와 차이가 있습니다.

예를 들어 미국채의 가격이 99-10이라면 소수점 이하 10을 32로 나누어주고 나서 이를 99에 더해주면 됩니다. 또한 여기서 10을 틱tick이라고 하는데, '+'로 표시된 틱은 1/2(0.50)을 의미합니다. 따라서 앞의 미국채 가격은 다음과 같이 10진법의 가격으로 변환해서 비교할 수 있습니다.

$$100 - 15 + \rightarrow 100 + \frac{15.50}{32} = 100 + 0.48438 = 100.4843$$

$$96 - 29 \rightarrow 96 + \frac{29}{32} = 96 + 0.90625 = 96.90625$$

$$99 - 06\ 1/4 \rightarrow 99 + \frac{6.25}{32} = 99 + 0.19531 = 99.19531$$

Notes & Bonds			
37) $4\frac{5}{8}$ 626	101-05+ / 06	3.949	+ 05
38) $4\frac{3}{8}$ 726 2YR	100-26$\frac{7}{8}$ / 27	3.915	+ 05$\frac{1}{8}$
39) WI 2YR	3.875 / 3.870		-0.083
40) $4\frac{5}{8}$ 627	102-10$\frac{1}{4}$ / 11$\frac{1}{4}$	3.732	+ 07
41) $4\frac{3}{8}$ 727	101-22$\frac{3}{4}$ / 23+	3.734	+ 07$\frac{1}{4}$
42) $3\frac{3}{4}$ 827 3YR	100-02 / 02$\frac{1}{4}$	3.724	+ 07+
43) $4\frac{1}{4}$ 629	102-19 / 20	3.653	+ 10
44) 4 729 5YR	101-18 / 18$\frac{1}{4}$	3.649	+ 09$\frac{3}{4}$
45) WI 5YR	3.625 / 3.620		-0.068
46) $4\frac{1}{8}$ 731 7YR	102-17+ / 18+	3.699	+ 12+
47) WI 7YR	3.700 / 3.695		-0.063
48) 4 234	101-17 / 18+	3.800	+ 14
49) $4\frac{3}{8}$ 534	104-19 / 20	3.801	+ 14
50) $3\frac{7}{8}$ 834 10YR	100-19+ / 20	3.799	+ 14
TIPS			
56) $2\frac{1}{8}$ 429	102-04 / 102-05+	1.636	+ 15
57) $1\frac{7}{8}$ 734	101-24+ / 101-26+	1.674	+ 21$\frac{3}{4}$
58) $2\frac{1}{8}$ 254	103-13+ / 103-16$\frac{3}{4}$	1.967	+ 29+

출처: Bloomberg (PX1 화면)

'백문이 불여일견', 실제 발행된 미국채를 보자!

미국채가 발행되고 난 후 발행된 채권의 정보를 보면 다음과 같이 ①증권타입 및 발행자 ②신용등급 ③증권식별번호 ④증권정보의 네 가지 주요사항이 포함되어 있는 것을 알 수 있습니다.

(1) 증권 타입 및 발행자

우선 발행자를 제일 먼저 확인합니다. 발행자는 United States of America, U.S. Department of the Treasury(미국, 미국 재무부)로 되어 있음

미국채 T-Note 예시	
1. 증권 타입 및 발행자 · 10 Year U.S. Treasury Note · United States of America	**4. 증권 정보** · 발행일 05/15/2024 · 만기일 05/15/2034 · 발행통화 USD · 발행가격 99.137260 · 발행잔액 $420억 · 유통시장 US
2. 신용등급 · Moody's Aaa · Standard & Poor's AA+ · Fitch AA+	· 첫 쿠폰이자 지급일 11/15/2024 · 쿠폰이자율 4.375% · 이자 지급주기 S/A (반기지급) · 이자 지급방식 Fixed (고정이자)
3. 증권 식별번호(Identifiers) · CUSIP · ISIN · SEDOL	

을 알 수 있습니다.

(2) 미국채의 신용등급

채권이나 발행자의 신용은 매우 중요합니다. 미국채가 대표적인 안전자산으로 여겨지는 이유는 미국의 신용등급이 높기 때문입니다. 하지만 3대 신용평가사 중에서 2024년 5월 기준 아직도 미국이 최고등급을 유지하고 있는 기관은 무디스뿐입니다. S&P와 피치는 미국의 신용등급을 한단계 강등시켜 2024년 8월 현재 AA+로 유지하고 있습니다.

(3) 증권 식별번호

증권번호는 특정 채권을 확인하기 위해서 중요합니다. 쿠폰이자율과 만기가 동일한 채권이 있을 수 있기 때문에 증권번호인 'identifier'를 보고 확인할 수 있습니다. 해외채권 및 증권에 사용되는 증권번호 중에서 CUSIP과 ISIN 그리고 SEDOL은 우리가 반드시 알아둬야 할 해외증권의 표시 방식입니다.

(4) 증권 정보

증권 정보에는 해당 국채의 발행 관련 정보와 이자와 같은 현금흐름에 관한 정보가 들어 있습니다. 예시에 나와 있는 미국채 10년물은 2024년 5월에 발행되었으며, 첫 이자 지급일은 발행일로부터 6개월 뒤인 2024년 11월입니다. 3개월마다 이자를 지급하는 우리나라 국채와 달리 미국채는 6개월마다 이자를 지급합니다.

증권 식별번호의 종류

금융상품의 종목코드 형태는 나라마다 조금씩 다릅니다. 우리나라에서는 한국거래소가 증권상품의 종목코드를 정하는데 주식 종목별로 여섯 자리의 코드를 부여하고 있습니다. 예를 들어 삼성전자 주식의 종목코드는 005930, 현대자동차의 종목코드는 005380입니다.

이와 달리, 미국은 숫자 대신 알파벳으로 회사의 종목코드를 지정하고 있습니다. 예를 들어 테슬라자동차의 경우는 TSLA, 아마존은 AMZN, 엔비디아는 NVDA로 지정되어 있는데, 이 같은 알파벳 종목코드를 가리켜 티커ticker라고 합니다. 하지만 티커는 글로벌 종목코드가 아니므로 구별해야 합니다. 채권이나 주식과 같은 증권이 전 세계적으로 수없이 많아서 헷갈리기 쉽기 때문입니다. 심지어 어떤 회사의 티커가 거래소에 따라 다른 경우도 있을 수 있습니다.

한국의 종목코드나 미국의 티커는 모두 그 나라의 거래소에서 사용되는 증권번호이기 때문에 국제적인 표준증권번호가 아닙니다. 그래서 글로벌 금융상품에는 국제적인 표준화 코드가 존재하는데, 이 중에서 가장 널리 쓰이고 있는 코드가 바로 ISIN입니다.

(1) ISIN code(아이신 코드)

ISIN 코드는 'International Securities Identification Number'의 약자로, 열두 개의 문자 및 숫자로 이루어져 있습니다. ISIN 코드는 국제표준화 기구인 ISO가 지정하고 관할하고 있으며, 가장 보편화된 글로벌 증권코드로 사용되고 있습니다.

국제표준코드 규약 ISO 3166에 의거, ISIN의 맨 앞 두자리에는 국가코드가 나옵니다. 한국은 KR, 미국은 US, 일본은 JP로 시작됩니다. 또한 동일한 회사라 하더라도 복수의 주식이나 채권을 발행했다면 복수의 ISIN 코드가 존재하게 됩니다. 국가코드가 아닌 XS로 시작되는 특별코드도 있습니다. XS로 시작하는 코드는 개별 국가 내에서 결제와 청산이 이루어지지 않고 유로클리어Euroclear나 클리어스트림Clearstream과 같은 국제 청산소에서 글로벌 결제와 청산이 이루어지는 경우에 사용됩니다.

(2) CUSIP(큐십)

CUSIP은 미국과 캐나다에서만 사용되는 코드입니다. 아홉 개의 글자와 숫자 조합으로 이루어져 있고, 원래 영어 명칭은 'Committee on Uniform Security Identification Procedures'입니다. 미주에서 거래가 되지 않는 주식이나 채권증권은 원칙적으로 CUSIP이 존재하지 않습니다.

(3) SEDOL(씨돌)

SEDOL은 영국의 LSELondon Stock Exchange 가 사용해오고 있는 증권코드로, 일곱 숫자와 문자코드로 이루어져 있습니다. 미국과 캐나다에서는 CUSIP을 주로 사용하는데 반해, 영국에서는 SEDOL을 대표적인 표준코드로 사용하고 있습니다.

이렇듯 글로벌 종목코드에는 여러 가지가 있기 때문에, 하나의 회사나 증권이라 하더라도 복수의 글로벌 종목코드를 가질 수 있습니다.

글로벌 종목코드(ISIN, CUSIP, SEDOL)			
	테슬라	삼성전자	도요타 자동차
ISIN	US88160R1014	KR7005930003	JP3633400001
CUSIP	88160R101	-	-
SEDOL	B616C79 US	-	6900643 JP

채권과 증권의 결제일이란?

결제일이란 돈을 지불하는 날짜를 말하는데, 거래를 하고 얼마만에 돈을 지불하는지를 의미합니다. 금융시장에서는 결제일을 거래일Trade date 에 며칠을 더하는지에 따라 구별합니다. 일반적으로 거래일(T)로부터 이틀 뒤에 결제가 되면 T+2, 하루 뒤에 결제가 되면 T+1로 표시합니다.

KRX와 같이 거래소에서 일어나는 거래는 결제일이 지정되어 있습니다. 거래소가 정한 규정에 따라 결제가 이루어지고 이것은 거래 상대방이나 금액이나 종목에 상관없이 동일하게 적용됩니다. KRX의 주식은 거래일로부터 이틀 뒤에 결제가 됩니다(T+2).

미국 주식시장도 과거에는 이틀 후 결제인 T+2가 원칙이었지만, 2024년 5월 28일을 기점으로 미국 증권거래위원회가 모든 거래소의 증권거래 결제주기를 T+1으로 하루 앞당기기로 했습니다. 향후 한국거래소 또한 채권시장과 해외 주식시장의 트렌드를 따라 T+1 결제를 고민해야 할 것으로 보입니다.

이와 달리, 거래소 밖에서 이루어지는 장외거래는 원칙적으로는 거래자 쌍방 간에 협상을 통해 결제일을 지정할 수 있습니다. 하지만, 장외거래 역시 거래 성격에 따라 결제일의 일반적인 규칙이 정해져 있습니다.

현재 미국이나 한국 채권시장의 결제일은 원칙적으로 익일결제(T+1)입니다. 미국채의 결제일도 T+1, 거래일 후 1영업일인 익일결제가 원칙이며 우리나라 국고채와 회사채 또한 익일결제가 일반적입니다. 물론, 채권거래는 장외거래가 대부분이기 때문에 당사자 간에 결제일을 조정해서 늘릴 수도 있습니다.

결제일이 길수록 그동안 투자자의 돈이 묶이기 때문에 거래를 하기 위해서는 미수금(결제 기간 동안 돈을 빌리는 것)을 내야 합니다. 따라서 결제일이 길어질수록 시장의 거래가 줄어들 수 있기 때문에 결제의 안정성만 담보된다면, 결제일이 짧을수록 시장의 활성화에 도움이 됩니다.

금융거래의 결제일 관행		
1	미국 주식 결제일	T+1 익일결제로 변경(2024.05.28 부터)
2	한국 주식 결제일	T+2 익익일결제 원칙
3	미국 채권 결제일	T+1 익일결제 원칙
4	한국 채권 결제일	T+1 익일결제 원칙
5	전단채와 CP 결제일	당일결제(T) 가능

미국채의 가격 변동은 글로벌 투자 상황을 변화시킨다

미국채 수익률

미국채가 발행되어 유통시장에서 거래되는 시장금리를 '수익률'이라고 합니다. 이미 발행되어 유통 중인 미국채의 시장 수익률이 오르면, 미국 재무성이 발행할 채권의 금리도 높아지기 때문에 발행금리 부담이 커집니다. 이는 미국 재무성은 투자자들에게 돈을 빌리는 대가로 미국채의 표면 이자율에 따른 이자를 지불하기 때문입니다. 하지만 반대로, 미국채의 시장 수익률이 하락하면 발행할 미국채의 금리 또한 낮아져서 이자부담이 줄어듭니다.

이러한 미국채의 수익률 변화는 발행자인 미국 재무성뿐만 아니라, 금융시장 참가자들 또한 매우 중요하게 여기며 주시합니다. 미국채는 투자자들에게 안전자산이라는 투자의 대상을 넘어, 글로벌 금융시장에 다양한 영향을 미치는 중요 지표이기 때문입니다.

첫째, 미국채는 글로벌 금융시장의 기초금리의 역할을 합니다. 이는 채권을 비롯한 달러화로 표시된 모든 금리상품의 금리 수준이 미국채 금리에서 출발하여 계산되기 때문입니다. 달러 표시 금리상품은 무위험금리인 미국채 금리를 기초로 해서, 여기에 만기에 따른 기간 프리미엄과 발행자의 신용위험인 신용 프리미엄을 더해 만들어집니다. 따라서 미국채 금리는 글로벌 기축통화인 달러화의 조달금리 수준을 결정하는 기준점이자 기초금리의 역할을 합니다.

둘째, 미국채 금리의 변화는 환율에도 영향을 줍니다. 미국채 수익률인 달러의 시장금리가 상승하면 달러 표시 금융상품의 수익률이 높아져서 달러의 투자 매력도가 증가합니다. 달러 표시 금리상품 투자수요 증가는 달러의 수요 증가로 이어져, 달러화는 강세를 보이게 됩니다. 반대로 미국채의 시장금리가 하락하면 달러표시 금리상품에 대한 수요가 감소하고 이는 달러약세로 이어집니다. 이처럼, 미국채 수익률의 변화는 달러화 조달금리에 변화를 가져오고 이는 결국 환율 변화로 연결됩니다.

셋째, 미국채 금리 변화는 글로벌 자산의 가치 변화에 영향을 미칩니다. 미국 달러 기준금리 변화는 미국채의 수익률에 직접적으로 영향을 줍니다. 미국채의 수익률이 추세적으로 상승 또는 하락하면, 달러의 조달금리 변화로 이어집니다. 결과적으로, 달러의 조달금리 변화는 채권, 주식과 부동산 등 모든 자산의 가치에 영향을 줍니다. 미국채 수익률이 상승하면 조달금리가 높아져 주식이나 부동산과 같은 위험자산의 가격이 하락합니다. 반면에, 미국채 금리가 하락하면 일반적으로 위험자산의 가격은 상승합니다.

미국채 수익률이 글로벌 금융시장에 주는 영향		
1	글로벌 기초금리 역할	· 달러 금리는 세계 금리의 기초금리 · 모든 달러표시 금리는 미국채 금리에서 시작
2	글로벌 환율에 영향	· 미국채 금리상승은 글로벌 달러 강세를 유발 · 미국채 금리하락은 글로벌 달러 약세를 유발
3	글로벌 자산가치에 영향	· 미국채 금리는 달러 조달금리에 영향 · 미국채 수익률 방향은 주식시장과 반대방향

미국채 10년물 수익률이 중요한 이유

미국채 중에서도 만기가 10년인 미국채 10년물 수익률은 미국의 시장 금리를 가장 잘 대변합니다. 10년 이하의 단기채권은 자금시장의 유동성을 대변하는 측면이 큰 반면, 20년 이상의 장기 채권은 장기투자자의 기대 수익률을 반영하는 측면이 큽니다.

미국채 10년물 수익률이 중요한 가장 큰 이유는 주택담보대출인 모기지의 기초금리로 사용되고 있기 때문입니다. 예를 들어, 미국채 10년물 수익률이 상승하면 주택담보대출 금리 및 관련 대출금리가 오르면서 주택시장은 경직되고 경기가 둔화됩니다. 반대로, 미국채 10년물 수익률이 하락하면 주택담보대출 금리도 하락하고 주택시장이 활황세로 돌아서 경기도 좋아집니다.

또한, 10년물 미국채 수익률은 기업 달러 대출금리에 있어서도 기초금리로 작용합니다. 즉 기업이 돈을 빌릴 때도 미국채 수익률이 직접적인 영향을 미칩니다. 따라서 10년물 미국채 수익률이 높은 경우, 기업의 자금조달 비용이 높아져 기업의 미래 성장과 혁신에 자금을 투자할 수 있는 여력이 줄어듭니다.

[1] 미국채 수익률 상승의 경우(U.S. Treasury Yield Rise)

투자 증가 상품 ↑　　　　　　　투자 감소 상품 ↓

미국 달러　예금　채권　경기방어주　부동산　배당주　성장주　금

[2] 미국채 수익률 하락의 경우(U.S. Treasury Yield Fall)

투자 증가 상품 ↑　　　　　　　투자 감소 상품 ↓

유로화　부동산　성장주　금　미국 달러　예금　채권　경기방어주

미국채 수익률 변동에 따른 투자와 자산가치의 변화

미국채의 수익률 변화는 시장의 투자 상황에 전반적인 변화를 가져옵니다. 수익률 변화는 자산가치에 영향을 미치고, 자산가치의 변화는 투자에 변화를 가져오는 것입니다.

(1) 미국채 수익률 상승의 경우

미국채 수익률이 상승하면 종전보다 위험자산에 대한 선호가 줄어드는 한편, 상대적으로 안전자산에 대한 선호가 늘어납니다.

모기지 금리가 상승함에 따라 부동산 구매 수요도 줄어들고 주식은 성장주보다는 경기방어주를 선호하게 됩니다. 금리가 높아져 채권의 이자수익률이 배당주의 배당수익률을 웃돌면, 개인과 기관은 주식보다 예금이나 채권매수를 선택해서 일반적으로 예금과 채권에 대한 수요가 늘어납니다.

금리가 상승함에 따라 같은 안전자산인 달러와 금에 대한 투자 선호도도 갈립니다. 이자율이 높아진 달러 통화에 대한 투자는 늘어나는 반면, 이자가 없는 안전자산인 금에 대한 투자는 상대적으로 줄어듭니다.

(2) 미국채 수익률 하락의 경우

미국채 수익률이 하락하는 경우에는, 수익률이 상승한 경우와 대체로 반대의 투자 상황이 전개됩니다. 모기지 금리가 하락하면 부동산 투자가 점점 늘어나고, 낮은 금리 때문에 돈을 빌려 주식에 투자하고자 하는 성향이 커집니다. 따라서 성장성이 높은 주식에 대한 선호가 커진 반면, 수익률이 낮아진 예금이나 채권에 대한 투자와 경기방어주에 대한 투자는 감소합니다.

달러의 금리가 낮아지면 금 보유에 따른 이자비용이 줄어들어, 종전보다 금에 대한 투자가 늘어납니다. 또한 달러화 가치 하락에 따라, 달러의 상대 통화로 인식되는 유로화의 가치가 오르면서 유로화 투자가 늘어납니다.

금리와 배당주의 인기는 반비례 관계

다음 기사는 연준과 한국은행의 공격적인 기준금리 인상이 있던 2022년 당시, 배당주의 인기가 하락한 상황을 설명합니다.

> ### 채권과 예금 금리 상승… 배당주 인기 시들해져
>
> 금리일보

'배당주'란 성장성보다는 배당 성향에 주목한 주식 구분으로, 회사가 꾸준히 이익을 내면서 높은 비율의 배당을 하는 주식을 말합니다. 주가의 변동성이 크거나 위험성이 높은 회사의 주식은 배당률을 높여서 투자자들을 끌어들이는 경우가 많습니다.

하지만 채권이나 예금의 수익률이 크게 높아져서 배당수익률에 근접하거나 초과하면, 배당주에 대한 투자매력은 감소합니다. 따라서 시장의 금리가 전반적으로 상승하여 예금과 채권의 수익률이 올라가면, 배당주의 인기는 하락합니다.

안전자산인 미국채도
손실이 날 수 있다? 미국채 직접투자와
ETF/ETN 매수 방법 비교

안전자산 미국채도 물가상승에는 취약하다

미국 재무부가 발행하는 미국채는 세계에서 가장 대표적인 안전자산으로 평가받습니다. 안전자산이란 위험자산에 대비되는 용어로서, 위험이 거의 없거나 낮은 자산을 칭합니다.

미국채가 안전한 금융자산으로 일컬어지는 가장 큰 이유는 세계 최강국인 미국의 경제력과 군사력이 뒷받침해주는 높은 신용도 때문입니다. 최강국인 미국의 위상 때문에 미국 재무부가 발행하는 미국의 국채도 최고의 안전자산으로 인식됩니다. 하지만 이러한 안전자산과 위험자산의 분류는 고정된 것이 아니라 어디까지나 금융 상황에 따라 상대적이기 때문에 상황에 따라 안전자산이 위험자산으로 변하기도 합니다.

미국채 또한 채권이기 때문에, 물가상승에는 취약합니다. 채권은 구조상 물가와 금리가 상승하는 시기에는 평가손실이 불가피합니다. 따라서 미국채도 물가가 급등하는 상황에서는 수익률이 상승하면서 국채의 가격은 하락합니다. 인플레이션이 급격하게 심화되는 시기에는 채권시장의 전

500

체적인 수익률 변동위험이 크게 증가하기 때문에, 안전자산인 미국채도 상황에 따라 이례적으로 위험자산이 될 수 있습니다.

이처럼 안전자산과 위험자산의 구분은 상대적입니다. 언제 어디서나 안전한 영원한 안전자산도 없고 영원한 위험자산도 없는 것이지요.

인플레이션 앞에서 채권은 고양이 앞의 쥐

다음과 같은 실제 사례를 통해서, 안전자산인 미국채가 인플레이션 상황에서 위험자산으로 변하는 경우를 확인해봅시다.

> ### "안전자산이라더니…" 미 장기국채 물린 채권개미 손실 폭증
> 금리일보

해당 기사는 2024년 연준의 기준금리 인하를 기대하고 미국 장기국채 T-Bond에 투자했던 투자자들이 미국채 수익률 상승으로 손실을 입은 사례를 설명하고 있습니다.

2024년 1월 초만 해도 시장은 미국 연준이 하반기부터 기준금리를 공격적으로 인하할 것으로 예상했기 때문에, 당시 개인투자자는 미국채 수익률 하락에 배팅하기 위해 미국채 매수에 몰렸습니다. 하지만 미국의 물가는 시장의 기대와 반대로 4월까지 오히려 연속 4개월 상승했습니다. 그 결과, 2024년 1월 3.9%에 머물던 미국 10년물 국채금리는 4월 말에 4.7%까지 1%p 가까이 급등했습니다. 투자자들이 미국채 장기물에 집중했기

때문에 손해는 더욱 컸습니다. 10년 이상의 장기채는 듀레이션 효과로 인해, 작은 금리변동도 전체 수익변화에 주는 효과가 단기채에 비해 매우 큽니다. 따라서 당시 미국 장기국채에 투자했던 투자자들은 엄청난 평가손실을 볼 수밖에 없었습니다.

채권은 물가를 무서워해

Inflation Cat

인플레이션 앞에선
미국채도
고양이 앞의 쥐

인플레이션 고양아
채권 좀 살려줘…

Bond Mouse

미국채는 대표적인 안전자산이라 기본원칙에 충실한 보수적인 투자로 인식이 되지만, 인플레 앞에서는 '고양이 앞에 쥐'인 셈이지요.

미국채 직접투자와 ETF/ETN 매수 방법의 비교

이러한 장기채의 수익률 급등에 따른 손실은 투자 방법 때문에 기인하는 측면도 있습니다. 국내 개인투자자가 미국채를 직접 사기는 사실상 힘들기 때문입니다.

　미국채는 투자금액 단위도 크고 미국의 은행계좌가 필요하기 때문에, 미국의 개인용 국채매매 플랫폼인 트레저리다이렉트에 접속해서 매입하기도 현실적으로 어렵습니다. 따라서 해외 유수의 자산운용사가 운용하고 판매하는 ETF나 국내 증권사가 판매하는 ETN을 통해 미국채를 주로 투자하게 됩니다.

　그래서 2024년 상반기를 기준으로 ETF와 ETN 투자를 미국채 직접투자의 수익과 비교해봤습니다. 과연 어떤 방법의 결과가 더 좋았을까요? 결과적으로, 2024년 상반기를 기준으로 ETF와 ETN 두 가지 투자 모두 미국채에 직접 투자했던 경우보다 손실이 더 컸습니다. 이러한 결과의 원인은 무엇일까요?

　미국채 상장지수펀드는 ETF의 특성상 펀드이기 때문에 사실상 만기가 없습니다. 채권에 직접 투자하는 경우와 달리 ETF는 만기가 없기 때문에, 원금 회복까지 상대적으로 더 오랜 시간이 걸립니다. 예를 들어, 2024년 상반기 채권수익률이 급등한 뒤 하반기에 다시 수익률이 하락했을 때 채권 직접 투자자의 평가손실은 대부분 회복된 반면, ETF에 투자한 투자자들은 손실 회복이 아주 더디게 이루어졌습니다.

　이러한 특성으로 인해 ETF의 경우는 만기보유라는 개념이 없습니다. 채권은 중간에 평가손실이 나더라도 만기까지 보유하면 만기수익률을 얻을 수 있어 대부분의 경우 원금손실이 없습니다. 하지만 채권을 ETF 형태의 지수로 투자하면, 예를 들어 10년 만기 채권을 추종하는 ETF 지수에 10년간 투자하더라도 원금손실이 발생할 수 있습니다. 즉 투자대상인 기초자산은 미국채로 동일했지만, 펀드라는 투자 형태의 특성 때문에 직접

투자한 경우보다 손실폭이 컸습니다.

ETN의 특성도 유사합니다. ETN은 'Exchange Traded Note'의 약자로 상장지수증권으로 불립니다. 이는 증권사가 채권을 편입해서 증권으로 상장시킨다는 의미입니다. 특히 ETN은 미국채를 직접 편입하기보다는 미국채 선물을 편입하는 경우가 많습니다. 선물은 파생상품의 종류로 거래 시 거래비용이 드는데, 해외 선물은 비용이 상당히 높을 수 있습니다. 또한 선물은 매달 만기가 돌아오는데, 이 경우에 선물을 교체해줘야 합니다. 선물 만기 때문에 ETN은 매달 선물 교체비용futures rollover cost이 듭니다. 채권 직접투자는 한번 매수하면 끝나지만, ETN은 선물거래비용과 교체비용에 따른 후속 비용이 계속 발생합니다.

이러한 이유로 장기 투자할 경우, 수익률 하락에 따른 손실뿐만 아니라 수수료와 비용이 눈덩이처럼 늘어날 수 있습니다. 결과적으로 이러한 비용은 2024년 당시 국내 투자자의 해외채권 투자 손실을 더욱 증가시켰습니다.

ETF나 ETN이 기초자산인 미국채의 가격변동을 제때 따라가지 못하는 현상을 '추적오차'라고 하며, 이는 개별 운용사의 운용능력과 거래 방법 그리고 당시의 시장변동 상황에 따라 발생할 수 있습니다. 또한 잘 추종한다고 하더라도 거래비용이 늘어나서 결과적으로 수익성이 예상보다 안 좋을 수도 있습니다. 특히 ETF와 ETN 두 상품 모두 파생결합증권으로, 수익에 환율 요인까지 포함되어 있기 때문에 해외채권에 투자할 때는 투자방식과 시기를 매우 조심스럽게 선택해야 합니다.

투자방식을 꼼꼼히 따져보지 않고, 막연히 안전자산이라는 생각만으로 은퇴자금이나 여유자금을 미국채 관련 상품에 투자하는 것은 바람직하지 않습니다. 투자자는 항상 상품의 특성과 리스크를 충분히 이해한 후 투자 결정을 내려야 합니다.

미국채 레버리지 ETF의 위험성

투자를 함에 있어서는 반드시 지켜야 할 투자원칙을 명심해야 허망한 결과를 맞지 않을 수 있습니다. 단기간의 고수익은 마치 로또를 바라는 것과 같습니다. 진정한 투자는 무엇일까요? 1년에 40%나 50%의 수익을 생각한다면 투자가 아니라 차라리 복권을 사는 것이 나을 것입니다.

수익과 위험은 항상 같이 커지고 많은 경우 비례합니다. 따라서 단기간의 고수익을 올리기 위해서는 그만큼 투자 위험도 커져야 합니다. 안전하면서도 고수익의 투자기회가 있다면 모든 사람들이 거기에 몰려서 투자수익률은 결국 하락할 것이기 때문입니다.

무엇보다 투자를 할 때는 우선 자신의 투자 목표를 확실히 해둘 필요가 있습니다. 돈을 잃어도 되는지, 어디까지 잃는 것을 허용할 수 있는지, 잃고 싶지 않고 평균수익률보다 나은 수익률을 바라는지 등 투자 방향을 먼저 정해야 합니다.

안전한 투자를 추구하는 사람이라면 예금이나 적금 이자율보다 좀 더 좋은 결과를 바라면 되지 않을까요? 반면에 주식과 같은 위험자산 투자로 더 큰 투자수익을 생각한다면, 단기간의 고수익보다는 장기간 투자해서 기업이나 상품의 가치가 높아지도록 기다리는 인내심도 필요할 것입니다.

우리나라 투자자는 일본 등에 비해 예금이나 적금 상품보다는 투자상품을 선호합니다. 사실 이 같은 현상은 자본시장 발전을 위해서 바람직한 현상이라고 생각합니다. 그렇지만 너무 무모하다 싶을 정도로 단기간의 투자수익에 집착하는 경우도 보여 안타까울 때도 있습니다. 특히나 투자하는 '재미가 없어서' 위험이 큰 자산에 투자한다는 것은 매우 위험한 발상입니다.

일부 증권사나 자산운용사도 돈벌이를 위해 안전자산을 위험자산으로 만들어 판매하는 경우가 있습니다. 단기간의 수익을 추구하면서 위험자산 투자를 즐기는 투자자를 겨냥한 것이지요. 미국채를 두세 배 레버리지 해서 ETF로 판매하는 것이 그러한 대표적인 사례 중의 하나입니다.

영어로 레버리지란 지렛대를 말합니다. 채권을 세 배 레버리지 했다는 것은 채권 한 개를 살 돈으로 돈을 추가로 빌려 세 개를 산 것과 같은 효과를 냈다는 뜻입니다. 레버리지는 제한된 자본으로 큰 효과를 얻을 수 있는 효율적인 전략이기는 합니다. 하지만 실제로 레버리지 ETF 운용은 선물을

3배 레버리지 ETF(3X ETF)의 위험성		
1	장기투자에 부적합	・매시간 관찰해야 하는 상품으로 장기투자에 극히 부적합
2	변동성 극대화	・기초자산의 변동성에 노출이 극대화
3	레버리지는 파생상품	・3배 레버리지 구조를 만들기 위해 거래하는 파생상품의 위험 또한 포함
4	원금 전액 손실 가능성	・기초자산이 33% 하락할 경우, 하루 만에도 원금 전액 손실 가능성
5	높은 수수료율	・일반상품보다 훨씬 높은 수수료

매수 또는 매도해서 이루어지는 경우가 많습니다. 레버리지 전략을 운용할 때 파생상품을 이용하기 때문에 수수료가 많이 들어갑니다.

채권과 같은 기초자산에 투자할 때는 원금을 다 내고 매수해야 하지만, 채권 선물이나 채권 옵션은 프리미엄만 내면 되기 때문에 레버리지 효과가 나타납니다. 이는 돈을 조금 투자하고 많이 투자한 것과 같은 효과를 낸다는 의미입니다. 선물이나 옵션과 같은 파생상품은 기초자산에 투자할 때보다 돈이 적게 드는 반면, 효과는 크기 때문에 그만큼 원금손실에 대한 위험성이 크게 증가합니다. 따라서 이러한 레버리지 전략을 선택할 때는 신중하게 판단해야 합니다.

위험자산을 있는 그대로 투자할 때보다 채권과 같은 안전자산을 세 배 레버리지해서 위험자산으로 만들면 운용비용이 아주 크게 늘어납니다. 세 배 기초자산의 가격을 좇아가기 위해 운용역들이 매매해야 할 거래가 크

불완전판매는 예방할 수 있다

- · 금융기관 간 수익경쟁이 무리한 수익을 추구하는 금융상품 기획
- · 구조화 거래 담당자들은 이러한 요구에 부응해 고수익 상품 개발

- · 구조화거래 부서에서 의해 만들어진 금융상품은 구조가 복잡함
- · PB나 창구를 통해 판매되면서 불완전판매가 될 수밖에 없는 판매구조

- · 고수익을 얻기 위해서는 고위험이 필수적으로 동반
- · 무리한 고수익 상품 판매는 결국 투자자와 판매자 모두에게 불행 초래

- · 불완전판매를 방지하려면 상품 승인단계에서 미리 걸러내야 함
- · 당국의 관리절차를 사후관리에서 사전승인 절차 강화로 전환해야 함
- · 특히나 '특정금전신탁'과 같이 법망 피한 상품 판매 루트도 재점검 해야 함

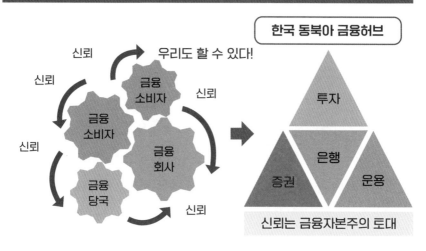

동북아 금융허브의 조건 → 금융자본주의는 신뢰가 기반

한국 동북아 금융허브

신뢰 우리도 할 수 있다!

신뢰

금융
소비자

신뢰

신뢰

금융
소비자

금융
회사

투자

은행

신뢰

금융
당국

신뢰

증권

운용

신뢰는 금융자본주의 토대

게 늘어나고 이에 따른 비용이 눈덩이처럼 불어나 이는 고스란히 수수료 비용으로 전가됩니다. 그 결과, 수익성은 원래 의도했던 세 배에 크게 못 미치는 경우가 발생합니다.

특히 레버리지 상품은 단기간의 수익을 목표로 하기 위해 특정한 단기 금융현상이나 이벤트를 미리 타깃으로 해서 만들고 투자하는 경우가 많습니다. 이러한 상품은 설령 목표가 달성되었다 해도 원래 의도만큼 수익성이 좋지 못한 경우가 많습니다. 따라서 이런 상품은 주의하고 투자를 자제하는 것이 좋다는 것이 개인적인 견해입니다.

돈벌이에 눈이 멀어서, 투자자들을 좋은 방향으로 계도하지는 못할 망정 이러한 투자를 부추기는 운용사나 증권사의 행태 또한 우리나라 자본시장에서 투자자와 판매사 간 갈등을 조장하는 원인입니다. 이렇게 근시안적인 단기간의 수익에 대한 욕심에 눈이 먼 금융사와 투자자는 결국 여러가지 소송이나 문제를 가져와, 금융계가 소비자들의 신뢰를 잃는 결과로 이어지게 됩니다. 이는 우리나라 자본시장의 장기적인 발전에 도움이 되지 않습니다.

우리나라의 파생상품 시장이 과거에 비해 크게 줄어든 것은 단기적인 이익에 눈이 먼 일부 금융사와 여기에 편승해 투자한 한탕주의 금융소비자들에 기인한 바가 큽니다.

향후 우리나라가 자본시장이 동북아 금융허브로 성장하고 기업과 투자자가 서로 신뢰를 가지고 금융시장을 발전시키기 위해서는 금융회사들의 올바르고 장기적인 비전과 도덕적 인식이 필수적입니다.

금융기관과 소비자가 어떻게 하면 서로 함께 발전할 수 있는지 그리고 금융기관의 바람직한 역할은 무엇인지 우리가 다시금 생각하고 반성해야 할 시점입니다.

수익률 곡선의 배신 - 장단기 금리역전

앞서 1장 [썸7]에서 장기와 단기 금리 간 관계와 수익률 곡선에 대해 배웠습니다. 일반적으로 단기에서 장기로 기간이 길어질수록 금리가 높아진다고 했습니다. 그래서 수익률 곡선인 일드커브도 우상향 곡선이 된다고 배웠지요. 하지만 장기금리가 반드시 단기금리보다 높은 것은 아닙니다. 수익률 곡선이 이러한 원칙을 배신하고 우상향 곡선이 아닌 우하향의 모습을 보이는 예외적인 경우도 있습니다.

미국의 물가상승 우려로 인해 연준의 기준금리 인하가 아직도 멀게 느껴지던 2024년 5월 말 미국채의 수익률 곡선은 우상향이 아니라 장기로 갈수록 오히려 금리가 하락하는 우하향의 모습을 보입니다. 그래프는 단기인 3개월부터 시작해 10년 만기 국채로 가면서 미국채의 금리가 계속 하락하는 모습을 보여줍니다. 일반적인 상황과 달리, 수익률 곡선이 장기로 가면서 오히려 낮아지는 비정상적인 곡선 형태를 보이는 이유는 무엇일까요?

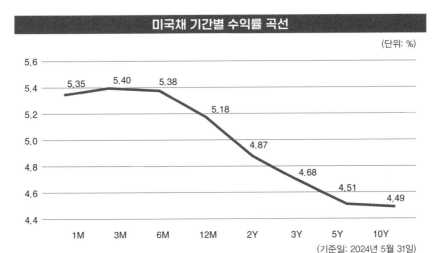

(단위: %)

5.6
5.40
5.4 5.35   5.38
5.18
5.2
4.87
5.0
4.68
4.8
4.51
4.6   4.49
4.4

1M   3M   6M   12M   2Y   3Y   5Y   10Y

(기준일: 2024년 5월 31일)

해답은 당시 미국의 기준금리 상황에서 찾을 수 있습니다. 코로나 19 이후 미국의 중앙은행인 연준은 살인적인 물가상승률을 낮추기 위해 2021년 말 사실상 제로금리 수준(0.25%)에 있던 기준금리를 2023년 7월 5.5%까지 급격히 인상했습니다.

2024년 5월 말에도 기준금리는 5.5%로 높게 유지되고 있었지만, 시장은 연준이 2024년 하반기부터는 기준금리 인하를 시작할 것으로 예상했습니다. 따라서 현재 미국의 기준금리가 높기 때문에 단기국채의 금리는 높게 형성되었습니다. 반면, 하반기부터 연준이 기준금리를 인하할 것으로 예상했기 때문에 장기로 갈수록 오히려 미국채의 수익률이 낮아지는 이례적인 현상이 나타난 것입니다.

결론적으로 말하면, 장단기 금리역전 현상은 중앙은행이 기준금리를 급격하게 올렸다가 향후 인하할 것으로 예상되는 시기에 주로 나타납니다. 이런 경우, 현재의 기준금리는 아직도 높은 수준이기 때문에 단기국채

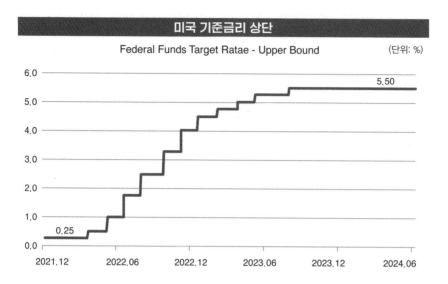

미국 기준금리 상단

Federal Funds Target Ratae - Upper Bound　　　(단위: %)

5.50

0.25

수익률도 높습니다. 하지만 향후 기준금리가 지속적으로 낮아질 것으로
예상되기 때문에 장기국채 수익률은 단기국채보다 낮게 형성됩니다.

미국채 장단기 금리역전의 영향

　미국채는 2022년 7월부터 2024년 8월까지 2년 이상 지속적으로 장단
기 금리역전을 보였는데, 이는 미국 역사상 가장 오랫동안 금리가 역전된
기간으로 기록될 전망입니다.

　미국 국채는 10년물과 2년물의 기간금리를 주로 많이 비교하는데, 그래
프를 보면 해당 기간 동안 미국채 2년물의 수익률이 10년물보다 위에 위
치하며 더 높은 것을 확인할 수 있습니다.

　수익률 곡선은 향후 경제 상황을 예측하는 데 많이 사용되는데, 왜 그런

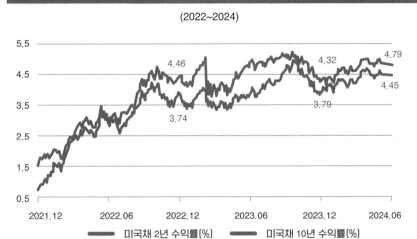

미국채 10년-2년 금리역전

(2022~2024)

- 미국채 2년 수익률(%)
- 미국채 10년 수익률(%)

지 생각해봅시다.

우선 일반적인 수익률 곡선의 경우를 가정해봅시다. 미국채 10년물과 단기금리인 미국채 2년물 금리의 차이가 (+)로 양의 숫자일 경우, 단기에서 장기로 갈수록 금리가 높아지는 형태를 보이기 때문에 수익률 곡선도 우상향하는 모습을 보입니다.

이렇게 장기금리가 단기금리보다 높은 정상적인 금리 상황은 미래에 경기가 확장될 것을 의미합니다. 반대로 수익률 곡선이 역전된 예외적인 금리 상황은 경기침체를 가져올 가능성이 높습니다. 이는 기업과 투자자 측면 모두에서 생각해볼 수 있습니다.

기업 입장에서 장기금리가 단기금리보다 낮다는 것은, 회사들이 미래에 투자할 의욕이 줄어들어 장기적으로 돈을 빌리려는 수요가 감소했다고 이해할 수 있기 때문입니다. 장단기 금리가 역전되는 경우, 기업은 경기침체를 우려할 가능성이 높아집니다.

투자자 입장에서는 미래 경기둔화에 따른 주가하락에 대비해 장기채를 매수하게 됩니다. 이처럼 투자자가 장기채권을 지속적으로 매수한다면, 장기국채의 수익률이 단기국채보다 낮게 하락하는 요인이 됩니다.

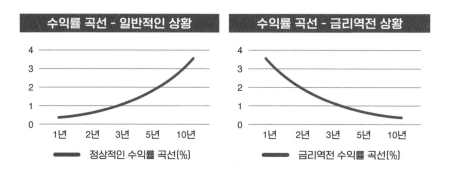

장단기 금리역전은 소비자에게도 영향을 줍니다. 예를 들어 변동금리 담보대출은 단기금리를 기준으로 금리가 정기적으로 조정됩니다. 그러나 단기금리가 장기금리보다 높아 금리가 역전된 상황에서는 변동금리 주택 담보대출의 이자율이 일반적인 금리 상황보다 상대적으로 높아집니다. 이로 인해 금리역전 현상이 일어나면 일시적으로 변동금리 대출보다 고정금리 대출이 오히려 유리한 예외적인 상황이 일어날 수도 있습니다. 따라서 금리역전 상황에서는 역전 기간이 얼마나 지속될지, 또는 역전의 폭이 얼마인가에 따라 변동금리 대출이 유리할 수도 있고 고정금리 대출이 유리할 수도 있습니다. 결론적으로, 장단기 금리가 역전된 상황에서는 변동금리와 고정금리의 장단점을 잘 비교하고 판단하여 대출을 결정해야 후회하지 않을 것입니다.

김치본드와 아리랑본드,
사무라이본드란? - 국제채권의 종류

아리랑본드

우리나라 사람들이 해외에서 자금을 조달하기 위해 발행한 외화표시채권을 통칭하여 '코리안 페이퍼'라고 부릅니다. 코리안 페이퍼는 우리나라 정부나 기업이 해외에서 외화로 발행한 글로벌 채권입니다. 이와 반대로 외국인이 한국에 와서 우리나라 통화인 원화로 발행해서 자금을 조달하는 경우도 있습니다. 한국에 거주하지 않는 외국인이나 외국 기업이 국내시장에서 원화로 발행하는 채권을 아리랑본드라고 부릅니다.

최초의 아리랑본드는 1995년 8월 아시아개발은행이 발행한 7년 만기, 표면금리 12.5%의 원화표시 채권입니다. 당시만 해도 한국은 개발도상국이었고, 개발기구들의 원조 대상국이었기 때문에 아시아개발은행이 한국에서 원화로 자금을 조달해 원조한 것이었습니다. 아리랑본드는 외국인에게 한국의 금융시장을 개방하고 한국에서 원화로 외국인 및 내국인 간 자금거래를 촉진시키는 순기능이 있습니다.

따라서 한국이 미래의 금융허브로 도약하려면 아리랑본드의 발행 증가가 반드시 필요합니다. 외국인이 한국에서 자금거래를 활발하게 하면 우리나라 통화인 원화의 국제화에 크게 도움이 되기 때문입니다.

김치본드

김치본드Kimchi Bond도 아리랑본드와 마찬가지로 우리나라 국내에서 발행되는 채권이지만, 발행통화가 한국 원화가 아닌 외국 통화인 채권입니다. 김치본드는 주로 달러화 표시로 발행되며, 발행주체는 외국인이든 내국인이든 관계없이, 우리나라 기업이나 다국적 기업이 국내에서 외화자금을 조달할 때 주로 사용됩니다.

예를 들어, 한국의 A신용카드 회사가 해외에서 달러로 자금을 조달하려고 한다고 합시다. 해외에서 달러로 자금을 조달하려는 이유는 현재 달러금리가 국내 원화금리보다 훨씬 낮아서 자금조달에 유리하기 때문입니다. 만약 이때 한국에도 외화 유동성이 풍부하여 달러 자금조달이 충분히 가능하다면 굳이 해외에서 채권을 발행할 필요가 없습니다. 한국에서 달러로 발행하면 절차도 간단하고, 주간사도 국내 증권사를 선정할 수 있어서 제반 수수료 또한 저렴하기 때문입니다.

이처럼, 한국 기업이나 외국인이 국내에서 원화표시 채권인 김치본드를 발행하는 시기는 한국 국내에 외화 유동성이 풍부할 때입니다.

일본과의 비교

일본에도 한국의 김치본드와 아리랑본드와 유사한 채권이 있습니다.

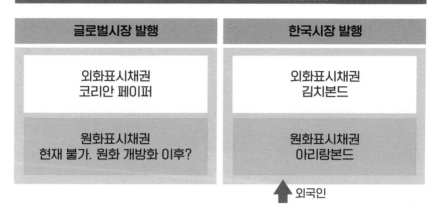

아리랑본드 vs 김치본드 vs 코리안 페이퍼	
글로벌시장 발행	**한국시장 발행**
외화표시채권 코리안 페이퍼	외화표시채권 김치본드
원화표시채권 현재 불가. 원화 개방화 이후?	원화표시채권 아리랑본드

⬆ 외국인

바로 쇼군본드Shogun Bond와 사무라이본드Samurai Bond입니다. 쇼군본드는 외국인이 일본의 자본시장에서 일본 엔화 이외의 외국통화로 발행하는 외화표시채권을 말합니다. 한국에서 외국인이 외화로 발행하는 김치본드와 같은 개념이지요. 반면에 외국인이 일본의 국내시장에서 엔화로 발행하는 채권을 사무라이본드라고 부릅니다. 한국시장에서 원화로 발행되는 아리랑본드에 상응하는 개념으로 이해하면 됩니다.

이처럼 아리랑본드나 사무라이본드처럼 외국인이 해당 국가에 들어와 발행하는 채권을 통칭 국제채권International Bond이라고 합니다. 국제채권에는 여러가지가 있으며, 발행국의 이미지를 대표하는 별칭을 붙인다는 특징이 있습니다.

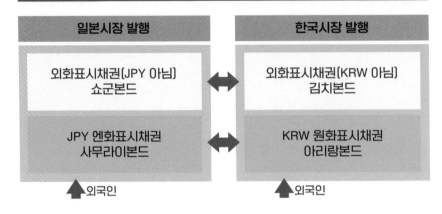

김치본드와 아리랑본드 vs 쇼군본드와 사무라이본드

일본시장 발행	한국시장 발행
외화표시채권(JPY 아님) 쇼군본드	외화표시채권(KRW 아님) 김치본드
JPY 엔화표시채권 사무라이본드	KRW 원화표시채권 아리랑본드

↑외국인　　　　↑외국인

판다본드

중국 금융시장에서 외국 정부나 기관이 발행하는 위안화 표시채권은 귀여운 곰과 동물인 판다를 붙여 '판다본드Panda Bond'라고 부릅니다.

> ### 중국 '판다본드' 발행액 사상 최대, 전년대비 76% 급증
> ### … 위안화 국제위상 제고 영향　　　　　　　　　금리일보

기사와 같이 위안화 채권 발행 규모가 확대된 주요 원인은 코로나19 이후 미국 연준의 기준금리가 5.5%까지 급등한 반면, 중국의 기준금리는 이전보다 오히려 내렸기 때문입니다.

딤섬본드

딤섬본드는 홍콩의 중국식 만두 딤섬dimsum에서 따온 말로, 외국인이 중국 본토가 아닌 홍콩에서 발행하는 위안화 채권을 말합니다.

중국의 법정 화폐인 위안화는 역내인지 역외인지 그리고 실제 결제가 되는지 아니면 차액만 결제하는지 여부에 따라 실제로는 세 가지 통화로 거래되고 있습니다. 이 세 가지 통화는 중국본토에서 결제되는 역내 통화인 ①CNY, 중국 역외에서 결제 및 청산의 과정을 거치는 역외통화인 ②CNH 그리고 역외차액선물환 거래인 ③CNY NDF입니다.

이렇듯 위안화는 세부적으로 세 가지 통화가 있다고도 볼 수 있으며, 실제로도 CNY와 CNH는 환율에 차이가 있습니다. 딤섬본드는 이 중에서 CNH 위안화로 발행된 채권을 말합니다.

기타 국제채권

이들 외에도 외국 소재 회사나 정부가 다른 나라에서 발행하는 채권은 다양하고 여기에도 각각 별칭이 붙어 있습니다. 호주에서 발행되는 채권은 캥거루본드, 뉴질랜드는 키위본드입니다. 그리고 미국에서 발행되는 달러본드는 양키본드로 불립니다.

국제채권의 종류			
한국	아리랑본드 (Arirang Bond)	호주	캥거루 본드 (Kangaroo Bond)
일본	사무라이본드 (Samurai Bond)	뉴질랜드	키위본드 (Kiwi Bond)
중국	판다본드 (Panda Bond)	미국	양키본드 (Yankee Bond)
중국	딤섬본드 (Dimsum Bond)	영국	불독본드 (Bulldog Bond)
대만	포모사본드 (Formosa Bond)	캐나다	메이플본드 (Maple Bond)

외평채와 신용부도스왑(CDS) 프리미엄의 관계

외평채

달러화 등 환율이 크게 변동하는 것을 막고 원화의 가치를 안정시키기 위해서 정부는 외화를 적절한 시기에 사고팔면서 수요와 공급을 조절하여 환율의 안정을 도모해야 합니다. 환율 안정을 목표로 외화자산 보유를 위해 만든 기금이 '외국환평형기금'인데, '외국환평형기금채권foreign exchange stabilization bond'이라는 외화채권을 발행해서 그 재원을 마련하고 있습니다.

외국환평형기금채권은 줄여서 주로 '외평채'라고 부르는데, 기획재정부 장관이 발행하고 대한민국 정부가 보증하는 국채입니다. 외평채는 달러나 유로 같은 외화로 발행되는 우리나라 정부의 유일한 외화표시 국채이자 글로벌본드입니다.

다음은 외평채를 발행한 다음 날인 2024년 6월 27일 자 기사입니다. 2021년 이후 3년 만에 외평채가 발행된 것인데요, 당시 미국의 기준금리 상단이 5.50%로 높은 상황이었기 때문에 발행 시기에 대한 논쟁이 있었습니다. 하지만 외평채 투자자를 지속적으로 유치하기 위해서는 정기적인 발행이 필요하다는 의견에 따라 진행되었습니다.

한국의 경제와 국가위상 제고에 따라 가산금리도 역대 최저 수준으로 발행되었는데, 5년 만기에 발행금리 자체는 글로벌 고금리 상황 때문에 4% 중반대로 높은 편이었습니다. 외평채와 같은 글로벌 국채는 동일 만기 미국채에 가산금리를 더한 형태로 발행금리가 결정됩니다. 따라서 해당 외평채는 당시 미국채 5년 지표물인 2024년 5월 31일 발행된 2029년 5월 만기 미국채(ISIN US91282CKT70) 금리를 기초로 스프레드를 가산해 결정되었습니다.

미국채 5년물 수익률 4.336%에 한국 국채의 가산금리 24bp(0.24%p)를 더해서 4.576%에 발행된 것입니다. 여기서 bp는 '베이시스포인트'라고 읽는데, 1% 이하의 금리를 지칭할 때 쓰입니다. 1% 이하의 금리는 너무 작기 때문에, 이를 편하게 부르기 위해 만든 단위입니다. 따라서 1bp는 0.01%를 말하고 24bp는 0.24%와 같은 말입니다.

발행금리는 4.576%이지만, 쿠폰이자를 계산할 때 복잡하기 때문에 발행가격을 100에서 99.6640으로 조정해 할인발행하면서 쿠폰이자를 4.50%로 단순화했습니다. 또한 신용등급이 높은 한국 정부가 발행하는 국채로서 해당 채권을 발행하면서 글로벌 신용평가사로부터 새로 신용등급을 받을 필요가 없었기 때문에 신용등급 표시는 따로 없습니다. 하지만 국채라도 국가의 신용등급이 낮거나 발행 목적이 특수한 경우에는 채권에

1. 증권 타입 및 발행자
· Republic of Korea
· Sovereign
· Global Bond
· 무담보 정부채

2. 신용등급
· No Ratings
· (한국 국가신용등급과 동일)

3. 증권 식별번호
· CUSIP   50064FAX2
· ISIN   US50064FAX24
· SEDOL   BT3JYM6

4. 증권 정보

· 발행일	06/26/2024
· 기산일	07/03/2024
· 만기일	07/03/2029
· 발행통화	USD
· 발행가격	99.6640
· 발행액	$10억
· 발행금리	4.5760%
· 가산금리	+24 bp vs UST5

5. 쿠폰이자

· 첫 쿠폰이자 지급일	01/03/2025
· 쿠폰이자율	4.500%
· 이자 지급주기	S/A (반기지급)
· 이자 지급방식	Fixed (고정이자)

대해 신용등급을 새로 받는 경우도 있습니다.

6월 26일 가격이 결정되면서 발행이 정해졌지만, 납입 금액은 7월 3일까지 입금되고 이때부터 이자가 기산됩니다. 이자 기산일은 실제로 발행의 효과가 시작되는 날이기 때문에, 영어로 'effective date'라고 표현합니다.

신용부도스왑 프리미엄이란?

외평채의 발행금리는 동일만기 미국채 금리를 기준으로 결정되는 것을 확인했습니다. 그렇다면 가산금리는 어떻게 결정될까요? 앞에서 보았던 외평채의 가산금리가 24bp로 결정되었는데, 무엇을 기준으로 책정했을까요?

일반적으로 외평채 가산금리는 CDS Credit Default Swap라고 불리는 신용부도스왑 프리미엄CDS premium을 기준으로 가격을 협상합니다. 신용부도스왑이란, 국가의 부도위험만 따로 떼어내 파생상품시장에서 거래하는 신용파생상품의 한 종류입니다. 신용부도스왑의 매수자는 해당 국가 채권이 부도가 났을 경우에 보험을 든 것과 같은 효과를 누립니다.

예를 들어, 어떤 국가의 채권이 부도가 나서 이자와 원리금을 받을 수 없을 경우에도 해당 신용부도스왑의 매수자는 매도자에게 채권 원리금의 변제를 요청할 수 있습니다.

신용부도스왑 프리미엄	
신용부도스왑	· 신용파생상품의 한 종류, 보험의 성격
신용부도스왑의 효과	· 해당 국채가 부도날 경우, 신용부도스왑의 매수자는 매도자에게 변제를 요청할 수 있음
신용부도스왑 프리미엄	· 신용부도스왑의 가격은 신용도가 낮을수록 높다 · 미국이 기준으로 프리미엄이 0(zero)

그런데 국가마다 경제력과 신용도가 다르기 때문에, 신용부도스왑의 가격도 천차만별입니다. 신용도가 낮은 국가의 신용부도스왑은 신용도가 높은 국가의 것보다 매우 비싸게 거래되는데, 이러한 신용부도스왑의 가격이 바로 프리미엄입니다. 신용부도스왑 프리미엄 역시 금리로 표시되기 때문에 % 또는 bp로 나타냅니다.

신용부도스왑 프리미엄과 가산금리의 관계

신용부도스왑의 프리미엄 결정에 가장 큰 영향을 주는 요인이 바로 국가의 신용도입니다. 국가의 신용도가 낮을수록 가산금리인 CDS 프리미엄이 높아지기 때문에, 해당 국가가 발행하는 채권도 더 높은 금리로 발행될 수밖에 없습니다.

반대로 국가의 신용도가 높으면 부도 가능성에 기초한 가산금리인 CDS 프리미엄은 낮아지므로, 상대적으로 낮은 금리에 채권을 발행할 수 있어 유리합니다. 신용도가 높은 국가는 저렴하게 자금을 조달할 수 있지만, 신용도가 낮은 국가는 상대적으로 비싼 금리에 자금을 조달해야 합니다.

신용부도스왑은 일정 기간 동안 어떤 국가의 부도 위험을 감수하기 위해 부담해야 하는 위험에 대한 가산금리입니다. 따라서 기간별로 프리미엄이 달라지는데, 한국의 경우 최소 1년부터 최대 30년물까지 거래되고 있습니다. 신용부도스왑 중에서도 5년물 거래가 가장 활발하게 이루어지고 있기 때문에, 5년물 신용부도스왑 프리미엄이 국가의 부도위험을 측정하는 지표금리로 널리 활용되고 있습니다.

신용부도스왑은 미국을 기준점으로 보기 때문에 미국의 CDS 프리미엄은 제로(0)입니다. 신용부도스왑은 변제능력을 신용도의 척도로 보기 때문에 신용등급과 반드시 일치하지는 않습니다. 신용등급이 높은 국가가 낮은 국가보다 반드시 가산금리가 낮은 것은 아닙니다. 예를 들어, 한국의 신용등급은 2024년 현재 일본보다 높지만, 가산금리는 일본이 한국보다 낮습니다.

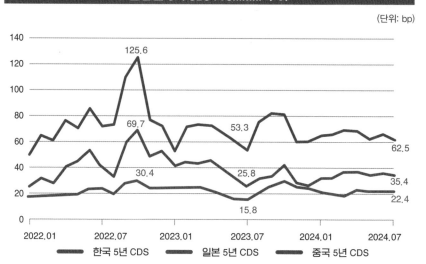

(단위: bp)

125.6
69.7
53.3
30.4
25.8
62.5
35.4
22.4
15.8

2022.01   2022.07   2023.01   2023.07   2024.01   2024.07

━━ 한국 5년 CDS   ━━ 일본 5년 CDS   ━━ 중국 5년 CDS

외평채의 가산금리에 영향을 주는 요인

외평채의 가산금리는 발행 당시의 상황에 따라 달라지기도 합니다. 따라서 발행 채권의 가산금리는 신용부도스왑 프리미엄보다 더 높거나 낮게 결정되기도 하는데, 이는 크게 다음의 두 가지에 의해 결정됩니다.

(1) 해당 국가의 경제전망

해당 국가의 경제전망이 안정적이고 앞으로 더 좋아질 것으로 예상되는 상황에는 일반적으로 가산금리가 현재 거래되는 신용부도스왑 프리미엄 수준보다 낮은 수준에서 결정됩니다.

반면에 향후 경제전망이 부정적이고 경제 상황이 악화될 것으로 판단되면 발행 채권의 가산금리는 현재 거래되는 신용부도스왑 프리미엄보다

높게 결정될 가능성이 큽니다

(2) 발행될 채권의 수요 전망

발행될 채권의 인기가 매우 높아서 채권에 대한 수요가 발행물량을 능가해 높은 경쟁률이 예상되는 경우, 가산금리는 현재 신용부도스왑 프리미엄 수준보다 낮게 결정됩니다. 반면에 발행될 채권에 대한 시장의 관심과 인기가 없어서 발행물량을 소화하지 못할 정도로 낮은 경쟁률이 예상되는 경우에는 신용부도스왑 프리미엄 수준보다 높은 수준에서 가산금리가 결정됩니다.

금리상승기와 금리하락기는 투자전략이 다르다 - 경기사이클에 따른 투자전략

물가와 금리에 따른 경기사이클

경기사이클은 경제가 확장과 수축을 하는 순환과정을 말합니다. 확장 단계에서는 생산과 소비 그리고 고용이 늘어나기 때문에 경제가 활황이 되는 반면, 수축 단계에서는 생산과 소비 그리고 고용이 줄어들면서 경제가 둔화됩니다.

따라서 경기사이클을 잘 이해하면 투자 시기 결정에 많은 도움을 받을 수 있습니다. 이는 경기사이클의 각 주기가 기업의 영업 관련 수익뿐만 아니라 금융 전반에 걸쳐서 금리와 주식 그리고 채권의 가격에도 영향을 미치기 때문입니다.

경기변화에 미치는 요인과 그 원인에 대해서는 경제학파별로 주장이 매우 다양합니다. 하지만 경기사이클이 경기둔화기disinflation, 경기침체기deflation, 경기확장기reflation, 경기활황기inflation의 4단계를 거친다는 점에 대해서는 대부분 의견이 일치합니다.

각 4단계의 경기사이클 변화를 알려주는 가장 중요한 지표가 바로 물가

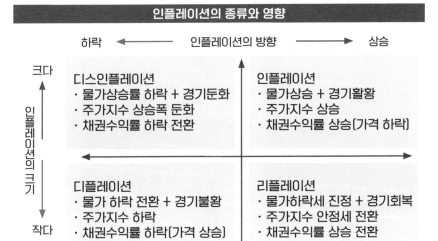

인플레이션의 종류와 영향

| 하락 ← | 인플레이션의 방향 | → 상승 |

크다

인플레이션의 크기

디스인플레이션
· 물가상승률 하락 + 경기둔화
· 주가지수 상승폭 둔화
· 채권수익률 하락 전환

인플레이션
· 물가상승 + 경기활황
· 주가지수 상승
· 채권수익률 상승(가격 하락)

디플레이션
· 물가 하락 전환 + 경기불황
· 주가지수 하락
· 채권수익률 하락(가격 상승)

리플레이션
· 물가하락세 진정 + 경기회복
· 주가지수 안정세 전환
· 채권수익률 상승 전환

작다

상승률입니다. 물가상승률이 높은지, 낮은지, 혹은 적절한지에 따라 경제가 차갑게 식거나 뜨겁거나 적당하게 돌아가기 때문입니다.

물가상승률이 너무 낮거나 높아서 인플레이션이나 디플레이션 단계에 이르면, 중앙은행은 우선 기준금리를 조절해서 물가를 조정합니다. 결과적으로, 중앙은행의 기준금리는 물가에 영향을 주고 물가는 다시 경기사이클을 변화시킵니다.

(1) 경기침체기

수요와 공급이 바닥을 거치면서 회복될 때 경기는 저점에 도달합니다. 이 시기 채권수익률은 매우 낮은 금리에서 거래되고, 주가는 크게 하락한 상태입니다. 경기침체기의 저점에서는 기업과 개인의 파산이 늘어나면서 경제의 가장 고통스러운 시간이 흘러갑니다. 이러한 상황에서 중앙은행은 기준금리를 최저 수준으로 유지하고, 통화를 충분히 공급해서 시중에 돈이 마르지 않도록 하면서 경기를 진작시킵니다.

(2) 경기확장기

경기확장기에 경제는 빠른 회복과 성장을 합니다. 중앙은행이 경기진작을 위해 기준금리는 지속적으로 낮게 유지하면서 통화 유동성을 계속 공급하기 때문입니다. 금리도 낮고 유동성도 풍부하기 때문에 자금비용이 낮아져서 경제성장률도 개선됩니다. 하지만 성장과 관련된 지표인 고용, 임금, 서비스 수요 등이 지속적으로 상승하기 때문에 경기침체기에 하락세를 보이던 물가가 다시 상승세로 전환됩니다.

경기확장기에는 주식시장이 다시 안정세를 되찾으며 상승하는 반면, 낮게 유지되던 시장금리는 상승세로 전환됩니다.

(3) 경기활황기

경기활황기의 정점은 경제성장률이 피크를 기록할 때입니다. 활황기에는 고용과 임금 서비스 수요 등이 최대로 늘어납니다. 하지만 너무 뜨거워진 경기 때문에 물가도 다시 크게 상승합니다. 따라서 중앙은행은 물가를 낮추기 위해 기준금리를 인상하면서 긴축정책을 단행합니다.

기업은 경기사이클이 정점에 도달했다고 판단되면, 투자와 지출을 다시 평가하기 시작합니다. 경기활황기에는 기업활동이 호조를 보이기 때문에 주가도 크게 상승하고 채권수익률 또한 고점에 이릅니다.

(4) 경기둔화기

경기둔화기에는 경기활황기 때의 성장지표들이 조금씩 둔화되고, 물가 상승률이 정체되면서 상승률이 하락하는 모습을 보입니다. 주가 또한 상 승폭이 둔화되면서 채권의 수익률은 하락하는 모습을 보이지요.

이 시기에는 소비자들의 수요가 감소하지만 기업들은 생산 수준을 즉 시 조정하기가 어렵기 때문에 공급과잉 상황을 맞이하고, 시장은 포화상 태에 이릅니다. 이러한 상황에서 경제둔화와 위축이 더욱 심하게 일어나 면 불황으로 이어져 경기침체기에 접어들 수 있습니다.

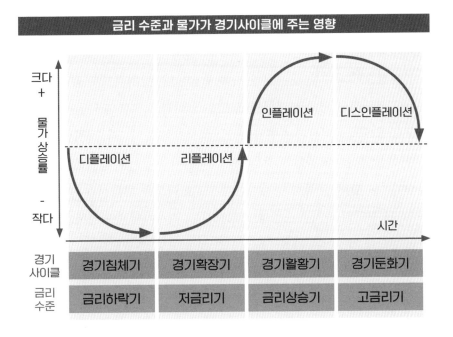

금리 수준과 물가가 경기사이클에 주는 영향

금리상승기의 투자전략

앞에서 살펴보았듯이, 금리의 변화는 투자자에게 큰 영향을 미치기 때문에, 투자전략을 잘 세우는 것이 매우 중요합니다. 시장금리가 오르거나 내리는 것처럼 금리변동이 급격하게 일어나는 시기에는 투자전략도 변해야 합니다. 이는 금리 변화에 따라 자산별로 투자수익률이 달라지기 때문입니다.

특히 젊은 세대일수록 앞으로 금융생활을 오래해나가야 하기 때문에, 안정성도 중요하지만 적극적인 투자로 원하는 수익률을 추구하는 것이 시드머니seed money 마련에 아주 중요한 역할을 합니다. 이렇게 적극적으로 투자를 한다는 점에 있어서 젊은 세대의 투자는 기성세대의 투자와 그 목적이 근본적으로 다릅니다.

금리상승의 의미는 동전의 양면과 같습니다. 단기적으로 금리상승은 투자에 부정적인 영향을 미치는데, 이는 금리가 오르면 조달금리와 기회비용도 함께 높아져서 투자수익률이 낮아지기 때문입니다. 하지만 반대로 생각하면, 금리가 오른다는 것은 경기사이클이 호황기로 접어들고 있다는 반증이기도 합니다. 특히 투자자산의 포트폴리오를 변화시킬 때는 몇 주나 몇 달 동안의 단기적인 금융 상황보다는, 거시적인 측면에서 경기사이클의 변화에 맞추어 투자전략을 세우는 것이 현명합니다.

이 때문에 단기간인 하루하루의 금리 변화가 아닌 경기사이클 측면에서 금리가 저금리 기조에서 상승 기조로 전환되었을 경우에는, 경기가 리플레이션 상황으로 변하고 있고 따라서 경기회복기로 전환되었다고 인식해야 합니다.

이럴 경우에는 앞으로 주가지수가 회복할 가능성이 있고 채권수익률

금리상승기의 투자전략		
1	예금과 적금	· 만기가 짧은 예금과 적금이 유리 · 금리상승 때마다 높은 예금과 적금으로 갈아타기
2	채권	· 지급주기가 짧은 채권이 유리(매월 지급, 3개월 지급) · 채권 투자 비중 줄일 것(장기채 특히 위험)
3	대출	· 대출 금액을 늘리지 않거나 감소시킨다 · 고정금리 대출이 변동금리에 비해 상대적으로 유리
4	주식 등 위험자산	· 성장주 등 주식과 같은 위험자산 투자 비중 확대 · 위험자산까지 투자자산의 포트폴리오 다변화

또한 상승할 가능성이 커지기 때문에 채권이나 금리투자보다는 주식과 같은 위험자산에 장기적으로 투자하는 비중을 늘리는 것이 바람직합니다. 그러나 금리인상기에 채권의 가격은 미래에 크게 하락할 가능성이 있기 때문에 주의해야 합니다. 장기채는 듀레이션 효과 때문에 가격이 더욱 많이 하락할 수 있으니 특히 조심해야 합니다. 시장금리가 올라가기 시작하는 시기이기 때문에 채권이자의 지급주기는 가급적 짧은 것이 좋습니다. 이는 금리상승의 혜택을 볼 수 있기 때문입니다.

대출의 경우에는 금리부담이 높아질 수 있기 때문에, 대출을 늘리지 않거나 줄이는 것도 고려해보아야 합니다. 또한 금리상승기 초기에는 변동금리보다는 고정금리로 향후 대출금액의 금리를 고정시키는 것이 유리합니다.

금리하락기의 투자전략

금리하락기에 접어든다는 것은 경기사이클이 둔화하고 있어 둔화기 또는 침체기로 접어들고 있다는 뜻입니다. 금리상승기와 마찬가지로, 금리가 추세적으로 내려갈 때도 우리는 투자와 자산관리에 이를 적극적으로 이용할 필요가 있습니다.

우선 남아 있는 고금리의 혜택을 누리기 위해서, 현재 판매되는 장기 예금과 적금 상품 중에서 금리가 높은 상품에 가입하는 것이 유리합니다.

금리하락기의 투자전략		
1	예금과 적금	· 만기가 상대적으로 긴 예금과 적금이 유리 · 만기 길고 높은 금리의 예금과 적금에 예치
2	채권	· 지급주기가 긴 채권이 유리(연 지급, 할인 지급) · 금리 정점에서 채권 투자 비중 늘릴 것
3	대출	· 유리한 대출조건으로 갈아타거나 조정한다 · 변동금리 대출이 고정금리에 비해 상대적으로 유리
4	주식 등 위험자산	· 주식은 경기방어주로 전환, 위험자산 비중 줄여야 · 보수적인 투자 포트폴리오로 개편

채권의 수익률이 하락하기 시작하는 시기이므로, 미리 채권 비중을 늘려놓는 것이 좋은 결과를 낳을 수 있습니다. 또한 채권 중에서는 지급주기가 상대적으로 긴 채권이 더 유리합니다.

주식시장은 일반적으로 조정기로 돌입하기 때문에, 성장주보다는 경기방어주나 테마주 위주로 투자하는 것이 안전합니다. 전체적으로 주식과 같은 위험자산의 비중을 이전보다 줄이는 것이 좋습니다.

금리가 내려가기 시작하는 경기둔화기는 불경기가 오는 시기입니다. 돈을 쓰고자 하는 기업이나 개인의 수요도 줄어듭니다. 이런 시기에 금융기관들은 금리를 낮추고 새로운 대출자를 유치하기 위해 경쟁을 합니다. 따라서 기존 대출자들은 보다 유리한 대출처로 갈아탈 수 있는 기회를 모색하고 더 좋은 금리 조건으로 전환하는 것도 좋은 방안입니다.

지금까지 살펴본 금리의 변화에 따른 경기 사이클별 투자전략은 아주 일반적인 상황에 따른 것입니다. 실제로 금융 상황은 매우 변동성이 크고 이론과 상이한 경우도 많기 때문에 일률적으로 대처하기 어렵습니다. 따라서 실무적으로 상황에 맞게 융통성 있게 대응해야 합니다.

표면금리가 높은 채권이
반드시 유리할까? 개인투자용 국채

일반적으로 우리는 금리가 높은 채권이나 금리상품을 추구하기 마련입니다. 금리가 높다는 것은 이자율이 높은 것이고, 이자율이 높으면 더 많은 이자를 받을 수 있어서 투자수익률이 높아지기 때문입니다. 하지만 금리가 높아질수록 반드시 투자수익률이 높아질까요? 그렇지 않습니다.

결론적으로 말하면, 채권의 표면금리가 높다고 해서 그보다 표면금리가 낮은 채권보다 반드시 투자수익률이 높지는 않습니다. 왜 그럴까요?

조선 최고의 명의인 허준 선생의 20대손이자 내과전문의로 개인병원을 운영하고 있는 허준 원장의 예를 들어보겠습니다. 허준 원장은 채권을 잘 모르는 '채알못'인 채권 초보인데, 거래하고 있는 증권사의 PB로부터 최근 채권에 투자하라는 권유를 받았습니다. 지금까지 고금리가 유지되고 있지만, 앞으로 중앙은행의 금리인하가 기대되기 때문에 채권 투자에 적기라는 것이 PB의 설명이었습니다.

허준 원장도 금리가 인하되면 채권의 수익률이 지금보다 하락할 가능성이 높고, 채권의 수익률이 하락하면 채권 가격도 오를 것이라고 생각했

습니다. 그래서 PB에게서 다음과 같이 매수 가능한 2종의 국채를 추천받

았습니다.

쿠폰이자율이 높은 채권이 반드시 좋을까?		

국고채권 01250-2603 (21-1)
- 발행일 2021-03   · 표면금리   1.25%
- 만기일 2026-03   · 현재 수익률 3.30%

국고채권 03250-2603 (24-3)
- 발행일 2024-03   · 표면금리   3.25%
- 만기일 2026-03   · 현재 수익률 3.30%

허준 병원장

평소 꼼꼼하고 섬세하게 진료하기로 소문난 허준 원장은 두 가지 채권
을 하나씩 분석해나갑니다. 2024년 9월 현재 두 채권 다 2026년 3월 만기
로 잔존만기는 1년 6개월로 같으며, 현재가격 또한 수익률이 3.30%로 동
일합니다. 가장 다른 점은 21-1은 2021년 저금리기에 1.25%의 표면금리
로 발행된 반면, 24-3은 2024년 고금리기에 3.25%의 표면금리로 발행되
었다는 것입니다.

허준 원장은 둘 중에 어떤 채권을 선택하고 매수해야 할까요? 표면금리
가 2%p나 더 높은 24-3 국채를 선택하는 것이 맞을까요?

결론을 말하자면, 채권의 수익률이 같다면 쿠폰이자가 낮은 저쿠폰 채
권을 매수하는 것이 올바른 결정입니다. 이는 채권의 매매차익에 대해서
는 세금이 과세되지 않지만, 쿠폰이자에는 세금이 발생하기 때문입니다.

만약 허준 원장이 21-1 국채를 3.30%의 수익률에 해당하는 현재가격
9,700원에 매입하였다고 가정해봅시다. 허준 원장은 만기까지 분기마다

1.25%의 쿠폰이자를 수취하는데, 이자금액은 15.4%의 세금을 원천징수한 후에 차액이 지급됩니다. 이에 반해, 만기에 받는 액면가 1만 원과 매입가격인 9,700원의 차액인 300원에 대해서는 세금이 부과되지 않습니다.

반대로 이번에는 허준 원장이 24-3 국채를 현재가격 9,990원에 매수했다고 가정해봅시다. 이 경우에는 쿠폰이자 수익이 매매차익보다 훨씬 큽니다. 액면가인 1만 원과 매입 가격인 9,990원의 차액인 10원에 대해서는 세금이 부과되지 않지만, 3.25%의 쿠폰이자에 대해서는 15.4%의 세율이 부과됩니다.

따라서 채권의 표면금리가 더 높다고 항상 좋은 것은 아닙니다. 같은 수익률이라면 오히려 과거에 낮은 표면금리로 발행된 채권이나 할인채가 절세효과 때문에 표면금리가 낮아도 더 유리한 투자 대안이 될 수 있습니다. 세금의 영향에 대한 생각을 마친 허준 원장은 바로 PB에게 전화를 걸어 쿠폰이자율이 낮은 21-1 채권을 매수하기로 결정했습니다.

결론적으로, 표면금리가 높은 채권은 이자를 많이 주기 때문에 일반적으로 수익성이 높습니다. 하지만 이자를 많이 받는 만큼 이자에 과세되는 세금도 함께 늘어난다는 점에 주의해야 합니다. 특히 이자소득이나 배당소득이 많아 종합소득세를 관리해야 하는 개인이라면 투자하기 전에 어떤 채권이 더 유리한지 절세효과를 계산해봐야 합니다.

금융소득종합과세

금융소득이 일정금액을 초과하는 고소득자는 금융소득종합과세(금종세) 또한 염두에 두고 투자해야 합니다.

앞의 예시에서 만약 허준 원장의 연간 금융소득이 2,000만 원 이하라면 15.4%의 이자소득세만 납부하면 됩니다. 하지만 금융소득이 2,000만 원을 초과한다면, 2,000만 원까지는 15.4%를 납부하고 2,000만 원을 초과하는 금액에 대해서는 소득에 따라 6%~45%의 금종세가 차등적으로 추가 적용됩니다.

이처럼 채권이자를 많이 받으면 금융소득종합과세의 대상이 될 수도 있습니다.

채권 투자 관련 세금

1. 개별 채권 투자에는 이자에 대한 15.4%의 '이자소득세'만 부과된다
2. 개별 채권 투자의 매매차익에 대해서는 세금이 없다
3. 금융소득세는 금융소득 2,000만 원 이상에 대해 차등적으로 부과된다
4. 금융투자소득세(금투세) 폐지 결정으로 채권의 매매차익은 앞으로도 과세 대상이 아님
5. 개별채권 투자를 할 때 개인종합자산관리계좌(ISA)를 활용하자

금종세와 더불어 도입이 검토되던 금융투자소득세(금투세)를 최종 폐지하기로 결정함에 따라 앞으로도 채권의 매매차익에 대해서는 비과세가 유지되게 되었습니다. 따라서 주식과 마찬가지로 채권의 매매차익에 대해서도 세금이 없습니다. 앞으로 개인이 채권을 투자하는 데 있어서 더 좋은 환경이 조성된 것으로 생각합니다.

채권 투자를 할 때 세금을 아낄 수 있는 방법으로 절세계좌를 이용할 수 있는데, 대표적인 방법이 ISA 계좌를 활용하는 것입니다. ISA 계좌에서 생긴 이자와 배당소득은 일정금액까지 과세가 되지 않으며, 해당 금액을 초

과하더라도 9.9%의 낮은 세율이 적용되기 때문입니다. 하지만 개별채권 투자에 ISA계좌를 활용할 수 있는지는 증권사마다 다르기 때문에, 자신이 거래하는 증권사를 통해 해당 사항을 미리 확인하고 투자해야 합니다.

개인투자용 국채

국채와 같은 채권은 판매단위가 기본적으로 100억 원이기 때문에 지금까지 개인투자자들이 투자하기에는 현실적으로 어려웠던 것이 사실입니다. 하지만 국채투자에 대한 개인의 접근성을 높이기 위해 2024년 6월부터 투자자를 개인으로 한정한 개인투자용 국채가 발행되기 시작했습니다. 다음은 2024년 6월 17일 개인투자용 국채 청약 마지막날 보도된 기사입니다.

> ### 개인용 국채 청약 마감… 10년물 3.5 : 1, 20년물은 미달
> 금리일보

2024년 6월 처음 발행된 개인투자용 국채는 10년물과 20년물 두 가지 종류로 발행되었는데, 10년물은 3.5:1의 경쟁률을 보인 반면, 20년물은 청약이 미달되었습니다. 20년 이상 장기채 투자의 매력이 상대적으로 적었기 때문입니다.

개인용 국채를 매수하려면 판매대행기관 증권사의 영업점을 방문하거나 온라인으로 개인용 국채 거래 전용계좌를 개설해야 합니다. 개인투자용 국채는 투자의 장단점이 매우 뚜렷한 특징이 있습니다.

우선, 최소 10만 원부터 연간 1억 원까지 소액투자가 가능하기 때문에 개인이 직접 국채를 투자하기에 용이합니다. 또한 만기까지 보유할 경우 가산금리 및 복리를 적용하고 이자소득 분리과세(14%, 2억 원 한도) 혜택도 제공하기 때문에 금융소득종합과세가 부담되는 투자자에게 특히 유리합니다. 이렇듯 이자와 세제 관련 혜택이 많으면서도, 정부가 원리금을 보장하기 때문에 안전성 측면에서도 탁월한 것이 특징입니다.

반면에 단점도 존재합니다. 가장 중요한 특징은, 채권을 매각할 수 없다는 것입니다. 타인에게 되팔 수 없기 때문에 중도에 채권을 매도해 차익을 실현할 수 없습니다. 만기보유만을 목적으로 투자해야 하기에, 채권보다는 국가가 보장하는 장기저축의 성격이 더 큰 것이 사실입니다. 또한 이자가 중도에 지급되지 않고 복리로 계산되어 원금과 함께 만기에 일괄 수령하는 방식입니다. 따라서 중도 환매 시에는 복리와 세제 혜택이 적용되지 않으니 유의해야 합니다.

결론적으로 말하면, 개인용 국채는 만기보유 목적으로만 투자해야 합니다. 만기 전 중도에 상환할 계획이나 사용처가 생길 가능성이 조금이라도 있다면 절대로 가입해서는 안 되는 상품입니다. 20년은 물론이고, 10년이라는 기간도 매우 길기 때문에 개인용 국채투자는 반드시 장기적인 관점에서 여윳돈으로 투자해야 합니다.

20년이나 30년 동안 여유자금을 묶어둘 수 있는 사람은 경제적으로 상당한 여유가 있는 경우가 아니라면 드물 것입니다. 은퇴자금 용도로 투자할 수는 있지만, 일반 서민에게는 자금이 묶이는 기간이 너무 길어서 부담스러울 수 있습니다.

개인투자용 국채란?

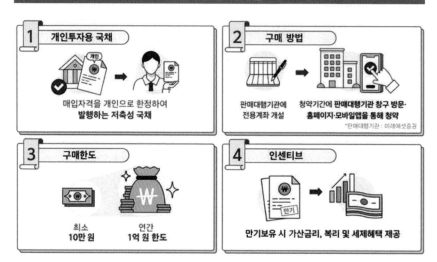

1 개인투자용 국채

매입자격을 개인으로 한정하여
발행하는 저축성 국채

2 구매 방법

판매대행기관에   청약기간에 판매대행기관 창구 방문·
전용계좌 개설   홈페이지·모바일앱을 통해 청약

*판매대행기관 : 미래에셋증권

3 구매한도

최소   연간
10만 원   **1억 원 한도**

4 인센티브

만기보유 시 가산금리, 복리 및 세제혜택 제공

브라질 국채,
금리가 높은 만큼 매력적인 투자일까?

$

브라질 국채 투자의 매력포인트 2가지

우리나라 개인이 가장 많이 투자하는 해외채권이 바로 브라질 국채입니다. 높은 채권의 수익률도 매력적이지만, 최근 러시아와 우크라이나의 전쟁, 중국과 미국의 정치적 대립 등으로 인해 브릭스BRICS 국가들 중 상대적으로 정치적 안정성이 높은 브라질이 새로운 투자처로 각광받고 있습니다.

특히 브라질은 원유와 철광석 등 천연자원과 콩, 옥수수 등 농산물의 산지로서 원자재 부국입니다. 이 때문에 코로나19 이후 달러화 대비 환율이 얼마간 평가절하되기는 했지만, 이후 원자재 강세를 따라 헤알화BRL 가치도 반등하면서 다른 신흥국 통화와 대비해서 견조한 통화가치를 보여주었습니다. 하지만 브라질 국채는 해외채권이고 해외채권 투자에는 환율도 개입되기 때문에 확실히 이해하고 투자해야 후회하지 않을 수 있습니다.

우선 우리나라 투자자가 브라질 국채를 매입하는 이유는 크게 두 가지 투자매력 포인트가 있기 때문입니다.

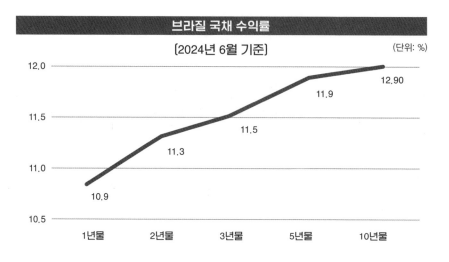

브라질 국채 수익률

[2024년 6월 기준]   (단위: %)

- 1년물: 10.9
- 2년물: 11.3
- 3년물: 11.5
- 5년물: 11.9
- 10년물: 12.90

첫 번째 투자매력은, 높은 수익률입니다. 브릭스 국가 중에서도 매우 높은 수준의 국채 수익률을 보이고 있기 때문입니다. 전통적으로 브라질은 고금리 국가로 분류되어 왔습니다. 브라질 국채 수익률은 10년물 기준, 저금리 시절에도 6% 이상의 고금리를 보여왔으며 글로벌 금리상승기에는 통상 10% 이상의 두 자리 숫자의 수익률을 기록해왔습니다.

그렇다면 브라질 국채 수익률은 왜 이렇게 높을까요? 공짜로 주는 수익은 아무 데도 없습니다. 이 같은 높은 수익률은 다음과 같은 세 가지 요인에서 기인합니다.

(1) 낮은 신용등급

브라질은 2024년 현재 무디스 기준 Ba2, S&P는 BB 등급으로 상대적으로 신용등급이 낮습니다. BB+ 이하의 신용등급은 투자등급이 아닌 투기등급에 해당하기 때문에, 브라질 국채는 하이일드 투기등급 채권에 해당

(단위: %)

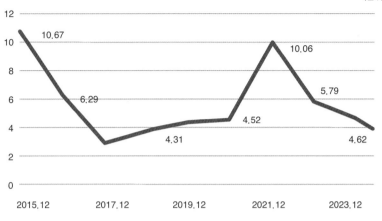

합니다. 신용등급이 낮으면 돈을 빌릴 때 남들보다 높은 이자를 주고 빌려야 합니다. 자세한 글로벌 신용등급 체계는 제2장 [썸12]를 참고하기 바랍니다.

(2) 높은 물가상승률

브라질 국채의 수익률이 높은 두 번째 이유는 고물가 때문입니다. 2000년대 들어 브라질은 10% 이상의 물가상승률을 자주 기록했습니다. 지난 20년간 평균 물가도 약 7% 대로 신흥국 중에서도 상당히 높습니다.

물가가 일시적으로 안정되었다 하더라도, 높은 정부 지출과 불안정한 경제 때문에 언제 다시 10%와 같이 두 자리 물가상승률을 보일지 예측하기 어렵다는 우려가 있습니다. 특히 브라질의 경제는 석유 수출에 크게 의존하고 있어서 원유 가격이 하락하는 기간에는 경기가 침체되는 경향이 있습니다.

(3) 높은 중앙은행 기준금리

브라질 국채의 수익률은 다른 나라 대비 일반적으로 높지만, 브라질 중앙은행이 기준금리를 인상하는 시기에는 더욱 높아집니다. 브라질의 기준금리는 2022년 최고 13.75%까지 인상되었다가 2024년에는 10% 수준으로 다시 인하되었지만, 여전히 브라질은 다른 나라와 비교해 상대적으로 높은 기준금리를 유지하고 있습니다.

브라질 국채의 두 번째 투자매력은 세금이 비과세라는 것입니다. 브라질 국채로부터 지급되는 헤알화 이자소득에 대해서 브라질 현지에서 원천징수되는 금액이 없습니다. 또한, '한-브라질 조세조약'에 따라 이자소득과 매매차익 그리고 환차익 모두에 대해서 국내에서 비과세됩니다.

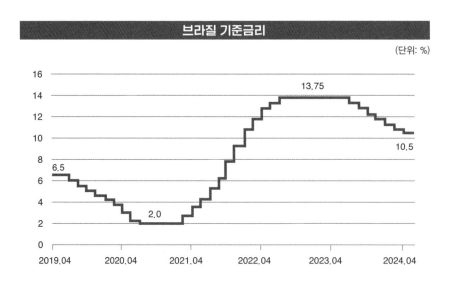

브라질 기준금리

(단위: %)

결국 세금이 전혀 없기 때문에, 절세 혜택이 매우 큽니다. 브라질과의 조세협약 때문에, 한국 투자자의 브라질 채권 투자가 이렇게 많이 늘어났다고 볼 수 있습니다. 브라질 헤알화 국채 투자는 수익률도 높은 데다 비과세 혜택까지 있기에 인기가 있는 것입니다. 하지만 브라질 국채에 투자할 때는 이 두 가지 매력포인트만 보고 투자하면 크게 낭패를 볼 수 있습니다. 위험 요인도 신중하게 확인하고 투자해야 목표한 투자 성과를 낼 수 있습니다.

헤알화 환율은 투자수익률과 직결

브라질 국채 투자에서 발생되는 수익은 크게 ①이자수익 ②매매차익(매매차손) ③환차익(환차손)의 세 가지로 나눌 수 있습니다.

그런데 이자수익과 매매차익 또한 모두 브라질의 통화인 헤알화로 이루어집니다. 이 말은 사실상 모든 수익이 헤알화로 결정되기 때문에, 브라질 국채 투자에서 발행하는 수익은 전부 헤알-원BRL/KRW 환율의 영향을 받는다는 말과 같습니다.

따라서 환율은 브라질 국채의 투자수익률 결정에 가장 중요한 영향을 미치는 요인이라고 말할 수 있습니다.

코로나19 이후의 헤알화 환율을 보면 달러-헤알화 환율이 1달러당 5.0~5.5헤알 구간에서 비교적 안정적으로 움직이는 것을 확인할 수 있습니다. 우리나라 투자자에게 직결되는 헤알-원 환율 또한 과거보다는 안정된 모습을 보이고 있습니다. 이렇게 계속 움직여준다면 헤알화 투자는 비교적 성공적이라고 할 수 있습니다. 하지만 과거에도 환율이 이렇게 안정

달러-헤알 환율
(1달러당 헤알)

헤알-원 환율
(1헤알당 원화)

적으로 거래되었을까요?

브라질 헤알의 위험성

그렇지 않습니다. 실제로 과거 브라질 헤알화 국채에 투자한 투자자들의 투자 결과를 보면 일반적으로 실적이 좋지 않았습니다. 과거에도 브라질 채권 자체의 수익률은 10%대로 높았지만, 투자의 결과물은 별로 좋지 않고 심지어는 큰 폭의 마이너스 수익률을 기록한 경우도 상당히 많았습니다.

결론은 헤알화 가치 하락 때문이었습니다. 헤알화의 높은 금리만큼 미래에 대한 자본비용이 커지기 때문에, 헤알화의 가치가 지속해서 하락했던 것입니다. 브라질의 통화인 헤알화는 과거에 오랜 기간 지속적으로 평가절하되어왔기 때문에, 채권수익률이 아무리 높아도 환율 때문에 결과적으로는 평가손이 발생했습니다. 최근 5년간의 달러-헤알화 그래프를 1990년대까지 30년 이상 확장해서 살펴보면 위 사실을 금방 이해할 수 있습니다.

헤알화 평가절하

그래프를 보면 90년대 이후 브라질 헤알화가 역사적으로 급격하게 평가절하되어온 것을 볼 수가 있습니다. 브라질은 산유국이면서 자원부국이기 때문에 헤알화는 리먼 브라더스 금융위기나 코로나19와 같은 글로벌 위기 상황에서는 환율 방어력이 강한 면을 보여줍니다. 하지만 금융완화가 재개되면 헤알화의 가치는 다시 달러 대비 하락하는 모습을 보여왔습니다. 예를 들어, 2011년 6월 30일 달러당 1.56헤알에 거래되던 헤알화는 2020년 5월 5.85헤알까지 상승했습니다. 이 기간만 두고 보면, 9년 동안 헤알화의 가치는 약 277% 하락했습니다. 이 시기의 투자자는 설령 브라질 국채의 수익률이 10%가 넘었다고 하더라도, 헤알화 통화가치 하락 때문에 원금의 반 이상을 손해 봤을 가능성이 큽니다.

이 같은 통화가치 하락은 비단 브라질 헤알화만의 문제는 아닙니다. 기준금리가 높은 여타 개발도상국 통화도 헤알화와 같이 시간이 지나면서 달러화 대비 가치가 급격히 하락하는 경우가 많습니다. 따라서 신흥국 자산이나 통화에 투자할 때는 해당 국가의 기초자산뿐만 아니라 통화의 방향성 또한 미리 확인해야 합니다.

금리와 다른
자산과의 관계

중앙은행이 결정하는 기준금리와 기준금리에 연동하는 국고채 금리는
시장금리의 기반이 됩니다. 시장금리는 시장경제를 받치는 토대이자 금융
시장의 뼈대를 이루는 골격 역할을 합니다. 시장금리는 금융시장을 받치
고 있기 때문에, 금리의 변화는 금융시장을 구성하는 모든 형태의 자산에
영향을 미칩니다.

이번 챕터에서는 금리가 다른 자산에 어떠한 영향을 주는지 금리와 다
른 자산 가격과의 관계에 대해서 알아보겠습니다.

1. 금리와 주가의 관계

주가에 영향을 주는 통화정책 요인은 금리와 유동성 두 가지입니다. 시
장의 금리가 낮게 유지되고 통화량이 풍부하면 주가는 상승세를 탑니다.
따라서 일반적으로 금리가 내려가면 주가의 상승요인으로 작용하고 금리
가 오르면 주가의 하락요인으로 작용합니다. 특히 낮은 금리 수준이 일정

기간 계속 지속되면 주가는 일반적으로 상승합니다.

일례로, 리먼 브라더스 금융위기 이후 미국 연준은 기준금리를 제로금리 수준으로 인하했는데, 이후 미국의 대표적인 주가지수인 다우Dow지수는 지속적으로 상승했습니다. 그리고 인플레이션 우려가 나타나자 미국 연준은 2015년 말부터 2018년까지 기준금리를 0.5%에서 2.5%까지 크게 인상했지만, 다우지수는 이듬해 2019년까지도 계속 상승세를 보였습니다.

이 같은 이유는 금리인상의 효과가 자산시장에 영향을 미치는 데는 시간이 걸리기 때문입니다. 따라서 기준금리 인상이 되더라도 주식시장은 일정 시간 이상 계속 상승세를 보인 것입니다. 또 다른 이유는 저금리 당시에 풀린 유동성이 아직도 그대로 있었기 때문입니다. 저금리가 해소되고 유동성까지 긴축으로 돌아서면 주식시장은 하락할 수밖에 없지요.

하지만 실제 금융시장은 이론과 다른 방향으로 가는 경우도 있을 수 있

저금리와 주가의 관계

다는 것을 인지해야 합니다. 금융과 경제학은 사회과학에 속하므로 금융
또한 사회현상의 하나로 볼 수 있습니다. 따라서 이론과 달리 예외적인 금
융현상이 나타나기도 합니다. 특히 금융위기 같은 예외적인 상황에서 금
리가 하락하면 금리를 급격히 인하하더라도 주가가 폭락할 수 있습니다.

2. 금리와 부동산 가격과의 관계

그럼 토지나 주택, 빌딩과 같은 부동산은 금리와 어떤 관계를 가질까
요? 우선 부동산은 주식이나 채권과 같은 금융자산과 비교해 매매가격이
상대적으로 매우 큽니다. 따라서 자기자본만 가지고 매수하기 어려운 경
우가 많아, 일반적으로 어떠한 형태로든 일부분 대출을 받아 매수합니다.
대출이 연관되기 때문에, 돈의 가치인 금리는 부동산 가격에 크게 영향을
미칩니다.

금리가 상승해 금리부담이 커지면 보통 부동산 가격도 정체 혹은 하락
합니다. 반대로 금리가 하락해 금리부담이 완화되면 부동산 가격도 회복
해서 상승세를 타는 경우가 많습니다. 하지만 시장의 금리 수준이 아무리
높아도 물가상승률이 훨씬 더 높아서 부동산 같은 실물자산의 투자수익률
이 더 클 것 같으면 높은 금리부담에도 투자를 감행할 수 있습니다.

일례로, 2007~2010년 당시 중국의 대출금리는 3.3%로 높았지만 주택
가격상승률은 10% 이상을 기록하는 등 실물자산 투자수익률에 비하면 금
리가 턱없이 낮았습니다. 명목금리는 높았지만 물가를 감안한 실질금리는
사실상 마이너스(-) 상황이었습니다. 성장을 추구하는 중국 정부의 정책
과 맞물려 당시 부동산 가격은 연평균 7% 이상 상승했고, 대규모로 주택

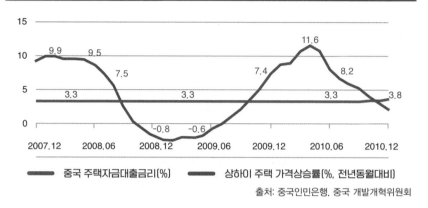

출처: 중국인민은행, 중국 개발개혁위원회

공급이 이뤄지면서 2020년대 주택버블의 씨앗이 잉태되었습니다.

이와 반대로, 아무리 금리가 낮아도 물가상승률이 매우 낮거나 오히려 물가가 떨어지는 추세인 디플레이션일 때는 부동산 투자유인이 크지 않습니다.

금리는 부동산 가격에 직접적으로 영향을 미치지만, 그중에서도 실질금리가 명목금리보다 부동산 가격에 주는 영향이 훨씬 큽니다. 금리가 아무리 낮아도 대출금리가 물가상승률을 능가한다면 대출을 받아 부동산에 투자할 유인이 현격히 줄어들기 때문입니다.

1990년대~2000년대 초반 저금리에도 불구하고 일본의 부동산 시장이 계속 침체기였다는 사실은 이를 잘 보여주는 사례입니다. 물가가 오르지 않고 부동산 가격도 오르지 않는 장기 디플레이션에 빠져 있었기 때문에 일본인은 돈을 빌리지 않았습니다. 일본의 당시 주택담보대출 금리는 1%~2% 수준으로 낮았지만, 물가상승률이 오히려 마이너스인 상황이었기 때문에 실질금리는 3% 이상으로 상당히 높은 수준으로 볼 수 있었습니다.

결국 부동산에 영향을 주는 것은 실질금리입니다. 일반적으로 디플레이션은 현대사회에서 일어나기가 현실적으로 어렵습니다. 코로나19 이후 글로벌 양적완화가 일어난 지금은 더욱 그런 상황입니다. 따라서 2025년 이후에도 우리는 물가상승의 압박에 계속 놓일 수밖에 없는 상황입니다. 미래에 물가가 지속적으로 오를 것으로 전망된다면 부동산과 같은 실물자산 가격의 지속적 상승은 불가피할 것입니다.

앞으로 우리나라도 실질금리를 잘 운용해야만 일본과 중국이 겪어온 '시장의 실패'를 겪지 않을 수 있습니다.

3. 금리와 가상자산 가격의 관계

가상자산 거래소에서 거래되는 코인과 같은 가상자산은 중앙은행이 발행하는 법정화폐가 아닙니다. 이 때문에 안전자산으로 취급되는 미국 달러나 미국채와 달리 위험자산으로 분류되고 있습니다. 달러와 같은 안전자산은 일반적으로 금리상승기에 가격이 오르고, 금리하락기에 가격이 내립니다. 위험자산인 비트코인은 달러의 가치와 반대의 가격 추이를 보입니다.

달러와 달리, 채권의 가격과 비트코인의 가격은 같은 방향으로 움직입니다. 금리가 오르면 채권의 가격은 하락하는데, 위험자산인 비트코인의 가격도 금리가 오르면 하락하기 때문입니다. 채권의 가격이 아닌 수익률과 비트코인의 관계는 반비례합니다. 채권의 수익률은 채권의 가격과 반비례하기 때문에, 채권의 수익률과 비트코인 가격의 관계도 반비례합니다.

한편, 가상자산의 가격은 같은 위험자산으로 분류되는 부동산 및 주식보다도 금리에 더욱 민감하게 반응합니다. 가상자산의 대표 주자격인 비트코인을 예로 들어 봅시다. 비트코인 가격은 코로나19 이전인 2019년까지는 8,000달러에 못 미쳤습니다. 하지만 비트코인 가격을 급등시킨 것은 바로 미국의 기준금리 인하였습니다. 2019년 말 미국 연준이 1.75%에 이르던 미국 기준금리를 0.25%까지 인하해 제로금리 수준으로 낮추자 비트코인 가격은 연내에 6만 달러 이상으로 폭등했습니다. 이 같은 가상자산 가격은 단기 미국채 수익률과 특히 관련이 깊습니다. 그래프에서 보듯이 비트코인 가격은 2년물 미국채 수익률과 반비례의 관계를 보이고 있습니다. 가상자산의 가격과 미국채 금리는 서로 상반된 관련성을 보이기 때문에, 가상자산을 투자할 때는 미국 연준의 기준금리 향방을 잘 보고 투자해야 합니다.

미국의 기준금리가 인하 추세로 돌아서서 저금리로 전환되면 가상자산의 가격은 일반적으로 상승하지만, 반대로 미국의 기준금리가 인상 추세로 전환해서 고금리로 변하면 일반적으로 가상자산의 가격은 추세적으로 하락합니다.

금리 지식의 활용

—

나의 금융생활 이렇게 한번 해보자

Step 1 투자는 로또가 아니다!
매일 조금씩 아껴서 종잣돈 만들자

매달 아껴 종잣돈을 만들자

투자를 시작하기 위해서는 돈을 차근차근 모으는 것이 중요합니다. 가용자원은 누구에게나 부족합니다. 쓰고 싶은 만큼 충분한 돈이 있다고 생각하는 이는 아마 거의 없을 것입니다. 이는 대기업이나 중소기업이나 개인이나 다 마찬가지입니다. 따라서 투자를 하려면 다른 데 쓸 돈을 아껴서 모으는 수밖에 없습니다. 우선 안 써야 모을 수 있는 것이지요. 이는 대학을 갓 졸업한 신입사원, 중장년층, 은퇴를 앞둔 노년층 할 것 없이 모두에게 해당하는 진리입니다.

자금을 안정적으로 잘 불려나가는 것이 투자의 제1과제이기 때문에, 목돈이든 목돈이 아니든 일단 모으는 데 의미가 있습니다. 하루에 한두 잔 사 마시던 커피나 시시콜콜한 비용만 아껴서 불려도 1년에 수백만 원을 모을 수 있습니다. 생각 없이 사 먹은 커피와 빵, 택시비를 아껴 봅시다. 하루에 많으면 2만 원, 한 달이면 적어도 50만 원이 되는 돈입니다. 작으면 작다고 생각할 수 있지만, 1년이면 600만 원이 되고 10년이면 수천만 원이 모입니다.

'티끌 모아 태산'이라는 말은 인플레이션이 심한 현대 사회에서 예전만큼 효과가 크지 않아 마음에 와닿지 않을 수 있지만, 조금씩 아껴서 미래의 투자에 할애해야 한다는 의미는 지금까지도 유효합니다.

50만 원이 너무 크다면 더 작아도 자신에게 알맞은 금액을 설정하면 됩니다. 반대로 50만 원보다 더 많이 적립하고 싶은 사람은 더 많이 설정하면 됩니다. 가장 중요한 것은 아무 생각 없이 써버렸을 돈을 앞으로 몇 년간 꾸준히 적립해서 일정 금액의 목돈을 만드는 것입니다.

1달 50만 원 아껴서 종잣돈 만들자

- 하루 커피 값, 택시비 → 쓰지 말고 아껴보자
- 한 달 커피와 점심 값 50만 원 → 나의 미래를 위해 저축하자

- 은행부터 가지 말자, 은행연합회 사이트 먼저 들어가자
- 나에게 딱 맞는 정기적금을 찾은 다음 은행에 간다

종잣돈을 처음 만들어갈 때는 원금을 잃지 않고 모으는 것이 가장 중요합니다. 이때 가장 적합한 것이 바로 금리상품입니다. 일정 금액의 종잣돈을 만드는 데는 은행의 이자율도 중요하지만, 꾸준하게 납입하는 본인의 의지가 가장 필요합니다. 아직 금액이 크지 않을지라도 목돈을 꾸준히 모으는 것만으로도 자신의 미래 경제력을 더 크게 키운다는 큰 의미가 있습니다.

재테크 투자의 원칙을 지키자

재테크의 가장 기본은 잃지 않는 것입니다. 워런 버핏 또한 투자에 있어서 가장 중요한 두 가지 원칙 중 첫 번째는 원금을 잃지 않는 것이라고 했고, 두 번째 원칙 또한 첫 번째 원칙을 잊지 않는 것이라고 했습니다.

이는 눈앞의 큰 이익을 좇다가 오히려 낭패를 보고 손실을 보는 경우가 허다하기 때문입니다. 원금을 잃으면 다시 그 원금까지 회복하는 데 추가적인 시간과 노력이 들고, 다음엔 더 위험성이 큰 투자를 노리다 보니 원금 자체를 잃는 경우도 많습니다. 따라서 투자를 할 때는 무엇보다 원칙을 지키는 것이 중요합니다. 그리고 그 투자의 원칙은 수익성 외에 위험성도 같이 봐야 한다는 것입니다. 위험 대비 수익성을 잘 따져서 투자한다는 것이 제일 중요한 투자의 원칙입니다.

투자는 한 방에 대박을 노리는 로또가 아닙니다. 투자를 한번에 대박을

투자는 로또가 아니다, 원칙을 지키자

높은 수익엔 높은 위험이 따른다

원금을 잃지 않는다!

낼 도박으로 오인하면 무리하다가 오히려 한 방에 모든 것을 잃는 슬픈 결과 초래할 수도 있습니다. 따라서 다음과 같은 투자의 원칙을 명심하고 지킵시다.

투자의 원칙

· 투자는 목돈을 조금 더 높고 안정된 수익률로 증식하는 과정이다
· 내가 투자한 원금인 목돈을 잃지 않는 것이 무엇보다 중요하다
· 목표하는 투자수익과 함께 감내 가능한 위험 수준도 같이 생각해야 한다

투자는 자신이 알뜰하고 착실하게 벌어 놓은 근로의 대가를 조금 더 높은 수익률로 증식하는 과정이지, 한 번에 부자가 될 욕심을 꿈꾸는 투기의 수단으로 생각해서는 안 됩니다. 따라서 투자의 원칙을 정하고 투자의 과정에서 어떤 유혹이 있더라도 이를 지켜야 안전하게 자신의 자금을 지킬 수 있습니다.

Step 2 현재의 금리사이클을
파악한다

돈을 모으기 전에 우선 현재 금융시장의 상황이 어떤지 파악해야 합니다. 그래야 내가 어떠한 방식으로 돈을 모아 저축할지 결정할 수 있습니다. 장기금리에 가입을 할지, 단기상품에 가입을 하고 만기 때마다 새로운 금리로 재가입을 할지 말이지요.

현재 금리사이클은 어디 와 있는가? - 제5장 (썸8) 참조

· 물가와 경기사이클은 금리 상황에 영향을 주고, 금리 상황은 향후 자산 가격의 변동에 직접적인 영향을 준다
· 특히 금리변동기에 투자환경 변화에 적절히 잘 대응해야 한다

돈을 모으고 이를 굴리면서 금리사이클과 관련해 다음 세 가지를 잘 알고 유의해야 합니다.

금리사이클	경제·금융 상황	투자 방향 & 전략
현재의 금리사이클을 파악한다!		
1. 금리하락기	· Deflation · 경기둔화 또는 침체 · 물가상승률 하락, 정체 · 기준금리 인하 중~종료	· 만기 2년 이상 예금,적금 · 우량채권 투자 지속 · 유리한 대출조건 환승 · 주식투자 비중 확대 · 부동산 투자 적기
2. 저금리	· Deflation~Reflation · 경기침체 탈출, 회복 시작 · 정부의 경기부양 정책 · 기준금리 인상 우려	· 신규 예금, 적금 최소화 · 보유 채권 매도 · 주식 활황, 비중 유지 · 저리 고정금리 대출 유리 · 부동산 투자 활황
3. 금리상승기	· Inflation · 경기확대 또는 호황 · 물가상승세 지속 · 기준금리 인상 중~종료	· 만기 6월 이내 예금, 적금 · 채권 투자 금물 · 보유주식 매도 · 변동금리 대출 금물 · 부동산 투자 금물
4. 고금리	· Inflation~Disinflation · 경기호황 지속 · 중앙은행의 긴축정책 · 기준금리 인하 기대감	· 신규 예금, 적금 최대로 · 우량채권 매수 · 주식비중 낮게 설정 · 신규대출 선별적 접근 · 신규부동산 선별적 접근

(1) 금리사이클은 항상 돌아오게 되어 있다

금리의 네 가지 사이클은 항상 시간이 지남에 따라 오고 가게 되어 있습니다. 봄, 여름, 가을, 겨울의 4계절이 있듯이, 금리사이클도 4계절이 있는 것이라고 생각하면 됩니다. 가을이나 겨울에는 보수적으로 투자하고, 봄이 오기 시작하면 여름까지 적극적으로 투자를 실행해나가야 합니다.

금리사이클이 순서대로 오기는 하지만, 사이클의 개별 기간은 상황에 따라 길거나 짧을 수가 있어서 이를 전망하는 것이 매우 중요합니다.

(2) 경기둔화와 침체의 기간은 갈수록 짧아지고 있다

실무적으로 보면, 디스인플레이션과 디플레이션의 기간은 인플레이션이나 리플레이션의 기간보다 훨씬 짧은데, 이런 현상은 특히 2000년대 들어와 더욱 두드러지고 있습니다. 이유는 최근 각국 중앙은행이 부채에 의존한 적극적인 통화정책으로 경기침체 방지를 지향하고 있기 때문입니다.

현대에는 정치와 경제가 더욱 밀접하게 연결되어가고 있기에, 정부는 국민의 지지를 받기 위해 지금 부채를 사용하더라도 경기침체를 피해가고자 하며 이는 중앙은행을 압박하는 원인이 되고 있습니다. 정치적 포퓰리즘Populism은 국가의 부채를 증가시키는 동시에, 경기사이클에서 경기둔화와 경기침체의 시간을 매우 짧아지게 만드는 결과를 초래하고 있습니다.

따라서 우리는 투자를 함에 있어서 경기둔화와 침체가 오래가지 않는다는 것을 이용해서 한발 앞선 투자계획을 준비하고 실행할 필요가 있습니다.

(3) 금리사이클마다 투자전략을 융통성 있게 변화시켜야 한다

현재의 금리사이클이 어디에 있는지 판단해야 하는 가장 중요한 이유는 투자전략이 달라지기 때문입니다. 금리는 자산 가격에 변동을 주지만, 그 변화 정도와 시기는 상황에 따라 조금씩 차이가 있을 수 있습니다. 경제는 자연과학과 달리 사회과학의 한 분야이기 때문에, 언제나 예외가 있을 수 있습니다.

이 때문에 현재 금리사이클에서 자신이 위치한 사이클을 우선 정확히 확인한 다음, 앞의 표를 보면서 하나하나 해당 자산에 대한 투자 비용과 효익을 비교해야 합니다.

2021년의 추억

코로나19가 가져온 변화는 매우 컸습니다. 특히 코로나 이후 시중에 풀린 엄청난 돈 때문에 미국과 유럽에서는 제어할 수 없을 정도의 높은 수준의 인플레이션이 발생하고 말았습니다.

미국 CPI(전년 동월대비)

(단위: %)

코로나 이후 고물가는 금리사이클을 변화시킴

미국의 소비자물가상승률은 지속적으로 상승해 2021년 말 전년 대비 7%p의 상승을 기록했습니다. 이런 상황에서도 파월 의장은 2021년도 상반기까지도 인플레이션은 일시적transitory이라는 언급을 되풀이하면서 금리인상은 고려하지 않고 있다고 했습니다.

하지만 인플레이션은 더욱 상승세를 지속하였고, 2022년 6월에는 9.1%p 상승해 2000년대 들어 최고치를 경신했습니다. 이런 상황이 되자 연준은 기존의 태도에서 돌변하며 이후 약 1년 6개월이 채 안 되는 기간 동안 기준금리를 5.25%p 인상하면서 금리 상황을 완전히 뒤바꿔놓습니다.

여기서 우리가 배워야 할 시사점이 있습니다. 계절을 역행할 수 없듯이, 금리사이클 또한 건너뛰거나 반대로 갈 수는 없다는 것입니다. 인간의 힘으로 시기나 정도는 어느 정도 제어할 수 있지만 해당 사이클의 순번이 되면 언젠가는 반드시 찾아온다는 것입니다.

이러한 사례는 또한 우리에게 중요한 교훈도 주고 있습니다. 그것은 투자도 경기 상황과 경제지표를 보면서 함께 순응해 진행해나가야 하며, 편입 자산도 융통성 있게 변화시켜나가야 효과적으로 금융생활을 할 수 있다는 것입니다.

Step 3 나에게 딱 맞는 금리상품을 찾아 가입한다

수시입출금 파킹통장은 CMA를 써도 된다

이제 목돈을 만들어야겠다고 생각을 정했으면 구체적으로 목표를 세웁니다. 하루에 1만 원이든, 1만 5,000원이든 아껴서 이 돈을 쓰지 않도록 합니다. 이렇게 매일 모은 돈을 수시입출금 통장에 넣어두고 월별로 한꺼번에 적금통장으로 이체해도 좋습니다.

이때 사용하는 수시입출금 통장을 '파킹통장'이라고 많이 부르는데, 파킹통장은 보통 회사의 월급통장으로 쓰는 경우가 많습니다. 또한 월급통장이 아닌 좀 더 금리가 높은 통장을 수시입출금 통장으로 별도로 만들어도 상관없습니다. 하지만 파킹통장의 잔액은 보통 크지 않습니다. 더구나 수시입출금에 사용하는 파킹통장은 일반적으로 금리가 낮기 때문에 조그만 금리 차이에 크게 얽매일 필요는 없다고 생각합니다.

다시 말해, 수시입출금 통장은 이자율을 얼마나 주느냐보다 해당 은행의 전체적인 혜택이나 다른 통장과의 연계성과 편리성에 더 주안점을 두면 좋습니다.

증권사 CMA 통장, 은행 '파킹통장' 앞질렀다
… 최고 3.0%로 파킹통장보다 금리 높아   금리일보

특히나 대기성 자금을 잡기 위해 증권사들은 하루만 놔두어도 이자를 주는 CMA 금리를 경쟁적으로 올렸습니다. 이에 따라 파킹통장을 따로 두지 않고 CMA에 넣어두는 것도 좋은 대안입니다.

은행연합회 소비자포털에서 적금 비교

조건이 좋은 적금상품을 비교해서 고르기 위해 전국은행연합회 소비자포털에 접속합니다.

나의 맞춤 정기적금을 스스로 찾아보자

소비자포털 예금적금 금리 비교 탭을 누르고 그중에서 적금금리를 클릭해 들어가면 조건을 입력하는 창이 나옵니다. 금리가 다들 비슷할 것 같지만, 같은 시중은행이더라도 금리 차이가 생각보다 많이 나는 경우도 있습니다.

적금 찾기 - 조건 입력			
1. 은행	● 전체		
2. 적립방식	○ 정액적립식	● 자유적립식	
3. 이자 계산	○ 단리	● 복리	
4. 만기	○ 12개월	○ 24개월	● 36개월
5. 가입방식	● 전체	○ 영업점	○ 인터넷
6. 정렬방식	● 오름차순 정렬		

해당 사례는 2024년 7월 정기적금을 알아본 결과입니다. 당시는 미국 연준과 한국은행의 금리인하를 앞둔 시기였기 때문에 금리가 더 내려가기 전 조금이라도 장기의 적금을 들기 위해 최대 만기인 36개월(3년) 만기 적금을 조회한 결과입니다.

조건을 넣어야 하는데, 정액적립식을 선택해보고 없으면 자유적립식을 선택하면 됩니다. 자유적립식이나 정액적립식이나 일정 금액을 일정 기간에 넣으면 마찬가지 효과이기 때문에 큰 차이는 없습니다.

이자 계산방식으로 단리와 복리 상품 중에서는 같은 조건이라면 복리 상품이 유리합니다. 따라서 우선 복리를 선택해보고 나중에 단리와 비교해봅시다.

복리로 알아본 결과, 은행의 신용등급 등 제반조건이 비슷하다면 E은행의 월복리적금이 가장 유리한 것으로 보입니다. 상세조건을 보면서 D은행과 E은행에서 받을 수 있는 최고금리를 알아보면 되겠습니다.

이번에는 조건을 단리로 바꿔서 검색해보면 매우 많은 적금상품이 나

은행	상품명(복리)	기본금리	최고금리 (우대 포함)	상세 정보	전월취급 평균금리
D 은행	D 월복리적금	3.42%	4.22%	▼	3.43%
E 은행	E 월복리적금	3.55%	4.55%	▼	3.66%
F 은행	F 월복리자유적금	1.90%	2.60%	▼	2.45%

오는 것을 알 수 있습니다. 복리와 단리의 금리상품은 실제로 2024년 7월 26일 기준 가장 좋은 것들을 추린 것입니다. 단리가 복리상품보다 언뜻 금리가 훨씬 좋을 것 같지만, 실제 비교해보면 반드시 그렇지만은 않다는 것을 알 수 있습니다. 사실 복리상품은 특판으로 나오는 경우가 많고, 특판 금리는 단리에 비해 크게 떨어지지 않습니다. 따라서 복리 적금을 꼭 먼저 클릭해서 알아보고 난 후에 단리 적금과 비교해보기 바랍니다. 설사, 단리 금리상품이 조금 높다 하더라도 복리와 단리의 금리 차가 0.1~0.2% 내외로 크지 않다면 복리상품에 가입하는 것이 유리합니다.

은행	상품명(복리)	기본금리	최고금리 (우대 포함)	상세 정보	전월취급 평균금리
X 은행	X 처음 정기예금	3.20%	3.85%	▼	3.69%
Y 은행	Y 스타 정기계금	3.40%	3.70%	▼	3.57%
Z 은행	F 플러스 정기예금	3.00%	3.00%	▼	3.30%

정기적금 가입

금리를 비교해본 결과, 단리와 비교해도 뒤지지 않는 경쟁력이 있는 3년 만기 D은행과 E은행 적금을 발견했습니다.

온라인으로 본다면, E은행 월복리적금이 기본금리(3.55%)도 D은행 상품 기본금리(3.42%)보다 높으며, 전월취급 평균금리 또한 0.23% 이상 높습니다. 특히 최고 우대금리는 4.55%까지 주는 것을 볼 수 있습니다. 하지만 은행마다 고객에게 주는 우대금리가 다르기 때문에 일률적으로 말할 수는 없습니다. 따라서 E은행을 가장 우선적으로 놓고 전화나 방문을 통해서 확정금리를 알아보고 정하면 좋습니다. 인터넷뱅킹과 신용카드를 개설하는 조건으로 가입한다면 4%가 넘는 금리를 받을 수도 있습니다.

그리고 이미 모아놓은 목돈이 조금이라도 있다면 복리 상품에 빨리 넣어둘수록 좋습니다. 복리효과는 시간이 흐를수록 커지기 때문에 큰 금액을 빨리 넣을수록 복리효과가 커지기 때문입니다.

청년을 위한 특판 금리상품

만 19세에서 34세의 청년은 나라에서 지원해주는 적금 프로그램을 적극적으로 활용해 목돈을 만들 수 있습니다. 청년을 위한 특판 계좌의 목적은 청년들의 자산 형성을 돕고 사회에서 자립할 수 있는 기반을 마련해주는 것입니다.

청년의 경제적 독립을 위해 정부가 시행하고 있는 대표적인 프로그램 몇 가지를 알아봅시다. 이러한 프로그램의 금리는 상당히 매력적이기 때문에 청년들은 조금이라도 이른 시기에 반드시 가입하여 혜택을 누리기 바랍니다.

　청년희망적금은 전년도 소득이 1인 가구 기준 3,600만 원 이하일 경우 월 50만 원 한도 내에서 적립이 가능합니다. 특히 사회 초년생들이 조금씩 저축하는 습관을 만들기 위해 매월 일정하게 불입하는 것이 좋고 의미가 있습니다.

　청년도약계좌도 혜택이 큽니다. 특히 정부기여금이라고 불리는 지원금을 대폭 인상한 것이 특징입니다. 3년은 고정금리, 그 이후 2년은 변동금리로 운용되는데 지원금은 소득이 낮을수록 커지는 구조입니다.

　다만 청년희망적금과 청년도약계좌는 중복 가입이 불가능하기 때문에 둘 중에 하나만 가입할 수 있습니다. 물론 청년희망적금이 만기가 되면 이를 목돈으로 한꺼번에 도약계좌로 옮겨 갈아타는 것도 가능합니다. 새로 가입한다면, 둘 중에서 새로 출시된 청년도약계좌의 지원금 규정과 조건을 따져보고 가입하는 것을 추천합니다. 이자율이 최대 6%이지만, 정부기여금이라고 부르는 지원금을 더하면 실제금리는 훨씬 높아지기 때문입니다.

　각 지역공동체에서 시행하는 청년지원 계좌도 있는데, 일례로 서울시에서는 희망두배 청년통장 사업을 시행하고 있습니다. 1년 연중 지원신청을 받지 않고 특정 시기에만 받기 때문에 청년들은 해당 지자체에 문의하고 지원하기 바랍니다. 자신이 받을 수 있는 혜택을 놓치지 않기를 바랍니다.

	청년희망적금	우리 청년도약계좌	희망두배 청년통장
지원대상	만 19~34세 근로활동청년	만 19~34세 (병역 이행기간 차감)	만 18~34세 서울근로활동청년
근로소득 종합소득 가구소득	3,600만 원 이하 2,600만 원 이하 -	7,500만 원 이하 6,300만 원 이하 중위소득 180% 이하	3,000만 원 이하 재산 9억 원 이하 부모소득 1억 원 이하
납입 한도	월 50만 원 한도 자유적립식	월 70만 원 한도 자유적립식	월 15만 원
금리(연)	최대 5~6% (기본 3.50%)	최대 6% (기본 4.5%, 우대 1%, 특별 0.5%)	납입분 이자
만기	2년간	5년	2년, 3년
지원금	3%	소득 따라 3~6%	월 15만 원(1+1)
혜택	비과세, 소득공제	비과세, 소득공제	지역구마다 선발

Step 4 나의 투자성향 파악하기

나의 투자성향 진단

은행이나 증권사를 방문하면 아래와 유사한 기준에 따라서 투자성향에 대한 스코어 카드를 체크해 작성하게 합니다.

자산은 위험자산과 안전자산으로 나뉘고 안전자산과 위험자산 또한 여러 가지 투자대안이 있는데, 어떤 자산에 투자하면 좋을지 개인의 성향을 분석해줍니다.

투자자의 연령	(1) 청년 (2) 중년 (3) 은퇴자
투자의 목적	(1) 목돈 만들기 (2) 추가수익 창출 (3) 은퇴자금
금융에 대한 이해도	(1) 기초 (2) 중급 (3) 상급
과거 투자 경험과 기간	(1) 없음 (2) 있음 (3) 많음
투자자금의 성격	(1) 생계형 자금 (2) 향후 사용할 여유자금 (3) 장기투자 여유자금
투자자의 자산 구성	(1) 부동산, 주식 편중 (2) 부동산, 금리, 주식 분산 (3) 금리 상품 위주 자산 구성

현재 소득원	(1) 비정기적 소득 (2) 작고 일정한 소득 (3) 크고 일정한 소득
소득 대비 투자금 비율	(1) 20% 이상 (2)10~20% (3)10% 이하

사실상 이는 개인별로 소득 수준, 나이, 가계부채, 저축금액, 투자경험 등을 토대로 여러 자산 중에서 얼마를 어디에 투자하는 것이 좋을지 자산 배분 전략을 짜는 것과 같습니다.

내가 어떤 자산에 얼마나 투자할 수 있는지는 나보다 잘 아는 사람이 없습니다. 따라서 금융회사에 방문하기 전에 기준을 만들어 스스로 내 성향을 우선 파악해보는 것이 좋습니다.

스코어 카드를 만들어보면 점수의 높고 낮음에 따라 내가 어디까지 추구할 수 있는지 알 수 있습니다. 그리고 점수에 따라 추구하고 싶어도 추

스코어 카드에 따른 투자성향과 투자가능 자산		
투자성향	**목표수익률**	**자산배분과 투자**
1. 적극투자형 (총점 20~24점)	· 높은 자산 수익률 추구 · 수익을 위해 손실위험도 적극 수용	· 투자상품 제한 없음
2. 성장추구형 (총점 18~24점)	· 원금보장보다 수익에 더 큰 가치 · 시장수익률 보다 높은 수익률 추구	· 성장주 · 액티브 펀드
3. 위험중립형 (총점 14~24점)	· 시장의 평균 수익률 희망 · 위험자산 투자는 예외적 일부 허용	· 가치주 · 패시브 펀드
4. 안전추구형 (총점 12~24점)	· 투자원금 손실 최소화 목표 · 예금, 적금 대비 초과수익률 희망	· 제2금융권 · 원금보장상품
5. 안전제일형 (총점 0~24점)	· 예금과 적금 수익률에 만족 · 1금융권 원금보장 상품에만 투자	· 은행권 상품 · 예금과 적금

구하지 못하는 성향이 나올 수도 있습니다. 왜냐하면 나는 적극성장형을 원하는데, 만약 총점이 19점이라면 내가 원하는 투자성향인 적극투자형이 아닌 성장추구형까지만 추구하는 것이 적합하다고 판단되기 때문입니다.

투자성향은 적극투자형, 성장추구형, 위험중립형, 안전추구형, 안전제일형의 다섯 가지로 나뉘며, 이 중 나는 어디까지 투자가 가능할지 점수를 내어 알아보는 것입니다.

스코어 카드는 1점(낮음), 2점(중간), 3점(높음)으로 매기는데, 안전한 상품이 적합할수록 점수가 낮고, 위험성향이 가능할수록 점수가 높게 책정됩니다. 예를 들어 목돈 만들기가 투자의 목적이라면 안전하게 투자해야하므로 1점이 책정됩니다.

그럼 구체적으로 투자자들의 사례를 들어 비교해 알아보도록 하겠습니다.

(1) 은퇴자의 경우

행복 초등학교의 시니어 교장선생님은 올해 정년퇴임을 앞두고, 은퇴자금 설계를 고심하고 있습니다. 은퇴 후 자금흐름을 어떻게 할지《슈퍼금리 슈퍼리치》를 읽으면서 자신의 투자가능 성향을 알아보고 있습니다.

시니어 교장은 투자자 연령과 투자 목적, 금융 이해도와 투자경험, 향후소득원에서 안전한 자금운용이 필요하여 이들 항목에서 모두 1점에 해당되었습니다.

반면 투자자금은 장기투자자금의 성격이고, 총 자산 대비 집과 연금을 제외한 투자자금이 전체 총 자산의 10%에 미치지 못해서 이들 항목에 대해서는 3점을 받았습니다. 총자산에서 위험자산 비중이 너무 큰 것은 바

은퇴를 앞둔 시니어 교장선생님의 스코어 카드

개별 항목	위험성향 점수(낮을수록 안전성 중요)			점수
	1점	2점	3점	
1. 투자자 연령	노년	청년	중년	1
2. 투자 목적	은퇴자금 목돈 만들기	연 5~10% 수익률	10% 이상 초과수익률	1
3. 금융 이해도	낮음	중급	상급	1
4. 투자경험	없음	있음	많음	1
5. 투자자금의 성격	생계자금 일시자금	향후 사용할 여유자금	장기투자 여유자금	3
6. 투자자 자산 구성	부동산, 주식 편중	부동산, 금리, 주식 분산	금리상품 위주	3
7. 향후 소득원	소득 없음	비정기적 소득	정기적 소득	1
8. 투자금 자산비율	30% 이상	10~30%	10% 이하	3
[총점]				14

람직하지 않기 때문이지요.

결론적으로 시니어 교장의 총점은 14점이기 때문에 위험중립형, 안전

은퇴 후 안정적인 이자소득이 필요해요

시니어 교장

안녕하세요. 난 스코어카드 점수가 14점이에요.
적극투자형과 성장추구형은 하지 않는 게 좋다네요.
대신 나머지 투자성향 세 가지는 다 가능하고요.
은퇴자금은 안전제일형으로 안전한 게 최고인 것 같아요.
퇴직금을 은행 정기적금에 가입해 이자를 받으려고 해요.

추구형, 안전제일형 세 가지의 투자성향을 추구할 수 있습니다.

(2) 중년의 경우

C유통의 나가장 과장은 중견기업인 C유통의 총무과장입니다. 입사 15년 차로 이제 40대 초반에 들어선 그는 앞으로 두 아이의 교육비를 위해 적극적으로 자산을 증식하고 싶어 하는 중년 가장입니다.

나 과장은 투자 목적, 금융이해도, 투자경험, 투자자금의 성격과 자산구성 그리고 총자산 대비 투자금 비율에서 모두 2점을 받았습니다. 아직 열

개별 항목	위험성향 점수(낮을수록 안전성 중요)			점수
	1점	2점	3점	
1. 투자자 연령	노년	청년	중년	3
2. 투자 목적	은퇴자금 목돈 만들기	연 5~10% 수익률	10% 이상 초과수익률	2
3. 금융 이해도	낮음	중급	상급	2
4. 투자경험	없음	있음	많음	2
5. 투자자금의 성격	생계자금 일시자금	향후 사용할 여유자금	장기투자 여유자금	2
6. 투자자 자산 구성	부동산, 주식 편중	부동산, 금리, 주식 분산	금리상품 위주	2
7. 향후 소득원	소득 없음	비정기적 소득	정기적 소득	3
8. 투자금 자산비율	30% 이상	10~30%	10% 이하	2
[총점]				18

한창 일하는 40대 가장인 나과장의 스코어 카드

심히 일하는 40대의 나이 때문에 시니어 교장에 비해서는 좀 더 적극적으로 투자 가능한 점수를 받은 것이지요.

그리고 나머지 두 항목인 투자자 연령과 향후 소득원에 있어서는 3점에 해당되었기 때문에 18점이라는 비교적 높은 점수가 나왔고, 이는 투자 가능 성향표에서 적극투자형 외에 성장추구형까지는 투자를 해볼 수 있는 것으로 평가되었습니다.

향후 아이들 교육비 때문에 자산 증식이 필요해요

나가장 과장

안녕하세요. 저는 스코어카드 점수가 18점이라, 성장추구형까지는 다 가능하네요. 앞으로 애들 학비와 용돈으로 돈이 많이 들 것 같아서 자산 증식을 적극적으로 해보려고 합니다. 자금을 분할 해, 성장주와 가치주, 펀드에 투자하고 나머지는 정기적금을 들어 금리와 주식에 분산 투자하려고 합니다.

이처럼 자기 스스로 표를 이용해서 어떤 투자가 자신에게 맞을지 한번 냉정하게 생각해보면 투자 시 자신을 훨씬 객관적으로 평가할 수 있습니다. 반드시 한 번씩 해보기 바랍니다.

Step 5 자산배분 전략 세워 실행하기

자신의 체급에 맞는 투자를 해야

투자성향 파악보다 중요한 점은 목돈을 꾸준히 계속해서 모아가는 것입니다. 그리고 그렇게 해서 목돈을 모으면, 그다음에는 투자를 어떻게 진행할지 여러 가지 생각이 들기 마련입니다.

투자에도 체급이 있습니다. 자신의 체급에 맞지 않는 투자를 하면 결과는 좋지 않을 가능성이 더 높습니다. 그렇기 때문에 내가 어떤 체급이며 어떤 결과를 원하는지를 좀 더 명확히 할 필요가 있습니다.

예를 들면, 학교를 방금 졸업하고 사회에 첫발을 내디딘 사회초년생과 30년 장기근속을 앞두고 은퇴 준비를 하는 노년층과는 투자의 목표와 자산배분 포트폴리오가 완전히 다를 수밖에 없습니다. 그리고 똑같이 은퇴를 앞둔 사람이라고 하더라도, 각자의 재산 상황과 지출계획 등에 따라 자산 배분이 달라져야 할 것입니다. 또한 투자경험이 풍부한 투자자와 예금과 적금에만 가입해본 초보 투자자는 그 경험치부터 완전히 다릅니다.

따라서 자신이 지닌 투자성향을 기초로, 실제로 어떻게 자산배분을 해

서 포트폴리오를 짤지 전략을 세워야 합니다. 내가 어떤 것을 추구해야 하는지 모르면 투자의 구심점이 흔들리고 결국은 투자 방향을 정하지 못하고 우왕좌왕할 수 있기 때문입니다.

　마지막으로, 자산배분을 실행하기 전에는 내가 생각하는 목표 투자기간과 목표수익률을 미리 설정해놓아야 합니다. 그래야만 원하는 목표를 기간 내에 달성했는지 평가할 수 있으며, 다음 번 목표도 세울 수 있습니다.

투자기간	최단 6개월에서 최장 5년까지 투자기간 설정
목표수익률	목표 수익률을 5%, 7%, 10% 등으로 설정, 수익률을 기간 내에 달성한다면 조기환매도 고려

자산배분과 투자전략

다음은 투자성향에 따른 포트폴리오 작성 사례입니다. 이 같은 포트폴리오는 투자자마다 자신의 성향에 맞게 수정하고 변경해서 사용할 수 있습니다. 특히 자산배분 비율이나 구성종목도 자신의 상황에 맞추어 바꾸어 사용하면 됩니다.

그리고 같은 해외주식 ETF라고 하더라도 액티브 펀드와 패시브 펀드는 큰 차이가 있습니다. 패시브 펀드는 다우존스나 S&P와 같이 지수를 추종하는 펀드를 말하고, 액티브 펀드는 펀드매니저의 추천종목을 바탕으로 운용사가 판매하는 자체 펀드를 말합니다. 패시브 펀드는 좀 더 안전성이 크고 수수료가 낮은 데 비해, 액티브 펀드는 리스크가 큰 대신에 상승 가능성도 더 크지만 수수료가 많이 비싼 편입니다. 더 적극적으로 수익을 추구하는 것이 액티브 펀드이기 때문에 적극투자형의 투자자에 맞는 상품으로 인식됩니다.

한편, 해외부동산 펀드나 해외 주식형 펀드 같은 해외상품은 모두 환율 변동성에 노출되어 있습니다. 투자하기 위해서는 우리나라 통화인 원화를 외화인 달러로 바꾸어서 투자해야 합니다. 해외상품은 기초자산의 변동성 외에 환율의 변화도 같이 고려하여야 하기 때문에 모두 고난이도 수준의 투자로 볼 수 있습니다.

그리고 한 가지, 성장추구형이라 하더라도 금, 예금·적금과 국내채권과 같은 금리상품을 합해서 적어도 50% 이상의 자산을 배분하는 것이 일반적인 자산운용사의 투자 방식입니다. 위험자산의 비중이 50%를 넘으면 적극적인 투자 방식으로 바뀌어 포트폴리오의 변동성이 매우 커집니다.

투자성향에 따른 자산배분 포트폴리오 사례		
투자성향	**자산배분**	
	위험자산	안전자산
1. 적극투자형 (총점 20~24점)	· 국내주식 20%(성장주) · 국내주식 20%(펀드) · 해외주식 20%(ETF) · 해외부동산 10%(ETF)	· 금 10%(ETF) · 국내채권 20%(직접투자)
2. 성장추구형 (총점 18~24점)	· 국내주식 20%(성장주) · 국내주식 20%(펀드) · 해외주식 10%(ETF)	· 금 10%(ETF) · 예금, 적금 20% · 국내채권 20%(직접투자)
3. 위험중립형 (총점 14~24점)	· 국내주식 10%(가치주) · 국내주식 10%(펀드)	· 금 10% · 예금, 적금 50% · 국내채권 20%(직접투자)
4. 안전추구형 (총점 12~24점)	· 국내주식 10% (가치주)	· 예금, 적금 80% · 국내채권 10% (직접투자)
5. 안전제일형 (총점 0~24점)		· 예금, 적금 100%

주식과 같은 위험자산 투자는 높은 수익률을 거둘 수도 있지만, 채권이나 예금과 같은 금리상품의 위험과는 차원이 다릅니다. 고수익을 안겨줄 수도 있지만, 원금손실 위험 또한 상당하기 때문에 과욕은 금물입니다.

금은 물가상승으로부터 헤지 기능이 있기 때문에 향후 포트폴리오에는 약간의 비중으로 편입하면 좋은 결과를 가져올 수 있을 것입니다. 또한 위험중립형은 금리상품을 적어도 70% 이상 편입하며, 안전추구형은 국내주식을 약 10%까지는 편입해도 될 것으로 생각합니다.

수익과 위험의 관계

자산배분에 있어서 가장 중요한 것은 위험과 수익이 일반적으로 비례해서 커진다는 것입니다. 더 큰 수익을 위해서는 위험도 더 커지기 때문에, 이 같은 위험을 감수할 수 있어야 합니다.

하지만 앞서 투자의 원칙에서 강조했듯이, 원금을 잃으면 복구가 더욱 힘들어집니다. 따라서 초기 투자자일수록 원금을 잃지 않기 위해서 위험중립형을 넘지 않는 것을 추천합니다.

또한 상품의 위험이 높아진다고 반드시 수익이 같은 비율로 높아지지는 않는다는 것을 명심해야 합니다. 앞에서 공부했던 주가지수연계증권인 ELS가 대표적인 예입니다. 일반적으로 ELS는 수익이 조금 올라가는 대신에 위험은 더욱 크게 상승하는 구조이기 때문입니다.

투자에 있어서 위험과 수익의 관계

· 위험이 높아진다고 반드시 수익이 같은 비율로 높아지는 것은 아니다
· 따라서 투자에 있어서 중요한 것은 위험을 전혀 지지 않는 것이 아니다
· 위험에 상당한 수익창출의 기회도 비례해서 커져야 투자할 가치가 있다

또한 주가가 너무 많이 올라서 고평가된 상황일 때도 위험과 수익은 비례하지 않습니다. 주가하락의 위험성이 수익증가의 기회보다 더 크기 때문입니다. 따라서 투자에 있어서 중요한 것은 위험을 전혀 지지 않는 것이 아니라, 어느 정도의 위험을 감수했으면 그에 상당하는 수익창출의 기회가 비례해서 커져야 한다는 것입니다.

기본적으로, 여유자금으로 투자해야 투자금액의 변동이 생계에 지장을 주지 않고, 그래야만 다음번에도 좋은 투자로 연결될 수 있습니다. 시장이 예상한 방향과 달리 움직이면 자산가치의 하락은 물론, 유동성이 부족하여 생계에 곤란을 겪을 수 있기 때문입니다.

생계에 연동된 필수자금을 주식이나 펀드와 같은 위험성이 큰 자산에 한 번에 투자하는 것은 위험천만한 일이기 때문에, 이처럼 꼭 지켜야 할 자산은 상대적으로 이자율이 높고 안전한 금리상품에 투자하는 것이 더 좋은 방안입니다.

중위험 중수익은 없다!

증권사나 자산운용사가 판매하면서 위험은 조금 높이고 수익도 조금 높인다는 개념의 상품을 보았을 것입니다. 특히 이러한 '중위험 중수익'이라는 표현은 2020년대 들어 일부 회사가 경쟁적으로 홍보까지 했습니다.

'중위험 중수익' 현혹되지 말자!

· 중위험이란 없다. 위험이 어느 정도 커졌으면 고위험으로 보는 것이 타당
· 금융회사들이 고객을 현혹하기 위해 만들어낸 말 → 현혹되지 말자!

하지만 결론적으로 말해서 중위험이란 없으며 심하게 말하자면 말장난일 뿐입니다.

위험이 있다면 있는 것이지, 중간 정도의 위험이란 사실 존재하지 않습

니다. 위험이 어느 정도 커졌으면 이런 상품은 고위험 상품으로 보는 것이 타당합니다. 이런 논리로 판단하면, 정크본드 외에는 전부 다 중위험이라고 오해할 수도 있습니다.

원금손실의 위험이 있는 상품은 모두 고위험 상품으로 분류하는 것이 맞습니다. 애초에 이런 상품의 개발이나 광고를 관계당국에서 허용한 것부터 잘못이며, 이 때문에 고객들은 아주 큰 위험은 아니라고 오해를 해서 불완전판매로 이어지는 것입니다. 따라서 '중위험 중수익'이란 금융회사가 고객을 현혹하기 위해 만들어낸 말이기 때문에, 절대 현혹되지 맙시다. 위험이 있다면 있는 것입니다.

금융 전문가가 아닌 소비자 입장에서는 오해할 소지가 너무 많습니다. 앞으로 금융상품의 위험과 수익 관련 문구는 업계에서 아주 조심해서 사용해야 하며 당국도 더 꼼꼼한 잣대로 허용해주기를 바랍니다.

Step 6 금리 수준에 따라 주식투자 비중을 조정하라

금리상품은 주식투자보다 반드시 안전할까?

예금이나 적금 같은 현금성 자산이나 채권과 같은 금리자산은 주식과 같은 대체자산에 비해 반드시 안전할까요? 정답은 '항상 그렇지는 않다'입니다. 왜냐하면 물가상승이라는 도둑이 여러분의 돈을 모르는 사이에 몰래 조금씩 갈취해 가기 때문입니다. 특히 현금성 자산의 가치는 물가상승률이 아주 높아지는 시기에는 크게 하락할 수 있습니다.

코로나19 이후에 물가상승률이 낮아졌다고 해도, 장기간 인플레이션의 영향은 계속될 것으로 보입니다. 그래서 인플레이션이 오랜 기간 지속된

금리상품은 주식보다 반드시 안전할까?

· 원금손실 위험이 없다는 측면에서 금리상품은 주식보다 안전하다
· 하지만 물가상승이란 도둑은 예금과 채권의 가치를 서서히 갉아먹는다
· 이 때문에 자산을 분산해 투자하는 포트폴리오 전략이 필요하다

다고 생각한다면 채권이나 현금성 자산은 안전하지 않을 수 있습니다.

그렇다고 위험자산에 올인하는 것도 어리석은 짓입니다. 왜냐하면 한 번 원금을 크게 잃고 무너지면 원상복구가 어렵기 때문입니다. 원금을 잃지 말라는 투자의 원칙을 반드시 지켜야 하는 이유입니다. 그래서 투자의 고수들이나 전문적인 기관은 분산투자를 하며, 절대로 한 종류의 자산에 모든 투자 자금을 올인하지 않습니다.

그렇다면 어떻게 시장수익률을 상회하는 동시에 물가상승에도 대비할 수 있을까 고민이 됩니다. 두 가지 목표를 다 달성한다는 것은 아주 어려운 일입니다. 특히 자산금액이 상대적으로 작은 개인의 경우, 금융기관처럼 자산을 세밀하게 여러 분야에 배분하기가 사실상 어려운 현실적인 문제도 있습니다.

따라서 리스크를 최대한 줄이면서도 시장수익률을 상회할 수 있는 포트폴리오 배분전략을 사용해야 합니다. 그리고 물가에 대한 방어력이 있는 금과 주식 중에서도 신용도가 높고 지수의 가중치가 큰 우량 가치주를 편입하는 방법이 가장 대표적입니다. 또한 양질의 부동산 또한 물가상승을 따라갈 수 있기 때문에, 집이 없다면 교통과 입지가 좋은 곳의 아파트를 구입하는 것도 방법입니다.

고금리 때는 금리상품을, 저금리 때는 주식을 늘리자

중앙은행의 기준금리는 미래의 금융시장이 어떻게 돌아갈지를 알려주는 나침반과 같습니다. 미국 연준의 금리 결정은 다른 국가들의 기준금리에 영향을 주고, 해당국의 기준금리는 그 나라의 시장금리로 연결되기 때문에 FOMC는 지구상 모든 사람과 연관이 있습니다.

2008년 리먼 금융위기 이후 2017년까지 제로 금리대의 저금리 기조를 펼친 결과 2017년 미국의 주식시장은 폭등했으며, 코로나19 이후 제로금리 정책을 시행한 2021~2022년에도 마찬가지로 미국 주식시장과 주택시장은 급등세를 보였습니다.

금리는 미래 자산가치를 알려주는 나침반이다

금리가 높을 때는 자금비용이 높기 때문에 주식이나 부동산 같은 위험자산의 가격이 일반적으로 제어되거나 심지어 하락하는 경우도 있습니다. 이렇게 금리가 높을 때는 주식이나 부동산에 투자하기보다 예금과 적금이 안전하면서도 이득이 됩니다.

반면에 금리가 낮을 때는 주식이나 부동산에 투자자가 몰립니다. 금리 상품에 가입해도 매우 낮은 금리를 받을 수밖에 없다면 위험자산의 가격은 더욱 오를 수 있습니다. 이렇게 주식이나 부동산과 같은 자산의 가격은 금리 수준과 직접적인 관련이 있습니다.

금리 나침반은 자산가치가 움직이는 방향을 알려줍니다. 그러니 나침반이 가리키는 대로 우리의 투자도 유연하게 움직여가야 합니다.

편입비중 리밸런싱

그러면 실제로 금리 변화 기조에 따라 나의 포트폴리오 자산구성 배분은 어떻게 변화시켜야 할까요? 이를 보여주기 위해 아래의 표로 예시를 들었습니다.

금리 변화는 전술한 바와 같이 시간이 지나면서 금융 상황의 전체적인 기조를 바꾸어놓기 때문에 투자자는 융통성 있게 대처해야 하고, 이를 위한 가장 좋은 방법이 편입자산의 비중을 새로 조정하는 리밸런싱rebalancing 입니다. 저금리기나 고금리기에도 중요하지만, 금리하락기나 금리상승기와 같은 금리정책의 전환이 있는 경우에는 자산배분의 리밸런싱이 더욱

항목	기준금리 변화 & 자산비중조정			
	2022.08 금리인상기 →	2024.08 고금리 →	2025.08 금리하락기 →	2026.08 저금리
미국 연준	2.50%	5.50%	4.00%(추정)	2.50%(추정)
한국은행	2.50%	3.50%	2.50%(추정)	1.75%(추정)
자산비중 조정 (6개월 기준)	주식(-) 5% 금리(+) 5%	주식(-) 5% 금리(+) 5%	주식(+) 5% 금리(-) 5%	주식(+) 5% 금리(-) 5%

기준금리에 따라 자산배분 비율을 바꾸어나가자!

중요해집니다.

조정비중은 자신의 선호도와 상황에 맞게 조정하면 되지만, 너무 자주 조정하면 투자의 일관성이 저해되어 도리어 역효과를 가져오는 경우도 있습니다. 따라서 조정은 일반적으로 1년마다 하거나 좀 더 자주 하려면 반년마다 하는 것이 합리적입니다. 해당 사례에서는 6개월 기준으로 자산배분 비율을 조정했습니다.

또한 한꺼번에 급격하게 조정하기보다는 조정비율을 조금씩 늘리거나 줄여나가는 것이 좋습니다. 예를 들면 현재 금리인하가 진행되고 있어서 주식비중을 향후 20% 정도 늘리고 금리상품을 20%만큼 줄이고 싶다고 합시다. 지금 한꺼번에 20%를 조정하기보다는 지금 10%를 조정하고 6개월이나 1년 뒤에 다시 10%를 조정하는 것이 보다 안전하게 자산비중을 조정하는 방식입니다.

편입자산 비중은 1년이나 6개월 단위로 조정을 하지만, 해당 자산군에 편입하는 실제편입 자산은 매달 조정하거나 분기별로 바꾸어도 상관은 없습니다.

어떤 주식을 편입해야 할까?

그러면 주식 자산군에는 어떤 주식을 편입하면 좋을까요? 코스피 지수를 이끄는 대표적인 우량주나 지수 자체를 편입하면 됩니다. 투자성과는 개별종목보다는 지수의 상승에서 나오는 경우가 많습니다. 따라서 어떤 종목을 사야 하는가 하는 고민 때문에 시간을 크게 허비하지 않아야 합니다. 코스피 지수를 움직이는 우량주는 두세 개 정도밖에 되지 않기 때문에 이들을 가중치별로 나누어 편입하는 것도 좋습니다. 다시 말해, 코스피 중에서도 대표적인 업종의 주식 두세 종목을 나누어 편입하거나, 주가지수를 추종하는 ETF나 패시브 펀드를 일정 금액만큼 사면 됩니다.

여기서 주의해야 할 점은, 성장주와 공모주 그리고 소형주와 같은 주식은 투자 포트폴리오에서 배제한다는 것입니다. 안정적인 우량주 성격의 가치주를 편입해서 물가상승률과 시장수익률보다 높은 수익률을 내는 것이 우리의 투자 목적입니다. 채권이나 금리상품 투자만으로는 물가상승에 대비하기 어렵고, 장기적으로 수익을 내기도 어렵기 때문입니다.

성장률이 클 것으로 기대되는 주식들은 대부분 지수편입 비율이 매우 낮거나 변동성이 상대적으로 큰 경우가 많기 때문에 전문적인 투자자 이외에는 변동성을 견디면서 매수와 매도 타이밍을 잡기가 매우 어려우니 피하는 것이 좋습니다. 대신에 자신이 정한 포트폴리오 배분율에 따라서 지수 편입비율이 높은 대형 우량주나 주가지수를 편입하는 것을 추천합니다.

돈은 무리하게 다가가면 도망간다

한국은 전 세계적으로 위험성이 큰 투자상품을 좋아하기로 유명합니다. ETF만 해도 레버리지 투자가 대세를 이루지요. 안전자산인 미국 국채조차도 두세 배 레버리지를 일으켜 변동성을 최대치로 끌어올려 위험자산으로 변모시켜 투자합니다.

안타깝지만, 한 번에 크게 돈을 벌고 싶은 '모 아니면 도' 식의 투자가 만연해 있습니다. 여기에는 한국의 빠른 경제발전과 더불어, 자산 가격도 빠르게 상승한 점이 크게 작용했습니다.

월급을 또박또박 받아 남보다 조금씩 더 저축하고 성실하게 갚아나가는 사람보다, 크게 빚을 내서 아파트를 투자하고 남의 돈을 빌려서 투자한 사람이 결국 더 큰 자산을 손에 쥐고 경제적인 부를 누리게 된 경우가 많았기 때문이지요.

돈은 무리하게 다가가면 달아나고, 성실하게 일할 때 모여든다

이렇듯, 크게 노력을 기울이지 않고 돈을 번 사례가 한국에 많았고, 이 때문에 사행심이 크게 높아진 것이 '한 방'을 노리는 투자로 몰리게 된 원인입니다.

출산율 저하와 지방인구 감소, 중소기업 인력부족 그리고 경제성장 동력의 정체 등 한국이 지금 맞닥뜨리고 있는 많은 문제가 근본적으로 여기에서 초래되었다고 해도 과언이 아닙니다. 결국 경제적인 평등과 기회균등 그리고 사회적 도덕성 회복을 위해, 정부와 한국은행은 주택담보대출과 같은 대출금리를 적정 수준으로 유지하고 물가안정에도 보다 힘을 써야 할 것입니다. 금리는 이런 측면에서 보면 한 나라의 경제 발전과 미래를 결정하는 척도라고도 할 수 있습니다.

정직하고 성실한 자세로 열심히 일하는 사람이 잘살고 부자가 될 수 있는 사회적 분위기를 만들어야 나라도 건전하고 경제도 건실하게 발전할 수 있습니다. 이 사실은 가장 중요하고도 기초적인 명제입니다.

이러한 사실을 너무나 쉽게 생각하고 있지는 않았는지, 사회지도층과 지식인부터 우리 사회를 한번 뒤돌아봐야 할 것입니다.

성실하게 열심히 일하는 사람이 잘사는 금융사회

· 정직하고 성실하게 열심히 일하는 사람이 잘살고 부자가 되는 사회
· 이런 사회 분위기를 만들어야 궁극적으로 나라와 경제가 발전할 수 있다

Step 7 은퇴 준비를 위한 노후자금 설계

노후 준비는 일찍 시작하는 것이 좋다?

우리는 누구나 늙습니다. 나이가 든다는 것은 인간을 포함한 모든 유기 생명체에게 주어진 피할 수 없는 운명입니다. 노후 준비는 그래서 빨리 시작할수록 나중에 조금 더 편한데, 나이에 따라 은퇴를 준비하는 방식은 다를 수 있습니다. 젊을 때 열심히 일해서 돈을 벌지 않으면 은퇴 준비를 아무리 빨리 시작해도 소용이 없기 때문입니다.

그래서 청년기에는 은퇴를 생각하기보다는 젊은 기운을 바탕으로 열심히 자산을 불려나가는 것이 곧 은퇴 준비의 바탕이라고 생각하면 됩니다. 20대와 30대 청년기에는 우선 청년 관련 특판 저축을 최대한 활용해서 적극적으로 돈을 모아야 합니다. 이때가 가장 중요한 자아실현의 시기이기 때문에 개인의 커리어 목표를 설정하고 앞으로 나아가야 합니다.

그리고 이와 병행해서 목돈을 만들었다면, 금리상품을 기반으로 하는 동시에 원금손실을 최소화하는 수준에서 우량주 성격의 가치주와 부동산 펀드, 금과 같은 대체자산도 일부 편입할 것을 조언합니다.

안녕하세요. 부산에서 직장을 다니는 20대녀예요. 보험사에서 지금부터 연금을 들라고 권유해서 고민입니다. 하지만 30대까지는 청년희망적금이나 청년도약계좌 같은 청년 특판 예금을 적극 활용해 목돈을 우선 만들려고 해요. 그리고 목돈이 만들어지면 우량주와 부동산에도 투자하려 합니다. 자신 있어요! 저는 아직 젊고 패기가 있으니까요!

20대녀

청년저축을 통한 높은 금리의 저축 등으로 조성한 목돈은 장기적으로 위험이 상대적으로 낮은 소형 주택이나 우량주와 같은 대체자산에 일부 투자합니다. 이 두 가지가 바로 20대 30대 청년이 미래를 준비하는 시작점입니다.

40대부터 은퇴 준비를 시작하자

은행에 가면 예금적금이, 보험회사에 가면 연금보험이, 자산운용사나 증권사에 가면 증권이나 펀드상품이 제일 좋다고 하는데…. 무엇이 진짜 좋고 내게 가장 맞는 상품인지 정말로 구분이 어렵습니다.

특히 IRP, 연금저축, 연금보험 등 너무나 많은 수의 적금과 연금 관련 상품에 머리가 아플 지경입니다. 하지만 내용을 들여다보면, 이들 상품은 사실상 모두 한 가지 상품으로, 두 가지 조건만 변경해서 다른 상품으로 포장해 판매하고 있다는 것을 알 수 있습니다.

그 두 가지는 바로 ①이자를 이연시켜 받을 것인가 지금 받을 것인가 ②이자를 이연시켜 세금을 지금 안 내도 되게끔 세제혜택을 받을 수 있는가 여부입니다.

40대의 은퇴 준비는 복리식 고금리 적금이 제일이다

40대남

저는 광주에서 요식업을 하고 있는 40대남 자영업자예요. 열심히 노력하고 있지만 서비스 업종이라 월수입이 일정하지 않아요. 노후 준비로 무엇을 가입해야 할지 헷갈려요. 은행에 가면 예금적금이, 보험사에 가면 연금보험이, 자산운용사나 증권사는 증권이나 펀드가 제일 좋다고 하고... 저는 그냥 높은 금리의 복리적금에 꾸준히 넣으려고 해요.

이렇게 현금흐름을 이연시키고 그에 따른 세금혜택을 받는 대신 자금을 묶어놓는 것이 바로 IRP이며, 이 같은 혜택을 일부 주면서 할인료를 크게 책정해 수수료를 많이 떼는 것이 연금보험이며, 액티브 펀드는 수수료만 매년 최소 2%를 떼 가는 것이 일반적입니다. 금융회사에 지불하는 비용이 너무 커서 자신의 노후를 위해서가 아니라 금융회사의 장기적인 수입원을 마련해주기 위해 연금상품을 든다는 자조적인 말까지 나오는 이유입니다.

사실 어떤 금융 상황이나 예외가 있긴 하지만, 세금효과를 제외하고 효율성만을 생각한다면 일반적으로 연금보험이나 IRP보다는 복리로 계산되는 정기적금이 제일 좋습니다. 특히 보험사의 연금저축 상품이 왜 좋으냐고 물어보면 장기간 복리이기 때문에 그렇다고 답합니다. 복리가 장기적으로 효과가 큰 것은 사실입니다. 10년 15년짜리 장기복리예금이 있으면 좋지만, 복리 예금이나 적금은 최대만기가 3년을 넘지 못합니다.

그렇다면 어떻게 하면 될까요? 방법이 없을까요? 당연히 있습니다. 2년이든 3년 만기든, 복리로 계산되는 예금에 가입하고 만기가 될 때마다 계속해서 돌려 차환시켜 나만의 장기복리예금을 만들면 됩니다.

50대, 60대도 늦지 않았다

일반적으로 50대가 넘어야 은퇴가 실감이 되고, 노후연금을 준비하게 됩니다. 따라서 50대와 60대에 노후연금을 준비해도 아주 늦지는 않습니다. 준비하겠다고 생각했을 때가 가장 빠릅니다.

하지만 50대와 60대 이후의 은퇴설계 또한 서로 다른 면이 많기 때문에 두 연령대의 금융상품 설계 또한 달라집니다.

50대는 분산 투자하면서 은퇴자금을 별도로 관리해 늘려나간다

50대녀

독자 여러분, 저는 대구에 사는 가정주부인 50대녀예요. 외벌이 남편 월급이 빠듯하긴 하지만, 주부 9단인 저는 문제없습니다. 월급을 쪼개고 아껴서 은퇴 후 노후연금까지 마련 중입니다. 현재 은퇴자금은 은행적금으로, 보장성 상품은 보험으로, 주식은 우량주 위주로 하락할 때만 저가매수 하고 있어요. 60대에 한 달 500만 원 현금흐름을 만들 거예요!

50대의 경우는 아직도 현직에서 일을 하고 있으면서 자식을 부양해야 하는 경우가 더 많습니다. 이 때문에 현재 지출이 많고, 향후에 지출이 더 많이 있을 수 있습니다. 또한 은퇴자금 측면에서 보면, 지금의 현금흐름을 미래에 은퇴하면 받을 수 있는 방향으로 저축하고 이연시키는 방안을 주로 생각하게 됩니다. 일반적으로, 우리나라의 50대는 돈이 가장 많이 필요한 시기입니다. 교육비와 생활비 지출, 사회생활 비용, 미래의 은퇴자금도 마련해야 하는 3중고가 있습니다.

현재 지출을 최대한 효율적으로 집행하는 한편, 일부분의 자금을 미래의 노후자금을 위해 적립하고 나머지 일부는 자식의 교육비를 위해 투자하는 세 가지를 동시에 해나가야 합니다. 50대의 금융설계는 인생설계에서 가장 어려운 작업입니다. 하지만 현금흐름이 나오는 지금이 그나마 노후자금과 투자를 할 수 있는 마지막 시기이기 때문에 지출을 최대한 자제하면서 투자와 은퇴자금을 위한 적금을 실행해나가는 방법밖에 없습니다. 더 늦어지면 은퇴자금을 마련하기가 더 어려워질 수 있기 때문입니다.

반면, 60대 이후의 경우는 이미 은퇴를 했거나 은퇴가 아주 가까운 경우가 일반적입니다. 따라서 지금 보유하고 있는 자산을 이용해서 미래에 안정적으로 사용할 수 있는 연금 형태의 현금흐름을 창출하는 것이 가장 주된 관심사입니다.

60대 이후 은퇴자들은 안정적인 현금흐름 창출이 제일 중요하다

60대남

경기도 분당 사는 60대남이에요. 은퇴를 앞두고 있어요. 인생무상. 시간이 화살처럼 빨리 지나가버리네요. 자식들도 다 결혼하고 분가했고요... 분당 집은 향후 매각해 기초연금 세액공제를 받거나, 주택연금을 신청해 연금으로 전환하거나, 매각하지 않고 작은 집으로 이사해 월세를 받는 세 가지 방법을 고려하고 있습니다.

60대 은퇴자는 자식을 부양하느냐 안 하느냐가 가장 큰 차이점입니다. 예전에는 부모가 나이가 들어 은퇴하면 자식이 부모를 부양하는 것이 아주 자연스러운 일이었지만, 이제는 사회가 상전벽해와 같이 바뀌어 오히려 30, 40대 자식들이 자립을 하지 않고 부모 곁에 남아서 부모의 경제적 도움을 받는 소위 '캥거루족'이 급격하게 늘어났습니다.

은퇴를 앞둔 부모의 입장에서 보면 이러한 캥거루족 자식들을 은퇴 전까지 가능하면 새로운 가족을 만들어서 독립시키는 것이 가장 중요한 은퇴 전 사전 작업입니다. 왜냐하면 은퇴를 해도 자식을 부양하게 된다면, 주택과 자산을 내 마음대로 처분하거나 현금흐름을 전환하기 힘들어지기 때문입니다.

60대 이후 퇴직하면 퇴직금과 그때까지 모아둔 자금을 두 가지로 나누어야 합니다.

- 첫째, 앞으로 2~3년간 생활비에 쓸 자금
- 둘째, 투자해 불려서 나중에 써야 할 여유자금

이 중에서 두 번째의 투자자금은 절대 함부로 건드리면 안 되고, 바로 금액을 정해서 현재 금리 상황에서 가장 높은 2년 혹은 3년 만기 복리식 적금에 가입해 넣어두어야 합니다. 그리고 만기가 되면 앞으로 2~3년간 쓸 생활비만큼을 제외하고 다시 적금을 들어야 합니다. 이렇게 하면 노후자금이 줄어드는 속도가 더 늦어져서 유리해집니다.

60대 이상 은퇴자는 부동산금융을 활용한 노후자금 운용 방법도 중요하게 활용할 수 있습니다.

> 정부, 고령층 '부동산 연금화' 시동. 세제혜택 강화
> 기초연금 수급자, 부동산 매각금 연금 납입시 세액공제
> 금리일보

위 기사에 따르면, 2024년 7월 정부는 부동산에 치우친 고령층의 가계 자산을 유동화하기 위해 세제혜택을 주는 방안을 본격적으로 추진한다고 발표하였습니다.

부부 합산 1주택 이하인 기초연금 수급자가 10년 이상 보유한 주택·토지·건물을 팔고 연금계좌에 납입하면 최대 1억 원에 대해 10%를 양도소득세에서 세액공제해주는 것입니다. 이 방안이 법제화되면 은퇴 후 연금 마련에 도움이 될 것으로 예상됩니다. 이렇듯 60대 이후 은퇴자에게 주택이나 부동산은 은퇴 이후 노후자금을 현금화하는 방안이기 때문에 노후자금 설계에 요긴하게 사용할 수 있습니다.

Step 8 대출도
금리사이클을 이용하자

금리사이클은 투자전략에 변화를 가져올 뿐만 아니라 대출 전략에도 변화를 줍니다. 사실 개인이 투자를 할 때는 주식이나 부동산, 코인과 같은 위험자산이나 채권이나 예금·적금과 같은 안전자산, 두 가지를 떠올립니다. 이 중에서 안전자산 투자는 대출을 수반하는 경우가 거의 없습니다. 금리가 낮기 때문에 돈을 빌려 지렛대 효과를 일으키는 전략인 레버리지를 잘 하지 않기 때문입니다.

하지만 위험자산은 일반적으로 장기간 대규모의 투자를 수반합니다. 특히 부동산 투자는 대규모의 자금이 필요하기 때문에 많은 경우 어떤 방식이든 대출이 필요합니다. 그래서 위험자산의 투자기간에는 대출이 필요한데, 마침 위험자산은 일반적으로 금리가 낮을 때 상승합니다. 대출의 사이클과 투자 시기가 맞아 떨어지는 것입니다. 이렇기 때문에 저금리는 부동산과 같은 위험자산의 가격이 더욱 빠르게 상승하는 요인이 됩니다.

하지만 일반적으로 금리하락기가 시작되면 부동산은 이미 빨리 상승기조로 진입하는 경우가 많은데 이 같은 이유는 실물자산의 가격변동이 금

부채 활용의 금리사이클	
금리사이클	**대출 전략**
1. 금리하락기(Deflation) · 기준금리 인하 중 · 기준금리 인하 예정	고정금리가 유리해질 수도 있는 시기 · 유리한 대출 조건 환승 · 부동산 투자 적기
2. 저금리(Deflation~Reflation) · 현재 저금리 상황 · 기준금리 인상 기대감	고정금리 대출을 받아야 하는 시기 · 저금리 고정금리 대출 유리 · 부동산 투자 활황
3. 금리상승기(Inflation) · 기준금리 인상 중 · 기준금리 인상 예정	채권 발행량이 늘어나는 시기 · 변동금리 대출 금물 · 부동산 투자 금물
4. 고금리(Inflation~Disinflation) · 현재 고금리 상황 · 기준금리 인하 기대감	기존 변동금리 대출 줄여야 하는 시기 · 신규대출 선별적 접근 · 신규부동산 선별적 접근

리변동보다 더 빠르게 반응하기 때문입니다. 금리가 저금리 상황으로 내려왔을 경우에는 이미 실물자산의 가격이 많이 오른 후입니다. 따라서 금리와 실물자산 간의 가격변화 관계 또한 잘 이해해서 실제 투자에 이용하면 좋을 것입니다.

변동금리가 유리할까? 고정금리가 유리할까?

대출을 받기 전에 가장 고민되는 부분이 바로 고정금리로 할지 아니면 변동금리로 할지 결정하는 것입니다.

일반적인 금융 상황일 때에는 변동금리 대출보다 고정금리 대출이 조금 더 비쌉니다. 이는 고정금리 대출이 은행 측면에서 금리변동위험을 지게 되는 거래이기 때문입니다. 하지만 이 같은 위험 프리미엄을 역이용해 대출에 이용할 수 있습니다.

고정금리와 변동금리의 금리 차이는 곧 시장의 금리변동에 대해 은행이 요구하는 위험 프리미엄과 같은 의미이기 때문입니다.

대출자 입장-고정금리와 변동금리의 비교		
구분 기준	**고정금리**	**변동금리**
1 금리 수준	· 변동금리 대비 높음	· 고정금리 대비 낮음
2 금융시장 변화	· 변화 영향 안 받음	· 시장변화에 민감
3 이자율	· 만기까지 이자율 고정	· 매기마다 이자율 변동
4 자금, 예산 관리	· 관리에 용이함	· 관리에 어려움
5 적용시기 적합성	· 금리인상 예상 때 적합	· 금리인하 예상 때 적합
6 거래기간 적합성	· 단기, 중기 거래에 적합	· 10년 이상 장기에 적합

위험 프리미엄 변동을 대출에 역이용하자

코픽스 금리가 하락할 경우에 은행들은 조달금리가 낮아지고 수취금리는 높은 고정금리를 그대로 받게 되므로 이득이지만, 만약 코픽스 금리가 상승하는데도 고정금리를 수취하기로 계약했으면 은행들은 손실을 볼 수 있습니다.

이러한 위험 프리미엄은 시장금리가 크게 변화할 것으로 예상될 경우에 더욱 변하게 됩니다. 다시 말하면, 시장금리가 상승기조로 바뀔 것으로 예상되는 경우에 위험 프리미엄은 양(+)으로 매우 커지면서 고정금리 대출금리가 변동금리 대출금리보다 상대적으로 훨씬 더 빨리 높아지는 양상을 보입니다. 반대로 시장금리가 하락기조로 바뀔 것으로 전망되는 경우에 위험 프리미엄은 음(-)으로 크게 하락하면서 고정금리 대출금리가 변동금리 대출금리보다 많게는 0.5%p까지 낮아지는 경우를 볼 수도 있습니다.

고정금리와 변동금리 대출의 금리 차이가 시장금리가 오를 때의 은행이 요구하는 위험 프리미엄이기 때문에, 시장금리가 내려갈 것이 명확할 경우에는 프리미엄이 오히려 크게 음(-) 상태로 변화하기 때문입니다. 따라서 금리상승기에는 실제 금리인상이 시작되기 전에 고정금리 대출을 받는 것이 가장 이상적인 방법입니다.

하지만 반대로, 금리하락기에는 대출을 서두를 필요가 없습니다. 천천히 금리가 하락하는 것을 지켜보면서 금리가 최저로 내려왔을 때 고정금리 대출을 실행하는 것이 가장 유리한 방법입니다.

금리 상황별 대출전략 요약

(1) 저금리 상황

● 금융소비자 입장에서는 고정금리와 변동금리 대출 둘 다 절대금리가 낮은 상황이라면, 고민하지 말고 둘 중에 무조건 고정금리 대출을 선택해야 합니다.

(2) 금리상승기

● 시장금리가 상승기조로 바뀔 것으로 예상되는 경우에는 고정금리 대출금리가 변동금리 대출금리보다 상대적으로 훨씬 더 빨리 높아집니다.

● 따라서 금리상승이 예상되는 시점이라면 지체하지 말고 빠르게 움직여 고정금리 대출을 받는 것이 가장 유리합니다.

(3) 고금리 상황

● 고금리 상황은 얼마나 오래 지속될지 잘 모르는 경우가 많습니다. 따라서 이 시기에 함부로 고정금리를 선택하면 오히려 낭패를 볼 수도 있습니다.

● 변동금리와 고정금리 모두 높은 이자를 지불하게 되므로 가능한 금리인하기까지 기다리는 편이 좋습니다.

(4) 금리하락기

● 시장금리가 하락기조로 바뀔 것으로 전망되는 경우에는 고정금리가 변동금리 대출금리보다 오히려 낮아지는 경우도 발생합니다.

● 대출을 빨리 받아야 하는 급한 상황이라면 대출을 일으켜도 됩니다. 하지만 급하지 않다면 금리가 최저로 내려왔을 때 고정금리 대출을 실행하는 것이 가장 유리합니다.

변동금리 대출계약서는 꼼꼼히 확인하자

다음 보도처럼 실제로 은행이 변동금리 대출계약을 체결하면서 약정서에 '은행은 채무자가 선택하는 매 기간이 종료하는 때마다 이자율을 변경할 수 있다'는 특약을 삽입한 경우가 있었습니다. 이외에 여신거래기본약관에도 '이자율 등에 관한 은행의 인상이나 인하는 건전한 금융관행에 따라 합리적인 범위 내에서 이루어져야 합니다'라는 조건 또한 부과했습니다.

> **변동금리 대출계약 체결했는데, 사실은 고정금리?**
> **… 금융소비자, 변동금리 산정방식 꼼꼼히 챙겨야**   금리일보

대출자가 위의 계약을 체결하고 난 뒤 시장금리는 약 30% 이상 하락했지만, 대출금리는 그대로였습니다. 영문을 모른 대출자가 문의했더니 위의 특약규정에 따라 대출계약 시 은행이 처음 정한 금리 수준을 계속 적용한 것으로 밝혀졌습니다. 대출자는 변동금리로 알고 계약했지만, 시장금리는 하락해도 대출금리는 그대로였기 때문에 사실상 고정금리 계약이나 다름이 없었던 것입니다.

은행의 대출 문턱은 높기 때문에 대출자가 거부하기 어렵다는 점을 이용해서, 이런 유사한 양식의 특약 문구를 넣는 것은 불공정거래행위에 해당하므로 불법입니다.

대출을 포함한 모든 금융거래의 거래 계약서를 우선 꼼꼼하게 확인하는 것이 불이익을 방지하는 지름길임을 명심해야 합니다.

슈퍼금리 슈퍼리치
금리와 썸 타기

초판 1쇄 인쇄 2024년 11월 20일
초판 1쇄 발행 2024년 12월 10일

지은이 변정규
펴낸이 황정욱, 황대일

편집·마케팅 출판사 월요일의꿈
디자인 디스커버

펴낸곳 (주)연합인포맥스
출판등록 2008년 4월 15일 제2008-000036호
주소 (03143) 서울특별시 종로구 율곡로2길 25, 연합뉴스빌딩 10층(수송동)
전화 02-398-5269 **팩스** 02-398-4995
이메일 sabm2000@yna.co.kr
홈페이지 https://news.einfomax.co.kr

ISBN 979-11-988961-1-7 (03320)

© 변정규, 2024

- 책값은 뒤표지에 있습니다.
- 잘못 만들어진 책은 구입하신 서점에서 교환해드립니다.
- 이 책 내용의 전부 또는 일부를 재사용하려면 반드시 저작권자와 ㈜연합인포맥스의 서면동의를 받아야 합니다.